GESELLSCHAFT FÜR PHILOSOPHIE UND WISSENSCHAFT

Fabian Geier,
Andreas Spahn und Christian Spahn (Hrsg.):

# Perspektiven philosophischer Forschung

Vorträge der 3. und 4. GPW Graduiertenkonferenz
Heidelberg 2004-2005

Lerchenstraße 33, 45134 Essen
Umschlaggestaltung: Oliver Bidlo
Lektorat: Nadine Overkamp
Herstellung: Books on Demand GmbH, Norderstedt
ISBN 978-3-939556-01-5

mit freundlicher Unterstützung der Stiftung

# Inhalt

# Vorwort

Nachdem die Graduiertenkonferenz der *Gesellschaft für Philosophie und Wissenschaft e.V.* mittlerweile in ihr fünftes Jahr geht und damit endgültig ihren Kinderschuhen entwachsen ist, haben wir uns entschieden ihr eine Publikationsreihe an die Seite zu stellen. Der vorliegende erste Band der *Perspektiven philosophischer Forschung* versammelt die Beiträge der III. und IV. GPW Graduiertenkonferenz, die vom 8.-10. Oktober 2004 bzw. 7.-9. Oktober 2005 in Heidelberg stattfanden.

Auf der Graduiertenkonferenz haben junge Philosophen die Möglichkeit, ihre derzeitigen Forschungsprojekte zu präsentieren und zur Diskussion zu stellen. Das Interesse, das dieser Veranstaltung entgegengebracht wird, zeigt, dass durchaus ein großer Bedarf am Austausch zwischen Graduierten verschiedener Universitäten besteht, wie auch am schulübergreifenden Dialog zwischen den einzelnen Richtungen und Disziplinen der Philosophie. Die *Perspektiven philosophischer Forschung* bieten daher nicht nur einen Querschnitt durch die aktuelle philosophische Forschung in Deutschland, sondern verstehen sich auch als Plattform, auf der Ergebnisse präsentiert werden, die aus einem intraphilosophisch interdisziplinären Austausch ihren Nutzen gezogen haben.

Uns bleibt nun zu hoffen, dass dieser Band kein Einzelkind bleibt und ihm viele Folgebände beschieden sein werden. Wir bedanken uns bei allen, insbesondere den Mitgliedern der GPW und den Angehörigen des Philosophischen Seminars in Heidelberg, sowie den Referenten und Teilnehmern, die zum Gelingen der bisherigen Konferenzen beigetragen haben. Ein besonderer Dank geht an Herrn Peter Zürn und die Würth Stiftung, welche die Herausgabe des Konferenzbandes ermöglicht haben.

Die Herausgeber

*Matthias Gronemeyer*

# Profitstreben als Tugend Warum unternehmerisches Handeln die Übernahme gesellschaftlicher Verantwortung bedeutet

Die Kritik an der unternehmerischen, kapitalbasierten und auf die Erzielung von Profiten ausgerichteten Wirtschaftsweise ist fast so alt wie die Wirtschaftsgeschichte selbst. Sie findet sich in der Antike bei Platon und Aristoteles, wahlweise im Alten Testament, in der Neuzeit bei Marx und seit den 1970er Jahren bei Wachstumskritikern und Globalisierungsgegnern. Diese drei Gruppen von Kritikern aus drei Epochen bringen jeweils für sie typische Argumente gegen das Profitstreben vor, und ich möchte im folgenden dieser Schematisierung folgen, um drei Thesen gegen diese Kritik zu stellen, die zeigen, dass das gewinnorientierte Handeln nicht nur nach ökonomisch-rationalen Kriterien sinnvoll, sondern unter moralischen Aspekten auch wünschenswert ist.

Allen drei Thesen, die ich aufstellen werde, ist gemein, dass sie das Profitstreben als hilfreiches Verhaltensmuster im Umgang mit gesellschaftlichen Risiken postulieren. Dies wirkt auf den ersten Blick sicherlich etwas provokant, wo doch die vorherrschende Meinung darin besteht, dass eine der größten Bedrohungen für unseren sozialen Frieden von der sich zunehmend globalisierenden Ökonomie ausgeht. Indes ist es dem Philosophen nicht um bloße Meinungen zu tun, sondern es geht ihm um Erkenntnis, und bei genauer Analyse stellt sich oft heraus, dass die Dinge nicht so liegen, wie es scheint.

Was die drei erwähnten Gruppen von Kritikern am Profitstreben kritisieren, also daran, durch Vermischung von Kapital mit Arbeit mehr Kapital zu machen, lässt sich wie folgt zusammenfassen:

1. Die vornehmlich antike Kritik entzündet sich daran, dass man – salopp ausgedrückt – Geld nicht essen kann. Da sich die alten Denker nur am Gebrauchswert der produzierten Waren orientierten und Geld lediglich als unverderbliches Medium zur Erleichterung des Warentausches betrachteten, konnten sie im Zins, also der Rendite auf eingesetztes Kapital keinen Nutzen erkennen. Folglich wurde das Streben danach, aus Geld mehr Geld zu machen, der menschlichen Gier, mithin den Untugenden zugeordnet. Ich nenne diesen Kritikpunkt das Argument des mangelnden Gebrauchswerts.

2. Was Marx und seine Vor- und Hinterherdenker am Profitstreben kritisierten, greift zwar oft den Vorwurf der Gier auf Seiten der Kapitalisten auf, zielt aber strukturell auf etwas anderes ab. Nämlich den Umstand, dass die

einen (die Kapitalbesitzer) von der kapitalbasierten Wirtschaftsweise profitierten und die anderen (die Arbeiter und Angestellten) nicht – dass letztere vielmehr auch noch Schaden erlitten. Vor dem Hintergrund der Arbeitsplatzverlagerung ins Ausland und Umgestaltung des Sozialstaats eine gegenwärtig wieder sehr lebendige Debatte. Ich nenne dies das Argument der ungerechten Nutzenverteilung.

3. Die Fraktion der Globalisierungskritiker argumentiert im Wesentlichen damit, dass ökonomische Rationalität zu ökologischen Schäden, sozialen Verwerfungen und wettbewerbsverzerrenden Allokationen von Kapital und Produktionsmitteln führe. Diese Gedanken fanden Eingang in die institutionelle und Sozialökonomie, wie sie sich seit den 1970er Jahren entwickelt. Diese Kritik am Profitstreben nenne ich das Argument des kontraproduktiven Nutzens.

## I.

Wenn man sich das Wirtschaftsleben der antiken Polis anschaut, dann stellt man fest, dass im Zentrum der Betrachtungen immer der Oikos, also der Haushalt der Großfamilie oder das Gut des Grundbesitzers steht. Insofern ist unser heutiger Begriff von Ökonomie, der sich aus diesem Wort ableitet, eben auch etwas gänzlich anderes, als die Lehre von der richtigen Haushaltsführung, wie sie damals verstanden wurde. Wirtschaftliche Prosperität entstand somit nicht durch das Eingehen unternehmerischer Risiken oder die Entwicklung innovativer Methoden, sondern im Wesentlichen dadurch, dass man die gesellschaftlich notwendige Arbeit durch Sklaven und die Schicht der Handwerker erledigen ließ. Das Bild der antiken Polis gibt sich sehr hermetisch, eine der größten zu erleidenden Strafen bestand darin, die Stadt verlassen und ins Exil gehen zu müssen, entsprechend dürftig war auch der Austausch mit Fremden. Platon geht in seinem Text *Nomoi* sogar soweit zu fordern, dass jeglicher direkte Verkehr der Bürger mit Händlern von außen zu unterbleiben habe und der unvermeidbare Außenhandel über eine Art Schleusen und Quarantänestationen allein von staatlichen Organen abzuwickeln sei.[1] Er befürchtete schlechte äußere Einflüsse und damit Gefährdung seines sehr autoritär durchstrukturierten Polis-Gebildes. Wenn man dem Bürger aber untersagt, den Risiken des Lebens durch räumliches oder soziales Ausweichen oder das Eingehen neuer Allianzen zu begegnen, führt dies fast zwangsläufig zu totalitären Strukturen: Die Erledigung gesellschaftlich notwendiger Arbeit hat dann per Direktiv zu erfolgen und die Absicherung

[1] Platon: *Nomoi*, 847c ff.

der Gesellschaft nach innen bedarf der strengen Überwachung und nach außen eines großen militärischen Apparates. Man darf sich zumindest in diesem Punkt an Enver Hoxhas Albanien oder an Nordkorea erinnert fühlen. Genau an diesem Punkt setzt meine erste These an: Dass die antiken Autoren nämlich die risikominimierende Komponente des kapitalbasierten unternehmerischen Handelns nicht erkannt haben. Diese ist der Nutzen, der Aristoteles in der *Politik* fehlte, weshalb er das profitorientierte Wirtschaften die Art des Kapitalerwerbs nannte, „die am meisten der Natur zuwider läuft."[2] Meine erste These lautet nun: Das profitable, kapitalistische Unternehmen versorgt nicht nur seine Gemeinde, sondern schützt ihre Mitglieder vor inneren (und äußeren) Risiken.

Die archaische Form der Risikovorsorge bestand im Wesentlichen aus der Vorratsbildung: „Spare in der Zeit, dann hast du in der Not" lautet das entsprechende Sprichwort. Jeder einzelne Haushalt bildete Vorräte in Absehung ertragsarmer Zeiten, kalter Winter oder Missernten. Gleichwohl setzte sich schon früh die Erkenntnis durch, dass eine Risikostreuung das Risiko für den einzelnen deutlich minimieren kann: Bestes Beispiel dafür ist die Allmende der bäuerlichen Dorfgemeinschaft, also gemeinsam bewirtschaftetes Land, dessen Erträge zum Ausgleich individueller Ertragseinbußen herangezogen werden konnten. Diese Art der Risikovorsorge war darauf angelegt, Not zu vermeiden – sie war eine frühe Form der Solidargemeinschaft, wie sie sich im heutigen Gedanken vom Sozialstaat wiederfindet. Was sie nicht leisten konnte, war die Absicherung unternehmerischer Risiken insbesondere aus Handelsgeschäften und der Erschließung neuer Märkte. In den Genuss der Absicherung konnte nur derjenige kommen, der selbst Land besaß und bestellte. Insofern handelte es sich hierbei um ein sehr hermetisches, auf einen fest definierten Personenkreis und eine bestimmte Wirtschaftsform beschränktes System. Auch lässt es kein wirtschaftliches Wachstum zu, da es direkt an die erbringbare Arbeitsleistung, mithin an physische Grenzen gekoppelt ist. Handelsgeschäfte, deren Risiken darin bestanden, dass der Gewinn durch Preisverfall, Verlust der Ware auf langen Transportwegen, Zahlungsunfähigkeit der Schuldner oder fehlendem Vertragsrecht gefährdet war, bedurften einer anderen Form des Risikoausgleichs: Drohende Verluste aus den genannten Gründen lassen sich nicht dadurch ausgleichen, dass man Vorräte bildet und es dann beim Scheitern noch einmal versucht – das Risiko bleibt bei jedem Geschäft gleich, und irgendwann sind auch die größten Vorräte aufgebraucht. Dies wäre in etwa vergleichbar mit dem Roulette-Spieler, der mit einem Koffer voll Geld antritt und darauf spekuliert, dass die Kugel einmal günstig für ihn fällt. Zur Absicherung unternehmerischer Aktivitäten

[2] Aristoteles: *Politik*, 1258a

war es also notwendig, die Risikovorsorge einerseits vom reinen Arbeitsprodukt abzukoppeln und sie andererseits auch räumlich mobil zu gestalten.[3] Die Lösung dieses Problems findet sich in der kapitalbasierten Wirtschaftsweise, die zwischen Risiko und Rendite eine Relation herstellt: Die Renditeerwartung, also der Zins auf eingesetztes Kapital, muss das Risiko, das jeder Transaktion innewohnt, ausgleichen. Diese Form des Risikomanagements finden wir erstmals in der Renaissance und sie geht einher mit dem wirtschaftlichen Aufschwung der Handelsstädte wie Florenz, Venedig oder Genua.[4] Die norditalienischen Kaufleute taten es nicht allein um der Ehre willen, dass sie das unternehmerische Risiko auf sich nahmen, Wolle und Rohseide aus dem vorderen und mittleren Orient zu importieren, sie in ihren Betrieben zu feinen Stoffen weiter zu verarbeiten, um sie dann in ganz Europa zu verkaufen. Der eigentliche Lohn für ihren Kapitaleinsatz und ihre unternehmerischen Mühen war der Profit. Aber dadurch, dass sie große Risiken trugen – und dies schlägt jetzt den Bogen zu meiner anfangs aufgestellten These –, haben sie die übrigen Teile der Gesellschaft von ebensolchen Risiken befreit. Alberti schreibt um 1440 über das Unternehmertum: „Vielleicht würde ich in Wolle arbeiten lassen oder in Seide oder ähnlichem. [...] gern würde ich mich solchen Beschäftigungen widmen, bei denen viele Hände zu tun haben, weil dadurch das Geld sich unter mehr Leute verteilt und viele Arme auf diese Weise Nutzen davon haben."[5] Der Unternehmer und sein Betrieb wird also zur Zufluchtstätte derer, die weder über eigenes Land noch Kapital verfügen. Bleibt die Frage, ob dies auch heute noch gilt. Ich meine ja, denn an der grundlegenden Situation hat sich nichts geändert: Der größte Teil der betriebs- und volkswirtschaftlichen Wertschöpfung wird nun einmal durch die Vermischung von Kapital und Arbeit generiert und

---

[3] Zur Entpersönlichung und Versachlichung der Wirtschaftsweise als Kennzeichen der kapitalistischen Unternehmung vgl. W. Sombart *Der moderne Kapitalismus*, München 1987, Bd. II/1, S. 101ff.

[4] Dieser Prozess zieht sich vom 12. bis ins 16. Jahrhundert hinein: Während sich einer der wichtigsten Autoren der Renaissance, L.B. Alberti, noch Mitte des 15. Jahrhunderts gegen Geldleihgeschäfte verwehrt und eine traditionell platonische Position bezieht, weisen andere Quellen darauf hin, dass die Ausrüstung von Handelsschiffen bereits im 12. Jahrhundert über Bankdarlehen finanziert wurde, bei denen sich die Zinsen – dem Risiko der Seefahrt gemäß – auf 40 bis 50% beliefen (s. W. Sombart, op. cit., I/2, S. 626).

[5] Leon Battista Alberti: *Vom Hauswesen*, München 1986, S. 263. Es darf hierbei nicht vergessen werden, dass es dem zitierten Unternehmer darum geht, sein Vermögen zu vergrößern, nicht es unter den Leuten zu verschenken! Dazu schreibt Birger P. Priddat: „Der Händler stilisiert sich bei Alberti zum Bürger, der das *bonum commune* fördert, und zwar um so mehr, je mehr er die Tätigkeit *extra muros* verfolgen kann, für die er aristotelisch verdammt würde." *Unternehmer in Renaissancerepubliken*, in: *Gegenwarten der Renaissance*, Göttingen 2004, S. 174.

nicht wie im vorkapitalistischen Zustand durch das Hinzufügen von Arbeit zu mehr oder weniger wertlosen natürlichen Ressourcen.[6] Der Arbeiter oder Angestellte riskiert nichts, um seinen Lebensunterhalt zu sichern, im Gegensatz zum Eigentümer einer Unternehmung, der schlimmstenfalls sein gesamtes Vermögen verliert. Scheitert der Unternehmer, findet er sich auf der gleichen Stufe wieder wie der Arbeitslose, wenn nicht auf einer tieferen. Aber immerhin hatte er davor zumindest eine zeitlang das Existenzrisiko einiger seiner Mitmenschen gemindert.[7]

## II.

Bleibt die Frage, ob der kapitalistische Unternehmer sich nicht die Not der Land- und Mittellosen zunutze mache, um damit seine egoistischen Interessen zu fördern. Die Jahrtausende währende Geschichte von Leibeigenschaft, Frondiensten, Sklaverei und Ausbeutung von Fabrikarbeitern, letztere immer noch sehr eindrucksvoll von Marx geschildert, legt diesen Verdacht nahe. Dass der Kapitalist seinen Profit aber aus der Ausbeutung der Arbeitskraft zieht, indem er dem Arbeiter acht Stunden bezahlt, ihn aber zwölf arbeiten lässt, war der große Irrtum Marx', der darauf gründete, dass Arbeit einen festen Wert habe (eine Ansicht, die er von Adam Smith übernommen hat). Der Wert der Arbeit war seine einzige Konstante, der Kapitaleinsatz eine variable Stellschraube, mit der sich Produktivität und absoluter Betrag des Mehrwerts erhöhen lassen. Der Wert der Arbeit errechnete sich nach Marx aus dem Wert der zur Reproduktion der Arbeitskraft nötigen Güter geteilt durch die zu ihrer Erzeugung nötige Arbeitszeit (heruntergebrochen auf sogenannte einfache Arbeit; auch dies übernommen von A. Smith). Diese zur Selbsterhaltung nötige Arbeit sei naturnotwendig bzw. die gesellschaftlich nötige Arbeit. Der Mehrwert generiere sich nun daraus, dass der Kapitalist den Arbeiter mehr als nötig arbeiten lasse. Dass der Kapitaleinsatz selbst wertschöpfend sein könne, dass ein Unternehmen einen Firmenwert oberhalb des Buchwertes der Produktionsanlagen haben könne, wurde von Marx als Schnapsidee verblendeter Kapitalistenhirne abgetan.[8] Und doch verhält es sich genau so: Das Risiko einer Unternehmung spiegelt sich im Firmenwert wider, der Wert des eingesetzten Kapitals steht und fällt mit der Wahr-

---

[6] Die Vermischung von Arbeit mit natürlichen Ressourcen als Basis einer Arbeitswerttheorie hält sich von John Locke über Adam Smith bis zu Karl Marx.

[7] Die Forderung nach einem Recht auf Arbeit im Sinne einer gesicherten lebenslangen Anstellung erscheint vor diesem Hintergrund durchaus absurd.

[8] Vgl. u.a. Karl Marx: *Das Kapital*, Köln 2003 (ungekürzte Ausgabe nach der 2. Aufl. von 1872), 1. Buch, S. 300.

scheinlichkeit der Erfüllung einer bestimmten Renditeerwartung. Diese bereits erwähnte Relation von Risiko und Rendite war spätestens den Ökonomen des 18. Jahrhunderts bekannt. Solange ein Unternehmen nicht verkauft wird (oder Anteile davon an der Börse gehandelt), bleibt der Firmenwert eine fiktive Größe, gleichwohl ist er aber der Puffer für konjunkturelle Risiken, von dem der Arbeitnehmer in der Regel nichts merkt. Meine zweite These lautet nun, dass die Gründung der Wirtschaft auf profitorientierte Unternehmen Grundlage für eine gerechte Gesellschaft ist, in der sich jeder seinen Fähigkeiten gemäß einbringen kann. Es wurde und wird oft die Kritik vorgebracht, dass die Maximierung dieser auch Shareholder Value genannten Größe dem Arbeitnehmer nicht nütze, vielmehr auf seine Kosten betrieben werde (also letztenendes eine neo-marxistische Kritik) und dass das Unternehmen, über die Profitmaximierung hinaus, eine Reihe weiterer, sozialer Verpflichtungen habe. Hier ist nun aber zu unterscheiden, was die Sphäre des Ökonomischen und was die des Politischen ist. Milton Friedman stellt in seinem Aufsatz *The social responsibility of business is to increase its profits*[9] die These auf, dass die Forderung nach sozialer Verantwortung den freien Markt untergrabe. Die „stählerne Faust" der Regierung würde alsbald die Unternehmen führen. Der Markt basiert aber auf dem Zustimmungsprinzip, während das politische Prinzip das der Rechtskonformität ist. Hätten Unternehmen soziale Verantwortung, würde das politische Prinzip auf den Markt ausgedehnt und damit die freie Gesellschaft untergraben. Friedman führt dazu drei Argumente an: Den Eigentumsvorbehalt, den Legitimationsvorbehalt und den Kompetenzvorbehalt. Der Eigentumsvorbehalt bezieht sich darauf, dass die Anteilseigner eines Unternehmens dafür, dass sie ihr Kapital dem Marktrisiko aussetzen, eine angemessene Rendite erwarten dürfen, die nicht durch Ausgaben geschmälert wird, die in keinem Zusammenhang mit der Profiterzielung stehen. Sonst könnten sie ihr Geld gleich gemeinnützigen Einrichtungen zur Verfügung stellen, wären dann aber immerhin frei in ihrer Entscheidung. Wer als Geschäftsführer nicht betrieblich begründete Ausgaben tätigt – und seien sie noch so sozial – macht sich unter Umständen der Veruntreuung schuldig. Mögliche Profite nicht zu realisieren schädigt aber nicht nur die Eigentümer, sondern über die damit ausgelöste Minderung des Firmenwertes, der seine Pufferfunktion verliert, auch die Arbeitnehmer. Der Legitimationsvorbehalt zum zweiten besagt, dass die Aufgabe der Bestimmung und Durchführung sozialer / gemeinnütziger Aufgaben der Sphäre des Politischen zufällt und nicht der Willkür des Unternehmers. Die Einrichtung von Betriebskindergärten oder Firmenuniversitäten kann begrüßenswert sein, entbindet den Staat aber nicht von der Wahrnehmung der ihm

---

9 In: *The New York Times Magazine*, September 13, 1970

übertragenen Aufgaben (zumal solche Einrichtungen dann nur den jeweils Beschäftigten zur Verfügung stehen und nicht allen Bürgern). Das Argument des Legitimationsvorbehaltes ist insofern eine Weiterentwicklung des Eigentumsvorbehaltes: Die Verfügung über fremdes Eigentum kann nur unter Zustimmung des Eigentümers erfolgen. Erfolgt diese Verfügung durch die Erhebung von Steuern (zur Finanzierung gemeinnütziger Aufgaben), muss den Besteuerten umgekehrt ein Mitspracherecht im Sinne demokratischer Kontrolle eingeräumt werden. Die Erhebung von Steuern und ihre Verteilung im Sinne der Bewältigung öffentlicher Aufgaben sind aber Aufgabe des Staates, verkörpert durch eine durch das Volk legitimierte und kontrollierte Regierung (Gewaltenteilung). Übernähme der Geschäftsmann diese Aufgaben, käme es zur Gewaltenverschmelzung und zur Verletzung des freiheitlichen, demokratischen Rechtsstaatsprinzips. Der Kompetenzvorbehalt schließlich zielt darauf ab, dass dem Unternehmer zuweilen der Blick auf die Priorisierung und inhaltliche Ausgestaltung öffentlicher Aufgaben verstellt ist (eben weil er individuelle Ziele zu verfolgen hat). Zwar unterstellen wir unseren gewählten Regierungsvertretern oft auch mangelnde Kompetenz, aber wir können sie abwählen und es steht zudem jedem frei, sich um ein politisches Mandat zu bewerben. Soziale Aufgaben an die Unternehmen und ihre Kapitalgeber zu delegieren hieße, das demokratische Prinzip zugunsten von Feudalismus und Paternalismus aufzugeben.[10] Ohne ein Wirtschaftssystem, das auf profitorientierten, kapitalbasierten Unternehmen gründet, ist ein freiheitlicher und damit gerechter Staat, der all seinen Bürgern gleiche Mitspracherechte einräumt, mithin nicht denkbar.

## III.

Bleibt der Einwand des kontraproduktiven Nutzens, der darauf abzielt, dass die reine Profitorientierung nicht zu einer Mehrung des Wohlstands aller, sondern zu einer zunehmenden Divergenz der Vermögensverhältnisse, zum Ausschluss der Schwächsten aus dem Wirtschaftssystem, der Verletzung sozialer Standards und einem Auseinanderdriften der globalen Verhältnisse führe. Meine dritte These dagegen lautet, dass die Profitorientierung internationaler Unternehmungen – entgegen manchem Augenschein – globale Risiken minimiert und zu einer zunehmenden Konvergenz der Verhältnisse führt. Für Kant ist die Neigung, Handel zu betreiben und dies auch global zu tun, eine der wesentlichen Grundlagen für die Etablierung des Weltbürger-

---

[10] Es gibt – leider – nicht wenige Menschen, die den Paternalismus der Freiheit vorziehen und sich damit aus der Verantwortung für ihre eigene Existenz stehlen. Freiheit und Eigenverantwortung sind aber die Grundlage jeglicher Moralität, wie Kant zeigt.

rechts. Kant vertrat die These, dass verfestigte Handelsbeziehungen zwischen den Völkern diese davon abhielten, über einander herzufallen, weil eine Eroberung niemals soviel Wertschöpfung erzielen könne, wie der sich durch Handel mehrende Wohlstand in Friedenszeiten.[11] Die Richtigkeit dieses Standpunktes wird oft mit dem Hinweis angezweifelt, dass die enge Verflechtung der europäischen Nationalökonomien weder den Ersten noch den Zweiten Weltkrieg hätte verhindern können. Eine Theorie wird aber nicht dadurch falsch, dass in einigen Fällen ihr zuwider gehandelt wird – die Lehren, die aus der desaströsen ersten Hälfte des 20. Jahrhunderts gezogen wurden, und die zur Entwicklung der Europäischen Union mit Vereinheitlichung des Rechtssystems und Binnenmarkt führten, belegen gerade die Richtigkeit der Kantschen Überlegung. Die Anerkennung des anderen als eines autonomen Rechtssubjektes im Verbund mit dem Aufbau von Handelsbeziehungen zu beiderseitigem Vorteil, sind und bleiben die Grundlagen einer friedlichen Weltordnung. Das Konzept des Wandels durch Annäherung, von Egon Bahr Mitte der sechziger Jahre entwickelt und seitdem Leitmotiv deutscher Außenpolitik, ist nicht zu unterschätzen: Es hat dazu geführt, dass man trotz unterschiedlicher Standpunkte vernünftig miteinander redet – in den siebziger und achtziger Jahren mit Osteuropa, in den Achtzigern und Neunzigern mit dem mittleren Osten und seit etlichen Jahren auch mit China. Annäherung bedeutet Fairness und der Wandel hat die Freiheit zum Ziel. Eine Freiheit, deren Fortbestand dadurch gewährleistet wird, dass sich alle Beteiligten der Pflicht unterwerfen, einem gemeinsamen Katalog von Rechten Folge zu leisten. Dies wiederum ist nichts anderes als der internationalisierte Kategorische Imperativ.

Kritiker mögen nun von Kinderarbeit in Indonesien zur Herstellung von Sportschuhen für den westlichen Markt berichten oder darlegen, dass die Wohlstandsverteilung weltweit immer weiter divergiere. Sie irren. Es ist ja nicht so, dass es in Malaysia oder Indonesien keine Kinderarbeit gegeben hätte, bevor Firmen wie Adidas oder Nike anfingen, Minderjährige in den Fabriken zu beschäftigen. Es ist ja nicht so, dass diese Unternehmen wohlbehütete Kinder von der Schulbank ans Fließband genötigt haben. Umgekehrt wird ein Schuh daraus: Erst dadurch, dass westliche Firmen sich bestimmte, schon gegebene Produktionsbedingungen zunutze gemacht haben, sind diese Bedingungen in den Wohlstandsnationen einem breiten Publikum bekannt geworden. Nichts scheint wirkungsmächtiger in der Aufdeckung von Rechtsverletzungen am anderen Ende der Welt als ökonomische Beziehungen. Die Verflechtungen, die durch globale Geschäfte entstehen, lassen uns – um mit Kant zu sprechen – ein Unrecht, das an *einem* Ort der Erde ge-

[11] Immanuel Kant: *Zum ewigen Frieden*, 3. Def. Art., 1. Zus. (3).

schieht, an *allen* fühlen.[12] Es muss sich aber auch derjenige, der niedrige Sozial- und Umweltstandards in Entwicklungs- oder Schwellenländern beklagt, fragen lassen, ob er damit nicht einem Protektionismus huldigt, der seine eigene privilegierte Position sichern soll. Dass Produzenten in Osteuropa oder Asien mit ihren günstigen Kostenstrukturen Arbeitsplätze in Deutschland gefährden, ist nachgerade der Beleg für die Chancengleichheit auf dem globalen Markt. Wenn es nach einigen Globalisierungskritikern hierzulande ginge, die nun feststellen, unter welch harten Bedingungen man andernorts seine Existenz zusammenverdienen muss, würde hier alsbald der Merkantilismus wieder eingeführt. Auf einem globalen Markt, wo sich Güter, Kapital und Arbeit frei bewegen können, werden sich die Faktorpreise hingegen (also Löhne und Einkommen) einander angleichen. Dass dies so ist, wird auch durch Zahlen belegt: Entgegen manchen Verlautbarungen hat sich zum einen die Wohlstandsschere zwischen armen und reichen Ländern in den letzten Jahrzehnten nicht sehr weit geöffnet und zum anderen ist der absolute Wohlstand auch am untersten Ende der Skala gewachsen: Die lokale Kaufkraft ist in allen Teilen der Welt und in allen sozialen Schichten seit dem 19. Jahrhundert nachweislich gestiegen, wenn auch unterschiedlich stark. Die sich daraus ergebende Divergenz des Wohlstandes hat bis zur Mitte des 20. Jahrhunderts zugenommen, flacht seitdem ab und hat sich seit den 1990er Jahren in eine Konvergenz verwandelt, weil viele ärmere Länder durch den Abbau von Handelsschranken höhere Wachstumsraten erzielen als die meisten Industrienationen.[13]

Der Vertiefung der Handelsbeziehungen folgt die Konvergenz des Rechts. Für viele westliche Unternehmer waren bis vor kurzem Geschäfte mit Ländern wie China oder dem Iran mit außerordentlichen Risiken verbunden, weil diese Länder ausländischen Geschäftsleuten keine Vertragssicherheit gewährten. Lieferte ein Unternehmer Waren und blieb anschließend auf seinen Forderungen sitzen, konnte er sie nicht einklagen. Die Weigerung, Ausländern Vertragssicherheit zu gewähren, ist charakteristisch für totalitäre Staaten, wenngleich die Motivation dazu unklar bleibt. Bei Platon heißt es, man solle Ware oder Geld nicht im Voraus geben, „oder aber wenn er doch einem Anderen hiezu das nötige Vertrauen schenkt muss er sich damit zufrieden geben ob er das Seinige erhält oder nicht, denn rechtliche Ansprüche soll er aus einem solchen Verkehre nicht herleiten dürfen“.[14] Wer dennoch das unternehmerische Risiko solcher Geschäfte eingeht, muss es mit ent-

---

[12] Kant, op. cit., 3. Def. Art.

[13] Vgl. François Bourguignon / Christian Morrisson: *Inequality among world citizens: 1820 – 1992*, in: *American Economic Review*, September 2002, S. 727 – 744 und Rainer Hank: *Konvergenz oder Divergenz*, in: *Merkur*, Sep./Okt. 2003, S. 815 – 824.

[14] Platon: *Nomoi*, 849e.

sprechender Renditeerwartung verknüpfen. Adam Smith zeigt in seiner Untersuchung über die Entwicklung von Kapitalrenditen, dass bei Geschäften in derlei rechtsfreien Räumen Zinsen von 60 Prozent und mehr durchaus nicht unüblich waren.[15] Wenn man bedenkt, dass Deutschland mit knapp 20 Prozent der Einfuhren (d.h. rund fünf Milliarden USD 2003) der wichtigste Handelspartner des Iran ist, wird deutlich, wie eng die Übernahme unternehmerischen Risikos mit dem wirtschaftlichen Wohlergehen hierzulande verknüpft ist, denn an einem Umsatzvolumen von fünf Milliarden hängen gut und gerne einige Tausend Arbeitsplätze. Aber diese Risikoübernahme gibt es eben nicht unentgeltlich sondern nur im Austausch gegen einen entsprechenden Profit. Inzwischen gewähren China und der Iran auch Ausländern Vertragssicherheit – Jahrzehnte währende Handelsbeziehungen haben in diesem Punkt zumindest die Welt ein Stück sicherer gemacht.[16]

Der Vorwurf des kontraproduktiven Nutzens in einer globalisierten Ökonomie lässt sich also nicht halten, da auf der Basis fallender Handelsbeschränkungen eine zunehmende Konvergenz der wirtschaftlichen und rechtlichen Verhältnisse zu beobachten ist. Der Wohlstand der Nationen, den Adam Smith im Auge hatte, wächst auf der Basis freier Handelsbeziehungen und der dadurch begünstigten unternehmerischen Tätigkeit.

## *Fazit*

Ich habe anhand von drei Thesen dargelegt, welche Rolle das Profitstreben bei der Bewältigung von Existenzrisiken spielt: Erstens ist die kapitalbasierte, profitorientierte Unternehmung geeignet, den Lebensunterhalt auch der Mittellosen in einer Gesellschaft zu sichern und in aller Regel darüber hinaus den Lebensstandard auch der Schlechtestgestellten zu heben. Dies gelingt dadurch, dass die Existenzrisiken des Einzelnen vom Kapital geschultert werden. Zweitens dient die Renditeerwartung als Puffer für konjunkturelle Schwankungen – Veränderungen in der Profitabilität eines Unternehmens schlagen, natürlich nur innerhalb gewisser Grenzen, nicht sofort voll auf das Einkommen der Angestellten durch. Werden dem Unternehmen neben den

---

15 Adam Smith: *Der Wohlstand der Nationen*, München 1978, S. 81-83.

16 Das in der Scharia, also der islamischen Gesetzgebung enthaltene Zinsverbot ist vor diesem Hintergrund mit Sorge zu betrachten: Vieles, was die Scharia als Regeln für das wirtschaftliche Zusammenleben formuliert, erinnert an Platons *Nomoi*. Man hat es hier mit einem allein auf die Binnengesellschaft gerichteten Regularium von Transferleistungen zu tun, das die Wettbewerbsfähigkeit auf kapitalbasierten internationalen Märkten systematisch verhindert. Dies ist sicherlich einer der Hauptgründe, warum islamisch geprägte Gesellschaften der weltweiten Entwicklung oft hinterherhinken.

Steuern, die es auf seine Gewinne zu zahlen hat, nicht auch noch gemeinschaftliche Aufgaben aufgebürdet, ist zudem gewährleistet, dass alle Mitglieder der Gesellschaft gleichermaßen über die Gestaltung öffentlicher Ausgaben mitentscheiden können. Drittens schließlich befördert das Profitstreben die ökonomische und rechtliche Konvergenz der globalen Verhältnisse. Um es in einem Satz auszudrücken: Ökonomische Sicherheit erzielt man nicht durch Transferleistungen, sondern dadurch, dass wirtschaftliche Risiken in Profiten absorbiert werden. Insofern ist Profitstreben aktives gesellschaftliches Risikomanagement. So scheinen sich also sowohl Adam Smiths Unsichtbare Hand wie Marx' Ausbeutung im Wert des Profitstrebens als Risikovorsorge aufzulösen.

*Andreas Spahn*

# Rationalistische und traditionalistische Hermeneutik

In dieser Abhandlung möchte ich eine Typologie der Hermeneutik skizzieren, die m.E. historisch wie systematisch fruchtbar ist. Dabei geht es zunächst um eine allgemeine Begriffsbestimmung der Hermeneutik (I), die dann anhand der Spannung zwischen Traditionalismus und Rationalismus (II) konkretisiert wird. Anschließend soll die ‚traditionalistische Hermeneutik' skizziert und an historischen Beispielen erläutert werden (III), bevor dann nach derselben Vorgehensweise die ‚rationalistische Hermeneutik' dargestellt wird (IV). Ein Ausblick beleuchtet schlaglichtartig die Situation der Hermeneutik heute, in der der Gegensatz zwischen diesen zwei grundsätzlichen Typen der Hermeneutik fortbesteht (V).[1]

## I

‚Hermeneutik' ist ein Wort mit vielen Bedeutungen. Schon eine oberflächliche Betrachtung der verschiedenen einschlägigen Schriften der Geschichte der Philosophie, die entweder ‚Hermeneutik' im Titel tragen oder der Hermeneutik zugerechnet werden, zeigt, dass nicht nur die Hermeneutik selbst jeweils unterschiedlich konzipiert wird, sondern lässt darüber hinaus Zweifel daran aufkommen, ob überhaupt jeweils dieselbe Disziplin gemeint ist: Aristoteles' *Peri Hermeneias*, Augustinus' *De doctrina christiana*, Dannhauers *idea boni interpretis*, Flacius' *clavis scripturae sacrae*, Spinozas *politisch-theologischer Traktat*, Meiers *Versuch einer allgemeinen Auslegungskunst*, Chladenius' *Einleitung zur richtigen Auslegung vernünftiger Reden und Schriften*, Schleiermachers Schriften zur Hermeneutik und schließlich Gadamers *Wahrheit und Methode* – um nur einige Werke zu nennen – lassen sich schwerlich unter ein und derselben Definition

---

[1] Für die Gegenüberstellung eines traditionsstiftenden und eines philologisch-kritischen Paradigmas in der Hermeneutik vgl. mit jeweils unterschiedlichen Akzenten Wilhelm Dilthey: *Die Entstehung der Hermeneutik*, Gesammelte Schriften Bd. V, S. 322; Gustav Špet: *Die Hermeneutik und ihre Probleme*, München 1993, S. 46ff.; Lutz Geldsetzer: *Einleitung* zu: *Matthias Flacius Illyricus: De ratione cognoscendi Sacras Literas. Über den Erkenntnisgrund der heiligen Schrift*. Düsseldorf 1968, unpaginiert; Peter Szondi: *Einführung in die literarische Hermeneutik*, Frankfurt a. M. 1975, S. 19ff.

von Hermeneutik subsumieren.[2] Wenn man nicht nur am geschichtlichen Wandel der Konzeption der Hermeneutik interessiert ist, sondern zudem an einer systematischen Bestimmung der Hermeneutik der Gegenwart, die versucht aus der Geschichte der Hermeneutik zu lernen, so ist man gut beraten, einige Differenzierungen zwischen verschiedenen *Typen der Hermeneutik* zu entwickeln, die die Fülle der Positionen auf einige wenige Grundprinzipien zurückzuführen versucht.

Ich möchte daher im Folgenden eine Typologie der Hermeneutik skizzieren, von der ich denke, dass sie sowohl in historischer als auch in systematischer Hinsicht fruchtbar ist. Eine einzelne Definition eines Typus macht noch keine Typologie, die kleinstmögliche Typologie ist daher offensichtlich eine dualistische Entgegensetzung zweier Grundpositionen. Dualistische Typologien haben den Vorteil, dass sie eingängig sind, sich auf einen wesentlichen Grundgedanken konzentrieren und dabei zugleich versuchen, möglichst viele Eigenarten verschiedener Ansätze aus einem einzigen Grundgedanken zu entwickeln. Dualistische Typologien haben freilich den Nachteil, dass sie eine Fülle von möglichen Positionen drastisch reduzieren und daher kaum den tatsächlichen Nuancen und Differenzierungen des Gegenstandsbereichs gerecht werden können. Zudem lässt sich bei dualistischen Typologien leicht ein dritter, synthetischer Typus entwickeln, der zwischen den beiden entgegengesetzten einzelnen Typen vermittelt, etwa indem er einzelne Momente der beiden unterschiedlichen Typen miteinander verbindet. Obwohl ich in meiner Dissertation[3] eine sehr viel differenziertere Betrachtung der Geschichte der Hermeneutik vorzulegen plane, möchte ich mich in diesem Rahmen auf einige grundsätzliche Überlegungen beschränken, die sich am ehesten in der Form einer dualistischen Typologie darstellen lassen. Eine Dissertation ist der geeignete Ort für Differenzierungen, ein kurzer Vortrag muss sich, schon allein aus Zeitgründen, auf das Wesentliche konzentrieren.

Doch bevor ich eine *inhaltliche* Unterscheidung zwischen verschiedenen Hermeneutikkonzeptionen entwickle, möchte ich eine *formale* Unterscheidung voranschicken, die zugleich die Hauptfragestellung für die folgenden Absätze beinhalten wird.[4] In formaler Hinsicht ist es zunächst sinnvoll, zwi-

---

[2] Aus der Reihe der genannten Schriften fällt vor allem *Peri Hermeneias* von Aristoteles heraus, das sich bekanntlich gar nicht mit dem Verstehen befasst. Daher wurden im Verlauf der Geschichte immer wieder Alternativtitel für das Werk vorgeschlagen, so von Ammonius *Peri toû apophantikoû lógou* oder *de Elocutione* von Laurentius Florentius.

[3] Arbeitstitel: *Die Wahrheit verstehen. Konzeptionen der philosophischen Hermeneutik bei H.-G. Gadamer und K.-O. Apel*, erscheint voraussichtlich 2007.

[4] Ich folge in der Unterscheidung zwischen technischer Hermeneutik, philosophischer Hermeneutik und hermeneutischer Philosophie im Wesentlichen Otto Friedrich Bollnow (*Wilhelm Dilthey als Begründer einer hermeneutischen Philosophie*, in: ders.: *Zwischen Philosophie und*

schen der Hermeneutik im engeren Sinne, der *technischen Hermeneutik*, und einer philosophischen Reflexion auf das Verstehen, der *philosophischen Hermeneutik*, zu unterscheiden.[5]

Die *technische Hermeneutik* ist im engen Sinn die Lehre von der Interpretation von Texten und beschäftigt sich daher mit der Frage, wie man einen Text richtig interpretiert. Sie versucht Regeln und Methoden an die Hand zu geben, die zuverlässige Interpretationshilfen darstellen sollen. Das Wort „technisch" bedeutet in diesem Zusammenhang gemäß dem griechischen Wort ‚techné' eine Kunst, d.h. ein handwerkliches, regelgeleitetes Können. Dabei ist es letztlich unerheblich, ob man als Gegenstandsbereich der technischen Hermeneutik – wie hier zunächst angenommen – nur Texte gelten lässt, oder ob man den Gegenstand ausdehnt auf alle sprachlichen Äußerungen, auf Kunstwerke, auf alle Objektivationen des Geistes, und schließlich sogar alle Zeichen inklusive natürlicher Zeichen mit einbezieht – immer geht es um eine methodische Hilfestellung beim Verstehen.

Die *philosophische Hermeneutik* hingegen hat das *Verstehen selbst* zum Gegenstand. Sie ist die philosophische Reflexion auf das Wesen und die Bedingungen des Verstehens und ist insofern die Metatheorie zur technischen Hermeneutik. Dabei kann man zwei Hauptströmungen der philosophischen Hermeneutik danach unterscheiden, ob es primär um die erkenntnistheoretische Analyse des Verstehensbegriffs oder primär um die kulturellen, geschichtlichen oder gar ontologischen (Gadamer) Bedingungen des Verstehens geht. Im ersten Fall werden methodologische Fragen, Begründungszusammenhänge und Rationalitätskriterien im Vordergrund stehen; im anderen Fall wird man anthropologische Bedingungen, geschichtliche Kategorien (etwa die Wirkungsgeschichte) und ähnliche Eigenschaften des Verstehens untersuchen.

Bei dieser Unterscheidung zwischen einer technischen und einer philosophischen Hermeneutik drängt sich allerdings die Frage auf, welche Beziehungen zwischen beiden Formen der Hermeneutik bestehen. So ist es naheliegend anzunehmen, dass bestimmte Vorentscheidungen innerhalb der philosophischen Hermeneutik Konsequenzen für die technische Hermeneutik haben. Wenn ich beispielsweise den Menschen – und somit auch jeden Autor – primär als vernünftiges Subjekt betrachte, der gemäß klug gewählter Mittel rationale Absichten zum Ausdruck bringen will, wird die konkrete technische Hermeneutik anders aussehen, als wenn ich etwa die Überzeu-

---

*Pädagogik. Vorträge und Aufsätze*, Aachen 1988, S. 169-188) und Gunthert Scholtz (*Was ist und seit wann gibt es hermeneutische Philosophie?* in: *Dilthey Jahrbuch*, 8 (1992/93), S. 93-119).

[5] Von diesen beiden Typen der Hermeneutik unterscheiden Bollnow und Scholtz weiterhin die *hermeneutische Philosophie*, die uns hier aber nicht weiter interessieren soll. Vgl. G. Scholtz, ebd., S. 109ff. [wie Anm. 4].

gung von der Göttlichkeit eines geoffenbarten Textes zugrunde lege, der mystische Geheimnisse enthält, oder wenn ich gar aus philosophischen Gründen eine rationale Rekonstruktion der Absicht des Autors für unmöglich halte. Natürlich gibt es zahlreiche hermeneutische Regeln, die unabhängig von den verschiedenen möglichen Konzeption einer philosophischen Hermeneutik gelten: so ist es beispielsweise stets sinnvoll, bei der Interpretation eines übersetzten Textes das Original zurate zu ziehen oder verschiedene Übersetzungen zu vergleichen, egal welcher philosophischen Hermeneutik man zugeneigt ist. Dennoch ist die *technische Hermeneutik als Ganze* in ihrem Aufbau, ihrer inneren Logik und der Auswahl ihrer Regeln niemals ganz frei von philosophischen Vorentscheidungen. Der allegorischen Interpretation der Bibel, der *hermeneutica universalis*, der historisch-kritischen Bibelexegese, der dekonstruktivistischen Kunstwerkanalyse liegen unterschiedliche Annahmen über das Werk, den Autor, den Leser und über das Verstehen zugrunde, so dass es äußerst fruchtbar ist, nach der jeweiligen Beziehung zwischen philosophischer und technischer Hermeneutik zu fragen. Anhand zweier ausgewählter, paradigmatischer historischer Konzeptionen der technischen Hermeneutik soll daher die folgende Frage untersucht werden: Wie verhält sich die technische Hermeneutik zur philosophischen Hermeneutik? oder allgemeiner: Wie stellt sich die Hermeneutik (sowohl die technische als auch die philosophische) unter verschiedenen erkenntnistheoretischen und anthropologischen Prämissen da?[6]

[6] Allerdings muss man bei dieser Frage zwei Aspekte unterscheiden: Die philosophische Hermeneutik als eigenständige Disziplin findet man vermutlich frühestens bei Dilthey (man denke an sein Projekt einer Kritik der historischen Vernunft, vgl. Hans-Ulrich Lessing: *Die Idee einer Kritik der historischen Vernunft. Wilhelm Diltheys erkenntnistheoretisch-logisch-methodologische Grundlegung der Geisteswissenschaften*, Freiburg (Brsg.) u.a. 1984) und später natürlich auch als solche betitelt, mit jeweils unterschiedlicher Ausrichtung bei Hans-Georg Gadamer (*Wahrheit und Methode. Grundzüge einer philosophischen Hermeneutik*, 1960 jetzt: Gesammelte Werke Tübingen 1990 Bd.1) und Karl-Otto Apel (vgl. u. a.: *Regulative Ideen oder Wahrheitsgeschehen?* in ders.: *Auseinandersetzungen in Erprobung des transzendentalpragmatischen Ansatzes*. Frankfurt a. M. 1998, S. 569-608). Insofern scheint es irreführend zu sein, nach einer Beziehung zwischen der philosophischen und der technischen Hermeneutik auch in einer Zeit zu fragen, in der es eine philosophische Hermeneutik als eigenständige Disziplin (noch) gar nicht gibt. Gleichwohl finden wir in allen älteren Konzeptionen der Hermeneutik *implizit immer auch Annahmen über Wesen und Funktion des Verstehens*, die meist gar nicht eigens thematisiert, sondern als selbstverständlich gegeben vorausgesetzt werden. Daher geht es in dem historischen Teil meiner Studie auch primär darum, diese philosophischen Grundprämissen herauszuarbeiten und ihren Wandel in der Geschichte paradigmatisch nachzuzeichnen. Insofern ist auch hier im Folgenden stets an eine nur *implizite* philosophische Hermeneutik zu denken, deren Leitideen vorgestellt werden sollen.

## II

In seiner *Einleitung zur richtigen Auslegung vernünftiger Reden und Schriften* (1742) schreibt Johann Martin Chladenius:

„Mich düncket, man könne die Verrichtungen der Gelehrten füglich in zwey grosse Classen eintheilen. Zum Theil dencken sie vor sich, und vermehren sowol die nützliche, als anmuthige Erkänntniß der Dinge, durch ihre eigene Erfindungen: zum Theil sind sie mit dem, was andere vor uns nützliches oder anmuthiges gedacht haben, beschäfftiget und geben Anleitung, derselben Schrifften und Denckmale zu verstehen, das ist, sie legen aus. Beydes ist nöthig: beydes hat seine Verdienste: beydes seine Abwege. Aber eben hieraus entstehet ein grosser Unterschied in den Regeln, wonach alle, die mit Wahrheiten umgehen, sich zu achten haben. Theils lernen sie uns richtig dencken, und diese Regeln machen die Vernunfft-Lehre aus, theils lernen sie uns richtig auslegen, und diese machen die Auslege-Kunst aus."[7]

Chladenius schildert in diesem Zitat die Grundsituation jedes Philosophen, der in der Spannung steht zwischen dem Selbstdenken und dem Lernen von der Tradition. Bücher schreiben und Bücher lesen sind auch heute noch die Hauptbeschäftigen mindestens der Geisteswissenschaftler und auch wenn wir nicht mehr in Kategorien von Anmutigkeit und Nützlichkeit denken, ist die Frage nach der ‚Anschlussfähigkeit' des eigenen Beitrages an den ‚gesellschaftlichen Diskurs', nur eine andere, wenngleich weniger erbauliche Formulierung desselben Themenbereiches. Aber nicht nur der Einzelne, auch ganze philosophische Strömungen, ja sogar ganze Epochen können und müssen zu der Tradition Stellung beziehen und sich entweder als kritische Korrektur einer fehlerhaften Entwicklung, als Fortführung einer ehrwürdigen Tradition oder als Verbindung tradierter und neuer Momente betrachten: der Selbstverständlichkeit, mit der mittelalterliche Denker ihre Meinungen mit der Schrift und den Quellen der Väter in Übereinstimmung bringen möchten, entspricht das entgegengesetzte Pathos des Bruchs mit der scholastischen Tradition und des Selbstdenkens der Neuzeit und insbesondere der Aufklärung; die Renaissance vermittelt historisch und systematisch zwischen beiden Epochen als Wiederentdeckung des Alten als *neues* Leitparadigma. Und auch heute lebt der Fortschrittsgedanke der Aufklärung fort – wenn auch gelegentlich in der subtilen, letztlich selbstwidersprüchlichen Variante, dass auch noch der Abschied vom Gedanken des Fortschritts als großer philosophischer Fortschritt gefeiert wird – und das Originalitätspathos

[7] J. M. Chladenius: *Einleitung zur richtigen Auslegung vernünftiger Reden und Schriften* (Leipzig 1742), Nachdr. hrsg. v. L. Geldsetzer, Düsseldorf 1969, Vorrede (unpaginiert, S. 4).

der Gegenwart lässt es bekanntlich häufig als viel wichtiger erscheinen, dass man in seinen Schriften etwas Neues als dass man etwas Wahres sagt.

Aber die Verbindung von Altem und Neuem, Fremdem und Eigenem, ist nicht nur eine Grundsituation der ‚Gelehrten', der einzelnen Philosophen, philosophischer Strömungen und ganzer Epochen – *sie ist auch und vor allem die Grundsituation der Hermeneutik*. Der klassische Ausgangspunkt der technischen Hermeneutik ist es, einen alten, fremd gewordenen Text zu verstehen und für die Gegenwart fruchtbar zu machen. Es geht der Hermeneutik somit in der Sprache Gadamers um die Verschmelzung zweier Horizonte, um die Vermittlung des Wahrheitsanspruches des Textes und des Lesers. Sie kann – sofern sie sich nicht ausdrücklich die Vermittlung dieser Pole zum Ziel setzt – daher grundsätzlich unter dem Primat der Autorität des Textes oder unter dem Primat der Ansprüche des Lesers stehen. Eine erste Einteilung der Typen der Hermeneutik erhält man folglich, wenn man diese Unterscheidung zugrunde legt. Freilich wird jede wahre Hermeneutik, die ihren Namen verdient, darum bemüht sein, die Spannung zwischen Leser und Text zu *überbrücken* und nicht einseitig für die eine oder andere Seite Partei ergreifen wollen. Gleichwohl ist die Mitte, das Maß, schwerer zu erreichen als die jeweiligen Einseitigkeiten – in der Ethik nicht anders als in der Philosophie. Man wird daher davon ausgehen können, dass diese dualistische Typologie dennoch fruchtbar ist, indem sie die jeweilige Tendenz einer Hermeneutik, den Interpreten oder das Interpretandum und seinen jeweiligen Wahrheitsanspruch in den Mittelpunkt zu stellten, analysiert und die Eigenarten verschiedener Konzeptionen aus diesem Grundgedanken verständlich zu machen hilft. Daher möchte ich im Folgenden von einer traditionstiftenden und einer rationalistisch-kritischen Hermeneutik sprechen.

## III

Für die *traditionsstiftende Hermeneutik* ist der Text eine Quelle der Wahrheit, der Interpret ordnet sich dem Wahrheitsanspruch des Textes unter – es ist eine Hermeneutik des Lernens von der Tradition.

Zwei Beispiele, die trotz zahlreicher wichtiger Unterschiede im Detail diesen Aspekt der Hermeneutik besonders gut zum Ausdruck bringen, sind die mittelalterliche Allegorese und Gadamers philosophische Hermeneutik, die beide von der Tradition lernen wollen, die beide gleichsam die ‚überlegene Wahrheit, die aus der Tradition spricht' (Gadamer) zur Geltung bringen möchten. Im Folgenden soll jedoch nur die allegorische Interpretation der Bibel besprochen werden. In dieser Form der Hermeneutik ist es zentrale Aufgabe, dass der Ausleger die Autorität der Bibel mit den zeitgenössischen

Überzeugungen vermitteln muss. Die Regeln der technischen Hermeneutik müssen diese Vermittlung ermöglichen, wie im Folgenden gezeigt werden soll.

Die *allegorische Bibelinterpretation* ist dabei gleichermaßen kennzeichnend für das hellenistische Judentum und für die christliche Auslegungspraxis der Patristik und des Mittelalters.[8] Man kann sie in unterschiedlichen Formen bei Philo von Alexandrien, Origenes und Augustinus wiederfinden – und natürlich spielt die allegorische Interpretation bereits in der Antike als Verteidigung Homers gegen seine Kritiker eine wichtige Rolle.[9] Bei der allegorischen Interpretation unterscheidet man zwischen einem wörtlichen und einem geistigen Sinn des Textes. Textstellen, deren wörtlicher Inhalt problematisch ist, werden als Allegorien verstanden, die eine tiefere Bedeutung haben. Diese Form der Interpretation dient dabei einerseits der Verteidigung der eigenen Tradition gegenüber Kritikern und damit andererseits ihrer Bewahrung und Pflege, wobei die eigene Tradition gleichzeitig – gleichsam unbemerkt – mit neueren Erkenntnissen vermittelt wird.

So ist es z.B. bei *Philo von Alexandrien* kennzeichnend, dass er in seinem Denken – von außen betrachtet – jüdische und griechische Elemente miteinander verbindet. Der Einfluss der jüdischen Tradition bei Philo zeigt sich in seinem Monotheismus, in seiner Anerkennung der Autorität des Moses, in der Überzeugung, Philosophie sei identisch mit der Interpretation der Bibel und nicht zuletzt in seiner religiösen Frömmigkeit. Umgekehrt sind seine Kommentare und Auslegungen des Pentateuchs aber zugleich voller Anspielungen auf die griechische Philosophie von Platon, des Neuplatonismus

---

[8] Vgl. für das Folgende Vittorio Hösle: *Philosophy and the Interpretation of the Bible*, in: Internationale Zeitschrift für Philosophie, 1999 Nr. 2, S. 182-210.

[9] Gegen die philosophische Kritik von Xenophanes, Pythagoras und Heraklit verteidigen die allegorischen Homer-Exegeten Theages von Rhegion und Anaxagoras den Dichter gegen den Vorwurf, Unziemliches und Unmoralisches über die Götter zu verbreiten. Die Götterschilderungen seien vielmehr als Allegorien auf physikalische oder psychische Kräfte zu verstehen (Theages) oder als Schilderungen ethischer Konflikte zu deuten (Anaxagoras, vgl. Diogenes Laertios, II 3, S. 11). Besonders in der Stoa ist dann eine allegorische Deutung von Homer weit verbreitet (neben Zenon bei Chrysipp und Cornutus). Über die griechische Allegorese, die historisch das Vorbild für Philo von Alexandrien ist, vgl.: H. Dörrie: *Zur Methodik antiker Exegese*, in: Zeitschrift für die neutestamentliche Wissenschaft, 65 1974, S. 121-38; ferner R. Pfeiffer: *Geschichte der klassischen Philologie. Von den Anfängen bis zum Hellenismus*, [2]1978, S. 290ff; M. Pohlenz: *Die Stoa*, a.a.O. (1964), S. 97ff.; D. Dawson: *Allegorical Readers and Cultural Revision*, Oxford 1992, S. 23ff; sowie insbesondere C. Blönningen: *Der griechische Ursprung der jüdisch-hellenistischen Allegorese und ihre Rezeption in der alexandrinischen Patristik*, Frankfurt a. M. 1992.

und der Stoa, die von der gründlichen griechischen Bildung Philos ein eindrucksvolles Zeugnis ablegen.[10]

Diese soeben gegebene Darstellung, die in Philo die Verbindung griechischer und jüdischer Motive erkennt, ist allerdings nur unsere heutige Interpretation der Stellung Philos in der Geschichte der Theologie; in der Selbstinterpretation geht es Philo jedoch keineswegs darum, zwei als völlig unterschiedlich und einander fremd empfundene Traditionen zu vermitteln. Er ist vielmehr davon überzeugt, dass *er alleine durch eine angemessene Auslegung der Schrift zu seinen Überzeugungen kommt.* Biblische Frömmigkeit und griechische Philosophie widersprechen sich nach Philos Ansicht nicht, viel mehr stimmen beide in den wesentlichen Punkten vollständig überein, wobei *für ihn* die Autorität des Moses freilich viel höher steht als die der Griechen, die – gemäß einer alten Behauptung der Existenz einer angeblichen, verlorengegangenen älteren Übersetzung des Pentateuchs – ihre Weisheit ohnehin nur aus den Schriften des Moses gestohlen hätten.[11] Auch wenn aus unserer heutigen Sicht Philos Philosophie viel stärker ‚griechisch' anmutet als spezifisch jüdisch, so ist er selbst davon überzeugt, alle Weisheit allein in den Schriften des Moses zu finden, der für ihn als Herrscher, als Gesetzgeber, als Priester und als Prophet „in jedem dieser Ämter das Höchste"[12] geleistet hat.

Aus der Perspektive der historisch-kritischen Bibelinterpretation ist es daher interessant zu sehen, wie Philo mit denjenigen Passagen umgeht, in denen sich griechisch-platonische und jüdisch-traditionelle Vorstellungen widersprechen und wie er darüber hinaus moralisch anstößige Stellen interpretiert. So wendet sich Philo insbesondere gegen anthropomorphe Gottesvorstellungen: Wenn die Schriften Moses davon berichten, dass Gott zornig wird, dass er zu einer Stadt herabsteigt, dass er im Garten Eden spazieren geht etc., so ist für Philo klar, dass diese Aussagen in einem übertragenen

---

[10] Über Philo vgl. I. Christiansen: *Die Technik der allegorischen Auslegungswissenschaft bei Philo von Alexandrien,* Tübingen 1969; G.D. Farandos: *Kosmos und Logos nach Philon von Alexandria*, Amsterdam 1976; H. Burkhardt: *Die Inspiration heiliger Schriften bei Philo von Alexandrien*, Giessen 1988; R. Williamson: *Jews in the hellenistic world: Philo*, Cambridge 1989; David T. Runa: *Exegesis and Philosophy: Studies on Philo of Alexandria*, Hampshire u.a. 1990; Peder Borgen: *Philo. An Exegete for his Time*, Leiden u.a., 1997.

[11] Vgl. Philo: *quest. in. Gen.* IV S. 152 (Heraklit habe wie ein Dieb philosophische Einsichten von Moses gestohlen), ähnlich: *quest. in. Gen.* III S. 5 und *quis rer. div. heres.* S. 214. Die Behauptung eines angeblichen Einflusses von Moses auf die griechische Philosophie hatte schon vor Philo Aristobul.

[12] Philo: *Vita Moses.* II S. 3. Der Aufbau des Buchs über das Leben Moses richtet sich dann auch in der formalen Einteilung nach diesen vier Eigenschaften Moses', die nach einander geschildert werden.

Sinne zu verstehen sind.[13] Gleichermaßen sind Stellen, in den scheinbar unziemliche und unmoralische Handlungen berichtet werden, für Philo ebenfalls nicht wörtlich zu verstehen, sondern Zeichen eines tieferen, geistigen Sinnes, kurzum: man muss diese Stellen als Allegorien auffassen. Aber auch viele andere Stellen, die weder anthropomorphe Gottesvorstellungen noch Unmoralisches enthalten, lassen sich nach Philo in einem tieferen Sinn interpretieren, der über das Verständnis des Wortsinnes hinausgeht. So spiegele die Reihenfolge des Alten Testamentes (Schöpfungsgeschichte, Geschichte der Patriarchen, die Geschichte Moses) die Idee wieder, dem Gesetz des Kosmos gemäß zu leben. Diese stoische Forderung, sich an den ὀρϑός λόγος zu halten, findet Philo somit in den formalen Aufbau der Schriften Moses wieder, die seiner Überzeugung nach nicht zuletzt deswegen mit einer Schilderung der Schöpfung beginnen, um zu zeigen, wie der göttliche Logos den ganzen Kosmos von der Natur bis zu den menschlichen Dingen bestimme.[14] Ferner deutet er die Geschichte des Joseph als eine allegorische Darstellung des βίος πολιτικός,[15] und die Wanderung Abrahams aus der Heimat ist für Philo schließlich ein Symbol für den Aufstieg der Seele und die Abwendung von der Sinnlichkeit.[16]

Wie man sieht, erlaubt die allegorische Interpretation also bei Konflikten zwischen dem Wortsinn des Textes (der gleichsam die Wahrheit der Tradition repräsentiert) und der eigenen Überzeugungen (also der Wahrheit der Gegenwart) dennoch an der Idee der Einheit der Wahrheit und der Heiligkeit der Tradition festzuhalten, ohne dass man seine eigenen, zeitgenössischen Überzeugungen aufgeben muss. Widersprüche zwischen gegenwärtigen und überlieferten Ansichten werden so umgedeutet, dass sie verschwinden; neue Gedanken, die in der Tradition fehlen, werden dennoch in ihr gefunden, indem man diese Gedanken in alte Texte zurückprojiziert.

Diese Form der Interpretation eines besonderen, autoritativen Textes wird durch den ebenfalls in Alexandrien lebenden Christen Origenes auch innerhalb des Christentums äußerst einflussreich.[17] In seiner Schrift *Peri Ar-*

---

[13] Für Philos Kritik am Anthropomorphismus vgl. u.a. *De post. Cainii*, S. 1ff. ; *Quod Deus immut. sit.*, S. 52 ; *Conf. Lingu.*, S. 98 ; *Vit. Mos. II* S. 11ff.

[14] Philo: *De opif. mund.* S. 1-4. Die Patriarchen werden in diesem Kontext als Vertreter der Weisheit durch ungeschriebene Gesetze gedeutet, so dass sich die Folge *Gesetze des Kosmos*, Weisheit durch *ungeschriebene Gesetze* und schließlich als Höhepunkt die schriftlich festgehaltenen *Gesetze des Moses* ergibt. Zur Parallelisierung des mosaischen Gesetzes mit dem Gesetz des Kosmos siehe auch: *V. Mos.* II S. 48.

[15] Vgl. *De Jos.* S. 1.

[16] Vgl. *De Abr.* S. 68.

[17] Für die Hermeneutik von Origenes vgl. M.F. Wiles.: Origenes, in: P.A. Ackroyd u.a. (Hrsg.): *The Cambridge History of the Bible*, Vol.1., Cambridge 1970, S. 454-489; Ulrich Berner: *Origenes. Erträge der Forschung*, Darmstadt 1981; Theresia Heither: *Origenes als Exeget.*

*chon* entwickelt er auch eine philosophisch-theologische Rechtfertigung der spirituellen Interpretation und unterscheidet einen dreifachen Schriftsinn, den er mit der neuplatonischen Unterteilung der Welt in Körper, Seele und Geist parallelisiert.[18] Während der körperliche, buchstäbliche Sinn der Schrift unmittelbar verständlich ist, erfordern die beiden geistigen Sinne eine immer bessere Bildung der Seele, die sich nicht bei allen Menschen findet. Durch Widersprüche und Ungereimtheiten im wörtlichen Verständnis angespornt,[19] gelangt der gläubige Leser zu einem immer besseren Verständnis der Schrift, die somit Gottes Hilfe für den Aufstieg der Seele zu höheren Erkenntnisformen ist. Für die vielen Ungebildeten ist daher der wörtliche Sinn gedacht, der sie moralisch belehrt und zugleich vergnügt und in Spannung auf den unerwarteten Ausgang der Geschichten hält. Durch ein Verständnis des geistigen Sinnes verschwinden aber alle Ungereimtheiten,[20] die der wörtliche Sinn enthält, und man findet viele religiöse, moralische und philosophische Lehren, die man bei einer oberflächlichen Lektüre nicht findet. Ein wichtiger Schwerpunkt einer ‚geistigen' Bibellektüre besteht für Origenes in der typologischen Interpretation des Alten Testamentes, das für ihn nur von Christus her verständlich ist und daher auf das neue Testament vorausweist.[21]

Auch für Augustinus ist die allegorische Interpretation der Bibel erlaubt, ja geboten, wenn sich der Wortsinn nicht mit dem doppelten Liebesgebot – ‚Liebe Gott und liebe Deinen Nächsten!' – verbinden lässt: „Es wird also bei figürlichen Redeweisen eine so geartete Regel eingehalten, daß das, was gelesen wird, so lange in sorgfältiger Betrachtung hin und her gewendet wird, bis die Auslegung zur Herrschaft der Liebe als ihrem Ergebnis gelangt. Wenn aber dies schon im Wörtlichen zum Ausdruck kommt, möge man es nicht für eine figürliche Redeweise halten."[22]

Ferner heißt es bei Augustinus: „Es muß also zuerst das Kriterium aufgezeigt werden, wie man herausfindet, ob eine Redeweise wörtlich oder figürlich ist. Dieses Kriterium ist folgendes: Alles, was in der Bibel im wörtlichen

---

*Ein Forschungsüberblick*, in: G. Schöllgen u.a. (Hrsg.): *Stimuli*, Münster 1996; H.J. Vogt: *Origenes als Exeget*, Paderborn 1999.

[18] Vgl. Origenes, *De Princ.* IV 2,4.

[19] Vgl. Origenes, *De Princ.* IV 2,9.

[20] Für eine Aufzählung von ‚Ungereimtheiten' und ‚Unmöglichkeiten', die Origenes im Wortsinn der Bibel findet, vgl. Origenes, *De Princ.* IV 2,2 & IV 3,2.

[21] Obwohl Origenes in der Geschichte der Hermeneutik oft als Musterbeispiel einer allegorischen Interpretation der Bibel aufgefasst wurde, hat er auch auf dem Gebiet der Textkritik Beachtliches geleistet – man denke nur an die Hexapla – worauf in jüngerer Zeit besonders Bernd Neuschäfer (*Origenes als Philologe*, Basel 1987, 2 Bde) aufmerksam gemacht hat.

[22] Augustin, *de doc. chr.*, II, xv.23.

Sinn weder auf die Lauterkeit der Sitten noch auf die Wahrheit des Glaubens bezogen werden kann, muß für figürlich gehalten werden.“[23]

An diesen Stellen wird zum einen deutlich, dass das Erfassen des tieferen Sinnes durch eine normative, inhaltlich festgelegte Prämisse bedingt wird und dass zum anderen aber der Wortsinn eine relative Bedeutung erhält: dann und nur dann, wenn der Wortsinn nicht zu der christlichen Botschaft der allgemeinen Gottes- und Nächstenliebe zu passen scheint, ist eine allegorische Interpretation erlaubt.[24]

Durch die Nachwirkung der Kirchenväter, insbesondere durch den großen Einfluss des Augustinus, steht auch die mittelalterliche Bibellektüre häufig im Banne der allegorischen Interpretation, die es ermöglicht, an der hohen Autorität des Textes festzuhalten und gleichzeitig mit problematischen Stellen umzugehen, die als Anpassung an die menschliche Schwäche gedeutet werden, hinter denen sich aber zugleich – wie häufig auch hinter nicht problematischen Stellen – eine tiefere Wahrheit verbirgt. Im Mittelalter wird dann die Unterscheidung eines vierfachen Schriftsinnes geläufig, die neben dem historischen (wörtlichen) Sinn, drei geistige Sinne kennt: einen moralischen (was zu tun ist), einen allegorischen (im engeren Sinne des Wortes, der sich auf die Glaubenswahrheiten bezieht) und einen anagogischen (die Endzeit betreffenden) Sinn.[25]

Wenn wir diese Form der technischen Hermeneutik, die hier freilich nur äußerst kurz skizziert werden konnte, auf ihre philosophischen Prämissen hin untersuchen, also nach dem Verhältnis zu einer impliziten philosophischen Hermeneutik fragen, so fallen unter anderem zwei entscheidende Grundannahmen auf.

Zum einen ist ontologisch der *neuplatonische Hintergrund* dieser frühen Ansätze deutlich erkennbar. Nach der neuplatonischen Lehre kann die menschliche Seele, die in ihren Körper gefangen ist, die Ideen nicht mehr, wie vor ihrer Geburt, unmittelbar schauen. Vielmehr muss sie sich erst aus ihrer

---

[23] Augustin, *de doc. chr.*, II, x.14. Vgl. ebd. III, xii.18 und ebd. III, xii.20.

[24] Allerdings versucht Augustin zugleich die allegorische Interpretation zu begrenzen, in dem er bei dunklen Stellen zunächst empfiehlt, sprachliche und textkritische Überlegungen zu Rate zu ziehen. Der interessante semiotische Hintergrund seiner Hermeneutik kann hier nicht näher dargestellt werden. Vgl. V. Hösle, a.a.O. [wie Anm. 8], S. 184ff.; Klara Pollmann: *Doctrina Christiana. Untersuchungen zu den Anfängen der christlichen Hermeneutik unter besonderer Berücksichtigung von Augustinus De doctrina christiana*, Freiburg 1996. Zur Praxis der Auslegung bei Augustin vgl. B. Springer: *Die antiken Grundlagen der neuzeitlichen Hermeneutik*. Frankfurt a. M. 2000, S. 316ff.

[25] Vgl. H. Brinkmann: *Mittelalterliche Hermeneutik*, a.a.O., S. 243; U. Schnelle: *Einführung in die neutestamentliche Exegese*, München [5]2000, S. 171.

Höhle befreien und reinigen, um in einer Rückkehr zu Gott immer höhere Erkenntnisformen zu erlangen. Die Heilige Schrift wird daher als ein Hilfsmittel von Gott verstanden, das schon im Wortsinn grundsätzliche und wichtige moralische und heilsnotwendige Lehren enthält, das aber durch eine immer gründlichere allegorische Interpretation auch eine umfassende höhere philosophisch-theologische Erkenntnis der Welt und der Güte Gottes erlaubt.[26]

Aber nicht nur in der Parallelisierung des Aufstiegs der Seele mit verschiedenen Sinnschichten des Textes lässt sich neuplatonisches Gedankengut erkennen; auch die These einer möglichen typologischen Interpretation des Alten Testamentes verweist insofern auf einen neuplatonischen Hintergrund, als die Idee einer göttlichen Bestimmung der Welt die Grundlage dieser These ist: nicht die *Schrift* des Alten Testamentes als Buch – sondern die in dieser Schrift geschilderten historischen Ereignisse *als solche* verweisen auf den künftigen Gang der Geschichte (das Kommen des Messias), weil die Geschichte durch Gottes Plan bestimmt ist. Für den Platoniker Augustinus ist die ganze Welt zeichenhaft und aus dem Gang der Geschichte und aus der Verfasstheit der Natur schließen wir auf die *dahinter liegenden Ideen*, die für den Christen Augustinus die Absichten Gottes widerspiegeln. Erst wieder bei Georg Friedrich Meier – für den ebenfalls ontologisch vor dem Hintergrund einer Leibnizianisch-Wolffschen Metaphysik die ganze Welt zeichenhaft ist – erreicht die Hermeneutik als Lehre von der Interpretation der Zeichen einen so weiten Gegenstandsbereich, da sich für ihn nicht nur ein Text, sondern auch die Natur selbst verstehen lässt und gedeutet werden kann.[27] Diese Rolle einer platonischen Metaphysik als ontologischer Grundlage einer spirituellen Textinterpretation erklärt auch, warum mit dem Vordringen des A-

---

[26] Reminiszenzen dieser Idee finden sich noch in Lessings Schrift über die göttliche *Erziehung des Menschengeschlechts* (in: *Werke*, hrsg. v. G. Göpfert, Bd. 2, München 1971), nur dass der Vorgang des Erkenntnisfortschrittes bei Lessing nicht als ein individueller, sondern als ein geschichtlicher Prozess verstanden wird (wenn man von den Spekulationen über eine Wiedergeburt einmal absieht [§§94-100]). Für Lessing ist freilich kennzeichnend, dass auf der höchsten Stufe der Erkenntnis die Schrift nicht mehr notwendig ist, da die Vernunft allein alle spekulativ-theologischen und moralischen Wahrheiten erkennen kann (§§67-71; §76).

[27] Vgl. Georg Friedrich Meier: *Versuch einer allgemeinen Auslegungskunst.* (1757), hrsg. v. A. Bühler & L. Caltaldi Madonna, Hamburg 1996. Es wird deutlich, dass (verstehende) Geschichtsphilosophie und Naturphilosophie häufig eine Form des Platonismus bzw. des objektiven Idealismus voraussetzen. Verschwindet umgekehrt die Annahme, die Welt spiegle eine höhere Ordnung wieder, so verschwinden allmählich auch diese Disziplinen, so dass mit dem historischen Zusammenbruch des Idealismus auch Geschichtsphilosophie und Naturphilosophie fragwürdig werden.

ristotelismus im Verlauf des Mittelalters auch der Wortsinn wieder an Bedeutung gewinnt.[28]

Zentral ist aber, zweitens, die Prämisse, *dass der Text eine hohe, ja die höchste Autorität in Wahrheitsfragen genießt.* Nicht nur geht man davon aus, dass es nur eine Wahrheit gibt, darüber hinaus wird ein konkreter geschichtlicher Text mit diesem Ideal, die Quelle der einen umfassenden Wahrheit zu sein, identifiziert. Eine allegorische Deutung wird erst dadurch notwendig, dass man annimmt, der zu interpretierende Text enthält die vollständige, zeitlos gültige, widerspruchsfreie Wahrheit. Folglich müssen durch die Interpretation unvollständige, zeitbedingte und widersprüchliche Stellen so interpretiert werden, dass sie ihre Problematik verlieren.

Wie bereits mehrfach erwähnt, trennt uns heute ein so großer geschichtlicher Abstand von dieser Form der Hermeneutik, dass die Frage auftauchen kann, warum eine derartige Form der Hermeneutik, die zu willkürlichen Interpretationen geradezu einzuladen scheint, sich jemals als eine plausible Form der technischen Hermeneutik etablieren konnte. Neben den beiden erwähnten, primär philosophischen Prämissen (Akzeptanz der hohen Autorität des Textes, Ideal des neuplatonischen Aufstiegs), haben sicherlich zwei weitere Faktoren dazu beigetragen, die allegorische Interpretation zu stützen. So ist *soziologisch* betrachtet, eine allegorische Umdeutung eines als heilig betrachteten Textes eine interessante Möglichkeit, Fortschritt und Traditionalismus miteinander zu verbinden: Indem man den Text auslegend an die eigenen Anschauungen anpasst, aber zugleich subjektiv ehrlich davon überzeugt ist, nur eine tiefere Wahrheit, die bereits im Text ist, herauszulesen, kann man einerseits etwa neue Gottesvorstellungen entwickeln, die einen wirklichen Fortschritt gegenüber anthropomorphen Konzeptionen darstellen. Zum anderen muss man aber nicht radikal mit der Tradition und ihrer hohen Autorität brechen, sondern man kann sich nach wie vor als Bewahrer einer langen und heiligen Tradition verstehen, der allein durch eine angemes-

[28] Ausführlich wird die mittelalterliche Hermeneutik in meiner Studie untersucht. Es ist kein Widerspruch, dass die Blüte der modernen textkritischen Hermeneutik durch den Humanismus vorbereitet wird. Der Humanismus ist zwar eine stark vom Platonismus inspirierte Bewegung, dass er aber dennoch zu einem starken Interesse an philologischer Textkritik führt, hat mit dem Wunsch der Humanisten zu tun, zu den möglichst reinen und unverdorbenen (also nicht durch traditionelle Fehldeutung verstellten) Quellen zurückzukehren. Für die Hermeneutik des Mittelalters vgl. B. Smalley: *The Study of the Bible in the Middle Ages*, Notre Dame [3]1978; H. Brinkmann: *Mittelalterliche Hermeneutik*, Tübingen 1980; G. R. Evans: *The Language and the Logic of the Bible*, 2 Bde Cambridge 1984-85; H. Graf Reventlow: *Epochen der Bibelauslegung*, Bd. 2 München 1994.

sene Auslegung der heiligen Schriften zu seinen theologisch-philosophischen Überzeugungen gelangt.[29]

Außerdem ist die Erfahrung, dass man einen Text immer besser versteht, je öfter und gründlicher man ihm liest, ja, dass man immer wieder neue Einsichten entdecken kann, die man bei vorausgegangenen Lektüren schlicht übersehen hat, eine so grundlegende Erfahrung im Umgang mit Texten, dass die These, der Text enthalte einen mehrfachen Schriftsinn, auch *psychologisch* Plausibilität gewinnt.

Bevor wir uns nun der rationalistisch-kritischen Hermeneutik der Aufklärung zuwenden, soll in einer tabellarischen Übersicht das Gesagte noch einmal zusammengefasst werden.

| | ***Traditionalistische Hermeneutik*** |
|---|---|
| Philosophische Prämissen | (a) Der Text enthält die umfassende Wahrheit<br>(b) Die zeitgenössischen Überzeugungen sind wahr |
| Konsequenzen für die techn. Hermeneutik | (c) Widersprüche zwischen a) und b) werden durch allegorische Umdeutung von (a) „vermittelt“ bzw. beseitigt. |

## IV

Der Rationalismus der frühen Neuzeit und die Aufklärung bringen einen entscheidenden Wandel in der Geschichte der Hermeneutik: sowohl die *historisch-kritische Bibelhermeneutik* wie auch die rationalistische *hermeneutica universalis* entstehen allmählich in kritischer Auseinandersetzung mit dem bisherigen Umgang mit Texten. Da im Folgenden die Aufklärungshermeneutik im Mittelpunkt stehen soll, sollen nur einige wenige zentrale Punkte im Bezug auf die historisch-kritische Bibelhermeneutik erwähnt werden.[30]

Wenn man die erwähnten Prämissen betrachtet, die der mittelalterlichen Allegorese zugrunde liegen, so wird deutlich, dass ein Wandel insbesondere

[29] Über diese soziale Funktion der Hermeneutik vgl. V. Hösle, a.a.O. [wie Anm. 8], S. 191ff. Hösle vertritt im Anschluss an diese Überlegungen die weitergehende These, dass daher der Fundamentalismus (als reaktionärer Rückgang auf den Wortsinn des Textes *gegen* zeitgenössische Überzeugungen) kein mittelalterliches, sondern erst ein neuzeitliches Phänomen sei, das einerseits eine höhere Sensibilität für den Wortsinn erkennen lasse, der nun aber andererseits eine Vermittlung zwischen neuen Einsichten und der Überlieferung unmöglich mache.

[30] In meiner Arbeit wird der Wandel in der Bibelhermeneutik anhand einer paradigmatischen Analyse von Spinozas *Theologisch-politischem Traktat* behandelt.

in der ersten Prämisse (a) zwangsläufig einen Wandel in der technischen Hermeneutik nach sich zieht. Wenn man nicht mehr davon ausgeht, dass der heilige Text die umfassende, widerspruchsfreie Wahrheit enthält, so legt dies einen anderen Umgang mit diesem Text nahe. Daher ist es m.E. am plausibelsten, das Entstehen der historisch-kritischen Bibelhermeneutik als Folge des allgemeinen Weltbildwandels im Übergang des späten Mittelalters zu der frühen Neuzeit zu interpretieren.[31] Die historisch-kritische Bibelhermeneutik entsteht, wenn die Einheit des christlichen Weltbildes und die Überzeugung, in der Bibel stehe nur die Wahrheit, fragwürdig werden. Freilich vollzieht sich ein solcher Wandel nicht von heute auf morgen, und es versteht sich von selbst, dass zahlreiche Faktoren bei der Einschränkung der Autorität der Bibel eine Rolle spielen.[32]

So führt zunächst die Kirchenspaltung in zwei Konfessionen philosophisch zu einem verstärkten Interesse an Fragen nach der *Gewissheit* unserer Erkenntnis. Dabei wird es besonders für den Protestantismus wichtig, eine Form der technischen Hermeneutik zu entwickeln, die – trotz zahlreicher Dunkelheiten in der Schrift – erklärt, wie man diese aus sich selbst heraus, ohne Hilfe der Autorität der Kirche und der Tradition, verstehen kann und wie man zur reinen Lehre der Schrift gelangen kann ohne scholastische oder ‚papistische Verunreinigungen' in sie hineinzutragen.[33]

Auch die neuen geographischen Entdeckungen und die entstehenden Naturwissenschaften sprengen den Rahmen des mittelalterlichen Weltbildes und legen die These nahe, dass die Bibel kein Lehrbuch der Naturphilosophie und Geschichtskunde ist, sondern primär als ein moralisches Lehrbuch aufzufassen ist – eine deutliche Einschränkung des alten Wahrheitsanspruches. Fehlerhafte naturphilosophische und historische Aussagen in der Bibel

---

[31] Diese These liegt auch Scholders lesenswerter Darstellung zugrunde. Vgl. Klaus Scholder: *Ursprünge und Probleme der Bibelkritik im 17. Jahrhundert. Ein Beitrag zur Entstehung der historisch-kritischen Theologie*, München 1966.

[32] Einige wichtige Etappen bei der Herausbildung des neuen Paradigmas sind, neben ersten wichtigen Ansätzen im Renaissance-Humanismus etwa bei Laurentius Valla (Reventlow: *Epochen*, a.a.O. [wie Anm.25], Bd.4, S. 9-67 und allgemein zum Humanismus ders.: *Wurzeln der modernen Bibelkritik*, in: Reventlow, u.a.(Hrsg.): *Historische Kritik und biblischer Kanon in der Aufklärung*, Wiesbaden 1988, S. 58f), der bereits erwähnte Traktat von B. Spinoza (1670), der sich wiederum auf Arbeiten von Hobbes, de La Peyrère, u.a. stützen kann; und die Arbeiten von R. Simon und schließlich J. S. Semler. In der Sekundärliteratur werden verschiedene Ansätze zur Erklärung des Wandels in der Hermeneutik entwickelt, die wahlweise die Bedeutung des *Protestantismus* (Dilthey), des Renaissance-Humanismus (Reventlow) und des Rationalismus der Aufklärung (Scholder) betonen.

[33] Vgl. Matthias Flacius Illyricus: *De ratione cognoscendi Sacras Literas. Über den Erkenntnisgrund der heiligen Schrift.* hrsg. von Lutz Geldsetzer, Düsseldorf 1968 (Auszug aus der *Clavis Scripturae* Leipzig 1719), S. 107f.

werden nun als Anpassungen Gottes an die jeweiligen Vorstellungen der Propheten und der historischen Autoren der einzelnen Bücher gedeutet.

Schließlich tritt mit der Cartesianischen Philosophie das autonome selbstdenkende *Subjekt* in den Mittelpunkt der Philosophie, das sich von allen Vorurteilen der Tradition befreien und eigenständig zu klarer und deutlicher Erkenntnis gelangen soll. War für das Mittelalter die Tradition in der Form der heiligen Schrift, der verbindlichen Auslegungen der Kirchenväter und in der apostolischen Sukzession des Papstes eine wichtige Wahrheitsquelle, so wird im Verlaufe der Epoche der Aufklärung die Tradition mehr und mehr zum Erkenntnishindernis, da sie die Menschen mit schädlichen Vorurteilen erfülle. Mit der Aufwertung des Subjektes geht die ‚Entmachtung der Tradition' (Gadamer) einher.

Es wird ersichtlich, dass all diese Veränderungen in philosophischen, theologischen und anthropologischen Annahmen Folgen für die technische Bibelhermeneutik haben müssen, die das Entstehen der historisch-kritischen Methode begünstigen bzw. überhaupt erst ermöglichen. Wenn sich folglich in der *philosophischen Hermeneutik* das Gewicht vom Text als Wahrheitsquelle zu dem autonomen Subjekt als Wahrheitsgarant verlagert, so muss dies auch Auswirkungen auf die *technische Hermeneutik* haben. In der Tat haben diese Veränderungen nicht nur Auswirkungen auf den Umgang mit der Bibel, auch die *hermeneutica universalis*, die in der Aufklärung entsteht, ist eine Ausdruck dieser allgemeinen Veränderungen. Im Folgenden sollen zunächst fünf zentrale Eigenschaften der *technischen* Hermeneutik des 17. und 18. Jahrhundert genannt werden, bevor anschließend die zentralen *philosophischen Prämissen* dieses Typus der Hermeneutik herausgearbeitet werden, die diese dargestellten Eigenarten erklären.[34]

(1) Im Kontext der Aufklärung entsteht eine *universale Hermeneutik*.
In seinen bedeutenden Arbeiten zur Geschichte der Hermeneutik spricht Dilthey bekanntlich Schleiermacher das Verdienst zu, als erster die Spezialhermeneutiken überwunden und eine universale Hermeneutik entwickelt zu

---

[34] In jüngerer Zeit erschien eine reichhaltige Literatur zur Aufklärungshermeneutik. Vgl. für das Folgende u.a. (neben dem frühen wichtigen Aufsatz von H.-E. Hasso Jaeger: *Studien zur Frühgeschichte der Hermeneutik*, in: Archiv für Begriffsgeschichte, XVIII/1, S. 35-84), Werner Alexander: *Hermeneutica generalis. Zur Konzeption und Entwicklung der allgemeinen Verstehenslehre im 17. und 18. Jahrhundert*, Stuttgart 1993; Klaus Petrus: *Genese und Analyse. Logik, Rhetorik und Hermeneutik im 17. und 18. Jahrhundert*, Berlin/New York 1997; Reimund Sdzuj: *Historische Studien zur Interpretationsmethodologie der frühen Neuzeit*, Würzburg 1997; Viktor Lau: *Erzählen und Verstehen. Historische Perspektiven der Hermeneutik*, Würzburg 1999; Peter Ruth: *Hermeneutica Universalis: Die Entfaltung der historisch-kritischen Vernunft im frühen 18. Jahrhundert*, Berlin 2002.

haben. Die jüngeren Forschungen haben diese Einschätzung korrigiert und darauf hingewiesen, dass die *hermeneutica universalis* in Wahrheit ein Kind der Aufklärung ist. Der Ansatz einer universalen Hermeneutik findet sich zum ersten Mal bei Johann Conrad Dannhauer in seiner *Idea boni interpretis et malitiosi calumniatoris* (1630). Für Dannhauer gibt es nur *eine* Wissenschaft des Interpretierens, die sich auf alle Texte anwenden lässt. [35] Ihm folgen Johannes Clauberg (*logica vetus et nova* 1654) und zahlreiche Vertreter der Aufklärung – wie Christian Thomasius und Christian Wolff – in dem Bemühen, einheitliche Regeln des Verstehens in der Logik bzw. der Vernunftlehre zu entwickeln. Damit sind wir bei dem zweiten Punkt:

(2) Die Hermeneutik gehört systematisch betrachtet zur *Logik*.

Für die Entwicklung einer universalen methodischen Hermeneutik ist die Einordnung der neuen Disziplin in den Kontext der Logik zentral. Die Hermeneutik hat ihren Ort nun nicht mehr primär in der Theologie, sondern in der Vernunftlehre. In Erweiterung sowohl der Aristotelischen als auch der Cartesianischen Logik ordnen beispielsweise Johann Conrad Dannhauer und Johann Clauberg die Hermeneutik dem analytischen Teil der Logik zu. Dabei folgt insbesondere Clauberg der Einteilung der Logik von Petrus Ramus[36] in einen genetischen und einen analytischen Teil. Während der genetische Teil erklärt, wie man (a) Wahrheiten auffindet, ordnet und beurteilt und (b) schließlich seine Gedanken anderen Menschen mitteilt, ist die Analyse als Umkehrung der Genese die Lehre, wie man (a') aus den Texten anderer deren Gedanken erkennen und (b') beurteilen kann.

Diese Einordnung der Hermeneutik in die Logik ist in vielerlei Hinsicht interessant und bezeichnend für eine allgemeine Tendenz der Logik im 17. Jahrhundert. Zum einen wenden sich zahlreiche Logiker wie Clauberg und Dannhauer gegen die scholastische Ausprägung der Logik, die in ihren Augen zu einem leeren Formalismus erstarrt sei und dem Syllogismus zu viel Bedeutung beimesse.[37] Zum anderen wird somit direkt zu Beginn der Epoche der Aufwertung des Selbstdenkens und der Befreiung von den Autoritäten die Notwendigkeit deutlich, eine Wahrheitsfindungslogik zu entwickeln, deren zentrale Aufgabe es ist, Anleitung und Hilfestellung zum eigenständi-

---

[35] Vgl. J.C. Dannhauer: *Idea boni interpretis* […], Straßburg 1630, S. 5.

[36] Petrus Ramus: *Dialecticae Institutiones / Aristotelicae Animadversiones*, Paris 1543 (Nachdr. hrsg. v. W. Risse, Stuttgart-Bad Cannstatt 1964). Vgl. K. Petrus: *Genese und Analyse*, a.a.O. [wie Anm. 34].

[37] Vgl. ebd., S. 15-22.

gen Entdecken neuer Wahrheiten zu geben.[38] Wahrheiten findet man aber nicht nur durch eigenes Denken (genetische Logik), sondern auch durch das Lesen bedeutender Schriften. Die *hermeneutica universalis* des 17. und 18. Jahrhunderts nimmt daher m.E. systematisch wie historisch eine äußerst faszinierende Mittelstellung ein zwischen der Hermeneutik im Kontext einer autoritativen Tradition und den radikalen Anspruch einer Konstitution der Wahrheit durch das erkennende Subjekt. Ist für das Mittelalter – zumindest idealiter – ein einzelner Text die alles entscheidende Quelle der Wahrheit, so ist für das ‚Zeitalter der Kritik' nur die durch eigenes Denken und eigene Beobachtungen gewonnene Wahrheit verbindlich; zwischen beiden Extremen steht der Versuch, ältere Texte zwar als Wahrheitsquelle anzuerkennen, aber ihre Bedeutung auch nicht zu verabsolutieren.

(3) Die *hermeneutica universalis* betont die Regelhaftigkeit des Verstehens

Wenn man die konkreten Ausführungen zur technischen Hermeneutik von Dannhauer, Clauberg, Thomasius, Wolff, Crusius, Meier und Chladenius (um nur einige zu nennen) betrachtet, so findet man viele vertraute Regeln, die wir auch heute noch befolgen – und die sich zum Teil natürlich auch in älteren Konzeptionen der Hermeneutik finden (man denke etwa an die mittelalterliche Praxis des *accesus ad autores*[39]). So soll man den Autor beachten, seine übrigen Schriften zur Kenntnis nehmen, seinen Charakter einschätzen können, seine Absicht nicht ignorieren. Der Kontext einer Stelle ist für das Verständnis ebenso hilfreich wie die Parallelstellen, deren Bedeutung für die Auslegung besonders Chladenius scharfsinnig begründet.[40]

Ein zentraler Punkt aller Aufklärungshermeneutiken ist aber die These, *dass man zwischen der Bedeutung einer Stelle und ihrer Wahrheit unterscheiden müsse.* Schon indem Clauberg, wie erwähnt, der Hermeneutik die Beurteilung folgen lässt, macht er deutlich, dass Hermeneutik und (sachliche) Kritik getrennt werden müssen. Gegen die Unterstellung der traditionsstiftenden Hermeneutik, das Verstehen eines (heiligen) Textes bedeute immer auch *zugleich von ihm zu lernen*, trennen die Aufklärer deutlich diese beiden Aspekte.[41] In weni-

---

[38] K. Petrus betont den systematischen Vorrang des inventiven Teils der Logik im 17. und 18. Jahrhundert., vgl. ebd., S. 17.

[39] Vgl. H. Brinkmann, *Mittelalterliche Hermeneutik*, Tübingen 1980, S. 4ff. Für eine Quellenanalyse der Hermeneutik von Dannhauer: A. Werner: *Hermeneutica Generalis*, a.a.O., S. 19ff; R. Sdzuj: *Historische Studien*, a.a. O. S. 95f. [beide wie Anm. 34].

[40] J. M. Chladenius: *Einleitung*, a.a.O. [wie Anm. 7], §303 S. 178.

[41] Vgl. dazu etwa: Ch. Thomasius: *Ausübung der Vernunftlehre* (Halle 1691), Nachdr. in: Ausgewählte Werke, hrsg. von Werner Schneiders, Bd. 9, Hildesheim u.a. 1998, S. 165 [III.31]; J. M. Chladenius: *Einleitung*, a.a.O. [wie Anm. 7] §153, S. 85; G. F. Meier: *Versuch*, a.a.O., [wie Anm. 27] §118. Im Kontext der Bibelhermeneutik hat Spinoza diesen wichti-

gen Punkten wird der Unterschied zur traditionsstiftenden Hermeneutik so deutlich wie in dieser wichtigen Errungenschaft der rationalistisch-kritischen Hermeneutik. Wurde im Kontext der traditionsstiftenden Hermeneutik die Wahrheit des Textinhaltes vorausgesetzt, so wird aus der Annahme, der Text enthalte die Wahrheit, nun eine *kontrafaktische Unterstellung* – damit sind wir bei einem der wichtigsten Merkmale der Aufklärungshermeneutik angelangt.

(4) *Eine der Hauptregeln ist das Prinzip der hermeneutischen Billigkeit*
Wenn die Aufklärungshermeneutik auch Bedeutung und Wahrheit einer Stelle trennt, so ist es nach Ansicht vieler Hermeneutiker dennoch eine Pflicht, zunächst einmal davon auszugehen, dass ein Text vernunftgemäß ist. So heißt es beispielsweise bei Christian Thomasius:

„Unter zweyen Verstanden und Auslegungen einer Schrifft ist allezeit diejenige der andern vorzuziehen, die mit der gesunden Vernunft überein kommt, und daraus in dem menschlichen Thun und Lassen eine Würckung entstehet, wenn die andere unvernünftig wäre, oder wenn dadurch das negotium, das gehandelt wird, keine Würckung erlangete. *Denn alle Menschen sind vernünftig.*“[42] Und weiter:

„Derowegen soll man auch in Auslegung gelehrter Schrifften allemahl einen Autorem erklären, daß er nichts wieder die gesunde Vernunft, erbare Sitten oder Gottes Wort gelehret habe, so lange man seine Worte auff eine vernünftige Weise auslegen kann.“[43]

Natürlich kann diese Annahme, ein Text sei im Wesentlichen vernünftig, auch wieder verworfen werden – so fehlt etwa bei keiner Formulierung der Forderung einer billigen Interpretation bei Meier der Zusatz, „bis das Gegentheil erhellet“[44]. Aber nichtsdestoweniger ist das Prinzip der hermeneutischen Billigkeit für die Aufklärungshermeneutiker ein zentraler Bestandteil ihrer Hermeneutik. Inhaltlich verweist es auf die anthropologische Prämisse, dass der Mensch ein Vernunftwesen ist: wer etwas niederschreibt, will nicht nur verstanden werden, er ordnet seinen Text auch regelgerecht an, um leichter verstanden zu werden, und er bemüht sich darum, etwas Wahres niederzuschreiben.[45] Man kann daher das Prinzip der hermeneutischen Billigkeit historisch als eine Art der Säkularisierung der Wahrheitsunterstellung

---

gen Unterschied besonders betont: vgl. B. Spinoza: *Theologisch-politischer Traktat* (1670), hrsg. v. G. Gawlick (Sämtliche Werke, Bd.3.) Hamburg ³1994, S. 117, S. 166f., S. 201.

[42] Ch. Thomasius: *Ausübung*, a.a.O. [wie Anm. 41] S. 188 [III.76]. Hervorhebung von mir, A.S..

[43] Ebd., S. 191 [III.80]. Ähnlich: J.C. Dannhauer: *idea boni interpres*, a.a.O., I §34; J.M. Chladenius: *Einleitung*, a.a.O., §222, §326; G.F. Meier: *Versuch*, a.a.O., §39, §§89ff.

[44] Siehe die Stellen in Anm. 43.

[45] Über die „Vollkommenheiten des Autors“ vgl. Meier: *Versuch*, a.a.O., §95.

der traditionsstiftenden Hermeneutik verstehen; philosophisch folgt es m.E. zwingend aus der Annahme, dass der Mensch ein rational handelndes und denkendes Wesen ist.[46] Damit sind wir bei einem fünften Merkmal der Aufklärungshermeneutik, das zugleich eine Grenze dieser Form der Hermeneutik markiert.

(5) Als Interpretandum kommen primär oder ausschließlich *vernünftige Schriften* in Frage.
Auffällig ist in der Tat, dass der bevorzugte Gegenstand der frühen rationalistisch-kritischen Hermeneutik sogenannte „dogmatische" Texte sind, also Texte, die Lehren und Wahrheiten enthalten. Schon die Auslegung „sinnenreicher" (Chladenius) dogmatischer Texte – also etwa poetisch formulierter Geschichtsbücher – sprengen daher tendenziell den Rahmen der frühen rationalistischen *hermeneutica universalis* und es ist kein Zufall, dass Chladenius sich in seiner Einleitung ausdrücklich auf „vernünftige Schriften" beschränkt.[47]

Auch in Bezug auf die poetischen Schriften dürfte deutlich sein, dass, je mehr der Autor als ein unbewusst schaffendes Genie verstanden wird, und je weniger er als rationalistische Regeln befolgender Handwerker aufgefasst wird, die rationalistisch-kritische Hermeneutik an ihre Grenzen gelangen muss – die Romantik wird der Hermeneutik dann andere Wege weisen.[48]

Es wird deutlich, dass die aufgezählten fünf Eigenschaften der Aufklärungshermeneutik nicht zufällig aneinander gereihte beliebige Momente sind, sondern dass ihnen allen eine gemeinsame philosophische Prämisse zugrunde liegt, nach der nicht ein konkreter Text, sondern die denkende Vernunft die Quelle philosophischer Wahrheiten ist. Wenn man diesen Rationalismus als Kern der Aufklärungshermeneutik betrachtet, wird verständlich, warum die Hermeneutik für das 17. und frühe 18. Jahrhundert schwerpunktmäßig in die Logik gehört, warum sie methodisch-wissenschaftlich betrieben werden

[46] Vgl. O. Scholz: *Verstehen und Rationalität*, Frankfurt a. M. 1999, S. 60.

[47] Daher stellt Meiers Hermeneutik, die das Interpretandum sehr weit fasst, eine Ausnahme dar. Auch die Hermeneutik von Chladenius enthält zahlreiche Momente, die über den engen Rationalismus der Aufklärung hinausführen: Seine von Leibniz übernommene Betonung der Perspektivität (der „Sehepunkt"), seine bahnbrechenden Bemühungen um die Geschichtswissenschaft und seine Anerkenntnis der Bedeutung der „unteren Verstandesvermögen" für „sinnenreiche Schriften" weisen auf Herder und die spätere romantische Hermeneutik voraus. Es ist daher bezeichnend, dass für Chladenius die Hermeneutik nicht mehr in das Gebiet der Logik gehört (*Einleitung*, a.a.O., §177).

[48] Erinnert sei auch an die beißenden Kommentare von Dilthey über die rationalistische Hermeneutik bei Wolff in *Leben Schleiermachers*, Gesammelte Schriften, XIV/2., Göttingen, 1966, S. 620ff.

muss und warum sie sich auf die Auslegung ‚vernünftiger' Texte beschränken sollte. Auch die Forderung nach *hermeneutischer Billigkeit* findet ihre Entsprechung in der Annahme, dass der Autor in einem doppelten Sinne rational gehandelt hat – er möchte etwas Vernünftiges sagen und er möchte dies auf eine vernünftige Weise (also den Regeln der Textproduktion gemäß) tun. Wenn wir diese Eigenschaften der rationalistisch-kritischen Hermeneutik zusammenfassen, so ergibt sich folgendes Bild:

| | ***Rationalistische Hermeneutik*** |
|---|---|
| Philosophische Prämissen | (a) Der Text ist vernünftig = normative Annahme<br>(b) Die zeitgenössischen Überzeugungen sind wahr (und die Vorurteile der Tradition müssen bekämpft werden) |
| Konsequenzen für die techn. Hermeneutik | (c) Wo es Widersprüche zwischen a) und b) gibt, hat es einen Erkenntnisfortschritt gegeben, bzw. dort irrt der Autor des Textes. |

## V

Abschließend soll ein kurzer Blick auf die gegenwärtige Situation der Hermeneutik geworfen werden, der die Frage behandelt, ob die Entwicklung einer rationalistisch-kritischen Hermeneutik als ein Fluch oder als ein Segen für die Hermeneutik zu betrachten ist. Es versteht sich, dass diese Frage hier nur kurz angerissen werden kann, da eine ausführliche Erörterung sicherlich den Rahmen dieses Vortrages sprengen würde.

Was die zeitgenössische Hermeneutik angeht, so kann man m.E. durchaus die These vertreten, dass der Kampf zwischen der traditionsstiftenden Hermeneutik und der rationalistischen Hermeneutik auch für die jüngste Geschichte der Hermeneutik aktuell ist, wie ein Blick auf zwei prominente Vertreter einer philosophischen Hermeneutik zeigen kann. Ich meine den Streit um die Bestimmung der philosophischen Hermeneutik zwischen Hans-Georg Gadamer und Karl-Otto Apel.

Gadamer möchte – wie die traditionsstiftende Hermeneutik des Mittelalters – wieder das Lernen von dem Text betonen und die Tradition aufwerten. Gemäß der hier vorgeschlagenen Einteilung steht Gadamer in der Tradition derjenigen Form der Hermeneutik, die die Wahrheitsansprüche des Textes in den Mittelpunkt stellen möchte. Umgekehrt versucht Apel an die kritische Funktion der Vernunft anzuknüpfen, die diese in der Aufklärung erhalten hat, und betont, dass eine unmittelbare Anwendung der Tradition heute nicht mehr möglich sei. Für ihn steht zweifelsohne der Leser, das autonome denkende Subjekt, im Mittelpunkt seiner Konzeption einer philosophischen Hermeneutik.

Aber natürlich gibt es auch jeweils Trennendes: Gadamer ist ebenso wenig eine Wiederholung der mittelalterlichen Hermeneutik, wie Apel eine bloße Fortführung der Aufklärung ist. Was das 20. Jahrhundert von den hier geschilderten Formen der beiden Typen der Hermeneutik trennt, ist der breite Graben des *Historismus*. In der Tat kann man die zahlreichen Unterschiede zwischen Gadamer und der mittelalterlichen Hermeneutik durch die Auseinandersetzung mit dem Historismus erklären, der eben nicht mehr an *die eine Wahrheit* glaubt und für den der Wandel der historisch bedingten Meinungen Programm ist – so gibt es nun analog bei Gadamer das Verstehen als „immer anders verstehen" ebenso wie für ihn die Ablehnung einer überzeitlichen Wahrheit eine Selbstverständlichkeit ist.[49] Was umgekehrt Apel von der geschilderten Form der rationalistischen Hermeneutik unterscheidet, ist, dass er nicht mehr von *dem einen* (gleichsam einsamen) rationalen Subjekt ausgeht, sondern seine Transformation der Transzendentalphilosophie von Anbeginn an unter den Primat der Intersubjektivität stellt. Zwar hält auch Apel – wie die Aufklärung – an der Idee der einen Wahrheit fest, diese wird aber nun als das Resultat einer gemeinsamen Anstrengung der Forscher- und Kommunikationsgemeinschaft gedeutet.

Aber nicht nur ein Blick auf das Trennende, auch ein Blick auf das Gemeinsame lohnt. Denn auch zwischen Apel und Gadamer gibt es, trotz aller grundsätzlichen Gegensätzlichkeiten, eine grundlegende Gemeinsamkeit: für beide ist die Wahrheit durch die Kategorie der *Intersubjektivität und Pluralität* vermittelt, wie dies weder für die traditionstiftende Hermeneutik des Mittelalters noch für die rationalistische Hermeneutik der Aufklärung denkbar ist. Eben diese Ausrichtung an der Intersubjektivität ist m.E. das Resultat einer jeweils spezifischen Auseinandersetzung mit der These der Pluralität der Wahrheit, die für den Historismus selbstverständlich, für Aufklärung und Mittelalter aber unsinnig ist. Denn für Gadamer und Apel ist jeweils letztlich eine intersubjektiv vermittelte Instanz das entscheidende Kriterium in Wahrheitsfragen: für Gadamer ist die faktische intersubjektiv vermittelte Tradition, der Dialog mit der idealisierten *Vergangenheit*, eine wichtige Wahrheitsquelle; für Apel ist die kontrafaktische Antizipation des Konsenses der intersubjektiven Kommunikationsgemeinschaft, der Dialog mit Blick auf eine ideale *Zukunft*, ein entscheidendes Geltungskriterium.

---

[49] Allerdings spielt das ‚Klassische' für Gadamer funktional die Rolle einer Norm, die in den bisherigen Hermeneutiken meist die Annahme einer überzeitlichen Bedeutung des Textes, oder gar die Annahme einer überzeitlichen Wahrheit hatte.

Ein ausführlicher Vergleich zwischen Gadamer und Apel ist daher m.E. aus mehreren Gründen sehr gewinnbringend. Zum einen ließe sich herausarbeiten, wie sich der grundsätzliche Gegensatz zwischen einer traditionsstiftenden und einer rationalistisch-kritischen Hermeneutik unter den veränderten Bedingungen einer nachhistoristischen Epoche darstellt. Zum anderen könnte man bei einer gründlichen Analyse dieser Positionen – gerade unter Einbeziehung der dargestellten historischen Erkenntnisse – einer synthetischen Hermeneutik auf die Spur kommen, die die Einseitigkeiten sowohl von Gadamer als auch von Apel vermeidet. Freilich ist dies ein Thema für einen ganz anderen Vortrag, ja für eine ganz andere Arbeit – für eine Arbeit, die ich gerade verfasse und in der ich somit gleichsam eine Synthese aus beiden hier vorgestellten Formen der Hermeneutik zumindest in Ansätzen erarbeiten möchte: indem man von den historischen Ausprägungen der Hermeneutik zu lernen versucht (ganz im Sinne des Paradigmas des Lernens von der Tradition), kann man zugleich das systematische Problem der Neubestimmung einer zeitgemäßen philosophischen Hermeneutik angehen (ganz im Sinne des Paradigmas des aufklärerischen Selbstdenken).

Ein solcher Vergleich des Streites dieser beiden Typen der Hermeneutik in der Geschichte und in der Gegenwart kann dann auch Licht auf die Frage werfen, in welchen Punkten die Entstehung der rationalistisch-kritischen Hermeneutik ein Fluch und in welchen Aspekten sie ein Segen für die moderne technische und philosophische Hermeneutik war. Vielleicht muss man dabei Gadamers Urteil über die Geschichte der Hermeneutik korrigieren und daran festhalten, dass gerade diejenige philosophische Hermeneutik, die das Lernen von der Tradition in den Mittelpunkt stellt, auf die Errungenschaften der rationalistisch-kritischen Hermeneutik der Aufklärung nicht verzichten kann.

*Christoph Binkelmann*

# Das Leben im Geiste. Die Hegelsche Konzeption der praktischen Freiheit

## *0. Thematische Einführung*

Jede Epoche in der Geschichte der Menschheit hat ihre Begriffe, welche auf allgemeine Art und Weise die gesamte Stimmung der Zeit- ihre Wünsche und Ziele, Ängste und Nöte, ihre Suche nach Sinnstiftung und Selbstverwirklichung angesichts ihrer Welt- auf einen einheitlichen Nenner bringen. Mag auch im Selbstverständnis der jeweiligen Zeitgenossen nicht immer das Bewusstsein dieser einheitlichen Perspektive präsent sein, bietet sich vielmehr allzu häufig der Anblick mannigfaltiger Existenzweisen und Sinngehalte , so unternimmt es doch die *Philosophie* nach Hegels Diktum, „ihre Zeit in Gedanken zu erfassen“[1], um durch die oberflächliche Mannigfaltigkeit hindurch zum einheitlichen Kern ihrer Zeit vorzustoßen. Für den Begriff der *Freiheit* findet sich wohl keine geeignetere als die durch Kant eingeläutete Epoche des Deutschen Idealismus. In Aneignung der Ideale der Aufklärung sowie der Französischen Revolution sollen sich fortan alle Gedanken über die Wirklichkeit in einem „System der Freiheit“ zusammenschließen lassen – einem System, in welchem die Freiheit als Ausgang und Ziel die gesamten gedanklichen Entwicklungen durchwaltet. Anknüpfend an Kant, der die Freiheit im Bereich der praktischen Vernunft des Menschen ansiedelt, macht Johann Gottlieb Fichte den Geist im Menschen zum Urheber der Freiheit und zum Schöpfer einer freien Wirklichkeit. Den Ort ihrer Verwirklichung findet die Freiheit im menschlichen Ich, das angesichts der Widerständigkeit des Nicht-Ich, worunter v.a. der Bereich der Natur zu zählen ist, nach seiner eigenen Absolutheit zu streben hat- nach einem idealen Zustand, in dem alle Macht des Nicht-Ich vernichtet ist.[2]

Hegels Kritik an Fichte zufolge, auf deren Berechtigung an dieser Stelle nicht eingegangen werden kann, hat sich dieser dabei zu sehr von einer dualistischen Gegenüberstellung von subjektiver geistiger Freiheit und objektiver natürlicher, mithin ungeistiger Wirklichkeit leiten lassen. Dieser schroffe Dualismus zerstöre indes die Möglichkeit der Verwirklichung subjektiver Freiheit und somit das Konzept der Freiheit selbst. Bei Hegel bedeutet Freiheit, dass der Geist in seinem Anderen, der Natur, bei sich bleibt, indem er sich

---

[1] VII, 26. Im Folgenden zitieren wir Hegel nach der Werkausgabe von Suhrkamp.

[2] Johann Gottlieb Fichte: *Grundlage der gesamten Wissenschaftslehre.* §§ 5ff.

darin manifestiert. Dies ist nur möglich, wenn das Andere nicht im Sinne des Fichteschen Nicht-Ich ein gänzlich Fremdes ist und bleibt, sondern seine Vergeistigung zulässt. In einer objektiven Wirklichkeit, welche gerade durch ihre Fremdheit gegenüber dem freien Geist bestimmt ist, kann sich Freiheit nicht ausdrücken. In diesem Falle bliebe der Geist dadurch beschränkt und somit unfrei. Seine Freiheit bestände nur im negativen Sinne, nämlich in der Zerstörung von Natur und Objektivität zugunsten einer absoluten Subjektivität. Das Kennzeichen positiver Freiheit bringt Hegel auf die Formel des „Im-Anderen-bei-sich-Seins"[3]. Hinter dieser Formel verbirgt sich die Angabe eines absoluten Selbstverhältnisses, welches sich in seinem Anderen nur zu sich selbst verhält, also von nichts Äußerem beschränkt wird. Das Andere steht nicht im Sinne einer heteronomen Bestimmtheit dem freien Geist gegenüber, sondern hat sich im Zuge seiner Selbstbestimmung als eigene Bestimmtheit des Geistes zu erweisen, welcher darin nicht nur bestimmt, sondern bei sich, also *selbst*bestimmt ist.

Mag auch für Hegel diese Selbstbestimmung erst im Denken seiner selbst – wie es in der *Wissenschaft der Logik* in Reinform dargestellt ist – vollkommen erfüllt sein, so gibt es schon in der Wirklichkeit eine Stufenfolge der Realisierung der Freiheit, welche in der Natur ihre erste noch unmittelbare und unbewusste Form findet, um im Geiste letztlich explizit für sich zu werden. Das natürliche Leben stellt Hegel in dieser Konzeption nicht dem freien Geist absolut entgegen, sondern erklärt es zu einer niederen Form des Selbstverhältnisses, welches noch nicht seiner selbst bewusst geworden, mithin sich äußerlich ist. Mehr noch: Die Natur ist der Geist selbst in seiner Äußerlichkeit sich selbst gegenüber. Der sich wissende Geist nimmt daher die Funktion einer Bewusstmachung der Natur, der Durchsetzung des Denkens hin zu seiner Selbsterfassung, ein. Im Zuge dieser Arbeit hat der Geist die Natur zur Vernunft zu erheben, um das natürliche Leben zum geistigen zu reinigen. Im geistigen Leben bleibt zwar das natürliche Leben erhalten, jedoch nicht in Entgegensetzung zum Geist, sondern auf ihn bezogen, also in seiner Einseitigkeit relativiert.

Wir werden im Folgenden den Weg nachvollziehen, auf welchem der menschliche Geist zu seiner Freiheit schreitet, indem er vom natürlichen Leben herkommend das Denken seiner selbst verwirklicht. Wir beschränken uns dabei auf die genuin *praktische* Freiheit.[4] In einem ersten Schritt soll an-

---

[3] Vgl. II, 476; III, 156; XII, 30; XVII, S. 203.

[4] Im Anderen bei sich zu sein, d.h. Freiheit, wird in Hegels Philosophie durch ein Zusammenspiel theoretischer und praktischer Verhältnisse verwirklicht. Das Erfassen der absoluten Freiheit vollzieht sich nach Hegel erst in der Philosophie, wo im Element des reinen Denkens die Trennung von Mensch und Wirklichkeit gänzlich aufgehoben ist. Unter *praktischer* Freiheit verstehen wir alle diejenigen Stufen der Realphilosophie Hegels,

hand der enzyklopädischen Phänomenologie des Geistes der anfängliche Kampf des endlichen Ich mit der Natur skizziert werden, welcher im Begriff der *Anerkennung* seinen Zielpunkt erreicht. Im zweiten Kapitel soll der Willensbegriff erläutert werden, wie er in der Psychologie Hegels dargelegt wird, also in seiner zunächst rein subjektiven, innerlichen Gestalt. Seine Objektivität findet der Wille und damit die praktische Freiheit des Menschen in Hegels Theorie des objektiven Geistes, welche zuletzt in ihrem Bezug auf den subjektiven Geist untersucht werden soll.

## *1. Der Weg zum Geist oder der Kampf des Geistes mit dem Leben (Phänomenologie)*

Der Mensch bezeichnet denjenigen Ort in der Natur, an welchem sich das denkende Selbstbewusstsein des Geistes durchsetzt, um den Weg zur absoluten Freiheit, d.h. der absoluten Selbsttransparenz der Freiheit, einzuschlagen. Die unmittelbare Einheit des Menschen mit der Natur, welche Thema der enzyklopädischen Anthropologie ist, wird in der Phänomenologie des Geistes, dem ersten Erscheinen desselben, aufgelöst zugunsten einer frontalen Entgegensetzung von Geist und natürlichem Leben.[5] Der Geist gewinnt ein erstes Selbstbewusstsein, indem er in Gestalt des endlichen Menschen die Natur negiert, d.h. zunächst zerstört. Der darin implizierte Begriff der Freiheit ist lediglich negativ, weshalb die Phänomenologie nach Hegel auch diejenige Stufe bezeichnet, über welche die Transzendentalphilosophie Kants und Fichtes nicht hinausgekommen ist. Wir wollen diesen Weg nicht en détail nachzeichnen, um zugleich zum Begriff der *Anerkennung* zu kommen, worin Hegel die Überwindung der bloß negativen Freiheit schildert.

Das endliche Selbstbewusstsein findet zu seinem freien Vollzug, indem es im Anderen nicht mehr bloß die fremde Natürlichkeit sieht, welche zerstört werden muss, sondern sich selbst, also im Anderen bei sich selbst ist. Dies ereignet sich, sobald ihm im Anderen ein Selbstbewusstsein begegnet. Doch zunächst erscheint der Andere in seiner bloßen Natürlichkeit: Das Ich sieht sich einem Leib gegenüber, welcher als solcher noch nicht die Geistigkeit offenbart hat. Dass in diesem Leib ein Selbstbewusstsein waltet, manifestiert sich erst dann, wenn der Andere seinen Leib auf vernünftige Weise bestimmt, also vernünftig und zwar in Bezug auf das eine Selbstbewusstsein vernünftig handelt. In diesem Falle bezeugte die Handlung des Anderen die Anerkennung des ihm gegenüber stehenden Selbstbewusstseins als eines

auf denen die Wirklichkeit im Lichte praktischer Vorstellungen (Begierden, Wünsche, Zwecke u.a.) betrachtet und durch die Tätigkeit des Ich verändert wird.

[5] Vgl. im Folgenden: X, §§ 424-439.

vernünftigen. Dies kann nur dann geschehen, wenn letzteres selbst handelnd den Anderen anerkennt, indem es seinen Leib zum vernünftigen Handeln bestimmt. In der vollkommen gegenseitigen Anerkennung handelt jedes der beiden Selbstbewusstsein[e] nach den Bestimmungen der Vernunft, ordnet mithin seine Handlungen einer Einheit und Allgemeinheit unter, welche ebenso für das andere Selbstbewusstsein Gültigkeit beansprucht. Auf diese Weise unterwerfen beide Subjekte ihren eigenen Leib dem Diktum der Vernunft, ohne ihn dadurch zu zerstören, er wird zur Manifestationsstätte der Freiheit. Als Vernunft erkennen sich beide Menschen im Anderen und lassen ebenso diesen Anderen als selbstständig bestehen. Denn die Vernünftigkeit des Anderen existiert nur, sofern sich dieser selbst dazu bestimmt. In der vernünftigen Selbstbestimmung beider Menschen erkennen sie mithin einerseits die Vernunft bzw. den Geist als eine sie übergreifende Sphäre an, der sie sich fügen, um dadurch aber andererseits ihre eigene Autonomie und Selbstständigkeit zu gewinnen, also selbst der freie Geist zu sein.

Die beiden Subjekte befinden sich unter der „reellen *Allgemeinheit*“[6] des Geistes, indem sie sich als *Besondere* gegenüberstehen und in ihrer *Einzelheit* die Vernünftigkeit durch Handeln zum Ausdruck bringen. Im Verhältnis der Anerkennung ist die Vernunft zum einen diejenige Totalität, welche beide Subjekte als Momente in ihrer Einheit umfasst, zum anderen ist diese Vernunft nur durch das vernünftige Handeln der Subjekte. Dadurch bringen beide Subjekte je für sich die Totalität der Vernunft zum Ausdruck. Insofern die Vernunft zweifacher Art ist, einmal die übergreifende Sphäre beider Subjekte, andererseits die Subjekte selbst, stellt sich im Ausgang von der Phänomenologie die zweifache Frage, wie sich die übergreifende Sphäre des Geistes konkret darstellt und wie sich die vernünftige Selbstbestimmung des Subjekts vollzieht. Die erste Antwort gibt die Theorie des objektiven Geistes, die zweite wird in der Psychologie, dem genuin subjektiven Geist, dargelegt. Hegels Ausführungen gemäß wollen wir uns zunächst der letzteren zuwenden.

### 2. *Der Geist im Leben (Psychologie)*

Das Kapitel „Der praktische Geist“ aus der enzyklopädischen Psychologie stellt den Weg des Geistes zu seiner freien Selbstbestimmung im menschlichen Subjekt dar. Der Ort in diesem Subjekt, an welchem sich die praktische

[6] Ebd. § 436.

Freiheit manifestiert, ist der *Wille*.[7] Die Entwicklungen des subjektiven Willens bezeichnen die Art und Weise, wie dieser sich seiner freien Selbstbestimmung allmählich bewusst wird und in der Freiheit seine eigentliche Substanz erkennt. Der Fortschritt des Weges besteht mithin in einer Zunahme des Denkens, d.h. des Selbstbewusstseins, als denkender Selbstbestimmung. Ziel wird der sich denkende und wollende Wille sein. Das menschliche Subjekt hat dabei von seiner Natürlichkeit in ihm, seinen Gefühlen, Trieben und Neigungen, zur Vernünftigkeit zu gelangen, um sich letztlich als Geist selbst zu erkennen. Den Begriff des Willens expliziert Hegel als eine Bewegung der Selbstbestimmung, welche sich durch drei Momente hindurch vollzieht.
Der zunächst absolut unbestimmte Wille, der bloß reines Denken seiner selbst, abstrahiert von allen Bestimmtheiten ist, bezeichnet die bloße Möglichkeit, etwas zu wollen, das reine *Allgemeine* am Willen. Sobald er etwas Bestimmtes will, sich einen bestimmten Zweck setzt, verlässt er die unendliche Möglichkeit seines Wollens und beschränkt oder besondert sich dabei. Das Moment der *Besonderheit*, der bestimmte Zweck, muss aber in einem dritten Moment zur Synthese mit der Allgemeinheit gebracht werden, um den Widerspruch zu lösen und die einheitliche Selbstbestimmung und Freiheit des Willens zu ermöglichen. Dies geschieht in der *Einzelheit* des Willens, worin dieser in der Bestimmtheit seines Zwecks den Ausdruck seiner Allgemeinheit manifestiert findet. Diese ist der Besonderung nicht entgegensetzt, sondern enthält sie in sich. Das Allgemeine ist konkret, in sich bestimmt, und daher ist der darin liegende bestimmte Zweck selbst das Allgemeine. Da das Allgemeine bereits als reines Denken seiner selbst beschrieben wurde, ist der besondere Zweck nichts Anderes als eine Denkbestimmung desselben. Die Momente der Allgemeinheit, Besonderheit und Einzelheit kamen bereits am Ende der Phänomenologie in der Anerkennung zweier Subjekte zum Vorschein, welche sich als Besondere gegenüberstanden, sich der Allgemeinheit fügten, indem jeder Einzelne vernünftig handelte. Nun stellt sich diese Struktur der Vernunft im subjektiven Willen selbst dar und führt zu einer Identifizierung des Subjekts mit dem freien Geist.

Diese ideale Gestalt des Willens soll nun in concreto anhand seiner Entwicklung aufgezeigt werden. Das freie Selbstbestimmungsverhältnis des Willens wird darin verwirklicht und zugleich manifest für den Willen selbst. Zu Beginn seiner Entwicklung ist sich der Wille dabei selbst noch äußerlich, also natürlich. Das natürliche Leben im Willen zeigt sich in Form von Gefühlen, Trieben und Neigungen, welche noch nicht in die Form des Denkens

[7] Eine weitere Quelle zur Hegelschen Analyse des Willens findet sich in der Einleitung der *Grundlinien der Philosophie des Rechts* (VII), auf die hier gelegentlich zurückgegriffen werden soll.

gebracht sind und daher den Willen hindern, in diesen Bestimmungen bei sich zu sein. Ziel wird sein, diese unmittelbaren und für den Menschen heteronomen Bestimmtheiten zur autonomen Selbstbestimmung umzubiegen, zu re-flektieren. Die Stufenfolge stellt sich wie folgt dar:

(i) Auf der untersten Stufe seiner Entwicklung liegt der Wille in unmittelbarer, somit natürlicher Gestalt vor – als *praktisches Gefühl*. Darin empfindet das menschliche Subjekt angesichts der es momentan umgebenden Welt die Übereinstimmung oder Nicht-Übereinstimmung derselben zu einem zufällig in ihm liegenden natürlichen Zweck. Entspricht die Welt diesem Zweck, empfindet es dieselbe als angenehm, sonst jedoch als unangenehm. Den jeweiligen Zweck selbst erkennt es nicht als aus seiner Selbstbestimmung hervorgegangen, er ist vielmehr gegeben. Zudem ist das Gefühl kein *Handeln* aus einem Zweck, sondern bloß ein passives Empfinden, das anzeigt, ob der Zweck realiter vorliegt oder nicht.

(ii) Erst auf der Stufe der *Triebe und Neigungen*, der „Lebendigkeit des Subjekts“[8] kommt es zum Handeln. Der triebbestimmte Wille unternimmt, angesichts einer mangelhaften Wirklichkeit, welche nicht seinen Zwecken entspricht, die Trennung von seiner subjektiven Innerlichkeit und der äußeren Objektivität zu überwinden, indem er die Welt nach den Zwecken seiner Triebe bearbeitet. Die Tätigkeit der Übersetzung subjektiver Zwecke in die Objektivität kennzeichnet die Vernünftigkeit dieser Stufe im Unterschied zum Gefühl, worin das Subjekt nur passiv empfindet. Zudem verfügen die Triebe bereits über einen gewissen Grad an Allgemeinheit: Die Art und Weise der Befriedigung der Triebe lässt eine Vielzahl an Möglichkeiten zu. Dennoch sind die Triebe selbst nicht allgemein, sondern vielmehr besonders: Es gibt eine Mannigfaltigkeit an Trieben, die sich voneinander unterscheiden, sich gleichgültig gegenüberstehen oder gar widersprechen. Das unmittelbar triebbestimmte Subjekt handelt nach einem durch die Natur vorgegebenen Zweck und wird darin, ähnlich wie im Gefühl, seiner Selbstbestimmung nicht gewahr. Dafür bedürfte es des *vorgängigen* Wissens um seine Allgemeinheit und Unbestimmtheit in Absetzung von den besonderen Trieben. Des Weiteren sind auch die besonderen Triebe noch nicht zu einer konkreten Allgemeinheit zurückgeführt. Sie widersprechen teilweise einander und sperren sich so gegen eine allgemeine Einheit, in welche sie integriert werden könnten.

(iii) Ein erstes Bewusstsein der vorgängigen Unbestimmtheit gewinnt der Wille in der *Willkür oder Wahlfreiheit*. Darin negiert er seine Abhängigkeit von der Bestimmtheit durch die Triebe und stellt sich als unbestimmte Allgemeinheit über dieselben. Allgemeinheit und Besonderheit sind streng von-

[8] X, 298.

einander geschieden – erfüllen mithin einen wesentlichen Aspekt der Selbstbestimmung. Der Wille ist auf dieser Stufe absolut unbestimmt durch die Triebe und schließt sich nur durch eine willkürliche, d.h. durch keine Notwendigkeit bedingte, mithin zufällige Wahl mit denselben zur Einzelheit zusammen. Auf Grund der strikten Trennung der Unbestimmtheit des Willens und der Besonderheit der Triebe besitzt der Mensch keinen Maßstab, welche Triebe er zu befriedigen hat und welche nicht. Der Übergang von seiner unbestimmten Allgemeinheit zur Besonderheit ist absolut zufällig, in keiner der beiden Seiten begründet. Daher liefert die Einzelheit der Selbstbestimmung nicht das konkrete Allgemeine, vielmehr entschließt sich der Wille darin, einem bloß besonderen Trieb zu folgen, der seiner Unbestimmtheit ebenso wie alle anderen Triebe widerspricht und nur äußerlich und zufällig mit der Allgemeinheit verbunden ist. Das unbestimmte Ich ist in den Trieben nicht bei sich, folglich unfrei. Gefordert für die Verallgemeinerung der Triebe oder Besonderung der unbestimmten Allgemeinheit wäre ein System der Triebe verstanden als „das vernünftige System der Willensbestimmungen",[9] also die hierarchische Eingliederung derselben zugunsten eines Vernunftzweckes.

(iv) Im Begriff der *Glückseligkeit* erkennt Hegel genau diesen Versuch, auf Grund einer allgemeinen, d.h. gedachten Vorstellung, die Triebe in einem System zu integrieren. Je nach dem, ob und wie sehr sie der Glückseligkeit förderlich sind oder nicht, werden sie befriedigt, aufgeschoben oder gar unterdrückt. Die Glückseligkeit ist eine „durch das reflektierende Denken hervorgebrachte Vorstellung einer allgemeinen Befriedigung" der Triebe.[10] Zwar bringt der eudaimonistische Willensbegriff denjenigen Fortschritt im Bewusstsein der Freiheit, nicht unmittelbar von den Trieben bestimmt zu sein, sondern im Gedanken einen allgemeinen Zweck zu finden. Doch untersteht diese Stufe weiterhin dem Einfluss der Triebe, denn schließlich geht es um die optimale Befriedigung aller *Triebe*. Zudem gelingt es ebenso wenig wie im Falle der Willkür, aus der unbestimmten Allgemeinheit, hier dem Begriff der Glückseligkeit, die besonderen Zwecke systematisch abzuleiten und somit als Besonderungen des Allgemeinen zu verstehen. Sowohl die Auswahl der Triebe als auch die Art und Weise ihrer Befriedigung zum Erreichen der Glückseligkeit bleibt dem „subjektiven Gefühl oder Belieben"[11] anheim gestellt und entzieht sich einer objektiven Verallgemeinerung. Der Wille hat gleichsam zwei Zwecke, einen allgemeinen sowie viele besondere, beide stehen sich unvermittelt gegenüber und lediglich das unmittelbare Gefühl vermag zu entscheiden, welche Triebe mit der Allgemeinheit übereinstimmen.

---

[9] VII, 70.

[10] X, 299.

[11] Ebd. 300.

(v) Die Schizophrenie des Willens, zwei unvereinbare Zwecke zugleich zu wollen, kann nur gelöst werden, wenn der Zweck des Willens das sich besondernde Allgemeine selbst ist, welches in der bewussten Wahl, als dem bewussten Übergang von der Unbestimmtheit zur Bestimmtheit, ergriffen und somit im einzelnen Willen verfolgt wird. Darin bestimmt sich der Wille zur Selbstbestimmung, also zu sich selbst. Die letzte Stufe auf der Entwicklung des subjektiven Willens ist daher der *freie Wille*, der sich selbst als freien Willen will und in dieser Freiheit seinen substantiellen Zweck erkennt. Die Freiheit, welche in der gesamten Entfaltung als Substanz anwesend war, wird nun für den Willen selbst. Insofern die Freiheit kein sinnliches Phänomen ist, vermag der Wille nur im Denken zu ihr vorzustoßen. Der freie Geist ist der vollendete sich selbst denkende Wille. Man hat sich indes den sich selbst wollenden freien Willen nicht als ein formales Konstrukt, sondern gerade als *konkretes* Allgemeines vorzustellen. In der freien Selbstbestimmung zur Selbstbestimmung setzt sich der Wille einen konkreten Zweck, welcher an den Trieben seine materielle Grundlage besitzt, aber diese der Form der Vernunft, d.h. der freien Selbstbestimmung unterstellt. Die Triebe werden in ein hierarchisches System gebracht, an welchem man ablesen kann, inwiefern sie dem absoluten Vernunftzweck zuträglich sind oder nicht. Es ist für ihre optimale Befriedigung im Hinblick auf die Freiheit gesorgt, also findet auch der Zweck der Glückseligkeit seine relative Berechtigung innerhalb der freien Selbstbestimmung.

### *3. Das Leben im Geiste (Objektiver Geist)*

Im freien Geist stellt sich das oben beschriebene Selbstverhältnis für den Willen her: Die Selbstbestimmung, die sich zu sich selbst bestimmt oder das Selbstverhältnis, das sich zu sich selbst verhält. Im Anderen, dem Zweck oder der Bestimmtheit, ist der Wille bei sich selbst. Der Begriff des Willens und sein Gegenstand sind identisch. Dennoch hat man an dieser Stelle keine konkrete Ethik von Hegel zu erwarten. Das einzelne menschliche Individuum bleibt hinsichtlich seiner freien Selbstbestimmung auf die konkreten Inhalte angewiesen, welche es im objektiven Geist in Form der familiären, gesellschaftlichen und staatlichen Sittlichkeit vorfindet. Die Reinigung von seiner Natürlichkeit zum geistigen Leben, mithin die Erkenntnis der geistigen Substanz der Freiheit, bedarf eines vom einzelnen Individuum unabhängigen Daseins des freien Willens im Recht. Das Rechtssystem, welches Hegel in der Theorie des objektiven Geistes darstellt, bezeichnet folglich die in der Anerkennung bereits zum Vorschein gekommene Sphäre des Geistes, welche die einzelnen Subjekte übergreift und im Recht zu ihrer objektiven Manifestation gelangt.[12] Daran erhält die einseitige subjektive Freiheit des Geistes ihre Ergänzung durch die objektive Freiheit.

Die Entwicklung des Einzelwillens hin zu seiner Allgemeinheit, deren Nachkonstruktion wir im vorherigen Kapitel geliefert haben, ist demnach allein möglich unter der Bedingung einer objektiv existierenden Vernunft, in der sich die Individuen immer schon befinden. An dieser sittlichen Einrichtung der Welt oder sittlichen Substanz haben die Individuen ihre „zweite Natur"[13], d.h. ein Leben, welches im Gegensatz zum natürlichen Leben immer schon durch die freie Tätigkeit menschlicher Subjekte vermittelt ist, aber aus der Sicht des bestimmten Individuums diesem vorhergeht. Das natürliche Leben erhält seine Erhebung zur Freiheit erst im sittlichen Leben eines Volkes- den Sitten, Gesetzen und Einrichtungen, welche durch ihr Bestehen den Individuen ihr Leben im Geiste ermöglichen. Darin finden sie die Inhalte ihrer freien Selbstbestimmung in Form von Pflichten und Rechten, ohne welche sie in ihrer Zufälligkeit und Natürlichkeit verharren müssten.

Es ließe sich nun für alle Entwicklungsstufen des subjektiven Geistes ihre notwendige Bedingung im objektiven Geist aufzeigen. Wir wollen aber auf Grund der Kürze der Zeit lediglich skizzieren, wie das Subjekt zum Begriff seiner Glückseligkeit in der *bürgerlichen Gesellschaft* findet und in seinem Leben im *Staate* diese Glückseligkeit hin zum allgemeinen Willen der freien Selbstbestimmung überschreitet. Im Anschluss soll noch kurz auf das Verhältnis von subjektivem und objektivem Geist eingegangen werden.

Im Rahmen des objektiven Geistes beschreibt Hegel bereits im Kapitel zur Moralität den Übergang vom unmittelbar triebbestimmten zum willkürlichen und schließlich nach Glückseligkeit trachtenden Handeln, doch erst in der bürgerlichen Gesellschaft findet dieser subjektive Übergang seine objektive Bedingung, mitunter den Inhalt der Zwecke. Die bürgerliche Gesellschaft bestimmt Hegel als ein Aggregat von Individuen, welche als Einzelpersonen im Umgang miteinander ihre Bedürfnisse zu befriedigen trachten. Der Mensch erscheint als ein natürliches Wesen mit besonderen Trieben und Neigungen. Durch seinen Zusammenhang mit den anderen Menschen erwirbt er in der Gesellschaft eine gewisse Distanz gegenüber seinen Trieben, welche somit seiner Willkür unterstehen,[14] und kann im Konzept seines privaten Wohles zum Begriff der Glückseligkeit, der optimalen Befriedigung seiner Triebe, übergehen. Die natürlichen Bedürfnisse des Menschen erfahren in der bürgerlichen Gesellschaft ihre Unterordnung unter die Einheit des

---

[12] Vgl. ebd., § 436 sowie den Zusatz. Im Zusammenhang mit der Anerkennung wird hier bereits auf die Sittlichkeit angespielt.

[13] VII, 46.

[14] Vgl. ebd., § 190ff.

Allgemeinen, des Denkens. Dies geschieht dadurch, dass die Menschen im gesellschaftlichen Zusammenleben ihre Bedürfnisse sowie die Mittel ihrer Befriedigung vervielfältigen. In einer Gesellschaft entstehen ständig neue Bedürfnisse, welche nicht natürlich zu nennen sind, obzwar sie auf natürlichen Bedürfnissen beruhen. Auch nimmt die Anzahl der Mittel ihrer Befriedigung zu. Durch die Vervielfältigung seiner Bedürfnisse distanziert sich der Mensch von seinen natürlichen Trieben. Je mehr er bedarf, desto geringer ist der Drang nach jedem einzelnen. Des Weiteren befriedigt er in der Gesellschaft selten unmittelbar seine natürlichen Triebe als vielmehr die Meinung (d.h. die Mode) der Gesellschaft, die angibt, wie diese Bedürfnisse zu befriedigen sind. Auf diese Weise erhält der Mensch gesellschaftliche, also im Allgemeinen der Gesellschaft zur Einheit der Vernunft gebrachte Bedürfnisse, welche ihm ermöglichen, innerhalb des Zusammenlebens mit anderen Menschen sein eigenes privates Wohl zu verfolgen, ohne dabei das Wohl anderer zu zerstören. Vielmehr verbreiten sich in einer Gesellschaft vorwiegend diejenigen Bedürfnisse, welche vernünftig, also mit dem Ganzen der Gesellschaft vereinbar sind. Wer hinsichtlich dieser Bedürfnisse sein eigenes Wohl betreibt, befördert – wenn auch unbewusst – ebenso das Wohl aller anderen Bürger. Die eigenen Bedürfnisse werden nicht mehr unmittelbar als natürliche aufgenommen, sondern als gesellschaftlich vermittelte Zwecke, welche dem Einzelnen erlauben, seine Triebe dem Begriff seines Wohls unterzuordnen.

Doch wie auf der analogen Stufe des subjektiven Geistes findet auch hier der Mensch noch nicht zur Allgemeinheit seines Willens. Zwar befördert er das allgemeine Wohl der Gesellschaft, aber nur hinter seinem Rücken, ohne Bewusstsein und ohne es zu wollen. Der Einzelne, der bewusst den allgemeinen Willen will und als den seinigen anerkennt, ist bei Hegel erst der Staatsbürger. Der Staat ist „der sittliche Geist, als der offenbare, sich selbst deutliche, substantielle Wille, der sich denkt und weiß und das, was er weiß und insofern er es weiß, vollführt.“[15] Er hat seine Objektivität, d.h. seine unmittelbare Existenz, an den Sitten und Gesetzen, welche aber nur bestehen, insofern sie von den Einzelnen, den Staatsbürgern erkannt und ausgeführt werden. Der einzelne Mensch, der nach den Sitten und Gesetzen des Staats handelt, weil er darin seine allgemeine Substanz und Freiheit erkennt, handelt nach der freien Selbstbestimmung zur Selbstbestimmung. Er weiß sich als das Allgemeine selbst und sieht in seinen besonderen Zwecken nichts Weiteres als die Besonderungen des Allgemeinen, welche er in seiner Einzelheit ergreift und verwirklicht.

---

[15] Ebd., § 257.

Bereits in dieser äußerst knappen Schilderung des Staatslebens kann man erkennen, wie im Staat die vorhergehenden Momente des subjektiven und objektiven Geistes zusammengefasst werden. Die übergreifende Sphäre des objektiven Geistes besteht in Form der existierenden Sitten und Gesetze, den gegenüber das Individuum zufällig ist. „Weil die sittlichen Bestimmungen den Begriff der Freiheit ausmachen, sind sie die Substantialität oder das allgemeine Wesen der Individuen, welche sich dazu nur als ein Akzidentelles verhalten. Ob das Individuum sei, gilt der objektiven Sittlichkeit gleich, welche allein das Bleibende und die Macht ist, durch welche das Leben der Individuen regiert wird.“[16] Doch ebenso wenig kann diese objektive Freiheit ohne die Vermittlung durch die Individuen bestehen. Es ist der einzelne Mensch, der durch bewusste Befolgung der Sitten und Gesetze in seinem Handeln zu ihrem Bestehen beiträgt und darin sich selbst als allgemeinen Willen erfasst. „Die Person aber weiß als denkende Intelligenz jene Substanz als ihr eigenes Wesen, hört in dieser Gesinnung auf, Akzidens desselben zu sein, schaut sie als ihren absoluten Endzweck in der Wirklichkeit sowohl als erreichtes Diesseits an, als sie denselben durch ihre Tätigkeit hervorbringt, aber als etwas, das vielmehr schlechthin ist, so vollbringt sie ohne die wählende Reflexion ihre Pflicht als das Ihrige und als Seiendes und hat in dieser Notwendigkeit sich selbst und ihre wirkliche Freiheit.“[17]

Freiheit bei Hegel bedeutet, im Anderen bei sich zu sein; für den Geist, Ort der Verwirklichung der Freiheit, ist dies Andere die Natur, deren Äußerlichkeit er erst in der intersubjektiven Anerkennung der Macht der Vernunft unterwirft. Darin erscheint die Vernunft als die beide Subjekte übergreifende objektive Sphäre sowie als die Subjekte selbst. Die Fragilität der Anerkennung (jedes Subjekt kann zu jeder Zeit die Anerkennung widerrufen) wird in der Manifestation der objektiven Sphäre im Recht überwunden. Die Sitten und Gesetze führen zu einer Institutionalisierung der Anerkennung mit drohenden Sanktionen bei eventuellen Verstößen. Der Staat sichert aber nicht nur die negative, sondern gerade auch die *positive* Freiheit der Subjekte, deren vernünftige Selbstbestimmung er ermöglicht. Mittels Bildung der Subjekte zur Allgemeinheit gelangen diese in die Lage, sich durch Befolgung der Sitten und Gesetze diejenigen Zwecke zu setzen, welche ihre Natürlichkeit zum Geiste transformieren und ihm so gewähren, im Anderen bei sich zu sein.

---

[16] Ebd. § 145 Zusatz.
[17] X, § 514.

*Fabian Geier*

# Zu Reichweite und Funktion ‚des' kategorischen Imperativs

Im Folgenden soll ausgehend vom Konzept des kategorischen Imperativs ergründet werden, wie die Kantsche Ethik konzipiert ist und welche Reichweite ihre Prinzipien haben. Denn wenn man die Frage, was der kategorische Imperativ leisten soll, zu einigen der grundlegenden Vorgaben der Kantschen Ethik in Beziehung setzt, tun sich Unklarheiten auf, die sich scheinbar nicht ausräumen lassen, ohne auf den einen oder anderen wesentlichen Teil der Kantschen Ethik zu verzichten.

Die hierzu vorgetragenen Überlegungen haben allerdings nur den Stellenwert von Fragen (was sich auch im ursprünglichen Titel des Vortrags spiegelte). Sie sind aus einem mündlichen Diskurs heraus entstanden und auch als unmittelbarer Beitrag zu diesem geschrieben. Daher verzichten sie auf eine ausgiebige sekundärliterarische Auseinandersetzung und verlegen sich im Zweifelsfall eher auf eine Darstellung der sachlich möglichen als der exegetisch möglichen Alternativen innerhalb der von Kant thematisierten Probleme. So mag es sein, dass die auftauchenden Schwierigkeiten gar nicht in der Kantschen Ethik liegen, sondern bloß auf mangelhaftes Verständnis derselben zurückzuführen sind; doch dies ist eine der Fragen, auf welche ich mir im Rahmen dieses Forums Auskunft erhoffe. Dass tatsächlich Kant für die fraglichen Schwierigkeiten verantwortlich sei, hat daher im Folgenden lediglich den Status einer Arbeitshypothese. Nur aus diesem Grund nehmen die Fragen, die ich zu Kants Ethik habe, hier die Form von Thesen und Einwänden an.

### *0. Skizze des Problemfeldes*

Der kategorische Imperativ[1] ist, insbesondere nach der Darstellung der *Grundlegung zur Metaphysik der Sitten*, einer der Dreh- und Angelpunkte der

[1] Die Bezeichnung „kategorischer Imperativ" ist genau genommen etwas unsauber, da Kant mit dieser Bezeichnung das Formkriterium objektiver Grundsätze (Gesetze) meint, während die dem kategorischen gegenübergestellten hypothetischen Imperative konkrete Gebote bezeichnen und daher im Plural verwendet werden. Kants Begründung in der *Grundlegung zur Metaphysik der Sitten*, warum es nur einen kategorischen Imperativ, aber mehrere hypothetische gebe (*GMS*, BA 51), ist jedoch nicht schlüssig. Denn auch wenn der hypothetische Imperativ sozusagen zweistellig ist, d.h. zwei Informationen benötigt (das Gebot und die Bedingung), und der kategorische dagegen nur eine, kann man dennoch bei beiden gleichermaßen zwischen den vielen möglichen konkreten Sätzen und ihrer gemeinsamen allgemeinen Form unterscheiden. Es gibt sowohl eine Form kategori-

Kantschen Ethik. Seine Funktion im System der Ethik kann man in der hier gebotenen Kürze folgendermaßen skizzieren: Gut ist nach Kant allein ein guter Wille und Bestimmungsgrund eines solchen Willens ist alleine die Vernunft. Moralisch handelt ein Subjekt genau dann, wenn es sein Handeln unabhängig von empirischen Bedingungen allein durch Vernunftgründe bestimmt. Ein solches Subjekt nennt Kant autonom, da es nicht durch äußere Einflüsse fremdbestimmt ist, sondern sich als vernünftiges Subjekt seine Gesetze selbst gibt. Diese Selbstgesetzgebung der Vernunft soll nun durch das Kriterium des kategorischen Imperativs erfolgen. Kant nennt dieses Kriterium „formal", insofern es unabhängig von inhaltlichen, „materiellen" Bestimmungen wie Glück oder Neigung sein soll und den Willen ausschließlich auf seine Stimmigkeit mit sich selbst überprüft.

Gegenüber dieser Konzeption tauchen vor allem zwei Vorwürfe mit Regelmäßigkeit auf: der Vorwurf des Formalismus und der des Rigorismus. Nach ersterem ist eine formale Ethik unzureichend, weil auch der Inhalt und nicht nur die Form ethischer Sätze bewertet werden muss. Der Letztere dagegen erklärt sich damit nicht einverstanden, dass Kants Ethik blind für die Folgen von Handlungen und für das Leid der Menschen sei, was meist recht plastisch anhand des Kantschen Beispiels vom Lügenverbot zur Rettung des Lebens eines Unschuldigen diskutiert wird. Beide Vorwürfe richten sich zwar nur teilweise zurecht gegen Kant, spielen aber im Folgenden eine Rolle, da sie dabei helfen, die Unklarheiten, um die es gehen soll, aufzuzeigen.

Der kategorische Imperativ wird üblicherweise[2] in drei sogenannten Formulierungen zitiert, die nach Kant Ausdruck eines einzigen Prinzips sind. Sie lauten:

---

scher Sätze als auch eine Form hypothetischer Sätze und es ist daher inkonsequent, im einen Fall die Form und im anderen die einzelnen Sätze mit „Imperativ" zu bezeichnen. Zudem ist das, was Kant unter dem kategorischen Imperativ versteht, sogar mehr als diese bloße Form kategorischer Sätze, sondern das Kriterium, das bestimmte kategorische Sätze erfüllen müssen, um sich als moralisch zu qualifizieren (auch wenn dieses Kriterium selbst wieder aus Vernunftgründen kategorisch sein mag). In der *Kritik der praktischen Vernunft* verabschiedet sich Kant aber auch selbst von dem Wortgebrauch der *GMS*. Dort ist nämlich nur noch von „dem moralischen Gesetz" die Rede, wo in der *GMS* noch „kategorischer Imperativ" steht. Beim Gebrauch der *GMS* bleibe ich nur deswegen, weil dieser verbreiteter ist und deswegen die Formulierungen des Kantschen Moralitätskriteriums unter dem Namen „kategorischer Imperativ" bekannt sind.

2 Auf die viel zahlreicheren weiteren Formulierungen dieser Sätze in den Kantschen Schriften, die dem Wortlaut nach von den zitierten abweichen (die Sekundärliteratur schwankt zwischen 3 und 20 verschiedenen Versionen) und die Frage nach Kants eigener Zählweise kann hier nicht eingegangen werden.

(1) „Handle nur nach derjenigen Maxime, durch die du zugleich wollen kannst, daß sie ein allgemeines Gesetz werde."

(2) „Handle so, als ob die Maxime deiner Handlung durch deinen Willen zum allgemeinen Naturgesetze werden sollte."

(3) „Handle so, daß du die Menschheit sowohl in deiner Person, als in der Person eines jeden andern jederzeit zugleich als Zweck, niemals bloß als Mittel brauchst."[3]

Die dritte dieser Formulierungen hat allerdings eine Sonderstellung inne, denn sie ist inhaltlich von den anderen relativ unabhängig und funktioniert auch grundlegend anders als diese. Außerdem führt Kant sie im Rahmen der *Grundlegung* erst später ein und arbeitet über weite Strecken nur mit den ersten Formeln.[4] Ich werde daher auf die Selbstzweckformel erst später zu sprechen kommen. Bis dahin soll unter der Bezeichnung „kategorischer Imperativ" nur der den ersten beiden Formulierungen zugrunde liegende Gedanke diskutiert werden, und auf diejenigen Stellen Bezug genommen werden, an denen dieser alleine als Moralitätskriterium verwendet wird.

## *I. Wie funktioniert der kategorische Imperativ?*

Kant formuliert in den ersten beiden Formeln des kategorischen Imperativs ein Moralitätskriterium.[5] Moralisch sind diejenigen subjektiven Grundsätze („Maximen"), von denen man wollen kann, dass sie als objektive Gesetze, d.h. nicht nur für das eigene Subjekt, sondern für alle Subjekte gelten, insofern sie vernünftige Subjekte sind. Der kategorische Imperativ beschreibt dadurch im wesentlichen zwei Dinge: einerseits liefert er eine Beschreibung

---

[3] *GMS*, BA 52, BA 66-67.

[4] Vgl. *GMS*, BA 52.

[5] Schönecker und Wood scheinen dieser Ansicht zu widersprechen, wenn sie verneinen „daß [die Universalisierungsformel] wie ein moralischer Algorithmus tatsächlich erlaubt, Maximen zu testen und Pflichten abzuleiten", wohl aber nur im Hinblick auf die absurden Konsequenzen, die sich ergeben, wenn der kategorische Imperativ zur Bestimmung einer eindeutigen Handlungsanweisung für *jede* noch so spezielle Situation herangezogen wird (Dieter Schönecker; Allen Wood: *Kants „Grundlegung zur Metaphysik der Sitten". Ein einführender Kommentar*. Paderborn, Wien, München, Zürich 2002, S. 125), da sie an späterer Stelle durchaus selbst von einem Testverfahren sprechen (ebd. S. 130). Dass auch Kant selbst ein solches Verfahren im Auge hatte, lässt sich ohnehin kaum bestreiten (vgl. beispielsweise *GMS*, BA S. 20; *GMS*, S. 52f. oder *GMS*, BA S. 57f), wie auch immer man die Reichweite des Kriteriums dann einschränken möchte (vgl. Abschnitt II dieses Aufsatzes).

des wesentlichsten Charakterzuges einer moralischen Überzeugung, nämlich, dass man einem für moralisch gehaltenen Grundsatz folgt, weil man ihn für objektiv gültig hält; andererseits formuliert der kategorische Imperativ ein Testverfahren, nach dem man einen subjektiven Grundsatz daraufhin untersuchen kann, ob er sich auch zu einem objektiv gültigen Gesetz machen lässt.[6] Nach den Ausführungen Kants geraten bei dieser Operation nämlich gewisse Maximen mit sich selbst in Widerspruch und erweisen sich dadurch als moralisch inakzeptabel.[7] Besonders diese Funktion als Moralitätskriterium hat er in der *Grundlegung zur Metaphysik der Sitten* im Auge.[8] Und eben darauf bezieht sich nun meine erste Hauptfrage: Wie genau funktioniert dieser Mechanismus?

Als erstes ist es wichtig, dass man den kategorischen Imperativ nicht als utilitaristisches Kriterium missversteht. Es geht bei ihm nicht um eine Überlegung der Form: „Wenn das alle täten, brächte es niemandem etwas.“, also nicht darum, dass die Folge einer von allen ausgeführten Handlung den Ausführenden nicht zur Glücklichkeit gereicht. Vielleicht könnte man sagen, dass es nicht darum geht, welche Konsequenzen es hat, wenn es de facto alle tun, sondern nur um logische Widersprüche, wenn es für alle gilt, dass man es tun soll. Ob allerdings die zweite Alternative tatsächlich ohne Überlegungen zum faktischen Eintreten der fraglichen Handlung auskommt, d.h. ob auch die logische Argumentation nicht vielleicht einen virtuellen Utilitarismus (und daher einen virtuellen hypothetischen Imperativ: „Wenn Du glücklich sein willst, dann...“) einschließt, wird noch zu diskutieren sein. Dazu muss aber zunächst die grundlegende Frage geklärt werden, wie überhaupt der Test durch den kategorischen Imperativ im Detail funktionieren soll. Wie kommt der Selbstwiderspruch einer Maxime zustande, wenn man sie auf alle Subjekte ausdehnt?

---

[6] Der hier üblicherweise verwendete Begriff der Verallgemeinerung als *praktische Verallgemeinerung* durch die Bewegung von „geboten für einen“ zu „geboten für alle vernünftigen Subjekte überhaupt“ ist leider doppeldeutig und darf nicht mit einer *ontologischen Verallgemeinerung* der Subsumption eines Einzelnen unter einen Allgemeinbegriff verwechselt werden, was später im Zusammenhang von Einzelhandlungen unter Handlungstypbegriffen wichtig wird (vgl. Abschnitt II dieses Aufsatzes).

[7] Vgl. die eben zitierten Abschnitte sowie *GMS*, BA S. 81.

[8] Diese subjektivistische Version des kategorischen Imperativs als einer bloßen Beschreibung einer moralischen Überzeugung taucht zugegeben bei Kant gar nicht auf, ist aber auch von dem aktiven Testverfahren nicht verschieden, solange man nicht die Möglichkeit in Betracht zieht, dass man auch etwas irrtümlich aus Pflicht tun könnte, d.h. ein Gebot im Sinne eines objektiven, durch die Vernunft bestimmten Gesetzes befolgt, obwohl es, richtig durchdacht, gar nicht dem Test des kategorischen Imperativs standhalten würde. Ob diese Möglichkeit besteht, wäre aber eine interessante Frage.

Für einen Widerspruch braucht man immer zwei Komponenten. *Etwas* muss *etwas anderem* widersprechen. Eine dieser Komponenten muss in der Maxime in der Form eines Gesetzes, d.h. in ihrer Erweiterung auf alle Subjekte bestehen. Das eigentliche Problem besteht also in der Frage: Woher bekommen wir die zweite Komponente?

Diese Komponente kann nicht unmittelbar in der subjektiven Form des fraglichen Satzes liegen. Denn zwischen einem für ein Subjekt geltenden Satz und einem der für alle Subjekte gelten soll, besteht nie ein direkter Widerspruch. Zunächst besteht er ganz bestimmt nicht der logischen Form nach, denn die Sätze „Ich soll P tun" und „Alle sollen P tun" widersprechen sich nicht. Sie dürfen es ja auch nicht, denn sonst wäre es ja unmöglich, dass auch nur irgendein Satz dem Kantschen Moralitätskriterium genügte. Die zweite Komponente kann also nicht in der logischen Form des subjektiven Satzes liegen, denn sie muss in etwas zu finden sein, was Maximen voneinander unterscheidet. Die Form aber haben sie gemeinsam.

Es ist allerdings noch nicht ausgemacht, ob diese Konsequenz schon Kants Vorgabe widerspricht, dass die Materie eines Satzes für ethische Überlegungen keine Rolle spielen darf. Denn von Materie spricht Kant oft fast gleichbedeutend mit Neigungen, wie er auch offensichtlich unter Form mehr versteht als bloß die logische Form eines Satzes, nämlich: nicht von empirischen Bedingungen abhängig zu sein. Doch wie auch immer Kants Terminologie zu fassen ist: ein möglicher Widerspruch muss in jedem Fall seine zweite Komponente im spezifischen Inhalt von P finden. Da nun allerdings der Inhalt von P in der subjektiven wie in der objektivierten Maxime[9] derselbe ist, kann auch zwischen diesen kein Widerspruch bestehen. Es bleibt also nur übrig, dass P etwas enthält oder impliziert, das den konstanten Bestandteilen des Satzes „Alle sollen P tun" widerspricht. Doch wie genau sind diese Begriffe zu analysieren und wie lässt sich dieses Analyseverfahren als allgemeines Kriterium formulieren? Um das herauszufinden, ist man auf die Kantschen Beispiele angewiesen.[10]

Im Rahmen seiner Beispiele unterscheidet Kant zwischen zwei Arten von Widersprüchen:[11] in die erste Gruppe fallen Maximen, die man nicht als Naturgesetz denken kann, wie das Beispiel vom Selbstmord und das vom

[9] Die terminologische Lage ist hier etwas unklar: Kant spricht von einem Gesetz gewöhnlich nur im Bezug auf tatsächlich gebotene Sätze in ihrer objektiven Form. Mit „objektivierte Maxime" meine ich dagegen Sätze, die zwar auf alle Subjekte erweitert, aber innerhalb des Testverfahrens noch nicht daraufhin überprüft wurden, ob sie zu einem Widerspruch führen und mithin verboten sind oder nicht.

[10] *GMS*, BA S. 53ff.

[11] *GMS*, BA S. 57.

Brechen eines Versprechens. Die zweite Gruppe umfasst Maximen, die zwar als allgemeines Gesetz denkbar sind, die man aber als allgemeines Gesetz „nicht wollen kann". Darunter fallen die Beispiele von der Vervollkommnung der eigenen Fähigkeiten und von der Hilfeleistung in Notsituationen.

Wenn man nun diese Beispiele daraufhin überprüft, wie zwingend jeweils der Widerspruch, respektive die zweite Komponente des Widerspruchs zustande kommt, so scheint allein im Fall des gebrochenen Versprechens die Kantsche Argumentation einigermaßen stichhaltig zu sein. Wenn man etwas verspricht, macht man zwangsläufig von den konstitutiven Geltungsansprüchen Gebrauch, die zu der sprachlichen Institution des Versprechens gehören. Zu diesen gehört unter andrem auch die Absicht, das Versprochene auch einzuhalten. Ein Versprechen impliziert also die allgemeine, objektive Regel „Ein Versprechen wird gemacht um gehalten zu werden", was direkt mit der allgemeinen Regel „Versprechen sollen gebrochen werden" im Widerspruch steht. Die zweite Komponente des Widerspruchs wird somit aus den Geltungsbedingungen des Sprechaktes gewonnen. Dies funktioniert aber nur, weil man hier auf die sprachliche Ebene, nämlich die konstitutiven Regeln des Operierens mit Symbolen, zurückgreifen kann und ist dort nicht möglich, wo keine solche Ebene existiert, wie z.B. wenn man jemanden verprügelt oder anderen das Leben rettet. Das hier verwendete Argumentationsmuster ist daher nicht auf alle Situationen übertragbar und eignet sich daher nicht als allgemeines Muster der Anwendung des kategorischen Imperativs.

Untersuchen wir die anderen drei Beispiele. Bei dem Fall des Selbstmords soll nach Kant der Widerspruch darin bestehen, dass dieselbe Kraft, die das Leben antreibt, es zerstören will.[12] Doch dieser Widerspruch besteht nicht unbedingt. Vielmehr kommt es darauf an, wie man diesen Antrieb versteht: als Drang nach Selbsterhaltung oder als Drang nach Glück. Nur wenn man die Selbsterhaltung als Antrieb nimmt, dann ist Selbstmord widersinnig, denn der Drang zum Leben steht freilich im Widerspruch mit der Beendigung desselben. Die Motivation zum Selbstmord in der Kantschen Beschreibung bezieht sich aber auf das Streben nach Glück („wenn das Leben bei seiner

---

[12] „Seine Maxime aber ist: ich mache es mir aus Selbstliebe zum Princip, wenn das Leben bei seiner längern Frist mehr Übel droht, als es Annehmlichkeit verspricht, es mir abzukürzen. Es frägt sich nur noch, ob dieses Princip der Selbstliebe ein allgemeines Naturgesetz werden könne. Da sieht man aber bald, daß eine Natur, deren Gesetz es wäre, durch dieselbe Empfindung, deren Bestimmung es ist, zur Beförderung des Lebens anzutreiben, das Leben selbst zu zerstören, ihr selbst widersprechen und also nicht als Natur bestehen würde, mithin jene Maxime unmöglich als allgemeines Naturgesetz stattfinden könne und folglich dem obersten Princip aller Pflicht gänzlich widerstreite." (*GMS*, BA S. 53).

längern Frist mehr Übel droht"). Mit diesem Streben kollidiert der Selbstmord jedoch ganz und gar nicht. Wenn das Ziel die Maximierung meines Glücks ist, dann ist es völlig stimmig, bei Aussicht auf Minderung desselben ohne Hoffnung auf erneute Zunahme die Sache zu beenden, bevor man sich die Bilanz versaut.[13] Kant gelingt der Widerspruch daher nur, wenn er zum Glücksstreben die Selbsterhaltung hinzusetzt, was man allerdings nicht zwingend tun muss. Die zweite Komponente wird also lediglich gesetzt und liegt nicht notwendig in der Sache.

Beim Beispiel des gebotenen Entwickelns der eigenen Fähigkeiten steht der Fall kaum besser. Auf die Frage, warum dieses Gebot bestehe, erhält man von Kant eine zunächst recht dogmatisch anmutende Auskunft: „als ein vernünftiges Wesen will er nothwendig, daß alle Vermögen in ihm entwickelt werden, weil sie ihm doch zu allerlei möglichen Absichten dienlich und gegeben sind". Höffe interpretiert diesen Satz so: Nicht die bloße Anlage macht uns zu freien, vernünftigen Wesen, sondern Vernunft und Freiheit müssen aktuiert werden.[14] Denn erst indem man Entscheidungsmöglichkeiten hat, ist man tatsächlich frei. Allerdings setzt schon die Entscheidung zur Förderung oder dem Verkümmernlassen eines Talentes zwei Optionen – und somit ein aktuiertes freies, vernünftiges Wesen voraus. Man steht daher nicht als vernünftiges Wesen überhaupt auf dem Spiel, sondern nur eine größere oder kleinere Menge von Handlungsoptionen *für* ein bereits aktuiertes vernünftiges Wesen. Wenn man bereits in der Entscheidung zu mehr oder weniger Handlungsoptionen, d.h. bevor man diese Optionen hat, ein vernünftiges Wesen ist, ist Vernunft nichts graduelles und Autonomie auch nicht eine Frage der Optionsanzahl (Wären sie es, dann wären Kants Kritiken auch um einige Kapitel zu ergänzen). Wenn Höffe also Recht hat, führt Kant zusätzlich zum Begriff des vernünftigen Wesens das Kriterium ein, dass mehr Optionen ein Wesen vernünftiger machten. Doch wie im vorigen

---

[13] Man könnte argumentieren, dass diese Vermutung immer empirisch sei und man sich daher über die Möglichkeit zukünftiger Glückseeligkeit irren könnte. Doch dieser Einwand ist nicht entscheidend. Kant will zwar die Empirie für die Bestimmung seines Moralkriteriums außen vor lassen, doch die Anwendung desselben muss sich natürlich auf empirisch bedingte Sätze beziehen. Moralische Entscheidungen können und müssen daher grundsätzlich auf der Basis des gegenwärtigen Wissensstandes eines Menschen erfolgen und dessen Unzulänglichkeiten stehen für eine Theorie moralischer Entscheidungen gar nicht zur Debatte. Ein weiterer Einwand könnte sein, dass man versucht, den Tod als unendliches Unglück in die Glücksbilanz zu rechnen, dem gegenüber noch das bitterste Leben angenehmer sei. Aber da innerhalb der von Kant vorgetragenen Abwägung der Tod als die Beendigung von Leid gedacht wird, gilt auch hier der Horizont des Wissens- bzw. Glaubensstandes.

[14] Otfried Höffe: „Kants kategorischer Imperativ als Kriterium des Sittlichen" in: *Ethik und Politik*, Frankfurt a. M. 1979, S. 112ff.

Beispiel werden dabei zwei Dinge zusammengebracht, die nicht notwendig zusammengehören: Die Existenz als vernünftiges Wesen überhaupt, dessen Aktuierung nur darin besteht, dass es überhaupt Optionen hat, und die tatsächliche Anzahl seiner Entscheidungsmöglichkeiten. Daher kann aus dem Begriff des vernünftigen Wesens auch kein Imperativ zur Vervollkommnung desselben gefolgert werden.

Allerdings enthält diese Überlegung einen Gedanken, der sich zu verfolgen lohnt, nämlich, dass im Begriff des vernünftigen Wesens schon gewisse Vorgaben enthalten sind, und dieser Begriff die notwendige Grundlage jeder Maxime ist. Auf diese, an sich sehr fruchtbare Überlegung komme ich jedoch erst im Zuge der Selbstzweckformel zu sprechen, die viel eher zu moralischen Geboten führen kann als die Methode der Objektivierung einer Maxime auf alle Subjekte. Zur moralischen Relevanz des Objektivierens und mithin zu den ersten beiden Formulierungen des kategorischen Imperativs trägt die Überlegung dagegen nichts bei.

Im vierten Beispiel vom Gebot der Hilfeleistung in Notzeiten argumentiert Kant nun, dass man nicht wollen könne, dass einem Menschen in Not nicht geholfen werde, weil ein Fall denkbar ist, in dem man selbst der Hilfe bedarf. Man würde sich andernfalls der Hoffnung auf Beistand, den man sich wünscht, berauben.[15] Dabei kommen nun Wünsche und das persönliche Glück zum Einsatz, was diese Argumentation in die Nähe utilitaristischer Überlegungen rückt. Die gesuchte zweite Komponente liegt hier tatsächlich in der Glückseeligkeit, entweder in meiner Person oder im Allgemeinen, und das „nicht wollen können" der unterlassenen Hilfeleistung wird an eben diesem Kriterium gemessen. Auf der Grundlage von Kants Forderungen erscheint es aber zumindest merkwürdig, wenn er einerseits in dem von ihm als Alternative zum Utilitarismus vorgeschlagenen Widerspruchsfindungsverfahren von einem utilitaristischen Kriterium wiederum Gebrauch macht, aber andererseits das Einkalkulieren der Folgen von Handlungen und den Utilitarismus als Begründung rundweg ablehnt. Zwar wird sich noch zeigen, dass diese Merkwürdigkeit keine Unstimmigkeit bedeuten muss, doch lässt sie sich nicht mit allen Teilen der Kantschen Ethik versöhnen. Es wird hier jedoch zumindest klar, dass auch im vierten Beispiel die zweite Komponente des Widerspruchs zunächst einmal hinzugesetzt wird.

Wenn wir die vier Kantschen Beispiele betrachten, so zeigt sich, dass sie alle den Widerspruch, bzw. seine zweite Komponente, auf ganz unterschied-

[15] „Denn ein Wille, der dieses beschlösse, würde sich selbst widerstreiten, indem der Fälle sich doch manche eräugnen können, wo er anderer Liebe und Theilnehmung bedarf, und wo er durch ein solches aus seinem eigenen Willen entsprungenes Naturgesetz sich selbst alle Hoffnung des Beistandes, den er sich wünscht, rauben würde." (*GMS*, BA S. 56-57).

liche Arten gewinnen, sodass sich kein Verfahren angeben lässt, wie Kant sich das Zustandekommen des Widerspruchs allgemein vorstellt. Beim Versprechen ist die zweite Komponente eine konstitutive Geltungsbedingung des Sprechakts, beim Selbstmord eine Kraft zur Selbsterhaltung, bei der Vervollkommnung eine (irrtümliche) Implikation des Begriffs des vernünftigen Subjekts und bei der Hilfeleistung das Streben nach Glückseeligkeit. In den letzten drei Fällen liegt die zweite Komponente aber immer in einem Zusatz und nicht notwendig schon in der fraglichen Maxime, während der erste Fall sich aus den genannten Gründen (Beschränkung auf Sprechhandlungen, Irrelevanz der Erweiterung der Maxime nach dem kategorischen Imperativ) nicht eignet, als Muster der Widerspruchsfindung zu fungieren.

Meines Erachtens bleibt es daher exegetisch unklar, ob es bei Kant einen allgemeinen, für alle Beispiele identischen Weg zur Auffindung des Widerspruchs gibt, und sachlich unklar, ob es einen solchen Weg geben kann. Ohne einen solchen Weg steht allerdings in Frage, welchen Anspruch das von Kant formulierte Moralitätskriterium hinsichtlich Anwendbarkeit und Reichweite haben kann. Diese Frage ist Gegenstand des nächsten Abschnitts.

## *II. Was leistet der kategorische Imperativ?*

Meine zweite Hauptfrage zur Mechanik des kategorischen Imperativs ist: Welche Sätze sind als Maximen im Rahmen des kategorischen Imperativs qualifiziert und inwieweit ist dieser Imperativ in der Lage, konkrete Handlungsanweisungen zu geben?

Wichtig ist zunächst, dass der kategorische Imperativ nur negativ funktioniert: Er kann lediglich Verbote erlassen für diejenigen Maximen, die auf eine noch immer ungeklärte Weise sich als widersprüchlich erweisen. Was dagegen keinen Widerspruch erzeugt ist lediglich erlaubt, jedoch nicht geboten.[16] Doch mittelbar lassen sich mit einem derartigen Verfahren auch moralische Gebote erreichen: denn indem sich die Unterlassung einer bestimmten Handlung als verboten erweisen lässt, ist ihr Gegenteil geboten. Diese Vorgehensweise können wir schon in den Kantschen Beispielen beobachten. Denn Kant zielt bei seinen Operationen immer auf aktive Handlungspflichten und nicht lediglich auf Unterlassungspflichten ab. Diese Zielrichtung wird auch durch die Formulierungen des kategorischen Imperativs illustriert, die nämlich allesamt mit „Handle so…" und nicht etwa „handle nicht so…" beginnen.

---

[16] Vgl. *GMS*, BA 57f.

Eine Konsequenz aus dieser Überlegung scheint allerdings zu sein, dass in den Fällen, in denen weder die Maximen der Handlung noch die ihrer Unterlassung durch den kategorischen Imperativ in Widersprüche geraten, es sich um moralisch indifferente Taten handelt. Dies würde einerseits zeigen, dass nicht alle denkbaren Sollenssätze moralisch relevant sind und schützt die Kantsche Ethik vor Vorwürfen, in denen ihr allerlei absurde Gebote und Verbote unterstellt werden;[17] allerdings erhöht es auch den Anspruch des kategorischen Imperativs: er bietet dann nämlich sowohl ein Kriterium um moralisch richtige von moralisch falschen Handlungen zu unterscheiden als auch ein Kriterium um moralisch relevante Handlungen von moralisch irrelevanten abzugrenzen. Dieser Gedanke soll hier aber nicht weiter verfolgt werden, da er sich selbst nicht bei Kant findet und die erste der beschriebenen Funktionen alleine vollauf genug für den Rahmen dieser Untersuchung ist. Außerdem setzt diese Überlegung voraus, dass prinzipiell alle denkbaren praktischen Sätze durch den kategorischen Imperativ gestestet werden können. Dies allerdings ist einer der wesentlichen Punkte, die im Rahmen der Frage, welche Sätze als Maximen qualifiziert seien, erst zu untersuchen sind.

### *II.1 Das Problem der Subsumption*

Für diese Untersuchung möchte ich zwischen den Begriffen „Handlung" und „Handlungstyp" unterscheiden: „Handlung" soll lediglich die konkrete, einzelne Tat bezeichnen, Handlungstyp dagegen diejenigen Allgemeinbegriffe mit denen Handlungen beschrieben werden (wie z.B. „Lügen", „Töten" oder „Kaffeekochen"). Das Problem, für das diese Unterscheidung notwendig ist, ist folgendes: Dieselbe individuelle Handlung ist unter verschiedene Handlungstyp-Begriffe subsumierbar, die möglicherweise innerhalb eines Tests durch den kategorischen Imperativ verschieden abschneiden. In einem oft zitierten Beispiel: Wenn man die Unwahrheit sagt, um einen Freund vor dem Mörder zu retten, ist das unter anderem subsumierbar unter den Begriff der Lebensrettung, des Freundschaftsdiensts und unter den der Lüge.[18] Je nachdem welchen dieser Begriffe man in der Maxime verwendet, nach der man seine Handlung begeht, erweist sie sich dann als erlaubt (oder sogar ge-

[17] Vgl. O. Höffe: *Kants kategorischer Imperativ als Kriterium des Sittlichen*, op. zit., S. 86.

[18] Auch Unwahrheit-Sagen ist zugegebenermaßen noch ein Allgemeinbegriff. Die beschriebene Schwierigkeit besteht aber ebenso zwischen Handlungsarten und Handlungsgattungen wie zwischen Handlungsindividuen und Handlungsbegriffen überhaupt. Von einem Allgemeinbegriff muss man jedoch grundsätzlich Gebrauch machen, wenn man eine Handlung in Worte fassen will, weswegen sich schriftlich kein Beispiel für eine nicht subsumierte individuelle Handlung geben lässt.

boten) oder unerlaubt. Und wenn man findig genug ist, findet man womöglich zu jeder Handlung irgendeine erlaubte Maxime.[19] Diese Schwierigkeit ist komplementär gesehen dieselbe wie die oft diskutierte Problematik eines Maximenkonflikts, zeigt aber den Grund solcher Konflikte exakter auf: dass nämlich dieselbe Handlung an Handlungstypbegriffen verschiedener moralischer Wertigkeit teilhat.

Für Kant scheint dieses Problem entweder nicht relevant zu sein, oder er nimmt es nicht ausreichend wahr. Höffe sagt ihm allerdings sogar nach, dass er explizit die Möglichkeit eines solchen Konflikts abstreite.[20] Und es ist durchaus bezeichnend, dass Kant auch innerhalb des kategorischen Imperativs von „*die* Maxime meiner Handlung" spricht, trotz des Faktums, dass zwischen dem in einer Maxime verwendeten Handlungstypbegriff und einer einzelnen Handlung ein Subsumptionsverhältnis besteht, und es daher mehrere denkbare Maximen einer Handlung gibt.[21]

Die dadurch aufgeworfene Problematik erschüttert allerdings nicht schon das Kantsche Ethikkonzept. Sie wirft allerdings die Frage nach der Reichweite desselben auf und verlangt diesbezüglich nach Präzision. Hierzu bestehen nur zwei Möglichkeiten: entweder soll die Kantsche Ethik in der Lage sein, uns in allen praktischen Belangen unzweideutige Handlungsanweisungen zu geben, oder aber sie arbeitet auf einer allgemeineren Ebene und überlässt die konkreten Handlungsanweisungen einer anderen Art von Überlegungen, die dann unter den Bezeichnungen „Urteilskraft" oder „Kasuistik" rangieren würden, wie dies vor allem im Rahmen der *Metaphysik der Sitten* be-

---

19 Im Lichte der Teilhabe einer Handlung an mehreren Handlungstypen stellt sich also die Frage: Sind Handlungen erlaubt, wenn sie nach irgendeiner Maxime erlaubt sind, oder nur wenn keine Maxime gefunden werden kann, nach der sie verboten sind?

20 Vgl. Otfried Höffe: *Immanuel Kant*, München 1992, S. 196.

21 Man könnte einwenden, Kant gehe es immer um genau diejenige Maxime, die man mit einer bestimmten Handlung verbinde. Schließlich kann man auch nicht alle empirischen Subsumptionsmöglichkeiten durchexerzieren, sondern begeht eine Handlung immer im Lichte einer bestimmten Maxime. Dann wäre „die Maxime meiner Handlung", im Sinne von „die von mir mit der Handlung verbundene Maxime" eine plausible Formulierung. Doch dagegen wäre zu sagen, dass man nicht notwendig eine Handlung nach genau einer Maxime denken muss und auch nicht immer nach derselben. Und für einen Konflikt muss man nicht alle denkbaren Maximen berücksichtigen – es reichen schon zwei, und sei es zu verschiedenen Zeiten bei vergleichbaren Handlungen. Und zudem sollte man jemanden durchaus auch dafür zur Rechenschaft ziehen können, unter welchen Handlungstyp er seine Handlung subsumiert und diese Frage aus der Ethik nicht ausklammern. Das gilt beispielsweise für die häufigen Fälle, in denen Menschen dazu neigen, die gleiche Handlung aus ganz verschiedenen Perspektiven, solange sie ihnen zugute kommt als gerecht und wenn sie ihnen schadet als unrecht zu beschreiben.

schrieben ist.[22] Es gibt allerdings durchaus Stellen, an denen Kant auf ersteres abzuzielen scheint. So sagt er beispielsweise innerhalb der *Grundlegung zur Metaphysik der Sitten* von der Vernunft und dem von ihr gegebenen Kriterium der Tauglichkeit einer Maxime als objektives Gesetz, dass man „mit diesem Kompasse in der Hand in allen vorkommenden Fällen sehr gut Bescheid wisse, zu unterscheiden, was gut und was böse, pflichtmäßig und pflichtwidrig ist".[23] Sowohl an solchen programmatischen Stellen, wie auch durch das Bemühen Kants um konkrete Beispiele (unabhängig davon wie gut diese Beispiele sind), hat man immer wieder den Eindruck, dass er direkt aus der Vernunft durchaus einige konkrete Handlungsanweisungen gewinnen möchte.[24]

Andererseits bleibt vermutlich auch wenn Kant gewisse konkrete Gebote aus der Vernunft gewinnen möchte, ein Bereich moralisch relevanter Sätze übrig, die nicht durch die Operation der Objektivierung einer Maxime, sondern nur in Beziehung auf derartig begründete Sätze und durch situativ bedingte Umstände entschieden werden können. In diesem Fall wären wir bei der zweiten erwähnten Ansicht: dass nicht alle moralisch relevanten praktischen Sätze unter den kategorischen Imperativ fallen, sondern ein Bereich der moralischen Kasuistik von einem Bereich der durch reine Vernunft gewonnenen Grundsätze der Moral unterschieden werden muss. Nach dieser Verstellung würde es einerseits eine ethische Prinzipienwissenschaft geben, innerhalb derer der kategorische Imperativ gilt, andererseits eine Ebene des konkreten Handelns, die durch den kategorischen Imperativ nicht eindeutig bestimmt ist und in der andere Überlegungen hinzukommen müssen.

Für eine derartige Unterscheidung ist es aber notwendig, genauer zu beschreiben, wo und wie die Grenze zwischen den beiden Bereichen zu ziehen ist. Was ist allgemein genug um für moralische Grundüberlegungen – als

---

22 Darauf weisen die Kasuistikabschnitte der *Metaphysik der Sitten* hin wie auch die Bemerkungen in der Fußnote in der *Metaphysik der Sitten*, (Frankfurt a.M. 1977, S. 567; Tugendlehre, A S. 91).

23 *GMS*, BA S. 21; vgl. auch: „Vernunft gebietet, ohne doch dabei den Neigungen etwas zu verheißen [...] ihre Vorschriften." (*GMS*, BA S. 23) oder: „Die Vernunft alleine bestimmt das Verhalten" (BA S. 64). Diese Rede von der vollständigen Bestimmung des Willens durch die Vernunft definiert zwar lediglich den Begriff des reinen Willens, was alleine noch nicht heißt, dass ein solcher Wille auch in einer bestimmten Handlung vorkommen kann. Doch wenn man dies abstritte und somit in konkreten Situationen ein Wille niemals rein wäre, dann wäre auch keine Tat jemals völlig gut, da nicht die Vernunft sie alleine bestimmt.

24 Natürlich haben Handlungsanweisungen zwangsläufig empirisch bedingte Bestandteile und sind schon von daher nie rein a priori und daher kann Kant nicht annehmen, sie aus der Vernunft herzuleiten. Aber ein Kriterium, nach dem man empirische Sätze beurteilen kann, das aber selbst a priori ist (nämlich der kategorische Imperativ) erfüllt die selbe Funktion im Einklang mit Kants Vorgaben und erzeugt dann die obige Schwierigkeit.

Gegensatz der Kasuistik – in Frage zu kommen? Und es würde sich auch die Frage stellen, ob die Kantschen Beispiele diesseits oder jenseits einer solchen Grenze stehen. Man benötigt also ein zusätzliches Kriterium, wie praktische Sätze geartet sein müssen, um für die prinzipiellen Überlegungen tauglich zu sein. Das führt uns zum zweiten Problem.

### *II.2 Zweckethik oder Handlungstypenethik?*

Die Voraussetzung für die obige Frage ist nämlich immer noch, dass zunächst geklärt werden muss, was als Gegenstand einer Maxime qualifiziert ist. Bei dieser Frage gibt es zwei grundlegende Möglichkeiten. Eine Ethik kann entweder Absichten (Zwecke) gut oder schlecht heißen, oder aber sie bezieht sich auf Handlungstypen an sich, die sie ungeachtet des verfolgten Zwecks als gut oder schlecht beschreibt. Diese beiden Strategien sind nur schwer miteinander vereinbar. Denn beurteile ich eine Handlung nach der mit ihr verfolgten Absicht, ist der Handlungstyp, z.B. der Akt des Lügens oder des Tötens, moralisch neutral. Es kann sowohl moralische als auch unmoralische Fälle desselben Handlungstyps geben. Beurteile ich eine Handlung andererseits nach dem Handlungstyp und halte z.B. Lügen oder Töten an sich für unmoralisch, ist der Zweck nicht mehr entscheidend und fällt aus der moralischen Betrachtung heraus.

Welchem Weg Kant folgt, ist auch in dieser Frage nicht immer leicht zu entscheiden. Folgt man einerseits seiner bekannten Forderung, man dürfe nicht einmal aus Menschenliebe lügen,[25] und dem gegen derartige Forderungen gerichteten Vorwurf des Rigorismus, so scheint er klar auf Seiten einer Handlungstypenethik zu stehen. Kant verstärkt diesen Eindruck auch, wenn er zu Beginn der Grundlegung schreibt: „Eine Handlung aus Pflicht hat ihren moralischen Wert nicht in der Absicht, welche dadurch erreicht werden soll, sondern in der Maxime nach der sie beschlossen wird." oder „[Moralischer Wert] kann nirgend anders liegen als im Prinzip des Willens unangesehen der Zwecke, die durch solche Handlung bewirkt werden können".[26]

---

[25] Höffe: *Immanuel Kant*, op. zit., S. 194 weist zurecht darauf hin, dass jenes Lügenverbot im fraglichen Aufsatz („Über ein vermeintliches *Recht* aus Menschenliebe zu lügen") sich auf die Rechtslehre beziehe und daher in der Regel zu Unrecht kritisiert werde. Allerdings findet sich bei Kant auch ein Lügenverbot im Zusammenhang der Tugendlehre (*MS* A S. 83ff, vgl. auch *GMS* BA S. 19, A S. 38 oder auch das Beispiel zum gebrochenen Versprechen *GMS* BA S. 54f, das ja durchaus dem Lügen verwandt ist), ohne dass er es an irgendeiner dieser Stellen durch andere Pflichten einschränken würde.

[26] *GMS* BA S. 13f. Zweck und Absicht sind hier auch nicht zu verwechseln mit mutmaßlicher Wirkung, die im selben Abschnitt extra genannt wird.

Doch es ist problematisch, inwieweit sich diese Angaben als eine Beschränkung der Ethik auf Handlungstypen lesen lassen. Klar ist, dass Kant jeder Ethik eine Absage erteilt, welche irgendwelche Zwecke axiomatisch als letzten Bestimmungsgrund des Willens festsetzt. Er verficht demgegenüber eine Ethik, in der Maximen nicht nach Mittel-Zweck-Überlegungen auf derartige Axiome hin, sondern nach einer anderen Art von Testverfahren sich als gut oder schlecht erweisen sollen. Als Inhalt von Maximen, so könnte man meinen, dürften Zwecke dann ruhig auftauchen, da sie ja dann *Gegenstand* des Testverfahrens sind und nicht als *Begründung* fungieren. Kant gibt auch ausdrücklich an, dass Maximen immer einen Zweck enthalten.[27] Wenn Zwecke jedoch als Material von Maximen als Gegenstand der Ethik und des ethischen Testverfahrens durchaus in Frage kommen, sind die zitierten Formulierungen fahrlässig, denn sie reflektieren diesen Unterschied der Funktion von Zwecken in keinster Weise. Anstatt zu suggerieren, man müsse aus Pflicht *anstelle* einer Zwecküberlegung handeln, müsste Kant sagen, man müsse *aus Pflicht mit einer bestimmten Zwecksetzung* handeln. Dass Kants Angaben daher in Kombination mit Forderungen, wie er sie im Aufsatz zum Lügenverbot ausspricht, zu der verbreiteten Auffassung führen, Kants Ethik beziehe sich auf Handlungstypen und sei als rigoristisch überhaupt kritisierbar, kann man daher kaum als bloßes Missverständnis der Kantschen Ethik auffassen.

Andererseits erkennt Kant ganz offensichtlich Zwecken einen zentralen Stellenwert innerhalb der Ethik zu. So kennt er einerseits oberste „Zwecke die zugleich Pflichten sind", nämlich eigene Vollkommenheit und fremde Glückseeligkeit,[28] wie auch ein „Reich der Zwecke",[29] mit dem er die Gesamtheit der objektiv gebotenen Sollensgesetze in Analogie zum Reich der Naturgesetze beschreibt. Ebenso wird im Beispiel der Hilfeleistung auf einen Zweck hin, nämlich auf Glückseeligkeit hin argumentiert, während das genaue Mittel, der Handlungstyp, gar nicht zur Debatte steht. Kant nimmt also weder Zwecke als Inhalte von Maximen von der moralischen Betrachtung aus, noch hält er Handlungstypen an sich für moralisch neutral.

---

27 *GMS* BA S. 80.

28 *MS* S. 515 (Tugendlehre, A S. 13); Spätestens an dieser Stelle erscheint es unangebracht, Kant, wie es oft geschieht, als Antipoden des Utilitarismus zu zitieren. Zwar begünstigt er diesen Irrtum durch die oben genannten Stellen, doch aus den Beispielen wie den hier genannten obersten Pflichten geht hervor, dass der Unterschied zwischen Kants Ethik und dem Utilitarismus allenfalls darin besteht, dass Kant eine *Begründung* des utilitaristischen Kriteriums liefert, also, unter anderem, einen Utilitarismus aus Pflicht verficht, während Utilitaristen an diesem Punkt oft dogmatisch verfahren. Kant operiert generell auf einer prinzipielleren Ebene.

29 *GMS* BA S. 74, BA S. 84.

Man kann natürlich, gerade in Anbetracht der Kantschen Beispiele, auch die Möglichkeit diskutieren, dass Zwecke mit Handlungstypen zusammen als Gegenstand ethischer Überlegungen qualifiziert seien. In zwei von vier Beispielen setzt Kant innerhalb der fraglichen Maxime auch tatsächlich einen Handlungstyp mit einem bestimmten Zweck in Beziehung.[30] Allerdings bleibt unklar, ob der dabei genannte Zweck beim Prozess der Moralfindung relevant ist oder nicht, gerade wenn die fraglichen Handlungstypen wie beispielsweise das Lügenverbot, an anderen Stellen auch ohne die Einschränkung durch einen Zweck als geboten oder verboten beschrieben werden. Wenn der Zweck aber relevant ist, dann stellt sich exakt das gleiche Problem, wie bei einer auf bloße Zwecke ausgerichteten Ethik. Denn auch dann ist kein Handlungstyp an sich moralisch relevant und generell weder zu ver- noch zu gebieten, da er manchmal moralisch gut und manchmal schlecht sein mag. Alle Teile der Kantschen Ethik, die von generellen Handlungstyp-Geboten sprechen, die nicht relativ zu einem bestimmten Zweck festgelegt sind, wären mit einer solchen Ansicht nicht vereinbar.

Letztlich bleibt noch als vierte Möglichkeit, sowohl Zwecke als auch Handlungstypen, jeweils für sich, als Kandidaten zuzulassen. Man würde dann sowohl gute und schlechte Zwecke als auch gute und schlechte Handlungstypen unterscheiden. Hierbei stellen sich aber zwei Probleme: zum einen, dass kein einziger Zweck oder Typ jenseits allen Zweifels geboten wäre, denn es fände sich zu jedem guten Zweck ein Fall in dem eine schlechte Handlung ihn hervorriefe, wie auch zu jedem guten Handlungstyp ein schlechter Zweck zu finden wäre. Keine einzige moralische Entscheidung könnte daher eindeutig ausfallen und wir wären von einem Kantschen Kompass so weit weg wie nur irgend möglich. Das zweite Problem ist, dass eine Ethik, die auf Zwecke geht, fundamental anders strukturiert sein muss als eine, die auf Handlungstypen geht. Man kann nicht dieselben Begründungsschemata für Zwecke und für Handlungstypen verwenden und daher kann keine Ethik beide umfassen. Vielmehr würde es sich dann um zwei Ethiken nach zwei verschiedenen Prinzipien handeln. Inwiefern dieser Zwiespalt in der Kantschen Ethik besteht, möchte ich im Folgenden zeigen.

---

[30] So die zu prüfende Maxime beim Selbstmord: „Ich mache es mir aus Selbstliebe zum Princip, wenn das Leben bei seiner längern Frist mehr Übel droht, als es Annehmlichkeit verspricht, es mir abzukürzen.", wie auch beim gebrochenen Versprechen: „Wenn ich mich in Geldnot zu sein glaube, so will ich Geld borgen und versprechen es zu bezahlen, ob ich gleich weiß, es werde niemals geschehen". Selbstvervollkommnung und Hilfeleistung formulieren dagegen lediglich Zwecke, die aber im Übrigen mehr oder weniger identisch mit den genannten obersten Zwecken fremder Glücksseeligkeit und eigener Vollkommenheit sind. (Vgl. *GMS* BA S. 53ff.)

Wenn man Zwecke als Gegenstand der Ethik nimmt, dann fiele eine Trennung des prinzipiellen vom kasuistischen Bereich leicht – sie verliefe zwischen den Zwecken und den Mitteln dazu. Da aber viele Zwecke auch gleichzeitig Mittel zu höheren Zwecken sind, so wären Gegenstand des prinzipiellen Bereichs nur noch die obersten Zwecke. Dann aber wäre die Arbeit einer Moralphilosophie nach Kant mit dem Erweis von eigener Vollkommenheit und fremder Glückseeligkeit getan. Alle anderen konkreten Pflichten wären eine Frage der Kasuistik. Nur die obersten Zwecke wären dann potentielle Kandidaten für das Moralitätskriterium des kategorischen Imperativs, alle anderen Handlungstypen und untergeordneten Zwecke wären dagegen aus Mittel-Zwecküberlegungen im Bezug auf die höchsten Zwecke zu gewinnen, d.h. aus hypothetischen Imperativen. Dass Kant aber die Reichweite des kategorischen Imperativs nicht soweit zurücknimmt lässt sich leicht feststellen, wenn man nur die vielen Beispiele und Anwendungen betrachtet. Nicht dass die Beispiele nicht einleuchten, wäre dann zu kritisieren, sondern, dass er überhaupt meint Beispiele bringen zu können und sie für das Einsatzgebiet des kategorischen Imperativs hält, was davon zeugt, dass er sich zu wenige Gedanken um eine Grenzziehung zwischen dem Bereich der unbedingten und der situativ bedingten moralischen Gebote gemacht hat.

Sollten die bisherigen Überlegungen also richtig sein, sind die Konsequenzen einigermaßen gravierend: Man kann nur entweder Handlungstypen oder Zwecke für gut und schlecht halten, wenn man eine konfliktfreie Ethik haben möchte. Ein Rigorismus verträgt sich nicht damit, Zwecke auch nur als Material von Maximen zuzulassen. Weiterhin kann eine Ethik nur entweder genaue Handlungsanweisungen für alle vorkommenden Fälle geben, oder aber sich ausschließlich auf die Rechtfertigung oberster Zwecke beziehen. Für eine Zwischenstufe fehlt es an einem klaren Kriterium zur Unterscheidung zwischen prinzipiellen Überlegungen und Kasuistik. Daher müsste der kategorische Imperativ entweder eine absurd weite Reichweite haben oder weit hinter Kants Vorstellungen zurückbleiben, indem er ausschließlich die obersten Zwecke, nämlich eigene Vollkommenheit und fremde Glückseeligkeit, begründen könnte. Falls er das kann.

## *III. Die Selbstzweckformel*

Spätestens an dieser Stelle könnte man allerdings der Ansicht sein, dass die bisher genannten Schwierigkeiten nur dadurch zustande kommen, dass von Anfang an ein wesentlicher Baustein der Kantschen Ethik ausgeklammert wurde, nämlich die dritte Formulierung des kategorischen Imperativs – die Selbstzweckformel:

> „Handle so, daß du die Menschheit, sowohl in deiner Person als auch in der Person eines jeden anderen, jederzeit zugleich als Zweck, niemals bloß als Mittel gebrauchst."

Doch es ist nicht so, dass die Hinzunahme dieser Formel die obigen Probleme auflöst und die sich teilweise ausschließenden Ansprüche und Strukturen miteinander versöhnt. Denn wenn man sich der Unterstützung durch die Selbstzweckformel versichern möchte, hat das ebenso die Aufgabe von Voraussetzungen zur Folge, die von Kant als wesentlich für die Ethik beschrieben werden. Zwar führt diese sogenannte dritte Formel hinsichtlich der Begründung moralischer Grundsätze ungleich weiter als die ersten beiden Formeln, deren Funktionsweise nach wie vor ungeklärt bleibt; aber das gelingt nur auf eine Weise, die den sonst von Kant vorgestellten Verfahren nicht nur sehr unähnlich ist, sondern auch mit ihnen unvereinbar ist.

Rätselhaft ist zunächst, dass in so mancher Darstellung der Kantschen Ethik jene Formel wie selbstverständlich als „dritte Formulierung" des kategorischen Imperativs zitiert wird, ohne dass allerdings ein inhaltlicher Zusammenhang zu den anderen Formeln unmittelbar ersichtlich wäre. Es ist auf den ersten Blick nicht plausibel, warum die Selbstzweckformel nur eine Umformulierung der anderen Sätze sein sollte. Möglicherweise entspringen zwar alle drei aus einem gemeinsamen Prinzip, der Analyse des Begriffs des vernünftigen Wesens,[31] aber sie entspringen nicht auseinander und man gelangt nicht aus dem einen zum anderen. Daher mögen sie zwar zusammen gehören, aber sind nicht nebeneinander zu stellen als würden sie dasselbe aussagen oder seien vielleicht gar gegeneinander substituierbar. Aus der Perspektive der beiden Objektivierungsformeln ist daher die Selbstzweckformel ein Postulat. Erst unter dieser zusätzlichen Prämisse wird Kants Ethik leistungsfähig und gibt eine klare Richtschnur für ethische Entscheidungen an die Hand. Doch diese Leistungsfähigkeit der Selbstzweckformel für moralische Entscheidungen scheint völlig unabhängig zu sein von den Operationen, die mit den ersten beiden Formeln beschrieben werden. Sie kann diese daher nicht ergänzen, sondern setzt an ihre Stelle schlicht ein anderes Prinzip: den Menschen als höchsten Zweck. Für alle konkreteren Handlungen sind dann Zweck-Mittel-Überlegungen entscheidend. Es wären dann, wie oben, die ersten beiden Formeln des kategorischen Imperativs für moralische Überlegungen und für alle denkbaren Beispiele irrelevant. Die Aufgabe der Objektivierungsformel könnte dann allenfalls noch darin bestehen, die

[31] Vgl. *GMS* BA S. 35.

Selbstzweckformel selbst zu begründen, auch wenn das gegen die Annahme spricht, dass sie mit dieser auf derselben Stufe stehe.

Kant scheint die Geltung der Selbstzweckformel aus einer Analyse des Faktums zu gewinnen, dass das Subjekt immer schon in einem Handlungszusammenhang steht, d.h. praktisch ist. In jeder Maxime und jedem Gedanken über mögliche Handlungen ist schon der Begriff des freien, vernünftigen Subjekts enthalten, denn wie Kant richtig argumentiert, setzt der Begriff eines Sollens das Faktum der Freiheit voraus.[32] Insofern also in jeder denkbaren Maxime der Begriff eines vernünftigen Subjekts liegt, kann man diesem Begriff niemals zuwiderhandeln, ohne einen Selbstwiderspruch hervorzubringen.[33]

Diese Argumentation ist tatsächlich bestechend. Mit ihr erhält auch der Selbstwiderspruch eine Funktion, wodurch die ersten beiden und die dritte Formel des kategorischen Imperativs durchaus zusammenfinden. Die gesuchte zweite Komponente des Widerspruchs wäre dann der in jedem Sollenssatz steckende Begriff des freien, vernünftigen Wesens. Allerdings wäre die erste Komponente dann nicht mehr mit der oben festgehaltenen identisch – denn es wäre unerheblich, ob man die Maxime auf ein oder auf alle Subjekte bezieht. Sobald sie überhaupt Apellcharakter für ein Subjekt hat, entsteht bereits der Widerspruch.[34]

Durch diese Mechanik ist also ein allgemeines Kriterium gegeben, anhand dessen man konkretere Sollenssätze prüfen kann. Auch dieses wird nicht für jede Situation einen eindeutigen Kompass an die Hand geben, sondern nur soweit, wie die Bedeutung des Begriffs des freien vernünftigen Subjekts reicht. Damit bleibt also auch ein Bereich für kasuistische Überlegungen übrig, die entweder über Mittel-Zweck-Überlegungen an diejenigen höheren Zwecke gebunden werden können, die durch das Kriterium erwiesen werden können.

Eine derartige Konzeption ist ohne Zweifel in Kants Ausführungen angelegt und wird von ihm auch an verschiedenen Stellen explizit angesprochen. Dennoch gibt sie die Grundstruktur seiner Ethik eindeutiger wieder als sie ist. Denn in den Kantschen Schriften ist dieses Grundprinzip der Analyse des Begriffs des praktischen Subjekts nur ein Gedankenstrang, der neben anderen, mit denen er teilweise unvereinbar ist, oft in den Hintergrund tritt.

---

[32] Vgl. *GMS* A S. 5f, insbesondere die dortige Fußnote.

[33] Vgl. *GMS* BA S. 82f; vgl. auch *GMS* BA S. 156 und BA S. 35

[34] Genaugenommen gibt es, wenn man den Menschen als freies, vernünftiges Subjekt, also abzüglich seiner Leidenschaften denkt, gar keinen Unterschied mehr zwischen einem und vielen Subjekten. Denn insofern der Mensch im Sinne Kants vernünftig handelt, ist er kein Individuum, sondern hat teil an einer Universalvernunft, die für alle gilt. Er handelt daher nicht als Individuum, sondern als Manifestation dieser Vernunft.

Dies zeigt sich beispielsweise daran, dass sämtliche oben referierten Beispiele, darunter auch das für sich stimmige vom gebrochenen Versprechen, sich gar nicht nach dem hier beschriebenen Begründungsschema richten. Kant sucht und findet die Widerspruchskomponenten bei keinem der Beispiele auf die beschriebene Weise im Begriff des freien, vernünftigen Subjekts, sondern lediglich in den jeweiligen Inhalten der in Frage stehenden Sollenssätze.[35]

Doch Kants Ethik ist zweifellos besser als seine Beispiele. Nur muss eine Ethik, die nach den gerade skizzierten Grundlagen verfährt, nicht nur auf die Beispiele, sondern auch auf andere Ansprüche und Implikationen verzichten, die Kant seiner Ethik zuschreibt. Dies bezieht sich zunächst darauf, dass die Operation der Ausweitung einer Maxime auf alle Subjekte und ein *dabei* entstehender Widerspruch kein wesentliches Moralitätskriterium sein kann. Weiterhin muss von einem Pflichtbegriff Abstand genommen werden, sofern er sich sogar bevorzugt auf Handlungstypen an sich richtet. Es gibt dann keine Vielzahl von Handlungspflichten mehr, wie das Lügenverbot oder das Tötungsverbot, sondern nur noch ein oder maximal zwei Zwecke, die zugleich Pflichten sind (Menschheit als Selbstzweck bzw. eigene Vollkommenheit und fremde Glückseeligkeit), während alles andere nur im Verhältnis dazu entschieden wird. Kants Ethik ist daher weder rigoristisch, denn gut und schlecht richtet sich nach Zwecken, noch formalistisch, denn gut und schlecht richtet sich nach dem Inhalt von Maximen. Zwar ist eine Ethik nach der Selbstzweckformel auch nicht „material" im Sinne von Kant, der darunter immer Bedingtheit durch Neigung und äußerliche Einflüsse wie z.B. Mitleid versteht, aber sie verdient ebensowenig das Prädikat „formal", wie Kant es versteht. Denn Kant macht die Verwendung dieses Terminus nur dadurch plausibel, dass er ihn auf das formal anmutende Verfahren der Verallgemeinerung bezieht,[36] das jedoch vollkommen irrelevant für eine Ethik nach der Selbstzweckformel ist.

---

[35] Erst in der Darstellung der Metaphysik der Sitten werden nicht die Geltungsbedingungen des Sprechakts, sondern die „Würde des Menschen" zur Begründung des Lügenverbots herangezogen, vgl. *MS* S. 562 (Tugendlehre, A S. 83ff.).
Allenfalls im Beispiel der Vervollkommnung klingt die Begründung aus dem vernünftigen Subjekt an, doch wird sie hier nicht erklärt und sie ließe sich auch schwer erklären, ohne dass die Frage auftauchen würde, warum bei den anderen drei Beispiele nicht genauso zu verfahren wäre.

[36] Vgl. insbesondere *GMS* BA S. 83, wo er auch im Rahmen der Betrachtungen zu Zwecken die Verallgemeinerungsformel *allein* als das formale Prinzip bezeichnet.

*Resümee*

Der plausible Kern der Kantschen Ethik liegt also in einer Ethik, die auf Selbstwidersprüche pocht, sobald eine Maxime mit dem in ihr zwangsläufig enthaltenen Begriff des freien, vernünftigen Handlungssubjekts kollidiert. Dies aber wäre eine Ethik, durch die einige Teile der Kantschen Argumentationen und Ansprüche obsolet werden und sie wäre insgesamt recht überschaubar: Wenn alle Ethik im Begriff des freien vernünftigen Subjekts gründet, dann erschöpft sich ihr Forderungskatalog in der Analyse dieses Begriffs. Alles was zu tun und zu lassen wäre, wäre durch die Charakteristika des vernünftigen Subjekts gegeben und nichts anderes dürfte Gegenstand der Ethik sein. Dazu käme dann eine Mittel-Zweck-Kasuistik, durch die diese Inhalte auf konkretere Situationen bezogen werden, die aber nicht mehr in den Bereich prinzipieller ethischer Überlegungen fiele. Und das wäre alles, was sich prinzipiell sagen ließe. Alle Überlegungen dagegen, die Handlungstypen zu Pflichten erklären, wodurch ein Rigorismusvorwurf überhaupt erst ermöglicht wird, fänden dagegen in einer solchen Ethik keinen Platz. Und dasselbe gälte für den kategorischen Imperativ in seiner (sowohl bei Kant als auch seinen Rezipienten) am häufigsten zitierten Formulierung, der Verallgemeinerungsformel, die als Moralitätskriterium weder funktionstüchtig noch relevant ist.

*Magdalena Hoffmann*

# Die Urteilskraft partikularistischer Façon – eine Herausforderung?

## *I. Einführung*

„Die Urteilskraft ist eine schwierige Sache“ - so lautet ein Satz von Martin Heidegger an Hannah Arendt. In der Tat ist kein menschliches Vermögen so schwierig zu fassen wie die Urteilskraft, die Kant so treffend als „geheime Kraft“ bezeichnete. Dies hängt mit folgendem Charakteristikum zusammen: Die Urteilskraft bezeichnet das Vermögen, das Verhältnis von Allgemeinheit und Besonderheit zu bestimmen. Wie diese Bestimmung konkret vonstatten geht, ist eine der zentralen Fragen, die sich bei einer Beschäftigung mit der Urteilskraft stellen. Dies gilt auch für die Urteilskraft in der Ethik. Dort erscheint das Vorhaben der Verhältnisbestimmung in seiner Problematik um ein Vielfaches potenzierter, weil das Moment der Handlung hinzutritt. Es kommt zu einer Überschneidung von theoretischen und praktischen Erwägungen, die berücksichtigt werden müssen.

In der Gegenwartsphilosophie hat die moralische Urteilskraft in einer von John McDowell wiederbelebten Debatte explizit Eingang gefunden. Mit seiner Kritik an einer generalistischen Auffassung von Urteilskraft als eine Art von praktischem Syllogismus propagierte er zugleich eine wahrnehmungsbezogenere Konzentration auf den Einzelfall.[1] Damit ist die zentrale Stoßrichtung der Debatte bereits umrissen: Ganz grob lässt sie sich als ein Ringen um die Schwerpunktsetzung definieren, sprich: Tendiert man zu einer Bevorzugung des Allgemeinen oder zu einer Stärkung des Besonderen? Generalisten sprechen sich für die Rückbindung von Einzelsituationen an allgemeingültige Regeln und Prinzipien aus und beschreiben daher die Leistung der Urteilskraft als rational-deduktiv. Partikularisten dagegen betonen die normative Eigenständigkeit von Situationen und Handlungen, die nicht unterhöhlt werden darf. Die Leistung der Urteilskraft wird von ihnen in der adäquaten Erfassung der moralisch relevanten Faktoren der Situation gesehen. Damit dringt diese Auseinandersetzung in den Kern der Moralphilosophie vor: Wegen der fundamentalen Bedeutung, die Regeln und Prinzipien innerhalb der Moralphilosophie einnehmen, kulminiert die Bestimmung der Urteilskraft letztlich in der Frage nach der Richtschnur moralischen Handelns und der Normativität von Moral überhaupt. Da die Diskussion explizit die Verhält-

[1] Vgl. John McDowell: “Virtue and Reason“, in: *The Monist* 62, 1979, S. 331-350.

nisbestimmung von allgemeingültigen Prinzipien und konkreten Einzelsituationen zum Inhalt hat und – überspitzt formuliert – als Inbegriff dieser anzusehen ist, ist sie meiner Meinung nach hervorragend geeignet, um sich der Urteilskraft anzunähern.

Allerdings möchte ich auf zwei Besonderheiten dieser Debatte aufmerksam machen, die es zu berücksichtigen gilt: Die erste betrifft die „Dramaturgie" der Debatte. Sie ist weniger stringent als die Unterteilung in Partikularisten einerseits und Generalisten andererseits erahnen lässt; es ist keine Debatte, die wie ein Tennisspiel von einem gleichmäßigen Rhythmus von Aufschlag und Gegenschlag bestimmt ist. Vielmehr haben sich aus ihr zahlreiche Einzeldebatten entwickelt, in denen sich das Pro und Kontra auf die Einschätzung bestimmter Referenzautoren konzentriert. Ein Beispiel für eine solche Verselbständigung ist die Diskussion darüber, ob Aristoteles als Partikularist oder als Generalist zu deuten ist. Die zweite Besonderheit hat die Symmetrie oder vielmehr die fehlende Symmetrie der Positionen zum Inhalt: Ohne damit eine Wertung vorzunehmen, ist festzuhalten, dass sich die Partikularisten in der Position des Herausforderers befinden. Sie selbst definieren sich durch ihre Kritik am Generalismus.[2] So möchte Jonathan Dancy, einer der profiliertesten Vertreter des Partikularismus, bewusst „den Würgegriff des Generalismus" lockern. Daraus geht deutlich hervor, dass der Generalismus in der Moralphilosophie als die etabliertere Form gilt. Das ist nicht weiter verwunderlich, da das Wesen der Moral gemeinhin durch einen Anspruch auf Allgemeingültigkeit und Unparteilichkeit definiert wird. Natürlich ist der Generalismus keine homogene Theorie – es gibt viele Entwürfe und Gegenentwürfe der Formulierung von allgemeingültigen Regeln und Prinzipien. Exemplarisch seien hier Kant und die Utilitaristen als zwei Vertreter des Generalismus genannt. So waren die meisten moralphilosophischen Debatten Auseinandersetzungen dieser Art, wodurch aber der Generalismus an sich eine immer wiederkehrende Bestätigung seines Anspruchs erfuhr. Es gab zwar immer wieder einzelne Versuche, diesen radikal in Frage zu stellen (z.B. durch Nietzsche und die Existentialisten), doch haben sie sich nie derselben Popularität erfreut. Um dieser Vernachlässigung entgegenzutreten, möchte ich mich in diesem Beitrag auf die Darstellung der gegenwärtigen partikularistischen Position konzentrieren, die ich allerdings in diesem Rahmen nur in groben Zügen einführen kann. So werde ich nur auf einige wenige Partikularisten namentlich eingehen. Wichtig ist mir, dass das Anliegen an sich und einige zentrale Begriffe und Argumente der Partikularisten zum

---

[2] In jüngerer Zeit versuchen Partikularisten vereinzelt, den Partikularismus nicht nur durch die Negation des Generalismus zu definieren. Vgl. Ulrik Kihlbom: *Ethical Particularism*, Stockholm 2002, S. 7.

Ausdruck kommen; dazu stelle ich unterschiedliche partikularistische Ansätze vor. Die Strömung des Partikularismus ist nämlich genauso wenig homogen wie die des Generalismus. Ich nehme eine Unterscheidung vor, indem ich drei Argumentationsebenen festhalte. Die erste Ebene ist die des *ontologischen Partikularismus*. Auf dieser Ebene steht die Geltung und Kennzeichen moralischer Gründe im Mittelpunkt. Auf der zweiten Ebene setze ich mich mit einem *epistemologischen Partikularismus* auseinander. Er hat Fragen nach der Möglichkeit und Form moralischen Wissens zum Inhalt. Die dritte Ebene ist die eines *praktischen Partikularismus*, der konkrete moralische Handlungen ins Auge fasst. Dieser praktischen Ebene widme ich im Vergleich mehr Raum, weil sie die genuine Ebene der Auseinandersetzung ist.

Ich wende mich kurz jeder Argumentationsebene zu, indem ich nur exemplarisch in die zentralen Positionen und Argumente einführe. Anschließend möchte ich im Schlussteil die Einzelerkenntnisse zusammenführen, um die Leistung einer Urteilskraft partikularistischer Façon zu konkretisieren.

Doch zunächst zu den einzelnen Ebenen:

## *II. Formen des Partikularismus*

### 1. Ontologischer Partikularismus

Ich wähle die Bezeichnung „ontologischer Partikularismus" für einen Ansatz, der die Geltung moralischer Gründe von ihrem Kontext beeinflusst sieht und damit grundsätzlich diesen Gründen eine Varianz unterstellt. Damit hängen natürlich Überlegungen zu moralischen Eigenschaften generell oder auch zu Werten zusammen; diese sollen aber in diesem Aufsatz außen vor bleiben. Auch auf die weitere Zuordnung metaethischen Vokabulars möchte ich hier verzichten, da es zur unnötigen Verkomplizierung eines ohnehin komplexen Themas führen würde. Stattdessen möchte ich exemplarisch die Argumentation von Jonathan Dancy[3] vorstellen, der der profilierteste Vertreter eines ontologischen Partikularismus ist.

Dancys argumentativer Hintergrund ergibt sich aus einem Holismus der Gründe. Dieser bezeichnet in diesem Zusammenhang die Annahme, dass sich Gründe – und darunter zählt Dancy auch die moralischen – sensitiv zu ihrem Kontext verhalten und in diesem Sinne in ein „Ganzes" eingebettet

---

[3] Ich stütze mich bei dieser Darstellung zum einen auf sein Werk *Moral Reasons* (Cambridge, Mass. 1993) und zum anderen auf einen aktuellen Aufsatz, in dem er einige Verfeinerungen seiner Position vornimmt: Jonathan Dancy: "The Particularist's Progress", in: B. Hooker/ M. Little (Hrsg.): *Moral Particularism*, Oxford 2003, S. 130-156.

sind.[4] Gründe sind demnach variant, indem sie in einer Situation für eine Handlung und in einer anderen dagegen sprechen mögen, wobei das Moment der Veränderung in ihrer Umgebung zu verorten ist. Zur Verdeutlichung möchte ich in diesem Zusammenhang das sogenannte „Sadisten-Beispiel" bringen: Während das Empfinden von Lust bei einer Handlung normalerweise als moralisch gut gilt, würde man sich dieser Einschätzung nicht anschließen, wenn es sich dabei um eine sadistisch erzeugte Lust handeln würde. Derselbe Grund würde hier unter einem anderen Vorzeichen auftreten.

Nach Dancy sind alle Gründe in der Lage, sich zu verändern, auch moralische. Sie sind dazu fähig, weil ihr Grund-Sein an sich eine solche Veränderung zulässt; an dieser Erklärung wird auch deutlich, warum sich sein partikularistischer Ansatz ohne Weiteres als ontologisch bezeichnen lässt. Das Grund-Sein unterliegt Veränderungen, ohne dass sich an der Bezeichnung als Grund etwas ändern müsse. Doch wie genau geht diese Veränderung vonstatten? Man kann sich das Grund-Sein nach Dancy demnach wie ein Konglomerat von Potentialitäten vorstellen, die über eine positive und negative Bestimmung in derselben Relation zu einem neutralen Nullpunkt verfügen. Andere Partikularisten, wie David McNaughton und Piers Rawling, befürworten hingegen eine moderatere Konzeption, indem sie zwar eine Varianz der Gründe bejahen, aber nicht der Meinung sind, dass die Bestimmung eines Grundes gegen Null gehen oder sich sogar in das Gegenteil verkehren kann.[5] Alle Partikularisten kommen aber darin überein, dass der Kontext verantwortlich dafür ist, wie die Bestimmung letztlich ausfällt. Für Dancy ist diese Vorstellung von einem Grund so fundamental, dass er Unterschiede hinsichtlich der Anwendungsbereiche als nachgeordnet empfindet. Er differenziert in seiner Einschätzung nicht zwischen theoretischen und praktischen Gründen. Die Potentialität der Veränderung ist jedem Grund beigegeben. Die *Möglichkeit* der Veränderlichkeit ist dabei für ihn das entscheidende Kriterium, unabhängig davon, ob die Veränderlichkeit auch in der Realität zu konstatieren ist. Dancy ist der Ansicht, dass ein Holismus in der Theorie der Gründe lediglich dazu verpflichtet, das zu berücksichtigen, was passieren könnte, ohne dass es tatsächlich passieren muss. Daher hält er es für kein ernstzunehmendes Problem, wenn er einräumen muss, dass es einige wenige privilegierte Gründe geben möge, die sich *de facto* nicht verändern (z.B. das willentlich zugefügter, keinem Zweck dienender Schmerz immer schlecht

---

[4] Der Begriff „Holismus" leitet sich aus dem griechischen *hólon* (Ganzes) ab und bezeichnet eine Art der Ganzheitslehre.

[5] Vgl. David McNaughton/Piers Rawling: "Unprincipled Ethics", in: B. Hooker/M. Little: *Moral Particularism*, Oxford 2003, S. 256-275, S. 263.

ist). In dieser Einschränkung möchte er allerdings keine Schwächung seines Ausgangspunktes sehen, da einige wenige de facto invariante Gründe sehr viel mehr variante Gründe implizieren, was nach Dancy ausreichend ist, um den „Würgegriff" der Generalisten bezüglich der Voraussagbarkeit des Verhaltens von Gründen zu lockern. Die Gesetzmäßigkeit im Verhalten eines moralischen Grundes, das der Generalist unterstellt, ist es, die im Zentrum seiner Kritik steht.

2. Epistemologischer Partikularismus

Dem Ausdruck „epistemologischer Partikularismus" ordne ich eine Position zu, die sich bei der Frage nach der Möglichkeit moralischen Wissens für ein wahrnehmungsbezogenes Wissen ausspricht, das sich auf Einzelfälle bezieht. Dieser bescheiden klingende Anspruch richtet sich gegen die Auffassung, dass sich moralisches Wissen in Form eines Prinzipienwissens äußere.[6] Aristoteles nimmt als Referenzautor eine herausgehobene Stellung in unterschiedlichen Einzeldebatten ein, wobei die in diesem Rahmen geführte Einzeldebatte sicherlich zu den interessantesten gehört, so dass ich sie kursorisch wiedergeben möchte.[7] Dabei richte ich mein Augenmerk auf die argumentative Attraktivität, die Aristoteles auf Partikularisten epistemologischer Art ausübt.

In seiner *Nikomachischen Ethik* konstatiert Aristoteles, dass Exaktheit in der Ethik nicht ohne Einschränkung vorausgesetzt werden könne, da sie auch immer dem Veränderlichen preisgegeben sei (1094b11-25). Aus diesem Grunde könne es kein akribisches Wissen von den schönen, gerechten und guten Dingen geben, sondern nur eine Art „Umrisswissen", das lediglich einige Konturen zur Orientierung bereitstelle, die es aber noch *en detail* gleichsam einem Kameraobjektiv scharf einzufangen gelte. Mit dieser Auffassung sehen sich Partikularisten in ihrer Skepsis gegenüber einem rigorosen Konzept von Moral bestätigt.

Eine weitere Begründung des umrisshaften Wissens ethischer Art lautet, dass es anders als in den theoretischen Wissenschaften in der praktischen Wissenschaft der Ethik nicht nur um Wissen, sondern auch um Handlung gehe. Wegen dieser „Vermengung" sei eine absolute Qualifizierung von Prinzipien dem Gegenstand nicht angemessen.

Aristoteles ist für die Partikularisten nicht nur wegen seines Zugeständnisses von Unexaktheit in der Ethik von Interesse, sondern vor allem auch

---

[6] Vgl. Ulrik Kihlbom: *Ethical Particularism*, Stockholm 2002, S. 7.

[7] Einen guten Überblick über den Stand der Debatte und über die jeweiligen Argumente und Gegenargumente gewährt der Aufsatz "Ethics as an Inexact Science: Aristotle's Ambitions for Moral Theory" von Terence Irwin, in: B. Hooker / M. Little (Hrsg.): *Moral Particularism*, Oxford 2003, S. 100-129, auf den ich mich im Folgenden beziehe.

wegen seiner Antwort auf die Frage, wie denn die Schärfung des Blicks für die Konkretisierung des Umrisswissens zu erfolgen habe. Nach der partikularistischen Lesart von Aristoteles fällt es der Wahrnehmung (*aisthêsis*) zu, die Mängel oder Unschärfe genereller Annahmen zu kompensieren. Die relevanten Urteile über Einzeldinge werden demnach durch Wahrnehmung gefällt. Wie das konkret verläuft, wird den Partikularisten zufolge anhand des eigenen Vorgehens von Aristoteles bei seinen Ausführungen der ethischen Einzeltugenden deutlich. Zunächst orientiert er sich an der generellen Annahme, dass Tugend in der Mitte zwischen zwei extremen Handlungsweisen besteht. Gemäß der Mesoteslehre handelt es sich dabei nicht um eine arithmetische Mitte, sondern um eine relative zum Handelnden und der Situation. Diese Relativität kann aber nur im Einzelfall und nur durch Berücksichtigung der relevanten Faktoren bestimmt werden, was sich durch Wahrnehmung vollzieht. Die Wahrnehmung „zoomt" das Bild heran, wodurch es an Schärfe gewinnt.

Gerade die Beschreibung einzelner Tugenden wird aber von Generalisten wie Terence Irwin dafür angeführt, dass es zentraler sei, dass die Menschen den Grundzusammenhang von Tugenden und Glückseligkeit (*eudaimonia*) erkennen, als dass sie alle möglichen Ausnahmen lernen. In der Verknüpfung von Tugend und *eudaimonia* sehen Generalisten ein gewichtiges Argument gegen eine unterstellte Kontingenz oder Irrationalität und die zentrale Aussage der *Nikomachischen Ethik*. Sie beschränke sich nicht darauf, ein bloßer Tugendkatalog zu sein, sondern strahle mit der Verknüpfung von Tugend und Glückseligkeit eine normative Leitkraft aus, die erst eine partikuläre Beschreibung ermögliche.

Die Partikularisten setzen dagegen den Akzent anders: Sie fassen die Wahrnehmung nicht als ein bloßes Mittel zur Anwendung genereller Regeln auf Einzelfälle auf, sondern gehen von einem moralischen Gehalt dieser Fälle aus, was auch ihre normative Vorrangigkeit begründe. Als Indiz für diese Position wird die Tugend der Klugheit (*phronêsis*) in Buch VI der *Nikomachischen Ethik* angeführt, der eine Sonderstellung im „Tugendkatalog" zugesprochen wird und innerhalb derer die Wahrnehmung eine herausgehobene Rolle spielt. Die Sonderstellung der Klugheit bestehe darin, dass sie ein Bindeglied zwischen den ethischen (charakterlichen) Tugenden und den dianoetischen (intellektuellen) Tugenden ist und ihre Tätigkeit durch Wahrnehmung nicht nur epistemisch, sondern auch moralisch interpretierbar ist. Demnach erschöpft sich Wahrnehmung nicht nur in der intellektuellen Erfassung bestimmender Faktoren. In ihr enthalten ist zugleich eine Sensitivität, die McNaughton als „moralisches Sehen" bezeichnet hat.[8] So sind parti-

[8] Vgl. David McNaughton: *Moralisches Sehen*, Frankfurt a.M. 2003, S. 239.

kuläre, wahrnehmungsbezogene Urteile das Fundament moralischer Tugend. Dafür spricht den Partikularisten zufolge auch die Tatsache, dass moralische Tugend nur durch Gewöhnung und im Zuge von Erfahrung zu erlangen ist.

3. Praktischer Partikularismus

Der praktische Partikularismus rückt lebensweltliche Überlegungen in den Mittelpunkt seiner Untersuchung, indem er zum einen den Fokus auf die handelnde Person richtet, zum anderen auf die Umstände der Handlung. Da diese Ebene großen Raum für sich beansprucht, unterteile ich sie zur besseren Orientierung durch Zwischenüberschriften.

Ein gewichtiger Vorwurf der Partikularisten richtet sich gegen den Charakter einer generalistischen Konzeption an sich. Der Anspruch auf Allgemeinheit und Unparteilichkeit, der häufig als das Wesen von Moral an sich und als der zentrale Vorteil des Generalismus eingeschätzt wird, ist für Partikularisten problematisch, was ich nun genauer darstellen möchte.

*Missachtung der Emotionalität*

Die Kritik kann aus unterschiedlichen Stoßrichtungen vorgetragen werden: Von einem *emotionalen* Blickwinkel betrachtet, greift der Rationalitätsanspruch von generalistischen Konzeptionen zu weit.[9] Der Mensch wird nicht zum Vernunftwesen „erhöht“, sondern stattdessen dazu „degradiert“, indem seine ganze Emotionalität ausgeblendet und ihre Unterdrückung oder Zügelung gefordert wird. Es ist nicht überraschend, dass sich diese Kritik vor allem gegen Kant richtet. Der Vorwurf gegen einen missbilligenden Umgang mit der Emotionalität durch generalistische Theorien kann auch im Sinne einer verfehlten Chance interpretiert werden, indem dadurch moralische Gefühle nicht adäquat anerkannt (und genutzt) werden. So könne man auf viele künstliche Rationalisierungen verzichten, wenn man mehr Wert auf die Verfeinerung und Kultivierung moralischer Gefühle legen würde.

*Vernachlässigung konkreter Bindungen und Kontexte*

Ein anderer Vorwurf richtet sich nicht gegen die geforderte Rationalität an sich, sondern gegen die *Reichweite* dieses Anspruchs. So moniert Bernard Williams, dass eine allgemeine Vernunftkonzeption kantischer Manier nicht als

[9] Vgl. die Diskussion in Martha Nussbaum: *Vom Nutzen der Moraltheorie für das Leben*, Wien 2000.

gegeben vorausgesetzt werden könne.[10] Dem widerspreche allein schon die zu konstatierende Divergenz und Kontingenz in der gelebten Realität. Bei dem Angriff gegen die Reichweite kann man meiner Meinung nach eine weitere Differenzierung vornehmen: Ausgehend von einem *vertikalen* Maßstab der Moralität (im Sinne der Qualität) gibt es Unterschiede der Verhaltensweisen, die mit der Beziehungsintensität zusammenhängen (Ethik des *near and dear*). So gehen mit Familien- und Freundschaftsbeziehungen stärkere moralische Verpflichtungen einher als mit Nachbarschaftsbeziehungen, denen man aber wiederum stärker verpflichtet ist als seiner Kommune etc. Legt man einen *horizontalen* Maßstab der Moralität an (im Sinne der Quantität), stößt man schnell an soziale, historische, religiöse und kulturelle Grenzen. An dieser Stelle bilden Partikularisten und Kommunitaristen eine Schnittmenge. Kommunitaristen sind im Gegensatz zu Universalisten der Meinung, dass es keine global geltenden politischen Rechte (z.B. Menschenrechte) geben könne, weil die Realität so viele Differenzen unterschiedlicher Art aufweise, dass es eine diesen Differenzen adäquate, normative Übereinstimmung nicht geben könne. Demnach gibt es weder eine allgemeine noch eine universell geltende Vernunft.

### *Der Begriff des Kontextes*

Mit der Forderung nach einer stärkeren Berücksichtigung der Lebenswelt ist unmittelbar die nach einer höheren Kontextsensitivität verbunden; letztlich ist sie eine andere Ausdrucksform. Doch was genau ist unter Kontext zu verstehen, ein Begriff der bereits bei den anderen Formen des Partikularismus aufgetaucht ist? Eine philosophische Definition des Kontextes ist in der Moralphilosophie meines Erachtens nach bislang vernachlässigt worden. Daher sei hier nur ein unreiner Versuch einer Begriffsklärung gestartet: Zunächst ist „Kontext" ein synonymer Begriff zu „Zusammenhang". Demnach ist etwas nur vor dem Hintergrund von etwas anderem zu verstehen, weil es eine Verknüpfung zwischen diesen beiden gibt. Auf die Ebene der Moralphilosophie übertragen, bedeutet dies, dass eine moralische Handlung nicht verstanden und beurteilt werden kann, ohne dass ihre Verknüpfung mit anderen bestimmenden Faktoren ebenfalls berücksichtigt wird. Diese können in der Persönlichkeit des Akteurs liegen, sie können aber auch in seinem sozialen, kulturellen oder politischen Umfeld zu verorten sein. Daraus geht unmittelbar hervor, dass eine gewisse Varianz und Pluralität in moralischen Fragen bewusst propagiert wird. Schwierig ist hierbei bisweilen die Unterscheidung

[10] Vgl. Bernard Williams: *Ethics and the Limits of Philosophy*, Cambridge (Mass.) 1985, S. 197.

von Stufen des Partikularismus. Je nach Intensität der propagierten Varianz erscheinen die Übergänge zu einem moralischen Skeptizismus und Relativismus fließend. Mit der Forderung nach Kontextsensitivität beanspruchen Partikularisten die Anerkennung der Verknüpfung von Handlung und Kontext, die eine normative Bedeutung insofern hat, als eine Moral, die allein aus der Vernunft geboren wird, abgelehnt wird. Ein solitärer, ausschließlich vernunftorientierter Zugang wird als inadäquat kritisiert.

*Wittgensteins Regelfolgen*

Ein Beispiel, wie der Kontext sich auf das Verständnis von Moral auswirken kann, wird in Wittgensteins Ausführungen zu Regelfolgen in seinen *Philosophischen Untersuchungen* gesehen. Dort beschreibt Wittgenstein das Regelfolgen als eine soziale Praxis, wobei er den Ausdruck „Gepflogenheiten" verwendet (PU, §199). Demnach muss es eine tatsächliche Praxis im Sinne einer mehrmaligen Befolgung einer Regel geben, damit sie als Regel zu identifizieren ist. Inwieweit er diesen Ausdruck im Sinne einer Gemeinschaftsauffassung vertritt, ist unklar. Allerdings macht Wittgenstein selbst in §202 explizit, dass „der Regel folgen" eine Praxis sei, die nicht „privatim" sein könne, was einen gemeinsam geteilten Kontext als Voraussetzung nahe legt. Insbesondere McDowell war mit seinem Aufsatz "Virtue and Reason" und seiner sich an Wittgenstein anlehnenden Argumentation dafür verantwortlich, dass Wittgensteins Ausführungen Eingang in die Debatte fanden. In dem Aufsatz versucht er einen kombinierten Ansatz zur „Rehabilitation" der Tugendethik, indem er Aristoteles' Aussagen zur Klugheit mit Wittgensteins Ausführungen zu Regelfolgen zusammenführt. Er vertritt die These, dass keine Tugendkonzeption auf ein Set von Regeln reduziert werden (könne) und dass sich dementsprechend moralisches Wissen nicht in der mechanischen Anwendung von Regeln erschöpfen könne. Demnach sei es ein Missverständnis, davon auszugehen, dass eine Regel zu befolgen sich im Verständnis ihrer universellen Eigenschaft ausdrückt und man sich gemäß dieses Verständnisses verhält. Dies würde zu dem paradoxen Ergebnis führen, dass Regeln eben nichts regeln. Diese These wird auch von aktuelleren Partikularisten in etwas abgeschwächter Form aufgegriffen; so unterscheidet beispielsweise Jay Garfield zwei Arten von Regeln: Auf der einen Seite gebe es mechanisch anwendbare, auch ohne Erfahrung erlernbare Regeln. Daneben existierten aber auch einschätzbare, nur durch Erfahrung erlernbare Regeln.[11] In der Annahme, dass auch die letzteren Regeln einen Regelcharakter für sich bean-

[11] Vgl. Jay Garfield: "Particularity and Principle: The Structure of Moral Knowledge", in: B. Hooker / M. Little (Hrsg.): *Moral Particularism*, Oxford 2003, S. 178-204, S. 187ff.

spruchen dürfen, ohne dass sie sich jeglicher Interpretation entziehen, wird ein Indiz für die Unplausibilität des Generalismus gesehen. Diese Regeln der zweiten Art können nämlich immer noch als Regeln betrachtet werden, sofern es einen gemeinsam geteilten Hintergrund der Kommunizierenden gibt, der aber keine absolute Geltung für sich beanspruchen kann und damit auch Veränderungen unterliegen kann.

*Die Existenz moralischer Konflikte*

Die Anerkennung von Veränderungen und Pluralität in moralischen Angelegenheiten hat zur Folge, dass man das Auftreten von moralischen Konflikten konzediert und als eine Herausforderung an die Moralphilosophie einschätzt. Ein gewichtiger Vorwurf an die Generalisten seitens der Partikularisten lautet nämlich, dass sie die Pluralität der Güter negierten und damit das Auftreten und die Bedeutung moralischer Konflikte im Sinne von Dilemmata falsch einschätzten. In der Tat tut sich ein monistischer Generalismus, der ein alleiniges Moralprinzip zum Inhalt hat, schwer damit, moralische Konflikte zuzulassen; letztlich sind sie sogar *per definitionem* ausgeschlossen, weil *ein* Prinzip mit sich nicht im Widerstreit stehen kann. So verneint Kant die Existenz von moralischen Konflikten, weil Pflichten aufgrund ihrer objektiven Notwendigkeit sich nicht widerstreiten können (was objektiv notwendig ist, steht nicht zur Disposition im Sinne einer Wahl).[12]

Doch auch pluralistische Generalisten haben ihre Schwierigkeiten mit moralischen Dilemmata: Sie gestehen vielleicht die Pluralität von Gütern und Werten zu, schränken diese aber doch durch eine generelle handlungsleitende Entscheidungsregel ein. Dem widersprechen Partikularisten, die zum einen die Möglichkeit von moralischen Konflikten anerkannt wissen wollen und zum anderen auch mitunter ihre Aussichtslosigkeit und Unauflösbarkeit respektiert sehen möchten. Die Möglichkeit des Auftretens von moralischen Konflikten ist von ihrer Aussichtslosigkeit insofern zu unterscheiden, als beispielsweise pluralistische Generalisten das Auftreten von Konflikten durch kontingente Umstände der Welt zugestehen können, sie aber für auflösbar halten. In diesem Punkt gibt es eine Übereinstimmung von pluralistischen Generalisten und Partikularisten, wenn auch letztere zusätzlich die Unauflösbarkeit anerkannt wissen möchten. Unauflösbare moralische Dilemmata sind demnach echte, tragische Konflikte.[13] Bernard Williams zufolge bestehen solche Konflikte darin, dass sie nicht ausschließlich durch die Beseiti-

---

[12] Vgl. Kant, Akademieausgabe Band VI, S. 224.

[13] Vgl. Bernard Williams: „Widerspruchsfreiheit in der Ethik", in: ders., *Probleme des Selbst*, Stuttgart 1978, S. 263-296.

gung logischer Inkonsistenzen bereinigt werden könnten. Die Tragik des Konflikts wäre darin zu sehen, dass moralische Gefühle eine strukturell bedeutsame Rolle spielen, die sich nicht durch den Rekurs auf ein Prinzip oder eine Entscheidungsregel „domestizieren" lassen könnten. Indem diese Gefühle ein „Nachleben" haben, mag der Betroffene selbst nach der faktischen Auflösung noch unter dem Konflikt und seiner willkürlichen, weil nicht in Abstimmung mit den Gefühlen getroffenen, Wahl leiden, was sich dann in Reue, Bedauern und Schmerz ausdrückt.

Zentral an diesem Einwand gegenüber den Generalisten ist der Verweis auf die Komplexität des Erlebens des moralischen Akteurs, dem mit dem Rekurs auf eine abstrakte Vernunftkonzeption nicht geholfen ist. Dabei ist es weniger entscheidend, ob es eine tatsächliche faktische Lösung geben kann; vielmehr geht es darum, die Grenzen einer generalistischen Konzeption anzuerkennen und sie nicht weiterhin mit der „Arroganz eines solitären Geistes" [14] zu vertreten.

## *III. Die Urteilskraft partikularistischer Façon*

Nachdem ich nun Formen des Partikularismus ausgehend von ihrem argumentativen Hintergrund unterschieden habe, stellt sich die Frage, was daraus für die Gesamtkonzeption einer Urteilskraft partikularistischer Lesart zu folgern ist.

Auf jeder Ebene sticht jeweils ein Merkmal der Urteilskraft hervor: Auf der ontologischen Ebene ist es die angenommene *Varianz* von Handlungsgründen, auf dem epistemologischen Level ist es die *Betonung der Wahrnehmung*, auf der praktischen Stufe die *Kontext- und Personenabhängigkeit.* Zur Verknüpfung dieser Aspekte eignet sich in meinen Augen die Bezeichnung der Urteilskraft partikularistischer Façon als ein *Interpretationsvermögen.* Eine Interpretation kann nur dort geleistet werden, wo es einen Spielraum der Auslegung gibt, wo zumindest eine graduelle Veränderlichkeit konzediert wird, die es mit der eigenen Einschätzung zu fixieren gilt. Dies muss nicht notwendigerweise in Beliebigkeit und Willkür münden, was ein häufig zu vernehmender Vorwurf von Generalisten ist. Geht man von der Voraussetzung eines gemeinsam geteilten Kontextes aus (wie es auf der praktischen Ebene getan wird), ist dadurch der Spielraum des Zulässigen bereits vorgegeben. Die Bezeichnung der Urteilskraft partikularistischer Lesart als ein Interpretationsvermögen mag noch nachvollziehbar sein, doch wie steht es um die Plausibi-

---

[14] Vgl. Annette Baier: "Doing without Moral Theory", in: S. Clarke / E. Simpson (Hrsg.): *Anti-Theory in Ethics and Moral Conservatism*, Albany 1989, S. 29-48, S. 46.

lität ihres Inhalts? Worin bestehen die Vorteile einer solchen Konzeption gegenüber einer generalistischen Urteilskraft, die sich an allgemeingültigen Regeln und Prinzipien orientiert?

Der zentrale Vorteil ist unmittelbar mit ihrem Wesen verbunden: Indem eine partikularistische Urteilskraft auf die Erfassung der Besonderheit, des Spezifischen an einer moralischen Situation oder Handlung ausgerichtet ist, ist sie konkreter, sorgfältiger und persönlicher, was bisweilen der zu beurteilenden Situationen oder Handlung angemessener sein mag. Insbesondere angesichts einer zunehmenden Differenzierung der Lebenswelten scheint eine größere Berücksichtigung des Kontextes an Bedeutung zu gewinnen. Die mit der Differenzierung einhergehende Pluralisierung von Lebensstilen macht die – zumindest graduelle - Veränderlichkeit von moralischen Bewertungen deutlich, was der unterstellten Invarianz von allgemeingültigen Regeln deutlich widerspricht. Indem die Urteilskraft partikularistischer Façon größere Flexibilität beweist, ist sie womöglich besser in der Lage, auf neuartige moralische Herausforderungen, wie in der Bioethik, zu reagieren, indem sie den Blickwinkel weitet, anstatt ihn auf ein Prinzip zu verengen.

Es stellt sich allerdings die Frage, ob der Partikularismus mit dieser Konzeption von Urteilskraft normativ stark genug ist, um eine tatsächliche Alternative zum Generalismus darzustellen. Auch wenn der Blickwinkel durch die partikularistische Kritik erweitert sein mag, ist es fraglich, ob ein unterstelltes moralisches Sehvermögen ohne Regeln und Prinzipien überhaupt an den moralisch relevanten Faktoren hängen bleibt. Die Entwicklung der Debatte lässt eine zunehmende Kompromissbereitschaft der Partikularisten zutage treten,[15] was die Vermutung eines notwendigen Kontrastbildes für eine moralisch sensitiv agierende Urteilskraft bestätigt. Doch auch bei den Generalisten lässt sich eine zunehmende Offenheit gegenüber einigen als berechtigt anerkannten Ansprüchen des Partikularismus erkennen. Dies äußert sich beispielsweise darin, dass die Lektüre profilierter Generalisten wie Kant unter einem neuen Blickwinkel vorgenommen wird, der die Rigorosität seines Ansatzes abmildert. In diesem Zusammenhang seien Barbara Herman mit dem Werk "The Practice of Moral Judgement" oder Birgit Recki mit ihrer Monographie „Ästhetik der Sitten" exemplarisch genannt. So besteht die berechtigte Hoffnung, dass im Zuge der Debatte zwischen Partikularisten und Generalisten der Komplexität der Urteilskraft durch die Verabschiedung einseitiger Ansprüche zunehmend Rechnung getragen wird. Es spricht daher meiner Meinung nach viel dafür, sich für einen integrativen Ansatz auszusprechen. Der kann z.B. darin bestehen, dass die Existenz und Geltung einer Re-

[15] Vgl. die Beiträge in dem Sammelband *Moral Particularism* von Brad Hooker und Margaret Little (Oxford 2003).

gel oder eines Prinzips anerkannt wird, ohne dass eine moralische Sensibilität bei der Erfassung des Einzelfalls außer Acht gelassen wird.

*Christiane Dick*

# „Es ist ein Verrat am Unmittelbaren"[1] Warum eine Integration der Phänomenologie in die kognitiven Wissenschaften nicht dazu beitragen kann, den Explanatory Gap zu schließen

## 1. *Eine Brücke über den Explanatory Gap*

Könnte sich ein Biologe, der die physiologischen Vorgänge im Gehirn einer Fledermaus bis in das kleinste Detail kennt, vorstellen, wie es ist, eine Fledermaus zu sein und geleitet von einem Echolotsystem durch die Nacht zu fliegen? Mit diesem Gedankenspiel zeigte Thomas Nagel 1974 die Diskrepanz zwischen der Perspektive eines erlebenden Subjektes und der Perspektive eines von außen forschenden und nach Objektivität strebenden Wissenschaftlers.[2] Nagel folgerte, dass es nie gelingen würde, das Erleben eines Subjektes vollständig zu erklären, indem man körperliche Vorgänge erforscht. Neun Jahre später führte Joseph Levine den seitdem gängigen Begriff „Explanatory Gap" ein, um die Erklärungslücke zwischen Subjektivität und Objektivität zu bezeichnen.[3]

Francisco Varela, Bernard Pachoud, Jean Petitot, Jean-Michel Roy und andere haben vor diesem Hintergrund einen neuen Ansatz entwickelt. Wie Nagel und Levine gehen sie davon aus, dass ein Explanatory Gap existiert. Den Gedanken, dass er unüberwindbar ist, halten sie jedoch für pessimistisch. Sie glauben, dass die Lücke geschlossen werden kann, wenn es gelingt, die Phänomenologie des 20. Jahrhunderts in die kognitiven Wissenschaften

[1] Emile Bréhier in einer Diskussion mit Maurice Merleau-Ponty nach dessen 1946 gehaltenen Vortrag mit dem Titel „Das Primat der Wahrnehmung", in Maurice Merleau-Ponty: *Das Primat der Wahrnehmung,* hrsg. von L. Wiesing, deutsch von J. Schröder, Frankfurt 2003, S. 59.

[2] Thomas Nagel: *What Is It Like to Be a Bat?,* Philosophical Review 79, 1974, S. 394-403.

[3] Joseph Levine: *Materialism and Qualia: The Explanatory Gap,* Pacific Philosophical Quarterly 64, 1983, S. 354-361. Die Existenz eines Explanatory Gap ist umstritten. Eine Gegenposition zu Nagel vertritt etwa Patricia S. Churchland: *Brain-Wise. Studies in Neurophilosophy,* Cambridge MA 2002. Eine regelmäßig aktualisierte und umfangreiche Literaturliste zu der Debatte um das Verhältnis zwischen Geist und Gehirn findet sich auf der Homepage von David Chalmers unter http://jamaica.u.arizona.edu/~chalmers/.

zu integrieren. Zentrale Bedeutung kommt dabei der Phänomenologie Edmund Husserls zu.[4]

Mit dieser Idee sind einige mehr oder weniger schwer zu lösende Probleme verbunden, die im Folgenden skizziert werden.

### *2. Embodiment und isolierte Empfindungen*

Damit sich die Phänomenologie in die kognitiven Neurowissenschaften integrieren lässt, muss sie Petitot et al. zufolge zunächst auf eine natürliche Ebene gebracht werden. Diese Idee wird unter dem Stichwort *„embodiment"* zusammengefasst.[5] Die Gruppe distanziert sich ausdrücklich von Ansätzen, bei denen das mentale Leben eines Wesens auf Gehirnprozesse reduziert und ihm ein von körperlichen Vorgängen unterscheidbares Sein abgesprochen wird.[6] Sie geht vielmehr davon aus, dass sich mentale Phänomene zwar einerseits in die natürliche Welt einordnen lassen, andererseits jedoch im Sinne Husserls als Erfahrungen des Subjektes real und intuitiv erfassbar sind.[7]

Petitot et al. sind überzeugt, dass sich ihr Ansatz von reduktionistischen Ansätzen abhebt. Sie erkennen entschieden das Sein des Mentalen als Erfahrung des erlebenden Subjektes an. Aber wo genau liegt der Unterschied zu reduktionistischen Theorien? Reicht es aus, davon auszugehen, daß ein und dasselbe Objekt sowohl psychische als auch physische Eigenschaften haben kann?[8]

Embodiment kann nur dann sinnvoll von reduktionistischen Theorien unterschieden werden, wenn man den Begriff nicht wörtlich im einfachen

---

[4] Ihre Position wird in J. Petitot; B. Pachoud; J. Roy; F. Varela: *Beyond the Gap: An Introduction to Naturalizing Phenomenology*, in dies. (Hrsg.): *Naturalizing Phenomenology: Issues in Contemporary Phenomenology and Cognitive Science*, Stanford 1999, umfassend dargestellt. Während die Werke Husserls für die Gruppe um Varela wichtiger sind, messen andere, etwa Shaun Gallagher den Schriften Maurice Merleau-Pontys etwas größere Bedeutung zu. Siehe dazu S. Gallagher; M. Sasma: *Phenomenology and Neurophenomenology: An Interview with Shaun Gallgher,* Aluze (2) 2003, S. 92-102.

[5] Petitot/Pachoud/Roy/Varela, a.a.O. Die wörtliche Übersetzung des Begriffs „Embodiment" ist „Verkörperung". Ursprünglich wird der Begriff wie im Deutschen im übertragenen Sinn gebraucht (wie etwa in der Formulierung „die Verkörperung des Guten"). Im hier gegebenen Zusammenhang bezeichnet es ferner die Idee, nicht nur das Gehirn, sondern den gesamten Körper als Träger des Bewußtseins zu verstehen.

[6] Die Kritik richtet sich unter anderem gegen die von Patricia und Paul Churchland, Fred Dretske, Jerry Fodor und Daniel Dennett vertretenen Positionen. Siehe dazu David Woodruff Smith: *Intentionality Naturalized?*, in: Petitot/Pachoud/Roy/Varela, a.a.O., S. 84f.; S. 108f.; Petitot/Varela/Pachoud/Roy a.a.O., S. 45.

[7] Petitot/Varela/Pachoud/Roy a.a.O., S. 2.

[8] Zu dem Problem der ontologischen Kategorien siehe Woodruff Smith a.a.O., S. 84f.; Petitot/Varela/Pachoud/Roy a.a.O., S. 65.

Sinne von „Verkörperung“ versteht. Stattdessen muss Embodiment konsequent als Versuch gesehen werden, das erlebende Subjekt im Gesamtkontext seiner Lebenswelt zu sehen und sein mentales Leben in diesem Gesamtzusammenhang zu erfassen, zu beschreiben und zu verstehen.[9] Es gilt auch Faktoren wie die Biographie des Subjektes, seinen momentanen kulturellen und ökologischen Kontext, seine Stimmung oder seine spezifische körperliche Verfassung einzubeziehen. Diese Idee ist mit Husserls Begriff von Bewusstsein sehr gut vereinbar. Er versteht das Bewusstsein als den ständigen Fluss lebendigen Austauschs zwischen dem erlebenden Subjekt und der es umgebenden Welt.[10]

Die Gruppe um Petitot lässt jedoch unklar, wie dieser Gedanke praktisch umgesetzt werden soll. Es scheint fast unmöglich, die Komplexität eines einzigen Momentes im Leben eines erfahrenden Wesens innerhalb seiner Lebenswelt zu erfassen, ohne daß sich eine ganze Armada von Wissenschaftlern der verschiedensten Disziplinen damit befasst. Zusätzlich stößt man hier auf ein konzeptionelles Problem. Woher sollen etwa die notwendigen neurowissenschaftlichen Erkenntnisse kommen? Wie soll man das Erleben eines Wesens innerhalb seines lebendigen Kontextes erforschen, wenn man es dafür aus diesem Kontext isolieren und in ein Labor bringen oder es auf eine andere Art und Weise beobachten müsste? Die Dynamik des Austausches wird durchbrochen, sobald man eine Erfahrung isoliert erforscht.

Auch in der Phänomenologie wird der Forschungsgegenstand isoliert betrachtet. Der Phänomenologe erforscht jedoch nicht den konkreten Wahrnehmungsvorgang, sondern den Inhalt seines Bewusstseins. Obwohl dem Bewusstseinsinhalt Wahrnehmungen zugrunde liegen, ist er rein psychisch. Der Gegenstand, der durch die phänomenologische Reduktion erfasst werden soll, kann deshalb in einer reinen, auf Wesensschau ausgerichteten Weise betrachtet werden. Bedingt durch ihren rein mentalen Forschungsgegenstand bewegt sich die Phänomenologie damit auf einer anderen Ebene als die kognitionswissenschaftliche Forschung. Anders als der Gegenstand kognitiver Wissenschaften ist der reine Inhalt des Bewusstseins, zu dem der Phänomenologe finden will, nur von der jeweiligen Fantasie und der Intuition des

---

9 Petitot/Varela/Pachoud/Roy a.a.O., S. 52f., S.60ff.; Nathalie Depraz: *When Transcendental Genesis Encounters the Naturalization Project*, in: Petitot/Varela/Pachoud/Roy, a.a.O., S. 464-483; Francisco Varela: *Neurophenomenology: A Methodical Review for the Hard Problem,* in: Jonathan Shear (Hrsg.): *Explaining Consciousness. The Hard Problem,* Cambridge MA 1997, S. 337ff.

10 So ist bei Husserl oft die Rede von „Bewußtseinsstrom“. Siehe etwa Edmund Husserl: *Grundprobleme der Phänomenologie,* Vorlesung, gehalten 1910/11, Hamburg 1992, S. 6ff.; siehe außerdem Juan-José Botero: *The Immediately Given as Ground and Background,* in Petitot/Varela/Pachoud/Roy, a.a.O. S. 448f.

Subjektes abhängig. Äußere Faktoren spielen keine größere Rolle. Es wirkt sich entsprechend weniger auf das Ergebnis einer phänomenologischen Untersuchung aus, den Forschungsgegenstand völlig isoliert zu betrachten.[11]

Petitot et al. bleiben in diesem Punkt unkonkret. Das Vorhaben, die Phänomenologie auf eine natürliche Ebene zu bringen, ist möglicherweise nicht undurchführbar. Es bewegt sich jedoch zurzeit noch auf einer sehr theoretischen Ebene.

### *3. Benennbarkeit und Mitteilbarkeit*

In der Subjektivität des Gegenstands phänomenologischer Forschung liegt ein weiteres mit dem Projekt der Gruppe um Petitot verbundenes Problem. Der Forschungsgegenstand des Phänomenologen ist der Inhalt seines eigenen intentionalen Bewusstseins. Die Psyche anderer ist für Husserl nur auf einer bestimmten, begrenzten Ebene zu verstehen. Es besteht zwar die Möglichkeit, sich einzufühlen, doch das sich einfühlende Subjekt nimmt das Bewusstsein seines Gegenübers als ein von seinem eigenen Bewusstsein Verschiedenes wahr. Es weiß in jedem Moment um die Fremdheit des eingefühlten Gegenstandes. So ist es der Einfühlung in das mentale Leben eines Gegenübers wesentlich, dass sie *„über den Bewusstseinsstrom des* ego *hinaus noch das andere reine* ego *und seinen Bewusstseinsstrom appräsentativ ergibt."*[12] Da sie das Erleben zweier Lebewesen zum Inhalt hat, ist Einfühlung für Husserl zudem nicht vollständig phänomenologisch reduzierbar.[13] Nur aus der eigenen Erfahrungswelt heraus ist es demnach möglich, eine Empfindung gänzlich phänomenologisch zu erfassen und zu reduzieren.

Damit scheint nur eine Weise vorstellbar, um phänomenologische Beschreibungen in die kognitionswissenschaftliche Forschung einzubeziehen. Der Phänomenologe erforscht seinen eigenen Bewusstseinsinhalt, sucht nach wie auch immer gearteten Begriffen, um ihn zu beschreiben und ergänzt die kognitiven Wissenschaften, indem er seine Ergebnisse mitteilt.

Hier stößt man auf kaum zu überwindendes Problem in dem Vorhaben von Petitot et al. Ist es möglich, eine Empfindung begrifflich zu benennen? Wie würden die von der Gruppe um Petitot erwünschten formalisierten Beschreibungen des eigenen Bewusstseinsinhaltes aussehen?

---

[11] Edmund Husserl: *Die Phänomenologie und die Fundamente der Wissenschaften,* hrsg. von K.H. Lembeck, Original ersch. 1952, Hamburg 1986a, S. 55ff., S. 70f. Siehe dazu auch Botero, a.a.O., S. 449.

[12] Husserl (1992), a.a.O., S. 135.

[13] Evan Thompson: *Empathy and Consciousness*, in ders. [Hrsg.]: *Between Ourselves. Second-Person Issues in the Study of Consciousness*, Thorverton 2001, S. 16.

Der Moment der phänomenologischen Erkenntnis ist für Husserl ein unmittelbares Schauen. Die Evidenz, auf die der Phänomenologe zielt, ist in Husserls Worten „*dieses in der Tat schauende, direkt und adäquat fassende Bewusstsein.*“ [14] Auch Husserl hält es prinzipiell für möglich, das auf diese Weise Erfasste zu beschreiben, möglicherweise sogar in einer reinen, mathematisierten Sprache.[15] Aber löst man sich nicht aus der Unmittelbarkeit des Schauens, sobald man beginnt, nach Begriffen zu suchen? Begeht man damit nicht einen „*Verrat am Unmittelbaren*“[16], wie Emile Bréhier es formulierte? Sowohl Husserl als auch Petitot et al. bleiben die Antwort schuldig.

### *4. Die Blaubeere als Fledermaus für Phänomenologen: gedachter Versuch einer Anwendung*

Wenden wir das eingangs erwähnte Gedankenspiel von Thomas Nagel in abgewandelter Form auf einen Phänomenologen an. Anstelle abstrakter Vorstellungen vom Empfinden einer Fledermaus steht hier der Anschaulichkeit halber eine dem Menschen tatsächlich mögliche Erfahrung im Mittelpunkt. Ein Phänomenologe isst eine Blaubeere. Es gelingt ihm tatsächlich, eine adäquate Beschreibung für die Empfindung des Blaubeergeschmacks auf seiner Zunge zu finden. Er findet darüber hinaus einen Weg, die Beschreibung der Empfindung einem Anderen mitzuteilen, der noch nie eine Blaubeere gegessen hat. Würde der Andere durch die phänomenologische Beschreibung zu einer Vorstellung davon kommen, wie es ist, den spezifischen Geschmack einer Blaubeere auf der Zunge zu haben? Das Gedankenspiel zeigt, dass sich die kommunizierbare Ebene von der Erfahrungsebene unterscheidet.

Selbst wenn er die Erfahrung des Blaubeergeschmacks bereits kennen würde, wüsste der Andere nur, wie sie sich für ihn selbst anfühlt, welche Assoziationen der Geschmack bei ihm weckt, in welchen Zusammenhang mit seinem eigenen Leben diese spezifische Erfahrung steht.

Husserl beschreibt den Vorgang einer phänomenologischen Reduktion wie folgt: „*Die Phänomenologie verfährt schauend aufklärend, Sinn bestimmend und Sinn unterscheidend. Sie vergleicht, sie unterscheidet, sie verknüpft, sie setzt in Beziehung, trennt in Teile oder scheidet ab Momente. Aber alles in reinem Schauen.*“[17]

Der Blaubeeren essende Phänomenologe in unserem Gedankenspiel müsste also in seiner Fantasie alle denkbaren Variationen durchspielen, in

[14] Edmund Husserl: *Die Idee der Phänomenologie,* hrsg. von I. Kern, Original ersch. 1907, Hamburg 1986b, S. 59. Zum Begriff der Evidenz bei Husserl siehe auch Botero, a.a.O., S. 442.

[15] Petitot/Varela/Pachoud/Roy, a.a.O., S. 45.

[16] So formuliert von Emile Brehiér in Merleau-Ponty 2003, a.a.O., S. 59.

[17] Husserl (1986a), a.a.O., S. 58.

denen man die Wahrnehmung von Blaubeergeschmack haben kann (etwa roh, als Marmelade, reif oder unreif, im Vergleich zu anderen Beeren etc.). Husserl glaubt, dass sich auf diese Weise zu spezifischen Eigenschaften finden lässt, die der Erfahrung von Blaubeergeschmack in allen Variationen gemeinsam oder wesenhaft sind.[18]

Man kann folglich nur die Erfahrungen in eine phänomenologische Untersuchung einbeziehen, die man kennt. Entsprechend ist das Ergebnis zwangsläufig abhängig von subjektiven Gegebenheiten wie dem vorhandenen Erfahrungshintergrund. Das Ergebnis kann also verschieden ausfallen, je nachdem wer die phänomenologische Reduktion durchführt. Selbst wenn es einem Phänomenologen gelingen sollte, das Erschaute verbal zu benennen, tritt aufgrund dieser Subjektabhängigkeit das Problem der Mitteilbarkeit noch einmal verstärkt in den Vordergrund.

Hinzu kommt, dass Erfahrungen auch für einen Phänomenologen zunächst nur auf einer Erfahrungsebene erfassbar sind. Ohne selbst eine Blaubeere gegessen zu haben, könnte der Phänomenologe nicht einmal eine phänomenologische Reduktion dieser Empfindung vornehmen. Geforscht werden kann deshalb nur an Subjekten, die in der Lage und bereit sind, den ihnen eigenen Bewusstseinsinhalt phänomenologisch zu untersuchen.

So ist es fragwürdig, ob die Lücke zwischen der gelebten Erfahrung des Subjektes und objektivierender Forschung mit Hilfe der Phänomenologie tatsächlich geschlossen werden könnte. Das Vorhaben der Gruppe um Petitot ist vielleicht nicht prinzipiell unmöglich. Faktisch ist es jedoch sehr vorsichtig zu bewerten.

---

[18] Husserl (1986a), a.a.O., S. 58.

*Stanislaus Husi*

Stanislaus Husi

# Can we Imagine our Mind to be Massively Modular? A Discussion of Fodor's Arguments against the Massive Modularity Hypothesis*

The debate about the modularity of the human mind is deeply influenced by two primary contributions in Jerry Fodor's books *The Modularity of Mind* and *The Mind Doesn't Work That Way*[1]. The first book – positive in spirit – primarily got attention as a defender of the thesis that the mind is modular to a certain extent. His central target of criticism is the view of the mind as completely modular-free.[2] The second book – negative in spirit – gained attention as an attack on the view that the mind is modular throughout, and here the central target of criticism is the picture of the mind as massively modular.

In this paper I will focus mainly on Fodor's critique of on the massive modularity view (MM hereinafter). In an extremely sketchy manner, his argument can be stated as follows: The human mind has the capacity to think in a rational and general way about things and in doing so can make unrestricted use of information that is stored anywhere in its databases. Any information that is in principle available to the mind can be taken into account in considering certain problems and might play a role in their solutions. But this kind of activity the human mind is capable of (according to Fodor) cannot be achieved in a massively modular mind, and therefore the human mind cannot be such a massively modular mind.

Defenders of the massive modularity picture might in response pursue a two step strategy: Firstly, they might try to put some pressure on the picture that Fodor has of a perfectly rational human mind, i.e. to call into question that the human mind actually performs this kind of unrestricted, general reasoning to the extent that Fodor thinks it does. And the second step for the

---

(*) I want to thank the participants of the third GPW graduate conference from 8th -10th Oct. 2004 at Heidelberg University and of Prof. A. Newen's colloquium at Tuebingen University for many valuable comments. I am especially grateful for the help I received from Philip Robbins, Albert Newen, Joachim Horvath, Linnet Haynes and Ida Early.

[1] J. Fodor: *The Modularity of Mind*, MIT Press 1983. J. Fodor: *The Mind doesn't Work that Way*, MIT Press 2000.

[2] The fact that Fodor had already included a chapter that argued against the massive modularity hypothesis in *The Modularity of Mind* was more or less overlooked for a quite a while.

defender of massive modularity will then be to indicate how even a massively modular mind might be able to think unrestrictedly to the extent one should realistically expect human minds to do so. Note that we are still outlining the "possibility space" of the debate, i.e. that we are still speculating what the mind might be like so that it can do what it does.[3] Fodor's claim is that the mind *cannot* have a massively modular architecture, because if it had one, it wouldn't be able to do what our human mind does. At this point it is enough for a defender of the massive modularity hypothesis to attack Fodor's impossibility claim and provide us with an idea of how a massive modular mind *might* do the job. In this paper I will pursue exactly this kind of two step strategy. First, I will raise some doubts about Fodor's idealized mind, and second, I will discuss a conceivable way of how a modular mind might do what a human mind does.

Here is my roadmap through the paper: In section I address the question of what modules are, mainly discussing Fodor's criteria for modularity. Section II very briefly presents some of the arguments that were given in support of MM, the most important one being the argument from computational tractability. Section III introduces Fodor's argument against MM, which claims that a massive modular mind would be incapable of isotropic thinking, whereas humans engage fairly regularly in such an activity. Sections IV and V try to put some pressure on Fodor's view of the human mind as a largely isotropic thinker. IV does so by questioning the legitimacy of constructing models of quotidian human thinking by analogy with science. V presents some more general queries about the view of humans as unrestricted thinkers. The last section VI is dedicated to Peter Carruthers' proposal for how even a massively modular mind might be able to perform some unrestricted, domain-integrating thinking. According to Carruthers' idea, the language faculty will play a important role here.

---

[3] It is remarkable how many "modal"arguments are presented in the literature concerning the modularity of mind. Tooby and Cosmides on the one side very often claim that on the background of evolutionary considerations, general-purpose mechanisms are ruled out by necessity(e.g.: "These different adaptive problems are frequently incommensurable. They cannot, in principle, be solved by the same mechanism" or some lines below: "Even simple learnability analyses show that it is in principle impossible for a human psychology that contained nothing but domain-general mechanisms to have evolved, because such a system cannot consistently behave adaptively" (L. Cosmides, J. Tooby.: "Origins of Domain Specificity: The Evolution of Functional Organisation". in: L.A. Hirschfeld, S.A. Gelman: *Mapping the Mind,* Cambridge 1994, p.90), whereas on the other side, Fodor thinks that on the background of considerations concerning certain performances of our mind, the possibility of a modular cognitive design can be ruled out from the outset. One would hope for a slightly less dramatic way of discussing these – by the way highly empirical – issues.

## *I. What are modules?*

In the literature, the term “module“ has been used differently, ranging from its weakest sense just meaning *component*, to its strongest meaning “Fodor-Module,“ a device that has all the features that Fodor takes modules to have. In this section I address the question of what a module is by discussing some of the criteria suggested by Fodor’s “The Modularity of Mind“, and then proceed to a critical assessment of these quite strict criteria.

According to Fodor, modules are (1) *domain-specific* mechanisms[4], that are (2) informationally *encapsulated*, and are (3) more or less *genetically specified* (innate).

*(1) Domain-Specificity*: The idea here is that modules are mechanisms that are specialized in solving only a certain sort of problems. In terms of information, one might say that a module delivers an analysis only to a specific kind of information, it answers only questions of a certain sort.[5]

*(2) Encapsulation*: A mechanism that processes some data is said to be encapsulated if and insofar as that mechanism can make use only of a limited amount of the total information that is stored in the entire cognitive system in which the mechanism is embedded. Consider as an example the famous Mueller-Lyer illusion: Even if you know for sure that both lines are of the same length (e.g. by careful measurement), your visual system will still deliver the result that both lines are of different length: your visual system therefore cannot make use of the propositional knowledge that you have, namely that the lines have the same length. It is encapsulated with respect to that piece of information.

Note that the notion of encapsulation is a gradual one, and of little use if taken to be an all or nothing concept. If one construes the notion of encapsulation as a discrete all-or-nothing concept instead of a continuous one allowing for degrees, then depending on whether defined weakly or strongly, either trivially true of every or none mental process comes out as encapsulated. Let me briefly clarify this point.

---

[4] In the following discussion I will stick to Fodor’s approach to modularity according to which modules are identified with mechanisms or processes. Some authors like Samuels (R. Samuels: *Evolutionary Psychology and the Massive Modularity Hypothesis*, The British Journal for the Philosophy of Science, Vol. 49, No. 4, Dec. 1998) have also defended a “database“ approach according to which modules are identified with certain bodies of information that might be accessed by one and the same mechanism. But the “mechanism“ approach is the prevalent and I think also more fruitful approach in the literature, so I take modules to be processors that might carry out their computation in parallel.

[5] Fodor (1983, 2000; op. cit.) characterizes Domain-Specificity most often in this way.

(3) Now, I want to consider Fodor's third characteristic of modules. They are supposed to be *innate* or *genetically specified.* It's at this point where evolutionary theory enters the debate. The frontrunners of Evolutionary Psychology, Cosmides and Tooby, put forward the view that the complex structures of modules are genetically channelled, and that they have an evolutionary history which explains the accumulation of their design. They claim that evolution favoured the development of special purpose over general purpose mechanisms which dealt with specific information-processing problems such as figuring out who the best mate is or to which extent one should cooperate with con-specifics depending on the degree of relatedness.[6] The intuition made strong here is that it is highly implausible the rest of our body is "divided" into special purpose mechanisms (heart, liver, digesting system, etc.) whereas our cognitive apparatus remained radically "purpose-general."[7] Since evolutionary theory is the only plausible theory we have for accumulation of biological design, and since many cognitive performances couldn't have been built up solely on the basis of experience (consider the poverty of stimulus arguments[8]) because either not enough data was available for the organism for drawing the relevant conclusions or, the data needed for such conclusions was "distributed" over many generations,[9] the idea that we have to rely on evolutionary considerations in order to account for the phenomena in question is indeed highly plausible.[10]

But there are many sceptics concerning the extent to which our cognitive system is indeed genetically specified.[11] They believe for instance there is not enough information encoded in our genome for the specification of the complex cognitive apparatus. If one compares the immense number of neurological connections that are established if a module is built with the number of genes that are contained in our genome (around 40,000 according to

---

[6] Think of Hamilton's kin selection equation, C.f. Robert Axelrod: *Evolution of Cooperation*, New York 1984.

[7] C.f. D. Sperber: *In Defence of Massive Modularity*, Homepage Sperber (HS) http://www.dan.sperber.com/ 2001.

[8] C.f. Stephen Laurence, Eric Margolis: *The Poverty of Stimulus Argument*, British Society for the Philosophy of Science 2001.

[9] C.f. Cosmides/Tooby 1994, op. cit.

[10] C.f. Cosmides/Tooby 1994, op. cit.

[11] For discussion, see D. Cummins, R. Cummins: *Cognitive Evolutionary Psychology Without Representational Nativism, Journal of Experimental and Theoretical Artificial Intelligence 15,* 2003, p. 143-159, also available at https://netfiles.uiuc.edu/rcummins/www/HomePage/Cummins.html. C.f. also: Kim Sterelny: *Language, Modularity and Evolution*, www.vuw.ac.nz/phil/staff/sterelny-papers/macdonald.pdf.

latest estimates[12]) one might become doubtful about the claim that it is solely our genes that are responsible for this sort of construction. Although one might reply that the complexity of many of our body parts (eyes, hearts, fingerprints, etc.) also doesn't prevent us from regarding these as genetically specified and point at the enormous expressive power of our genes through the different ways they can be combined, I think the sceptics have made a valid point here. Perhaps the "innateness" picture as presented above was just a bit too simple. Genetic Specification does not mean that "it's all in the genes," that is to say that all data that is used for constructing our cognitive system (or significant parts of it) is solely in the genes. Learning biases might be enough for accounting for a significant share of what is called "genetically specified." Think of the often quoted example of the Rhesus Monkeys that acquire a specific fear of snakes if they observe con-specifics getting afraid of snakes but that they remain relaxed towards flowers even if they see others in sheer panic of flowers. Whatever the correct picture of "genetic specification" will turn out to be like, it will be very different from naïve "it's all in the genes-claims."

Another point I want to make in this context is this: It seems unreasonable to commit oneself to overly strong "nativism" claims concerning modules. Instead, one should rather allow for varying degrees of the innateness of modules. The "Vision"-System might be regarded as highly innate, whereas the "Reading"-System might be genetically specified in only a very minimum sense. Surely, many wouldn't even include the underlying mechanism of reading as a module precisely because it isn't innate. But if that were the only reason it would be a highly ad hoc one.[13] But, since the issue of central concern in this paper doesn't require a final outcome on these questions, I will leave the discussion at this phase.

## *II. Some support for MM*

In the last years several arguments were put forward in order to support the view that the mind largely or even entirely consists of a system of modules. For example, the argument from evolutionary biology concerns the design of complex biological systems and suggests that "we should expect such sys-

---

[12] C.f.: International Human Genome Sequencing Consortium 2001.

[13] A similar point was made by D. Sperber: *Modularity and Relevance: How can a Massive Modular Mind be Flexible and Context-Sensitive*, HS. The Reading-example is also mentioned in his text in the same context. Another example often discussed in this context is Chess. The question here is: Can we properly speak of a "chess-module," provided the fact that we can separate more or less specific mechanisms with a proprietary database that are employed in chess playing?

tems to be constructed hierarchically out of dissociable sub-systems, in such a way that the whole assembly could be built up gradually, adding sub-system to sub-system."[14] Along these lines it is suggested that evolution preferred the development of systems with component-structure over ones lacking such a form of diversification because for specialised sub-systems a plausible adaptionist story can much easier be reconstructed than for general-purpose systems[15].

Another source of support comes from the many known cases of psychological dissociations, where people can loose very specific cognitive abilities without general cognitive impairment. The best examples here are people with specific disorders, like the inability to recognize faces anymore, or the inability for mindreading. A plausible explanation for such dissociations is that there are specific capacities underlying such abilities (a face-recognition module in the first case, and a theory of mind module in the second) which can break down more or less in isolation.[16]

But most arguments of that kind support only the view that the mind contains a large number of modules, not that the mind is a system of modules throughout. So clearly the strongest argument in favour of MM is the argument from the computational tractability of cognition. The idea here roughly like this: In order for a computational process to be tractable, it has to be possible for it to come up with results in reasonable time. Every computational process has a set of information it has to consider in order to compute its inputs. If this set of information that has to be consulted grows too big, the computation cannot be carried out in a reasonable amount of time. The only way to solve this problem for cognitive systems that contain a lot of information seems to divide the whole system in smaller sub-systems that deal only with specific parts of the entire problem space. Then, these sub-systems don't have to consider all the available information of the entire system, and can therefore solve their task in real time. Carruthers nicely puts the problem as follows: "Any processor that had to access the full set of the agent's background beliefs […] would be faced with an unmanageable combinatorial explosion." And hence he concludes "The mind […] consist[s] of a set of processing systems which […] operate in isolation from most of the

---

[14] P. Carruthers: "The Case for Massively Modular Models of Mind". In R. Stainton (ed.): *Contemporary Debates in Cognitive Science*. Blackwell, 2005, also available at http://www.philosophy.umd.edu/Faculty/pcarruthers.

[15] C.f. Cosmides/Tooby, op. cit.. For a critique on the argument, C.f. J. Woodward & F. Cowie: "The Mind is not (just) a System of Modules Shaped (just) by Natural Selection", in: C. Hitchcock (ed.): *Contemporary Debates in Philosophy of Science*, Blackwell Publishing, Oxford 2004.

[16] C.f. Carruthers 2005, op. cit.

information that is available elsewhere in the mind."[17] That's more or less the argument of computational tractability that is adduced in favour of Modularism[18]. The argument is more or less accepted by all people who try to construct intelligent systems. One who pretty clearly acknowledged the force of this argument is Fodor:

> Turing's idea that mental processes are computations (i.e. that they are syntactically driven), together with Chomsky's idea that poverty of stimulus arguments set a lower bound to the information a mind must have innately, are half of the New Synthesis. The rest is the "massive modularity" thesis and the claim that cognitive architecture is a Darwinian adaptation. [...] I'm going to argue that there are some very deep problems with viewing cognition as computational, but that these problems emerge primarily in respect of mental processes that *aren't* modular. The real appeal of massive modularity thesis is that, if it's true, we can either solve these problems, or at least contrive to deny them center stage pro tem. That's the good news. The bad news is that, since the massive modularity thesis pretty clearly isn't true, we're sooner or later going to have to face up to the dire inadequacies of the only remotely plausible theory of the cognitive mind that we've got so far[19].

It's hard to think of a stronger case for MM than Fodor makes here. According to him, there is only one remotely plausible basic theory of cognition, namely the computational theory of the mind, and there is only one way to get this approach out of serious problems, namely MM.

In addition, Fodor keeps emphasizing that the only realistic chance we have to understand the mind depends on to the extent to which it is modular. What goes beyond that will, if we follow Fodor, remain hopelessly mysterious. If one takes Fodor's remarks seriously, rejecting MM comes basically down to surrendering in the project of understanding cognition. So,

---

[17]Peter Carruthers: "The Mind is a System of Modules Shaped by Natural Selection", in: C. Hitchcock (ed.), *Contemporary Debates in the Philosophy of Science*. Blackwell, 2003, also available at http://www.philosophy.umd.edu/Faculty/pcarruthers.

[18] I want to emphasize that the issue at hand is not whether or not MM can be regarded as a solution to the Frame Problem. That is quite unlikely. It is just that for a mind divided up into various sub-systems, versus an undivided one, there is at least a way how one can imagine that the frame problem might be solved at some point, whereas for a general mind, the frame problem seems just to be completely hopeless.

[19] Fodor 2000, op. cit., p. 23.

what can it be that speaks so strongly against MM that can warrant giving it up completely and immerse in sheer pessimism?[20]

*III. Fodor's Argument against MM*

As it was outlined very roughly at the beginning of the paper, Fodor's argument against MM rests on the claims that, first, our mind has the ability to think in a certain way, and second, that a massively modular mind is unable to do so. Therefore, our mind cannot be massively modular. So, what are the things that our mind can do? I would like to present two key ideas.

First, Fodor claims that cognition is "*isotropic.*" What that means is that in considering a certain belief (statement, theory for that matter), everything else that is known (believed, assumed) can be taken into account for that very purpose. For example, you are faced with a certain claim, and now you are wondering whether you should accept it or not. Fodor's idea of isotropy would then come down to the following: There is no constraint from the outset to what part of your belief system should be considered in evaluating the given claim. In principle, everything that you know might bear on the question whether or not to accept this claim. In Fodor's example, beliefs concerning plants (Botany) might be relevant in evaluating beliefs concerning stars (Astronomy).[21]

The second feature of cognition adduced by Fodor is that cognition is supposed to be *Quinean*. The idea here is that in considering a certain belief, "global" properties of the entire belief system might be relevant for that consideration. The difference to isotropy is this: Cognition is isotropic insofar as the evaluation of a given belief takes place against the background of all other "remote" beliefs in the system (each belief taken separately). Cognition is Quinean insofar as the evaluation of a given belief takes place against the background of the entire belief system taken as a unit. That means that in

---

[20] In addition to the pessimistic prospective Fodor gives us after abandoning MM, there is also a strong tension within Fodor's broader project which rejecting MM and therefore Computationalism would lead to: As Bermudez (J. Bermúdez: Review of Fodor's 'The Mind Doesn't Work That Way,' http://www.philosophy.stir.ac.uk/old/cnw/webpapers/jose15.htm) has pointed out, Fodor argued at length (in his book *Psychosemantics*) for the computational theory of Mind on grounds that this approach were the only one that could justify Commonsense Psychology or Intentional Realism. It is hard to see how Fodor can reconcile sticking to Internal Realism by grounding it on Computationalism and at the same time rejecting the computational theory of Mind.

[21] C.f. Fodor 1983, op. cit, p.105.

Fodor's words "global properties" of the system can bear on the question of whether to accept or reject a given belief.

Examples for such "global" considerations are whether some belief is *coherent* with the rest of what is believed, or whether that belief (or theory) is *simpler than* and therefore preferable to assumed competitors. Or in case one had to give up certain beliefs because one's belief system as a whole would face severe difficulties: Then it might be preferable to first give up beliefs that are less "*central*" and to choose to give up beliefs that are more on the "*periphery*." But whether a given belief is *coherent* with the rest of what's believed, whether it is *simpler* than competing ones, or what its position relative to the entire system is (*central/on the periphery*), are all questions that concern the way the entire belief system is related to a given belief.

In his discussion Fodor is mostly concerned with *abduction* or *inference to the best explanation*[22]. The idea behind these ways of belief-fixation basically comes down to the same thing as cognition being Quinean: To accept a given belief (theory) on the basis of inference to the best explanation means that this belief would best explain something to be explained. To say that this belief explanation is the best is a property that this belief has relative to the entire belief system: There is no alternative available in the belief system that could explain the thing to be explained in a better way. So a certain set of beliefs embedded in one belief system might explain something well (and therefore be accepted on the basis of abduction), whereas the very same set of beliefs embedded in another belief system might not effectively explain the same explanandum (and therefore wouldn't be a good candidate for acceptance on the basis of abduction).

Now at what point does the putative conflict between our mind's capacities to think in an isotropic or Quinean manner and our mind being massively modular really arise? The answer has something to do with modules being *encapsulated, domain-specific* and *local*. Having these properties makes modules good candidates for solving certain problems, but it comes only with a high price. On the one hand, modules are good candidates for dealing with the frame problem: They reduce the data to be considered (namely both the domain-specific data to be analyzed and the encapsulated proprietary database to consult), and cognition in modules can take place without bothering too much about the features of the belief system as a whole. But on the other hand, they appear not to allow for isotropic or Quinean cognition. In order to see this, consider the following situation. If some given belief in a certain module $M_1$ is under consideration, then information in other modules $M_2 \ldots M_n$ cannot be made relevant for that consideration simply because M1

[22] C.f. Fodor 2000, op. cit.

is encapsulated with respect to the information stored in $M_2$ … $M_n$. Information in, say, $M_5$ is unable to bear on the evaluation of the considered belief in $M_1$, because $M_1$ has no access to beliefs in $M_5$. To put it somewhat metaphorically, isotropic cognition requires the kind of boundless information-flow that modules inhibit via being encapsulated.

Thus, it seems that we are able to have thoughts that cross domains or that include data from as many databases as you wish. You might think at the same time of horses, poverty of stimulus arguments, the psychology of historic figures and toothbrushes, as this very sentence proves. In this example ideas from very different domains comprise just one thought. But this is just the other side of the coin of what was said above: If it is possible to take a belief of a certain domain into consideration for evaluating a belief of a completely different domain, then presumably you will need to form a thought of the following domain-comprising form: I regard the belief that p (first domain) as confirmed/disconfirmed because I also believe that q, r, s, … (second, third, etc. domains), and in light of these beliefs p seems more likely to be true or false. So having the ability to form thoughts that cross domains and having the ability to make at least in principle any belief of the system relevant for the consideration of another one comes basically down to the same thing. If we are able to have such thoughts, then how can a picture of the mind as containing many separate and encapsulated modules be correct?

No good news for a defender of MM it seems. But the case is supposed to be no better for a massive modular mind trying hard to think in a Quinean way: Modules, once again, are local and encapsulated. They are sensitive only in a very limited way to features of the entire cognitive system as they are "outside" the module. But if modules are not sensitive to the way the cognitive system is outside of them, how can they take these things into account for their special processing (considering a belief)? From this perspective, it looks bad for a massively modular mind to acquire this way of thinking. Those are Fodor's worries.

The rest of the paper is dedicated to the task of delineating an answer to at least some of these worries. In doing so, I will pursue the following two-step-strategy. First, I try to put some pressure on the claim that human beings are isotropic and Quinean thinkers to the extent that Fodor thinks they are. Secondly, I present a proposal of how a massively modular mind might accomplish some isotropic thinking. The key idea of the proposal will be that some meta-module helps by domain-integrating thinking. One might wonder why the first step of this strategy is necessary if there only were a way for a massively modular mind to somehow think in an isotropic way. But to show that the human mind is only a limited isotropic thinker is nonetheless important for my argument, since if cross-domain thinking were accomplished by some meta-module, then one would expect isotropic thinking to take place only to the extent of the performance capacities of that given meta-module. I think it will become clear in the course of the paper that a heavily isotropic thinker would demand more from such a integration-module than it could deliver, and the proposal would therefore be of little help in dealing with Fodor's worries, if in fact human beings were indeed massively isotropic thinkers.

## *IV. Is science a good model for thinking about quotidian human cognition?*

So let's start by considering Fodor's picture of human cognition as being highly isotropic. What are the arguments that Fodor provides for his claim that human cognition is isotropic to a high extent? Here's a quote from Fodor:

> The fact is that there is practically no direct evidence, pro or con, on the question whether central systems are modular. [...] When you run out of direct evidence, you might just as well try arguing from analogies, and that is what I propose to do. I have been assuming that the typical function of central systems is the fixation of belief (perceptual or otherwise) by nondemonstrative inference. [...] However, it seems reasonable enough that something can be inferred about them from what we know about explicit processes of nondemonstrative inference – viz., from what we know about empirical inference in science.[23]

This quote leads us directly into the domain of the philosophy of science. And that is exactly where Fodor takes his analogies with quotidian human cognition from. Fodor's argument takes roughly the following form: Mental processes (belief-fixation and -confirmation) work more or less like scientific processes (theory-construction and confirmation). But scientific processes are highly un-encapsulated, and therefore quotidian cognition is so as well. However, whereas it might be sometimes possible to learn something about human cognition by considering how science works, I think that Fodor's move is illegitimate for two reasons. First, it is questionable whether scientific processes are such a good example for un-encapsulated computation as Fodor thinks. Although many valuable attempts for interdisciplinary work have always made, cross-disciplinary information-flow is more the exception than the rule. Second, and this is more important, to take science as a model

---

[23] Fodor 1983, op. cit., p.104

for individual human cognition is highly problematic.[24] Let's start by focusing on science itself. To continue the previous quote, Fodor says:

> So, here is how I am going to proceed. First, I'll suggest that scientific confirmation – the non-demonstrative fixation of belief in science – is typically unencapsulated. I'll then argue that if, pursuing the analogy, we assume that the central psychological systems are also unencapsulated, we get a picture of those systems that is, anyhow, not radically implausible given such information about them as is currently available.[25]

So science is typically unencapsulated? I find this claim pretty perplexing. One remarkable fact is that in explaining what a domain is many authors use as an example the division of science into disciplines. For instance, it is sometimes said that there are modules for "Folk-Psychology," "Folk-Biology," "Folk-Physics," and so on. Although scientists from different fields work virtually next to each other (think of a university campus), they barely exchange their research results. I think there are four related reasons for this (probably regrettable) fact. First, there is the high degree of specialization in science. But specialization means exactly this: Scientists care only about matters in their own very small area of research, and remain pretty ignorant (encapsulated) about the rest. Second, not only the problems, but also the way these problems are treated (the methodology) are extremely different from discipline to discipline. For a scientist it is often quite hard to understand the specific methodology of some other scientific field without extensive training or intense introduction. This fact significantly hardens participation in another scientific field. Third, scientific discourse requires a high level of expertise. One has to get familiar with the huge amount of literature in one field before one can expect to be taken seriously by colleagues. But mainly because of time constraints, one can only consult a very limited set of information. For most scientists it is simply impossible to spend too much time taking substantial notice of research in other areas and so they are more and more forced to concentrate. This concentration in turn accelerates specialization, which connects to the first point again. Fourth, sometimes there are barriers between scientific disciplines because of the various idiosyncratic and highly inaccessible scientific languages that are prevalent in these fields. The specific jargon of many fields makes their results almost impossible to

---

[24] Many authors have already mentioned their worries with Fodor's argument form analogy with science. C.f. S. Pinker: "So How Does the Mind Work?" in: *Mind and Language* 2005/20.1, p.1–24.

[25] Fodor 1983, op. cit., p.104

comprehend for outsiders, which can inhibit cross-discipline dialog from the outset. Results from some group of scientists often cannot be made relevant for another group simply because they do not have the right format: Scientists of one group just don't know what scientists of another group are talking about!

But more important than the question of whether science is best regarded as being encapsulated or not, is the following: Science is not a good model for quotidian human cognition at all. To begin with, methodological standards were developed over a considerable period of time there, and to become a scientist one has to be trained for quite a while in these standards. Thus, the scientific standards used are beyond anything that can be expected from "normal" human cognition. In addition, science is a highly social endeavour, individual cognition is not. Science is challenging and expensive work that proceeds in months, sometimes in years, cognition does not. Many scientists are engaging in these "weird" activities like searching for months in libraries for the right book in order to get the right idea, thinking about math problems for years until they have solved them, spending their time continuously in the lab, etc. In many disciplines thousands of people work on very special problems, and still it sometimes takes years untill somebody has the right idea. Science has strict methods that must be obeyed if one wants to be taken seriously, human quotidian cognition does not. It takes years untill one gets familiar with even the basic principles of math, and even profound math professors make the same mistakes over and over again. Human daily cognition works just "right away."

## *VI. The Language faculty as integration device?*

In a series of papers, Peter Carruthers proposes that the language faculty is the medium of cross-domain integrating thinking.[26] To regard the language module as a good candidate for the facilitation of general thought seems to have some prima facie plausibility: First, almost everybody in this debate

---

[26] It should be said that Carruthers does not claim the language faculty to be the only domain-integrating device. On the contrary, integration will take place on many levels, cross-domain communication can be facilitated in many different ways. It seems to me that this is a very important thing to note. Since it looks as if animals who don't posses a natural language are also capable of domain integration at some level. If Carruthers' hypothesis had to deny this, it would look quite counterintuitive. The kind of integration that is facilitated by the language faculty is conceptual integration. At this level, the language faculty is special indeed: Other proposals for candidates for conceptual integration devices (like Sperber's idea that the Theory of Mind Module plays a crucial part here) are rejected by Carruthers'.

acknowledges the modularity of the language faculty, above all Fodor.[27] Second, nobody seems to contest the modularity status of the language faculty simply on the grounds that this module is in some interesting aspect radically domain-*un*specific. The language module can obviously take inputs from almost any domain and transform it into a natural-language expression. This is good news since we are looking for a device that can help in producing cross-domain integrating thoughts. The third point that makes the language faculty a promising candidate for facilitating thinking without barriers is this: Because language instantiates the principle of compositionality and has a recursive and hierarchical structure, our language faculty has in principle indefinite expressive powers. There seems to be no limit on what can be expressed in natural language. So, even very outlandish thoughts can be created by playing with words and producing strange sentences: Think of Chomsky's famous quote: "Colourless green ideas sleep furiously". Therefore, if we are looking for the human ability to have thoughts that combine ideas from various domains, or to have completely new and never before entertained thoughts, the language faculty seems to provide the resources to do just that.

Although Carruthers' idea has been developed fairly far in the last few years and has therefore become more and more sophisticated, the core idea can be stated quite simply. For expository reasons, I want to start with the following picture: The language faculty is surrounded by many other (mostly conceptual) modules that are connected with the language faculty in two ways: They will be able to feed their outputs into the language faculty, and they will be able to take (certain) outputs of the language faculty as their inputs for further processing.[28] This picture is not overly contentious and fits well together with a standard construal of what our language faculty does, concerning speech production as well as speech comprehension. Understanding another person's utterances presumably works like this: The language faculty processes the auditory inputs to some extent, and then delivers their results to different mechanisms for further analysis. For illustration, think of the following situation. Many people have considerable confidence in a theory of mind module (ToMM). That is a mechanism which helps us to predict

[27] Fodor 1985, op. cit. For a quite convincing discussion of the matter, C.f. Pinker, *The Language Instinct: How the Mind Creates Language*. Perennial, New York 1995.

[28] A given conceptual module which is linked to the language faculty cannot, of course, take every output of the language faculty as input. If that were the case, then this very module were in some sense equally domain-unspecific as the language faculty is. But why would this module then be in any need of another module for integrating cross-modular ideas – it could do so by itself. It seems reasonable for me to expect something like this: The language faculty makes certain thoughts globally available, which is to say that every module can in turn take from of these thoughts what belongs to their domain.

and explain the behavior of people based on what we take them to believe and desire. However, the utterances of people will be one major source of information this mechanism bases its analysis on. What they say matters tremendously for figuring out what they are about to do. So if there is any plausibility for such a mind-reading module to exist (which there is), then that module has to be able to take as inputs the outputs of the language faculty.

Now let's consider it the other way around: The language faculty takes as inputs the outputs of other modules: I think that this case is even less controversial. We are able to articulate our experience, which presupposes that the language faculty has access to the outputs of our input-systems. The point can be put quite generally: Our language faculty "talks" most of the time about things that don't directly have anything to do with itself, the language faculty has to get the thing to be expressed from somewhere else. So the picture of the language faculty as processing outputs from other modules and providing inputs for these in turn doesn't seem to be overly problematic.

But how exactly does domain-integration take place with the help of the language faculty? Here is an example of Carruthers'. Suppose a thinker has (at least) three conceptual modules: The language faculty, a module for processing colors, and one for processing spatial arrangements. Now some toy is hidden in a room beforehand, and the thinker is supposed to find it again. Let us say, that the thinker's spatial module "knows" that the toy is placed next to the long wall, whereas the color module "knows" that the toy placed next to the green wall. How can our thinker come up with a thought that comprises both the knowledge of the color module and the knowledge of the spatial module at the same time?[29] Carruthers' idea is this: Both modules feed their data into the language module, which can in turn form a sentence that comprises both information: "The toy is beside the long green wall." In turn, the previous sentence can then be made available for other modules for further processing. As it was already mentioned, the language faculty has exactly the structural features that are needed for constructions of such domain-integrating representations. Sentences allow in theory for an infinite number of expressions to be added to them. They have empty slots that can be filled out, so to speak. A sentence like, "The toy is beside the long [...] [...] wall." has several empty slots that can be filled out by further adjectives, resulting in, for example, the sentence "The toy is beside the long green wall." There seems to be no limit in theory to how two completely different

[29] It should be emphasized that the question is how a thinker can process domain-integration thought, not how a thinker can store such thoughts. Modularity, as far as Carruthers takes it, is a claim about processing, not about storage. So Carruters' claim is that language helps with domain-integrating *thinking or processing*, not with memorizing domain-integrating information.

sentences (each expressing thoughts that deploy concepts belonging to different domains) can be built into one sentence that now cuts across domains.

It should be noted that the process of domain-integration subserved by the language faculty works largely unconsciously. Carruthers does not make the very implausible move of claiming that we will sense the integration work of the language module qua inner speech. According to Carruthers, the domain-integration is largely unconscious because it is not carried out in full-fledged[30] linguistic representations but instead in the format of so-called LF (Logical Form).[31] LF is supposed to be a format of linguistic representation that "lies one level under" full-fledged utterances. But the role LF plays in this context remains somehow mysterious. As Dale and Spivey put it: "He provides little justification for recruiting this framework beyond the fact that Chomsky has proposed it. In fact, to our knowledge, there has been little or no empirical work substantiating the psychological relevance of LF."[32] But, as the authors continue, because of the empirical character of Carruthers' claim, empirical support were also highly asked for.

Another point worth mentioning is that Carruthers' is not committed to the stronger claim that all thinking is carried out in natural language. On the contrary, he thinks that both thought in general, as well as conceptual thought in particular does not necessarily require natural language capacities. In the "Cognitive function of Language," (CFL) Carruthers' carefully explores the theoretical options for what the relation between language and thought may be. Here Carruthers' tries to take a kind of middle position between very strong and very weak construals of the idea that language is somehow involved in thinking. Weak forms that assume that language has only communicative functions are rejected as well as strong forms according to which language is required for thinking.

Carruthers offers some empirical evidence in support of his proposal. Most important is the research done by Hermer-Vazquez et al. which is supposed to provide "strong evidence that the integration of geometric properties with other sorts of information (like colour, smell, patterning, etc.) is de-

---

[30] Full-fledged means something like being endowed with a completely phonological form.

[31] The idea of Logical Form that is used here goes back to Chomsky. See Chomsky: *A Minimalist Program,* MIT Press 1995. For further elaboration, see Carruthers: "The Cognitive Function of Language", in: *Behavioral and Brain Sciences*, 25, 2002, also available at http://www.philosophy.umd.edu/Faculty/pcarruthers.

[32] R. Dale; M. Spivey: "A linguistic module for integrating the senses, of a house of cards?", In: *Behavioral and Brain Sciences* 25, 2002.

pendent upon natural language".[33] Following the research of Cheng[34], geometric modules in rats and similar mechanisms in children are assumed for background conditions. Cheng did the following experiments: He placed rats in a rectangular chamber, where the rats had to discover the location of food. They were then disoriented and replaced back into the chamber where the food was now hidden. For finding the food again, they could have used a variety of clues, both geometric and non-geometric. However, the rats made use of only geometric information (which might be understandable in light of the development of rats in their natural environment).

Hermer and Spelke found out that young children also only make use of geometric information in similar situations[35]. They seem to be unable to combine geometric with non-geometric information. However, whereas prelinguistic children seem to be significantly "restricted" in this with regard to domain-integrated thinking, older children that have already learned a natural language have no problem with combining the relevant information from different domains in order to enhance their performance in such situations. Other factors that might account for this dissociation between the performance between linguistic and pre-linguistic children were systematically tested and excluded (like age, nonverbal IQ, verbal working-memory capacities, vocabulary size or comprehension of spatial vocabulary). "In contrast, the only significant predictor of success in these tasks which were discovered was spontaneous use of spatial vocabulary conjoined with object properties (e.g. 'it's left of the red one')."[36] Carruthers writes:

> "Hermer-Vazquez et al. (1999) set out this idea with a series of dual-task experiments with adults. In one condition, subjects were required to solve one of orientation these problems while shadowing (i.e. repeating back) speech played to them through a set of headphones. In another condition, they were set the same problems while shadowing (with their hands) a rhythm played to them in their headphones. The hypothesis that was speech shadowing would tie up the resources of the language faculty, whereas the rhythm-shadowing task would not;

---

[33] C.f. Carruthers 2002, op. cit., p.27. My following description is strongly based on Carruthers' own presentation.

[34] K. Cheng.: "A Purely Geometric Module in the Rat's Spatial Representation", Cognition 23, 1986.

[35] L. Hermer, E.S. Spelke: "A Geometric Process for Spatial Reorientation in Young Children", Nature 370, 1994.; L. Hermer, E.S. Spelke: "Modularity and Development: The Case of Spatial Reorientation", Cognition 61, 1996.

[36] Carruthers 2002, op. cit., p.28.

> and great care was taken to ensure that the later tasks were equally if not more demanding of the resources of working memory.
>
> The results of the experiments were striking. Shadowing of speech severely disrupted subjects' capacity to solve tasks requiring integration of geometric with non-geometric properties. In contrast, shadowing of rhythm disrupted subjects' performance relatively little. Moreover, a follow-up experiment demonstrated that shadowing of speech didn't disrupt subjects' capacities to utilize non-geometric information per se – they were easily able to solve tasks requiring only memory for object-properties".[37]

It seems to me that these kinds of experiments do indeed support Carruthers' hypothesis "That natural language is the medium of non-domain-specific thought and inference".[38] However, some authors have put pressure on Carruthers proposal. Learmonth et al. claim that in experimental settings where very young children (17-24-month old) had to orientate themselves in a large chamber they were able to combine landmark information with geometric information. And Gouteaux et al. found that even rhesus monkeys were capable of such domain-integration when placed in a room of roughly the same size as in the Learmonth scenario.[39] Robbins & Bernal also criticize that all the shadowing experiments show is that language is somehow implicated in reorientation, not that it plays the crucial part for domain-integration, let alone being the domain-integration-module. Furthermore, so Robbins & Bernal, for the generalisation from this special case to the claim that the language module is generally a domain-integrator, more evidence is needed. So they conclude "At least for the moment, the gap between theory and evidence in this area is suspiciously wide – too wide, we think, to warrant even a tentative endorsement of the hypothesis on offer."[40]

Carruthers proposal has an empirical character, and has therefore to be decided on empirical grounds in the long run. But so far I cannot see in which direction the empirical data points. However, my intention was not to present a highly confirmed empirical theory of module integration, but to indicate one way how such an integration could take place in a massively modular mind. If Carruthers proposal suffices to provide a coherent model for how a massively modular mind might in principle be capable of domain-

[37] Carruthers 2002, op. cit., p.28.

[38] Carruthers 2002, op. cit., p.23.

[39] C.f. P. Robbins; S. Bernal: *Unifying Modulandia: Language as Domain-Integrator* (Forthcoming). In my presentation of the objections against Carruthers I heavily rely on this paper.

[40] C.f. Robbins/Bernal 2003, op. cit.

integrating thinking, the case against Fodor's argument would be significantly strengthened.

So what do Carruthers' ideas contribute to the defence of MM? Does it dispel all the worries about MM pointed out by Fodor, let alone all of its problems? No, of course not. What Carruthers proposes, as far as it was discussed in this paper, shows how to conceive of a massively modular mind that nonetheless has the capacity to think in a roughly isotropic manner, which is to say, to have the capacity to entertain cross-domain integrating thoughts. One can have a module for every problem, and still be able to make information from one domain relevant for considerations belonging to another domain. In this sense, a massively modular mind can use its knowledge concerning Botany and think of Astronomical problems in the light of this knowledge.

*Peter Isenböck*

# Die Soziologisierung der philosophischen Hermeneutik Hans-Georg Gadamers durch Jürgen Habermas in der *Theorie des kommunikativen Handelns*

In einem Brief an Richard J. Bernstein, in dem u.a. das Verhältnis von sozialwissenschaftlicher und philosophischer Hermeneutik diskutiert wurde, machte Hans-Georg Gadamer eine bemerkenswerte Aussage: Zum einen stellte er fest, dass er der Sozialwissenschaft „auf ihrem Felde volle Anerkennung zolle" und ihr „Postulat eines Hinausgehens über die Hermeneutik durchaus teile", schränkte aber – zum anderen – ein, dabei kein „philosophisches Hinausgehen" erkennen zu können. Den Brief schloss er mit den Worten: „Freilich aus mir einen Soziologen zu machen – das wird niemanden gelingen, auch nicht mir selbst."[1]

Es ist nun nicht Ziel meines Vortrages aus Gadamer doch einen Soziologen zu machen. Allerdings soll nach der Relevanz der philosophischen Hermeneutik für die soziologische Theoriebildung gefragt werden, wobei nicht ausgeschlossen ist, dass dies rekursiv auf die philosophische Fragestellung wirkt. Dabei rücken vor allem die soziologischen Arbeiten von Jürgen Habermas in den Blickpunkt, da dieser als Erster die Fruchtbarkeit der philosophischen Hermeneutik für die soziologische Theorie- und Methodendiskussion erkannt hatte. Dies zeigt sich am deutlichsten im *Literaturbericht: Zur Logik der Sozialwissenschaften* aus dem Jahr 1967. Dort führt Habermas die philosophische Hermeneutik in den sozialwissenschaftlichen Diskurs ein, um die Beschränktheit der Ansätze von Alfred Schütz und Peter Winch und damit zusammenhängend von Ludwig Wittgenstein, auch dem späten (!), bezüglich ihrer hermeneutischen Reflektiertheit aufzuzeigen. Diese positive Bezugnahme auf Gadamer wird jedoch oft verkannt und in den Schatten gestellt durch die sich an den *Literaturbericht* anschließende Auseinandersetzung um den Universalitätsanspruch der Hermeneutik – eine Debatte, die vor allem international große Aufmerksamkeit auf sich gezogen hatte, und der Bekanntheit beider Denker nicht abträglich war. In der Folgezeit schien es, als ob – aufgrund der Neuausrichtung des Habermasschen Werkes hin zur sprachpragmatischen Begründung der Gesellschaftstheorie – die philosophi-

[1] Der Brief befindet sich im Anhang des Buches: Richard J. Bernstein: *Beyond Objectivism and Relativism: Science, Hermeneutics, and Praxis*, London 1983, S. 261-265.

sche Hermeneutik endgültig keine Rolle mehr für die Habermassche Theorieentwicklung spielen würde. Doch dies halte ich für einen Irrtum!

Ich wende mich damit gegen die Einschätzung von Thomas McCarthy[2], die auch von Axel Honneth[3] geteilt wird, dass die Abkehr von einer erkenntnistheoretischen Begründung der Gesellschaftstheorie hin zu einer sprachpragmatischen nur durch Überwindung des hermeneutischen Ansatzes möglich gewesen sei. Dabei erhebe ich nicht den Anspruch, Habermas besser verstanden zu haben als er sich selbst. Die wenigen Stellen in der *Theorie des kommunikativen Handelns* (hinfort: *TkH)*, die sich explizit auf Gadamer beziehen, scheinen keine systematische Bedeutung zu haben und enthalten eher abwertende und stark relativierende Bemerkungen.[4] Aber ich meine, gute Argumente dafür zu haben, Habermas *anders* verstehen zu können. In diesem Sinne versuche ich, eine alternative Lesart der *TkH* anzubieten, in deren Licht die Stärken und Schwächen dieses Ansatzes in besonderer Weise beleuchtet werden.

Zunächst werde ich in aller Kürze auf den *Literaturbericht: Zur Logik der Sozialwissenschaft* eingehen und die positive Bezugnahme auf Gadamer analysieren (1). Danach werde ich zeigen, wie Habermas entscheidende Gedanken und Motive der philosophischen Hermeneutik in der *TkH* verwendet, d.h. soziologisiert (2). Und abschließend werde ich die Probleme, die daraus für die Habermassche Gesellschaftstheorie resultieren, skizzieren, was eine Bewertung der möglichen Bedeutung der Hermeneutik Gadamers für die soziologische Theoriebildung überhaupt – im Ansatz – ermöglicht (3).

1. Eine der wichtigsten im *Literaturbericht* behandelten Fragen ist die Rechtfertigbarkeit einer Sonderstellung der Sozial- und Geisteswissenschaften gegenüber den Naturwissenschaften. Dies war und ist eine kontrovers diskutierte Frage, die nicht zuletzt auch den Hintergrund des sogenannten Positivismusstreites in der deutschen Soziologie bildete, der bis in die heutige soziologische Theoriebildung hineinwirkt. Die Position von Jürgen Habermas in dieser Frage ist charakteristischer Weise weniger durch die marxistische als vielmehr durch die Wissenschaftslehre Max Webers geprägt. Im Anschluss an diese geht er von einer methodisch (nicht begriffslogisch!) bedingten Sonderstellung der Sozialwissenschaften aus, die sich aus der prinzipiellen Deutbarkeit des Sinns menschlichen Handelns und menschlicher Äu-

---

[2] Vgl. Thomas McCarthy: „Rationality and Relativism: Habermas´s Overcoming of Hermeneutics" in: J.B. Thomson/D. Held (Hg.), *Habermas - Critical Debates*, London 1982.

[3] Vgl. Axel Honneth: *Kritik der Macht. Reflexionsstufen einer kritischen Gesellschaftstheorie*, Frankfurt/M. 1985, S. 310.

[4] Vgl. *TKH,* Bd.1, Frankfurt/M. 1995, S. 195.

ßerungen ergibt.[5] Zwar sind auch die Naturwissenschaften darauf angewiesen, den „Sinn" ihrer Daten zu interpretieren, doch das spezifische Problem der Sozialwissenschaften ist, dass bei ihnen die Verstehens- und Deutungsproblematik schon bei der Datengewinnung und nicht erst bei der Datenbeschreibung und Theoriebildung auftaucht. Anthony Giddens spricht deshalb von der „doppelten Hermeneutik" der Sozialwissenschaften.[6]

Die Voraussetzung, Sozialwissenschaft betreiben zu können, ist demnach, dazu fähig zu sein, bewusst zur Welt Stellung nehmen und ihr einen Sinn verleihen zu können, wie Max Weber es ausgedrückt hat.[7] Diese „transzendentale Voraussetzung" ist dadurch gegeben, dass auch der Wissenschaftler „Kulturmensch" ist, was für Habermas wiederum bedeutet, der hier durchaus an Weber anschließt, in einer bestimmten Lebenswelt sozialisiert zu sein, die nicht nur die kognitive Weltsicht, sondern auch das normative Selbstverständnis der Akteure vermittelt durch die Sprache, die hier verstanden wird als „parole", prägt. Daraus folgt das Grundproblem aller Kultur- und Sozialwissenschaften, Teilnehmer- und Beobachterperspektive hermeneutisch reflektiert zu vermitteln, was verlangt, die eigene historisch-kulturell geprägte Sprachkompetenz zu analysieren. Und genau hierbei, so Habermas im *Literaturbericht*, kann uns die philosophische Hermeneutik Gadamers helfen: „Sie bringt nämlich in reflexiver Einstellung Erfahrungen zu Bewußtsein, die wir in der Ausübung unserer kommunikativen Kompetenz, also indem wir uns in der Sprache bewegen, mit der Sprache machen."[8]

Die Sprache ist für die philosophische Hermeneutik allerdings nicht etwas, was der reflektierende Wissenschaftler vollständig objektivieren kann. Vielmehr besagt sie, dass die Sprachkompetenz „gleichsam hinter dem Rücken der Akteure"[9] bleibt. Die hermeneutische Situiertheit lässt sich nicht durch Einnahme einer wissenschaftlich-objektivierenden Haltung – einer Epoché im Husserlschen Sinne – aufbrechen. Ein „herausreflektieren" aus dem Überlieferungszusammenhang, in dem jedes Verstehen stattfindet, ist für Gadamer nicht möglich. Unser Verstehen ist immer von Sinnerwartungen, d.h. von Vor-Urteilen geleitet, weswegen unsere eigene Geschichtlich-

---

[5] Vgl. Max Weber: *Gesammelte Schriften zur Wissenschaftslehre*, Tübingen 1988, S. 12 Fn. 1. Hier nähert sich Max Weber in gewisser Weise Wilhelm Dilthey an, was Webers Beziehung zu Heinrich Rickert aber nur leicht relativiert. Vgl. Wolfgang Schluchter: *Unversöhnte Moderne*, Frankfurt/M. 1996, S. 241 Fn. 51.

[6] Vgl. Anthony Giddens: *Interpretative Soziologie. Eine kritische Einführung.* Darmstadt 1984, S. 95f.

[7] Vgl. Max Weber: *Wissenschaftslehre*, a.a.O., S. 180.

[8] Jürgen Habermas: *Zur Logik der Sozialwissenschaften. Erweiterte Ausgabe*, Frankfurt/M. 1985, S. 331.

[9] Ebd., S. 333.

keit zum eigentlichen Prinzip des Verstehens wird. So kommt Gadamer in *Wahrheit und Methode* zu dem Ergebnis: „*Das Verstehen ist selber nicht so sehr als eine Handlung der Subjektivität zu denken, sondern als Einrücken in ein Überlieferungsgeschehen*, in dem sich Vergangenheit und Gegenwart beständig vermitteln."[10] Wer dies verkenne, so Gadamer, und in seinen Augen tun dies die methodisch-technisch verfahrenden Sozialwissenschaften, wie z.B. die Soziologie, verkenne damit auch die eigene humanistische Tradition und sei deshalb nicht mehr in der Lage, zur Bildung des Menschen beizutragen. Wobei Gadamer unter Bildung durchaus das versteht, was Kant als *Pflicht des Menschen gegenüber sich selbst* formulierte: nämlich die eigene Selbstvervollkommnung anzustreben, indem „das Individuum sich aus seinem Naturwesen ins Geistige erhebt."[11] Bildung funktioniert aber nur dann, wenn die Begegnung mit der Tradition, vor allem im Lernen klassischer Sprachen und Lesen klassischer Texte, in Form eines Gesprächs abläuft. Die eigenen Vorurteile müssen an den Text herangetragen werden, um mit ihm in ein „Gespräch" zu kommen. Damit ist für Gadamer die Einsicht verbunden, dass, wegen der Vorurteilsgebundenheit, eine Interpretation, die die „wahre" Intention des Autors zum Vorschein bringen möchte oder sogar den Autor besser verstehen möchte als dieser sich selbst, notwendig scheitern muss. Ist dies eingesehen, kann Traditionsvermittlung auch zur intersubjektiven Konsensfindung in sozialen Gruppen beitragen, da Verstehen von Texten, aber auch von Menschen aus anderen Kulturen, von einer Verständigungsabsicht getragen sein muss. Hier liegt nach Habermas die eigentliche Stärke der philosophischen Hermeneutik: „Ich [Habermas] sehe Gadamers eigentliche Leistung in dem Nachweis, daß hermeneutisches Verstehen transzendental notwendig auf die Artikulierung eines handlungsorientierenden Selbstverständnisses bezogen ist."[12]

Diese – eben kurz skizzierten – Grundeinsichten der philosophischen Hermeneutik bilden für Habermas den Maßstab, um die soziologischen Ansätze von Alfred Schütz und Peter Winch und auch, was für meine These von besonderer Wichtigkeit ist, die Philosophie Wittgensteins zu kritisieren. Die phänomenologische Soziologie Schützens muss sich von Habermas dem Vorwurf aussetzen, dass sie nach der phänomenologischen Reduktion gesellschaftliche Wirklichkeit nur als durch Bewusstseinakte einzelner Subjekte konstituiert denken kann. Dabei muss sie verkennen, dass der Aufbau der Lebenswelt nicht durch phänomenologische Anschauung, sondern nur

---

[10] Hans-Georg Gadamer: *Wahrheit und Methode. Grundzüge einer philosophischen Hermeneutik.* Tübingen 1990, S. 295.

[11] Ebd., S. 19.

[12] Jürgen Habermas: *Zur Logik der Sozialwissenschaften*, a.a.O., S. 295; Zusatz von P.I.

durch „systematisches Mitspielen“[13] erfassbar ist. Dies erklärt auch, wieso Schütz noch annehmen konnte, dass eine theoretische Einstellung zur Lebenswelt einfach durch Entschluss des Wissenschaftlers herbeigeführt werden kann. Das grundlegende Problem des Ansatzes von Schütz ist, dass er, wegen seiner bewusstseinsphilosophischen Fundierung, das Reflektionsniveau der philosophischen Hermeneutik nicht erreichen kann.

Dem „Sprachtranszendentalismus“ des frühen Wittgensteins gesteht Habermas zu, über Sprache zu reflektieren. Allerdings verharren die Sprachreflektionen des „Tractatus-Wittgensteins“ in einer unhistorischen und a-kulturellen Sichtweise, die eine interpretative Annäherung an die soziale Welt ausschließt.

Dem späten Wittgenstein kann Habermas schon mehr abgewinnen. Vor allem das Konzept des „Sprachspiels“, mit dem die Abbildtheorie der Wirklichkeit aufgegeben wird zugunsten einer Pluralität von Bezugssystemen oder Lebensformen, erlaubt es, sich den Grundlagen der Lebenspraxis in ihrer historisch-kulturell geprägten Form zuzuwenden. Die Intentionen der Handelnden sollen dabei nicht durch eine bewusstseinsphilosophisch fundierte Introspektion erkannt werden – hier ähnelt der logische Behaviorismus Wittgensteins der Verstehenstheorie Gadamers – sondern sollen vielmehr durch Sprachanalyse, die zugleich eine Analyse der Lebenspraxis einschließt, aufgeklärt werden.

An diese Idee knüpft Peter Winch an. Hierzu nur soviel: Nach Winch ist menschliches Verhalten auf die selbe Weise regelgeleitet, wie es der Sprachgebrauch ist, d.h. jedes sinnvolle Verhalten folgt den „grammatischen“ Regeln des Sprachspiels.[14] Die Konsequenz, die Winch für eine sozialwissenschaftliche Theorie dabei ziehen müsste, übersteigt allerdings in problematischer Weise den Wittgensteinschen Ansatz. Winch müsste nämlich ein einheitliches theoretisches Modell der Sprache entwickeln, das es ihm ermöglicht, vom Sprachspiel des Wissenschaftlers in das Sprachspiel der untersuchten Gruppe zu wechseln. Er würde also eine Metasprache benötigen, die die Umgangssprache übersteigt. Aber das Wittgensteinsche Sprachspielmodell hatte gerade zur Pointe, dass es ein einheitliches Modell der Sprache nicht geben kann.[15]

Dieser – in den Augen von Habermas – gescheiterte Versuch, das Problem der Übersetzbarkeit der verschiedenen Sprachspiele ineinander zu lösen, verweist auf die Notwendigkeit, die soziolinguistische Reflektion weiterzu-

---

[13] Ebd., S. 235.

[14] Peter Winch: *Die Idee der Sozialwissenschaft und ihr Verhältnis zur Philosophie*, Frankfurt/M. 1974, S. 69.

[15] Vgl. Sybille Krämer: *Sprache, Sprechakt, Kommunikation. Sprachtheoretische Positionen des 20. Jahrhunderts*, Frankfurt/M. 2001, S. 121.

treiben, als es Wittgenstein getan hat. Mit der hermeneutischen Selbstreflexion, wie sie Gadamers philosophische Hermeneutik entwickelt, glaubt Habermas, den entscheidenden Schritt über Wittgenstein hinaus gefunden zu haben. Zwar sehen sowohl Gadamer als auch Wittgenstein, dass Sprache eine historisch-kulturelle Dimension aufweist, aber Ersterer sieht darüber hinaus, dass Sprache nicht nur eine welterschließende Kraft besitzt, sondern ihr auch eine „soziale Kraft" innewohnt. Sprache, verstanden als „Rede", ist auf intersubjektive Verständigung angelegt. In diesem Sinne ist auch der von Gadamer erhobene Universalitätsanspruch der Hermeneutik zu verstehen. Er besagt, dass das sprachgebundene Verstehen immer von der Problematik getragen ist, dass endliche Subjekte eine mitteilbare Sprache finden müssen für das, was gesagt werden soll. Das Verstehen ist demnach nicht grundsätzlich an kulturelle Praktiken und Lebensformen gebunden, sondern kann auch in der Interaktion mit dem Fremden kulturelle Horizonte verschmelzen. So kommt Gadamer zu der wunderschönen Formulierung: „Gerade auf dem Wege über die Endlichkeit, die Partikularität unseres Sein, die auch in der Verschiedenheit der Sprachen sichtbar wird, öffnet sich das unendliche Gespräch in Richtung auf die Wahrheit, das wir sind."[16] Mit Gadamer lässt sich, so folgert Habermas, die monadologische Auffassung der Geschlossenheit der Wittgensteinschen Lebensformen aufbrechen.[17]

Hinter diese Einsichten wird Habermas, so meine These, in gewisser Weise in der *TkH* zurückfallen. Vielleicht auch deshalb, weil der ideologiekritische Habermas die Macht der Tradition bei Gadamer überbetont sieht, weswegen dieser der Problematik systematisch verzerrter Kommunikation hilflos, gleichsam naiv gegenüberstehe. Dagegen möchte Habermas die Möglichkeit, aus Vorurteilen Urteile zu machen, stärker gewürdigt sehen. Diese Differenz darf jedoch nicht verdecken, welche grundlegenden Gemeinsamkeiten bestehen. Damit komme ich zum zweiten Punkt.

2. Einer der Hauptvorwürfe Habermasens gegen Gadamer war, dass dieser Verstehen mit Einverständnis gleichsetze und das Subjekt dadurch dem Überlieferungsgeschehen, als absolute, quasi naturwüchsige Kraft, unterordne. Dem entgegnete Gadamer, dass auch ein ideologisch befreites Bewusstsein nach Sinnorientierung strebe, was aber gerade nicht bedeute, dass kritische Reflexion über Traditionen nicht möglich sei. Der „Gesprächscharakter" der Hermeneutik, mit seiner prinzipiellen Offenheit, verhindere gerade dies. Allerdings bedeute dies auch, dass die „Macht" der Reflexion nicht als

---

[16] Hans-Georg Gadamer: „Die Universalität des hermeneutischen Problems" in: ders., *Wahrheit und Methode. Ergänzungen und Register*, Tübingen 1993, S. 230.
[17] Jürgen Habermas: *Zur Logik der Sozialwissenschaften*, a.a.O., S. 277.

naturwüchsige anzusehen ist, sondern immer nur eine ist, die Horizonte eröffnet, um andere auszublenden. Aus diesem Grund sei es auch anmaßend von Habermas zu glauben, der kritische Soziologe könne, wie der Psychoanalytiker seinen Patienten, die Gesellschaft therapieren.[18] Diese – hier nur angedeuteten – Gegenargumente Gadamers schienen ihre Wirkung nicht verfehlt zu haben. Schließlich machte Habermas nach dieser Auseinandersetzung vom Konzept der ideologiekritischen Soziologie, die nach dem Vorbild der Psychoanalyse arbeitet, keinen Gebrauch mehr.[19]

Was den von mir behaupteten Einfluss der philosophischen Hermeneutik auf den Neuanfang, den die Theorie des kommunikativen Handelns für Habermas darstellt, angeht, ergibt sich ein komplexes Bild. Ich meine, dass auf der methodologischen Ebene des Neuansatzes die Argumente der philosophischen Hermeneutik beinahe voll zum Tragen kommen, während auf der Ebene der Makrobegriffe (System und Lebenswelt), die mit einer (evolutionär argumentierenden) Modernisierungstheorie verknüpft ist, eine fragwürdige Überbietung der philosophischen Hermeneutik versucht wird.

Ich beginne mit einigen Überlegungen zur methodologischen Ebene. Dabei möchte ich zwei bemerkenswerte Zitat aus der *TkH* herausgreifen, die es im Folgenden zu interpretieren gilt:

1. „Verständigung wohnt als Telos der menschlichen Sprache inne."[20]
2. „Was sich auf methodologischer Ebene als Universalitätsanspruch der Hermeneutik darstellt, spiegelt nur das Selbstverständnis der Laien, die verständigungsorientiert handeln. Sie müssen davon ausgehen, daß sie sich, im Prinzip, über alles verständigen könnten."[21]

Zum ersten Zitat: Dass Sprache teleologisch auf Verständigung zielt, ist eine Einsicht, die man durchaus der philosophischen Hermeneutik zuschreiben kann. Habermas zieht es allerdings vor, diese mit Bezug auf die an den späten Wittgenstein anschließende Sprechakttheorie, insbesondere an Searle ist zu denken, zu begründen. Dieser Weg der rationalen Rekonstruktion von Sprache habe gegenüber der „radikalen Hermeneutik"[22] Gadamers den Vorzug, eine reflexive Selbstkontrolle des Verständigungsvorganges zu ermögli-

---

[18] Vgl. Hans-Georg Gadamer: „Rhetorik, Hermeneutik und Ideologiekritik. Metakritische Erörterungen zu Wahrheit und Methode" in: ders., *Wahrheit und Methode. Ergänzungen und Register*, Tübingen 1993.

[19] Vgl. Jean Grondin: *Einführung in die philosophische Hermeneutik*, Darmstadt 1991, S. 171.

[20] *TKH*, Bd.1, S. 387.

[21] *TKH*, Bd.2, S. 225.

[22] Jürgen Habermas: *Moralbewußtsein und kommunikatives Handeln*, Frankfurt/M. 1983, S. 37.

chen. Eine solche quasi-transzendentale Rekonstruktion der Sprache muss, um ihr eigenes Sprachspiel rechtfertigen zu können, die Bedingungen der Möglichkeit von Sprechhandlungen aus der Teilnehmerperspektive gewinnen. Indem die rationale Nachkonstruktion die Bedingungen der Gültigkeit von Sprachhandlungen aufdeckt, kann „sie auch abweichende Fälle erklären und mit dieser indirekt gesetzgeberischen Autorität auch eine kritische Funktion erlangen."[23] Dies erinnert nicht zufällig an die Gerichtshofmetapher aus Kants *Kritik der reinen Vernunft*, bei der eine Vernunft, die über ihre transzendentalen Bedingungen weiß, zugleich Anklägerin, Verteidigerin und Richterin ist. Dieser quasi-transzendentale Ansatz scheint auf den ersten Blick eine Überwindung der philosophischen Hermeneutik zu sein. Doch ich meine, dies täuscht.

Mein Argument dafür bezieht sich auf die Probleme der Habermasschen Formalpragmatik, die sich aus der Detranszendentalisierung Kants ergeben, in deren Folge die profane Lebenswelt die noumenale Welt ersetzt[24], was bedeutet, dass die in einer bestimmten Lebenswelt identifizierten Regeln nicht notwendigerweise einen Anspruch auf Allgemeinheit und Notwendigkeit (sprich: Objektivität) haben können. Wenn man also allein der Wittgensteinschen Sprachspieltheorie folgen wollte, müssten diese Regeln notwendigerweise Ausdruck einer kultur- und zeitspezifischen Lebenspraxis sein.[25] Damit ist ein grundlegendes Problem der sprachtheoretischen Grundlegung der *TkH* identifiziert und zugleich deutet sich hier schon an, dass die Lösung des Problems auf die philosophische Hermeneutik verweisen könnte. Schließlich argumentierte Habermas mit Gadamer gegen die monadische Geschlossenheit des Sprachspiels und der Lebenswelt.

---

[23] Ebd., S. 37.

[24] Vgl. Jürgen Habermas: *Wahrheit und Rechtfertigung. Philosophische Aufsätze*, Frankfurt/M. 1999, S. 26.

[25] Aus diesem Grund ist Karl-Otto Apel der Meinung, dass Habermas seinen universalistischen Anspruch aufgeben müsste, da er nur noch „auf die faktisch funktionierende Sittlichkeit des kommunikativen Handelns in der Lebenswelt" („Normative Begründung der kritischen Theorie durch Rekurs auf lebensweltliche Sittlichkeit? Ein transzendentalpragmatischer Versuch mit Habermas gegen Habermas zu denken" in: A. Honneth (Hg.), *Zwischenbetrachtungen im Prozeß der Aufklärung*, Frankfurt/M. 1989, S. 28) rekurrieren könnte. Dies sei die Konsequenz aus der Annäherung an die Positionen von Wittgenstein *und* Gadamer. Ich meine, Apel sieht die Genese dieser Gedanken richtig, seine Schlussfolgerung verkennt aber den gravierenden Unterschied zwischen der monadischen Geschlossenheit der Wittgensteinschen Lebensform und der durch den Universalitätsanspruch begründeten Offenheit der Gesprächshermeneutik Gadamers.

Wie ist das Zitat nun zu verstehen? Das Telos der Verständigung darf nicht allein verstanden werden als „Vorschein einer Lebensform“[26], sondern es verweist auf das der Sprache innewohnende universalistische Potential. Es handelt sich demnach um eine Teleologie ohne Telos. Für alle Sprachen gilt nämlich, dass ich einen Sprechakt nur verstehe, wenn ich weiß, was ihn gültig macht. Gültigkeit heißt demnach für Habermas, dass der Hörer in dem Sinne einverstanden ist, dass er dem Sprecher aus rationalen Gründen folgt und nicht aus Angst vor Sanktionen. Verstehen ist also nur möglich, wenn man nicht mit systematisch verzerrter Kommunikation rechnet. Damit wiederholt Habermas den Universalitätsanspruch der Hermeneutik, da die „Verständigungshermeneutik“ nun primär und die „Verdachtshermeneutik“ sekundär geworden ist. Genau dies hatte Gadamer in der damaligen Auseinandersetzung um den Universalitätsanspruch eingefordert.

Damit behaupte ich auch, dass Habermasens rekonstruktiver Ansatz nicht notwendigerweise an eine kulturelle Lebensform gebunden ist, wie z.B. Charles Taylor meint.[27] Für Taylor steht außer Frage, dass rationale Verständigung nicht ohne substantiellen Gehalt auskommen kann. Auch wenn anerkannt sei, dass Rationalität in der Struktur der menschlichen Sprache angelegt ist, bleibe die Frage, warum Verständigung nur rational erfolgen solle. Verständigung könne nur dann ein primärer Zweck sein, wenn sie sich auf einen substantiellen Begriff des menschlichen Lebens beziehe. In Habermasens Antwort auf diesen Vorwurf tritt abermals das Grundmotiv der philosophischen Hermeneutik zutage: Weil in allen Sprachgemeinschaften die Rede auf Verständigung basiere, könne sich auch die „Moralphilosophie auf dieses universalistische Potential der Rede“[28] berufen. Eine andere Frage ist dann, ob gewisse substantielle Werte, die gewiss auch Erbe einer bestimmten Lebensform sind, von Mitgliedern fremder Kulturen rational akzeptiert werden können.

Ich komme zur Interpretation des zweiten Zitates. Dieses scheint das eben gesagte auf den Kopf zu stellen. Zwar sieht Habermas, dass auch der Wissenschaftler nur verstehen kann, wenn er zumindest virtuell an der kommunikativen Praxis einer Lebenswelt teilnimmt, aber er sieht auch die

---

[26] Jürgen Habermas: *Vorstudien und Ergänzungen zur Theorie des kommunikativen Handelns*, Frankfurt/M. 1995, S. 18. Diese frühere Ansicht hat Habermas mittlerweile zurückgenommen, worin man eine Annährung an den Universalitätsanspruch der Hermeneutik sehen kann. Vgl. Habermas, Jürgen: „A Reply to my Critics“ in: J.B. Thompson/D. Held (Hg.), a.a.O., 216f.

[27] Charles Taylor: „Sprache und Gesellschaft“ in: A. Honneth/H. Joas (Hg.), *Kommunikatives Handeln. Beiträge zu Jürgen Habermas' Theorie des kommunikativen Handelns. Erweiterte Ausgabe*, Frankfurt/M. 2002, S. 44.

[28] Jürgen Habermas: „Entgegnung“ in: A. Honneth/H. Joas (Hg.), a.a.O., S. 335.

Notwendigkeit, die Teilnehmerperspektive verlassen zu können, weswegen er den Leser der *TkH* in der *Zweiten Zwischenbetrachtung* mit der Einsicht überrascht, dass nur im Selbstverständnis der Laien sich der Universalitätsanspruch der Hermeneutik widerspiegeln soll. Der Sozialwissenschaftler soll demnach in der Lage sein, als virtueller Teilnehmer Daten zu sammeln, die ihn „hinter" die Struktur der gesprochenen Sprache führen. Habermas möchte, um es bildlich auszudrücken, sowohl den Keks behalten als auch ihn essen. Zwar hat er, wie ich gezeigt habe, die grundlegende Einsicht in die Struktur der gesprochenen Sprache nach dem Vorbild der philosophischen Hermeneutik gewonnen, aber sein Verhältnis zu dieser bleibt ambivalent. Dies zeigt sich besonders deutlich an der Frage, ob er mit seiner Sprachphilosophie eine „Zwei-Welten-Ontologie" vertritt, wie Sybille Krämer meint, oder doch eher dem „Ein-Welten-Modell" zugeneigt ist.

Für das Zwei-Welten-Modell spricht, dass Habermas Regeln rekonstruiert, die implizit jeder Sprecher verwendet. Die Sprache bzw. die Regeln der Sprache sind somit dem Sprechen hierarchisch übergeordnet, was das entscheidende Merkmal dieses Modells ist: „*Es gibt einen logisch-genealogischen Vorrang der Sprache gegenüber dem Sprechen.*"[29] Betrachtet man die Sprachphilosophie Habermasens einzig als durch die analytische Philosophie gespeist, muss dieser Einordnung zugestimmt werden. Wenn Regeln analytisch gewonnen werden, ist klar, dass eine Regelanwendung nur eine Aktualisierung einer definierbaren Regel darstellt. Gegen dieses intellektualistische Bild kann dann zurecht eingewandt werden, dass hier die Möglichkeit eines Zugangs zu einer „reinen Sprache" postuliert wird, was natürlich unplausibel ist, denn: „Sprache existiert nur als Sprache-in-einem-Medium, als gesprochene, geschriebene, gestische, technisch mediatisierte Sprache."[30]

Dieses Bild ist aber zu einseitig. Es verkennt, dass Habermas Sprache als Form von Praxis begreift, die das Potential beinhaltet, sich selbst zum Thema zu machen. Die Regelanwendung ist aus dieser Blickrichtung immer etwas mehr als bloß eine Aktualisierung einer Regel. Die Praxis hat, hier folgt Habermas Gadamer in seiner Bezugnahme auf die aristotelische Unterscheidung von [„techne" und „praxis"], einen intrinsischen Charakter.[31] Und intersubjektive Verständigung bzw. das offene Gespräch ist für Habermas und Gadamer der entscheidende Ausdruck einer gelungenen Praxis. Schließlich wird der rationale Konsens, sei es in Fragen der Wahrheits- oder der normativen Richtigkeitsrationalität, nicht als die Folge von Regelwissen betrachtet,

---

[29] Sybille Krämer: *Sprache, Sprechakt, Kommunikation*, a.a.O., S. 96.

[30] Ebd., S. 270.

[31] Vgl. Richard J. Bernstein: „The Constellation of Hermeneutics, Critical Theory and Deconstruction" in: R.J. Dostal (Hg.), *The Cambridge Companion to Gadamer*, Cambridge 2002, S. 269.

das einer einfachen Subsumtionslogik folgt, sondern als Resultat eines Diskurses, in dem praktische Klugheit (phronesis) bzw. praktische Vernunft die Priorität vor der theoretischen genießt. Dass die Verständigung das Telos der Sprache sei, ergibt nur mit diesem Bezug einen Sinn. Hier scheint es eher einen Vorrang des Gesprochenen vor der Sprache zu geben. Die Rekonstruktion von Regeln – mit Hinblick auf die sozial-strukturellen Voraussetzungen einer gelingenden Sprech*praxis* – ist somit ein soziologisches Hinausgehen über die Hermeneutik Gadamers, das allerdings deren philosophischem Gehalt nichts hinzufügt. Ich halte diese „soziologische Überbietung" auf methodologischer Ebene für gelungen, solange sie an die Teilnehmerperspektive gebunden bleibt. Die konstruktiven Schwächen der *TkH* beginnen beim Übergang von der methodologischen auf die makrosoziologische Ebene.

3. Die Gründe, die es Habermas zu erlauben scheinen, die Teilnehmerperspektive, die unzertrennlich mit dem Universalitätsanspruch der Hermeneutik verknüpft ist, durch eine Beobachterperspektive zu ergänzen, sind auf der Ebene der makrosoziologischen Theorie zu finden. Habermas ist darin konsequent, dass er das „Verstehen" auf die Teilnehmerperspektive beschränkt. Auch die Regelrekonstruktion, so meine obige Argumentation, bleibt an diese Perspektive gebunden und ist insofern unproblematisch.

Die konstruktiven Schwierigkeiten beginnen da, wo Habermas eine Verbindung von hermeneutischer und funktionalistischer Theorie anstrebt.[32] Diese verlangt zunächst, dass der methodologische bzw. hermeneutische Begriff der Lebenswelt transformiert wird zu einem gesellschaftstheoretischen Ordnungsbegriff. Ich meine, schon hier muss die Kritik ansetzen.

Der methodologische Begriff der Lebenswelt, der sowohl in der Tradition der Sprachphilosophie Wittgensteins als auch (meist nicht gesehen) in der Tradition der philosophischen Hermeneutik – mit zu unterscheidenden Konsequenzen – steht[33], stellt die faktisch eingespielte Sittlichkeit als Hintergrundressource für kommunikatives Handeln in den Vordergrund. Dies kann einer marxistisch-kritisch orientierten Soziologie nicht reichen. Ihr muss es darum gehen, den eigenen Standpunkt zu externalisieren, da sie auf eine von der faktisch vorhandenen unterschiedene Weltbeschreibung angewiesen ist.[34] Wenn die Reproduktion der Lebenswelt durch kommunikatives

---

32 Vgl.Hans Joas: „Die unglückliche Ehe von Hermeneutik und Funktionalismus" in: A. Honneth/H. Joas (Hg.), a.a.O.

33 Die Bedeutung von Husserl und Schütz soll damit nicht völlig negiert werden, aber es ist wichtig zu sehen, dass Habermas einen Lebensweltbegriff verwendet, der nicht mehr in der Tradition der Bewusstseinsphilosophie steht.

34 Vgl. Niklas Luhmann: „Am Ende der kritischen Theorie" in: *Zeitschrift für Soziologie*, Jg. 20, Heft 2, April, S. 147.

Handeln zum Thema gemacht werden soll, dann muss auf eine Beobachterperspektive umgeschaltet werden. Doch wie kann, so die entscheidende Frage, dieser Perspektivenwechsel gerechtfertigt werden? Die Habermassche Antwort halte ich für völlig misslungen und inkonsequent. Das oft nicht beachtete Argument Habermasens lautet, dass, solange die Reproduktion der Lebenswelt reibungslos läuft, ein Perspektivenwechsel gar nicht möglich ist, sobald aber „eine objektive Herausforderung aufträte, angesichts deren die Lebenswelt im ganzen problematisch würde“, die Möglichkeit vielleicht bestünde: „sie [die Theorie] kann nur hoffen, der ratio essendi ihrer Gegenstände gewachsen zu sein, wenn Grund für die Annahme besteht, daß der objektive Lebenszusammenhang, in dem sich der Theoretiker selber vorfindet, dafür sorgt, daß sich ihm die ratio cognoscendi eröffnet.“[35] Ganz nach dem Hegelschen Motiv, dass die Eule der Minerva ihren Flug in der Dämmerung beginnt, rechtfertigt Habermas seine besondere Einsicht. Die Dämmerung der Moderne wird für ihn freilich durch die kolonialisierenden Systeme eingeleitet.

Hier taucht nun ein philosophisches Motiv auf, das sich auch in der philosophischen Hermeneutik findet, nämlich die Kritik an der instrumentellen Vernunft. Diese Kritik wird aber von Habermas in eine begriffliche Form gegossen, die gerade nicht mehr mit der philosophischen Hermeneutik und auch nicht mit einer Kritik am verdinglichten Denken, wie sie zuerst von Georg Lukács formuliert worden ist, vereinbar ist. Denn Habemasens Begrifflichkeiten, „System“ und „Lebenswelt“, haben selbst eine reifizierende Tendenz, da analytische und deskriptive Ebene nicht sauber voneinander unterschieden sind,[36] was dazu führt, dass der Systembegriff Habermas dazu verleitet, wirtschaftliche Vorgänge als der Lebenswelt völlig äußerlich darzustellen, so als ob die Handlungskoordination von Marktteilnehmern völlig normfrei verliefe.

Diese Problematik ist mittlerweile von Habermas erkannt worden. Doch seine „Verbesserungsvorschläge“ sind eher dazu geeignet, die Schwächen des Ansatzes noch deutlicher werden zu lassen, als diese zu korrigieren. Für Habermas sind die Begriffe „System“ und „Lebenswelt“ jetzt nur noch analytische Begriffe, die prinzipiell auf alle sozialen Phänomene anwendbar sind.[37] Dies führt zu zwei gravierenden Problemen, die den ganzen Ansatz in Frage stellen. Erstens kann die Kolonialisierungsthese nur funktionieren, wenn die Lebenswelt bzw. der Bereich des kommunikativen Handelns einer bestimmten Reproduktionssphäre, nämlich der der symbolischen Reproduktion, fest

35 *TKH*, Bd. 2, S. 590; Zusatz von P.I.

36 Vgl. Axel Honneth: *Kritik der Macht*, a.a.O., S. 322.

37 Vgl. Jürgen Habermas: „Entgegnung“, a.a.O., S. 387.

zugeordnet ist. Die Aussage, dass Systeme die Lebenswelt bedrohen, ist nur sinnvoll, wenn damit auch reale oder essentielle Vorgänge bezeichnet werden. Es sei denn, dass man diese Redeweise nur noch metaphorisch verstanden haben will. Doch dann verliert der kritische Impetus deutlich an Kraft.

Der zweite und wichtigere Punkt ist, dass Habermas die Systeme als ratio cognoscendi einführte, die, weil sie die Lebenswelt objektiv bedrohen, diese erst als ganze für den Theoretiker sichtbar werden lassen. Den Wechsel zur systemischen Beobachterperspektive kann Habermas nur konsistent rechtfertigen, wenn er gezeigt hat, dass der Theoretiker seine Lebenswelt transzendieren kann. Sind Systeme nur noch ein analytisches Hilfsmittel, das prinzipiell auf jedes soziale Phänomen angewendet werden kann, darf er den Perspektivenwechsel nicht mehr auf diese Weise rechtfertigen. Hier zeigt sich besonders deutlich, welche ungelösten Schwierigkeiten sich durch die Soziologisierung der philosophischen Hermeneutik für die Habermassche Gesellschaftstheorie ergeben.

Was ergibt sich daraus für die soziologische Theoriebildung? Ich verstehe die philosophische Hermeneutik, mit ihrer Kritik am Methodenideal der neuzeitlichen Wissenschaften, als Herausforderung für die Soziologie. Dass die Annahme dieser Herausforderung zu produktiven Ergebnissen führen kann, zeigt mir die Einführung der philosophischen Hermeneutik in den sozialwissenschaftlichen Diskurs durch Jürgen Habermas. Die Soziologie tut vor allen Dingen gut daran, der Hermeneutik Gadamers darin zu folgen, dass „Deuten“ nicht nur Aufgabe einer Kunstlehre, sondern eine Seinsweise des Menschen ist: Die Deutung fällt, ich zitiere Max Weber, „phänomenologisch nicht einfach unter die Kategorie der Subsumtion unter Regeln […].“[38] Vielleicht kann die Soziologie dann auch zeigen, dass die „Rückbesinnung“ auf Familie, Gesellschaft und Staat nicht heißen muss, ich zitiere Gadamer, dass „die Selbstbesinnung des Individuums [...] nur ein Flackern im geschlossenen Stromkreis des geschichtlichen Lebens [ist].“[39]

[38] Max Weber: *Wissenschaftslehre*, a.a.O., S. 70 Fn. 1.

[39] Hans-Georg Gadamer: *Wahrheit und Methode*, a.a.O., S. 281.

*Oliver D. Bidlo*

# Dialog und Kommunikation Martin Buber und die Kommunikationswissenschaft[1]

Martin Bubers Dialogphilosophie, Dialogik, Philosophie des Ich und Du oder Dialogismus wird auch heute noch zumeist in einem theologischen oder religionsphilosophischen Kontext rezipiert. Mitunter tritt zu diesem Rezeptionsumfeld eine pädagogische, sozialphilosophische oder soziologische Sichtweise hinzu. Fast überhaupt nicht findet man,[2] und diese möchte ich kurz vorstellen, die Auseinandersetzung mit Martin Buber und seiner Dialogphilosophie innerhalb einer kommunikationsphilosophischen und kommunikationswissenschaftlichen Perspektive. Lassen Sie mich zunächst einige allgemeine Punkte zu Martin Buber und seinem Denken darlegen, um so meinen daran anschließenden Gedanken einen gewissen Rahmen zu geben.

Martin Buber wurde 1878 in Wien geboren und starb 1965 in Jerusalem. Sein Name ist vor allem mit dem Begriff der Dialogphilosophie verbunden. Nun ist der Begriff des Dialogs in dieser Philosophie verschieden zum heutigen Gebrauch, besonders wie er sich in der Philosophie und der Wissenschaft eingebürgert hat. In der Wissenschaft, z.B. der Soziologie oder der Kommunikationswissenschaft, wird der Dialog als allgemeine Face-to-face-Situation verstanden. Hier wird mit der Verwendung des Ausdrucks „Dialog“ nicht etwa auf eine besondere formelle oder thematisch bedeutungsvolle Gesprächsform Bezug genommen. Gerold Ungeheuer beispielsweise verwendet das Wort „Gespräch“ gleichbedeutend mit „Dialog“ und „Konversation“ und setzt dergestalt die „Gesprächsanalyse“ synonym mit der „Dialog-“ und „Konversationsanalyse“.[3] Dem Dialog an sich kommt noch keine ausgesuchte Bedeutung zu. Allerdings ist bereits bei Ungeheuer der dialogische Partnerkontakt, in Ähnlichkeit zu Buber, das Fundament und der Bezugsrahmen für sprachliche Kommunikation.[4]

In der Philosophie begegnet uns der Dialog offensichtlich bei Sokrates und Platon. Der Dialog dient bei Sokrates als Raum der Erfahrung und des

[1] Der Aufsatz stellt ausgesuchte Gedanken meiner Dissertationsschrift *Martin Buber – Ein vergessener Klassiker der Kommunikationswissenschaft?* dar.

[2] Einzige Ausnahmen sind Dominik Klenk: *„Gegenwartsverlust“ in der Kommunikationsgesellschaft*, Münster 1998 und Matthias Donath, Barbara Mettler-v. Meibom: *Kommunikationsökologie*, Münster 1998

[3] Vgl. Gerold Ungeheuer: *Kommunikationstheoretische Schriften I*, Aachen 1987, S. 144.

[4] Vgl. ebd. S. 73.

Bezugs zwischen einem Thema und denjenigen, die über dieses Thema sprechen. Sokrates veranlasst Gespräche, in denen gemeinschaftlich herausgefunden werden soll, was dasjenige sei, worüber belehrt werden sollte. Er tritt hierbei nicht als Konkurrent der Sophisten auf, denn er verhält sich gegenüber seinen Gesprächspartnern fragend und nicht bestimmend. Insofern befinden sich alle Gesprächsteilnehmer zum behandelnden Problem zunächst in der Distanz des Nichtwissens. Die vorgeblich Wissenden werden auf dem Weg des Dialogs selbst zum Eingeständnis der Unwissenheit geführt. Der Dialog als die sokratische Methode des Philosophierens ist im engen Sinne des Wortes sachlich begründet.[5] Der sokratische Dialog bleibt oder ist nicht ein Gespräch unter Freunden, sondern geht darüber hinaus weiter zum *Logos*, der im Verlauf des Dialogs zunehmend in den Mittelpunkt tritt. Als Grundlage der analytischen Erörterung dient der von Sokrates eingeforderte Logos, d.h. die vernünftige Begründung der Beiträge; Vernunft ist das zugrunde liegende Gesetz der Gemeinschaft. Sokrates selbst nennt seine Methode der geistigen Geburtshilfskunst *Mäeutik* [griech. maieutikê], die Hebammenkunst.[6] Und auch Platon nutzt den Dialog zunächst als Methode, um Wissen zu generieren.

Bubers Vorstellungen vom Dialog sind anders, wenngleich er selbst im sokratischen und platonischen Dialog eine Vorform zu seiner formulierten Dialogform sieht. Buber hat mit seinem Frühwerk „Daniel. Gespräche über die Verwirklichung" die Form des platonischen Dialogs aufgenommen. Worin liegt nun das Besondere im Dialog Bubers? Es ist die Pointierung der Dialogsituation als einer anthropologisch fundamentalen; der Dialog ist hier keine Methode oder eine einfach zu definierende Face-to-face-Situation, sondern der „echte" Dialog der Dialogphilosophie ist die unmittelbare Begegnung von Ich und Du.

## Einflüsse und Quellen seines Denkens

Lassen Sie mich zunächst allgemein und in einem Abriss auf Einflüsse und biographische Begebenheiten eingehen, die Buber besonders geprägt haben. Ich denke ein wichtiger Umstand für ein angemessenes Verständnis seines Denkens liegt in dem Aspekt, dass sich in seinem Denken eine deutliche Entwicklung entdecken lässt. Mendes-Flohr[7] und andere Buber-Rezipienten

[5] Vgl. Eckart Strohmaier: *Dialoge des Sokrates*, in: Weilfried Heinrichs, Gerhard Charles Rump (Hrsg.): *Dialoge*, Hildesheim 1979, S. 102 ff.

[6] Für eine kommunikationswissenschaftliche Untersuchung des maieutischen Dialogs vgl. Michael Hanke: *Der maieutische Dialog*, Aachen 1986.

[7] Vgl. Paul R. Mendes-Flohr: *Von der Mystik zum Dialog*, Königsstein/Ts 1979.

sehen zunächst zwei wesentliche Phasen, in die sich Bubers Denken aufteilen lässt: Wir können bei Buber zum einen eine mystische Phase benennen, die bis in das Jahr 1916 reicht. Diese ist geprägt von einer intensiven Auseinandersetzung Bubers mit unterschiedlichen mystischen Strömungen, der deutschen Mystik, der jüdischen Strömung des Chassidismus und auch orientalischer und asiatischer Bewegungen. Buber geht es bei der Behandlung vor allem um die Frage der Individuation. Er liest intensiv Jakob Böhme, über den er promoviert, und Schopenhauer und seine Gedanken zum principium individuationis, d.h. der Frage nach dem Seinsgrund des Einzelwesens in der Vielheit.

Buber erblickt in Mystik und Mythos das elementare Beziehungsphänomen zwischen dem Menschen und dem Göttlichen. In seinem prädialogischen Denken legt er hinsichtlich seiner Beschäftigung mit der Mystik ein besonderes Augenmerk auf das Erlebnis des mystischen Augenblicks. Er sieht in der Ekstase der Mystiker die wirkliche und vollendete Einheit von Ich und Welt erreicht. Bubers Denken ist in dieser Phase also stark subjektivistisch geprägt. Es geht vom Ich aus, um die Einheit und Beziehung zur Welt zu konstituieren.

Buber liest zudem intensiv, neben Kant, Nietzsche und übernimmt zum Teil Nietzsches Kulturkritik. Tatsächlich muss Bubers Dialogik auch als eine Kulturkritik verstanden werden. Seine Wende zum Dialogischen lässt sich daran anschließend als eine soziologische Wende verstehen. Er wird von seinem Lehrer Georg Simmel und dessen Prinzip der Wechselwirkung stark beeinflusst. Bei Simmel wird die zwischenmenschliche Wechselwirkung zu einer grundlegenden ontologischen Kategorie, d.h. die Relation zwischen Individuen und nicht diese selbst werden zur wesentlichen Kategorie erhoben. Dergestalt erkennt Simmel in den Beziehungsmodi der Menschen eine soziologische Kategorie. Er folgt somit einem erkenntnistheoretischen Standpunkt, nach dem der Sitz der Realität in den Relationen zu finden ist. Gerade diese relationistische Haltung teilt Buber mit Simmel, aber auch bei Georg Herbert Mead oder Michail Bachtin lässt sie sich wieder finden.

In der Zeit des 1. Weltkrieges wirft sich in Bubers Denken eine entscheidende Kehre auf. Zuerst begrüßt Buber den 1. Weltkrieg mit Begeisterung, auch wenn er mit anderen Intellektuellen zuvor versucht hatte, das Europa drohende Unheil abzuwenden. Viele deutsche Intellektuelle, darunter z.B. Georg Simmel, begrüßten unabhängig von ihrer vorherigen politischen Sichtweise die aus der Kampfgemeinschaft hervorgehende Brüderlichkeit. Was nun besonders Bubers Einstellung zum Krieg unterstreicht, ist seine Tendenz, ihn aus der Perspektive seiner Erlebnis-Mystik zu betrachten. Und nur aus dieser lässt sich Bubers Haltung zum Krieg verstehen, während sie aus der Perspektive seiner späteren Entwicklung nicht nachvollziehbar erscheint.[8] Buber glaubt in dem Krieg den Geist der wahren Gemeinschaft zu erblicken, der zur Überwindung der bisherigen Krise der Gesellschaft beitragen soll.

Besonders Bubers enger Freund Gustav Landauer verurteilt den Krieg sofort und konfrontiert Buber in verschiedenen Briefen und persönlichen Gesprächen mit seiner Kritik an dem in seinen Augen falschen Weg. Die entscheidende Wende Martin Bubers dürfte wohl durch Landauers Brief vom 12. Mai 1916 ausgelöst worden sein. Nach diesem von Buber unbeantworteten Brief sieht er das Kriegsgeschehen als Folge des Niederganges der Dialogfähigkeit der Menschen.

In der entscheidenden Wende Bubers zum Dialogischen, die durch Simmels Wechselwirkungsidee und soziologische Überlegungen vorbereitet wurde, wendet Buber sich ab vom subjektiven Erlebnis und sieht nun als neuen zentralen Punkt die intersubjektive, beziehungsorientierte Gemeinschaft, die auf Ich-Du-Beziehungen fußt. Dies ist ein deutlicher Bruch in Bubers vorheriger Überzeugung. War der frühe Buber zuvor maßgeblich von der Individuationsproblematik und dem isolierten Individuum geleitet, sieht er nun in der interpersonalen Beziehung der Menschen die Möglichkeit angelegt, eine echte Gemeinschaft zu schaffen.

## Dialogisches Denkens

Im Jahre 1923 erscheint Bubers bekanntes Werk „Ich und Du". Wie lässt sich Bubers dialogisches Denken beschreiben? Die Dialogik muss als Bubers Antwort auf die gesellschaftliche Krise gesehen werden. Nach seiner Kehrtwendung unterstreicht Buber die Wirkungslosigkeit einer romantischen und lebensphilosophisch geprägten Opposition, deren Gegenreaktion auf Industrialisierung und ausufernder Technisierung eine Hinwendung zur gefühlsdominierten Innerlichkeit war. Buber entwirft seinen eigenen, einen dritten Weg, dessen Pfad zwischen der Verseelung und der Versachlichung liegen soll, beides Aspekte, die in seinen Augen im gleichen Maße zu verurteilen sind. Auf der Grundlage seines Dialogdenkens entwirft Buber ein eigenes Menschen-, Welt- und Sozialbild, welches auf der Unterscheidung der beiden Grundworte Ich-Du und Ich-Es aufbauend ein Gegenkonzept zum Individualismus, Kollektivismus und Utilitarismus darstellt.

Die Sprache wird innerhalb der Dialogphilosophie zum großen Merkmal des menschlichen Miteinanders und der Begegnung, sie repräsentiert für Buber letztlich schlechthin das Intersubjektive. Das kommunizierende Ich steht

[8] Darauf weist besonders Mendes-Flohr hin. Vgl. ebd. S. 131.

hier dem einsamen, autonomen Ich der Subjektphilosophie entgegen. Denn das, was sich zwischen einem Ich und dem Du abspielt, wird in dieser Sicht bedeutungsträchtiger als das, was sich allein innerhalb des Ich vollzieht. Pointiert lässt es sich so ausdrücken: Das Ich ist nicht Voraussetzung, sondern Ergebnis von Interaktion. Dies ist übrigens eine Sichtweise, die man ebenfalls deutlich bei George Herbert Mead finden kann. Zugleich wird bei Buber der leibhaftige, wirkliche Mensch und nicht das aus einer abstrakten Theoriekonstruktion entworfene Subjekt oder ein personales System zum Mittelpunkt seiner dialogischen Anthropologie. In diesem Zusammenhang stehen die beiden Grundwortpaare Ich-Du und Ich-Es, die Buber als zwei Haltungen zur Welt offenbart. Durch diese findet Bubers dialogische Überwindung der Subjektphilosophie statt, indem sich aus der Wirklichkeit der Beziehung das Ich erst konstituiert, und zwar das Ich des Grundwortes Ich-Du. Er sieht eine sich aufblähende Es-Welt, eine versachlichte Bürokratie, Wirtschaft und Politik, die den Menschen kaum noch Raum für die Bildung von Ich-Du-Beziehungen lässt.

Martin Bubers Unterscheidung der beiden Grundwortpaare Ich-Du und Ich-Es bilden den Ausgangspunkt für sein dialogisches Denken. Obgleich Bubers Eröffnung zunächst den Anschein einer sprachphilosophischen Definition von Begriffen hat, wird im Verlauf von „Ich und Du“ deutlich, dass es sich hier nicht nur um Begriffe, sondern um zwei Verhaltensweisen bzw. Haltungen des Menschen handelt, die er gegenüber der Welt einnehmen kann. Es handelt sich bei ihnen nicht um ein philosophisches Grundprinzip, sondern sie sind für Buber vielmehr ein Weg ins Leben. So ist die Opposition von Ich und Welt kein Feststehendes, sondern abhängig von den gesprochenen Grundworten. Der Mensch kann der Welt nicht anders als durch diese beiden Grundwortpaare begegnen oder sie erfahren. Sie sind zwei unterschiedliche Haltungen oder Beziehungsmodi zur Welt, Grundformen des Verhältnisses von Ich und der Welt. Sie können nicht getrennt werden.

Dergestalt existiert kein Ich an sich, kein unverbundenes Ich, sondern nur das Ich eines der Grundworte, ein Ich der Verbundenheit, das ein Ich der Lebenssituation ist. „Ich sprechen und eins der Grundworte sprechen sind eins.“[9] Jedes der beiden Grundwortpaare stiftet eine Welt, deren Schaffung ihm obliegt und die ihre spezifischen konstitutiven Aspekte und Eigenschaften besitzt. Dergestalt wird deutlich, dass auch das Ich des Menschen seiner Anlage nach zwiefältig ist, da das Ich des Grundwortes Ich-Du verschieden ist zum Ich des Grundwortes Ich-Es.

---

[9] Martin Buber: *Werke. Band I: Schriften zur Philosophie.* München und Heidelberg 1962, S. 79.

## Die Grundworte Ich-Du und Ich-Es

Das Grundwort Ich-Du stiftet die Welt der Beziehung. Die Ich-Du-Beziehung ist gekennzeichnet von einer rückhaltlosen Hinwendung zum Anderen und der Welt. Die Unmittelbarkeit verweist hier auf das zentrale Moment *zwischen* Ich und Du. Hier, in Beziehung stehend mit der Anderheit, vollzieht sich die Menschwerdung, denn das Ich kann sich nicht selbst als solches erleben, es braucht hierfür die Beziehung zu einem Du; der Mensch wird erst am Du zu einem Ich. „Ich werde am Du; Ich werdend spreche ich Du."[10] Die Ich-Du-Beziehung ist das Kernanliegen der Dialogphilosophie, nur hier hat man es mit der ganzen Wirklichkeit eines Ich und eines Du zu tun. Im Vollzug der Ich-Du-Beziehung im Leben der Menschen verliert sich die herkömmliche Ordnung der Wirklichkeit, die wesentlich durch Raum und Zeit strukturiert wird. Der Andere stellt sich als Ganzes dar, das nicht zergliedert oder analysiert wird, sondern gleichsam die ungeteilte Wirklichkeit darstellt. Hier, im echten Dialog stehend, besteht der Mensch nicht aus einzelnen Eigenschaften und besitzt keine Beschaffenheit, kann solcherart auch nicht beschrieben oder erfahren, sondern nur verwirklicht werden. Reflexionslos einander zuwendend und annehmend vollzieht sich eine Ich-Du-Beziehung, die nicht erzwungen werden, sondern für die man lediglich offen sein kann. So wird deutlich, dass eine Ich-Du-Beziehung von Flüchtigkeit geprägt ist, sie kommt und vergeht in ihrer eigenen Zeit. Und aufgrund der Unmittelbarkeit und rückhaltlosen Hinwendung wird verständlich, dass sie empirisch nur schwer bestimmbar ist. Gleichwohl spielt sie sich täglich unzählige Male zwischen einem Ich und einem Du ab.

Das Grundwort Ich-Es stiftet im Gegensatz dazu die Welt der Erfahrung, in der die Dinge determiniert und nach dem herkömmlichen Zeit-Raum-Koordinatensystem geordnet sind und verstanden werden. In der Es-Welt waltet die Kausalität, in der jeder Vorgang, sei er psychischer oder physischer Art, unabdingbar als verursacht und verursachend gilt. Hier findet sich das Wissen um die technische Welt und der sachlichen Beschaffenheit des gesellschaftlichen Lebens. In der Ding-Welt herrschen Kausalität und punktuelles zeitliches Nacheinander, welche für das wissenschaftliche Ordnen und Einteilen der Natur von Bedeutung sind und in der Welt der Beziehung nicht existieren. Man findet das Ich-Es-Verhältnis beispielsweise in der funktionellen Verbindung zwischen Bahnkunden und Schaffner, als Kunde an der Kasse oder als Autofahrer. Allerdings soll nicht der Eindruck entstehen, als ließe sich eine strikte oder permanente Trennung zwischen beiden Grundworten denken. Vielmehr stehen beide Grundworte in einem Wechselspiel zwischen

---

[10] Ebd. S. 85.

Werden und Vergehen. War der Schalterbeamte in einem Augenblick noch ein reiner Funktionsträger für mich und das Verhältnis zu ihm ein reines Ich-Es-Verhältnis, so kann sich doch in einem gewissen Moment eine besondere und andere Beziehung zu ihm aufbauen; das Ich-Es-Verhältnis wandelt sich zu einer Ich-Du-Beziehung. Die Ich-Du-Beziehung wiederum kann sich in einem Augenblick zu einem Ich-Es-Verhältnis wandeln, wenn ich das Du analysiere, zerteile und beobachte. Das Du wird zu einem Es.

Bubers Grundworte Ich-Du und Ich-Es können auch als „soziologische Handlungsbegriffe“[11] verstanden werden. Buber beschreibt sie selbst als zwei Haltungen zur Welt, die der Mensch einnehmen kann. Vergleicht man z.B. die beiden Handlungsbegriffe von Habermas und Buber unter dem Aspekt der Handlungskoordinierung, lassen sich das instrumentelle und strategische Handeln dem dialogischen Grundwort Ich-Es zuordnen. Mit diesem drückt Buber das Verhältnis der Handelnden als ein instrumentelles Handeln aus, d.h. der Andere wird als Gegenstand bzw. Objekt betrachtet, das es zu erfahren und über das es Wissen um dessen Beschaffenheit zu erlangen gilt. Entsprechend lässt sich das Grundwort Ich-Du dem Begriff des kommunikativen Handelns zuordnen. Hier steht nicht der sachliche Erfolg zwischen zwei Funktionsträgern im Mittelpunkt, sondern die Verständigung zwischen zwei Gesprächspartnern, die durch ihre Haltung eine dialogisch bzw. kommunikativ strukturierte Sozialhandlung etablieren. Bubers Grundworte lassen sich als zwei Mechanismen zur Handlungskoordinierung verstehen, die eigene soziale Beziehungen hervorbringen. Wer einem Du in einer dialogischen Haltung gegenübertritt, d.h. in kommunikativer und verständigungsorientierter Absicht, „stiftet über dialogsoziales Handeln dialogische Sozialbeziehungen. Diese dialogsozialen ›Ich-Du‹-Beziehungen basieren auf einer prinzipiellen Gegenseitigkeit und Offenheit freier und gleicher Partner.“ [12]

## Sprachliche Kritik an Bubers Dialog

Eine Kritik, die auf eine Diskrepanz in Bubers Denken verweist, dass er nämlich die menschliche Intersubjektivität zwar an das wechselseitige Geschehen der Sprache bindet, aber trotzdem darauf beharrt, dass sich eine echte Begegnung nur dort vollziehen kann, wo alle Vermittlungen, zu der auch die Sprache gehört, entfallen, findet sich bei Theodor W. Adorno in

---

[11] Winfried Lieth: *Martin Buber: Dialogsoziale Vergemeinschaftung*, Konstanz 1994, S. 166; Lieth leitet ausführlich aus Bubers Grundworten zwei Bereiche des sozialen Handelns ab und weist diese als dialogsoziologische Grundbegriffe aus. Vgl. ebd. S. 164-260.

[12] Ebd. S. 176.

seinem Buch „Jargon der Eigentlichkeit". Adornos Kritik verliert insofern an Gültigkeit, dass Buber immer wieder die Bedeutung der Sprache und Kommunikation hervorgehoben und diese selbst nicht als Medium oder Mittler verstanden hat. Denn der Mensch ist in Sprache und Kommunikation gestellt, sie ist ein wichtiges Element des Dialogs. Der Mensch entsteht durch und lebt von Sprache. Darüber hinaus bezieht Buber die nonverbale Kommunikation im Sinne der Gebärden mit in die menschliche Zwiesprache ein, doch selbst ohne das Zeichen kann der Dialog bestehen, wenn er davon spricht, dass auch ein mitteilendes Schweigen eine Ansprache oder Antwort sein kann.[13] Es hat zwar den Anschein, als sei in der Ich-Du-Beziehung keine gehaltvolle Kommunikation möglich, da jede Fokussierung und jedes Einordnen zu einem Auflösen der Beziehung führe.[14] Die Festlegung auf einen Inhalt müsste in Bubers Sicht zu einer Schranke zwischen dem Ich und dem Du führen. Tatsächlich ist die Vermittlung eines Inhaltes in der dialogischen Begegnung als solches nicht von erster Relevanz, da sie ihr eigener Inhalt ist. So bleibt der Erkenntnisakt der Ich-Es-Einstellung vorbehalten. Tatsächlich vollzieht sich ein adäquater Zugang zum Du nicht erst durch den Akt der Wahrnehmung, sondern durch ein Du-Sagen, das die unmittelbare Berührung ausdrückt, ohne dass ein Objekt wahrnehmbar und eine objektive Erkenntnis möglich ist. Hier findet sich eine nicht gänzlich zu umgehende Problematik.

Dennoch geht eine Interpretation, die die zwischenmenschliche Begegnung in Negation jedweder Inhaltlichkeit versteht, an der Intention Bubers vorbei, wie er selbst betont. „Anderseits aber ist es für mich von höchster Wichtigkeit, daß der Dialog einen Gehalt habe."[15] Zwar lässt sich der Inhalt in allgemein gültige und verbindliche Sätze und in eine systematische Darstellung übertragen, dabei geht aber das Besondere und dem Charakter nach Einmalige verloren. Der Inhalt des Dialogs spielt demnach bei Buber eine unverzichtbare Rolle, wenngleich er seltener darüber spricht als über die reine Ich-Du-Beziehung selbst. Das liegt zum einen daran, dass sich der Gehalt mit der dialogischen Situation konkretisiert und folglich nur unter Verlust des eigentlichen Charakters reflektiert und formuliert werden kann. Zum an-

---

[13] Zu dieser Kritik vgl. auch Joachim Israel: *Martin Buber. Dialogphilosophie in Theorie und Praxis*, Berlin 1995, S. 160.

[14] Diese Kritik führt z.B. Nathan Rotenstreich an: „In dieser dialogischen Situation gibt es einen Gebenden und einen Empfangenden, es ist aber nichts vorhanden, das als Inhaltsbereich gegeben oder empfangen wird, weil die eigentliche Situation als selbstgenügsam geschildert wird, [...]". Nathan Rotenstreich: *Gründe und Grenzen von Martin Bubers dialogischem Denken*, in: Paul Arthur Schilpp, Maurice Friedman (Hrsg.): *Martin Buber*, Stuttgart 1963, S. 114 ff.

[15] Martin Buber: *Antwort*, in: Paul Arthur Schilpp, Maurice Friedman (Hrsg.), ebd. S. 595.

deren wendet sich Bubers Blick stärker auf die Beziehung, da sich die sachliche und instrumentelle Orientierung in der Gegenwart ohnehin durchgesetzt hat und nicht gesondert hervorgehoben werden muss.

Zudem wurde die Inhaltsebene bereits so oft thematisiert, dass es Bubers Anliegen ist, die Beziehungsebene in den Blick zu bekommen. Ohnehin lässt sich das Dialogmodell nicht von aller Inhaltlichkeit lösen, da es sich ja besonders um eine Konzeption der Weltzuwendung handelt. Der Dialog muss im Sinne Bubers schöpfungsorientiert sein, er bringt Neues hervor.

## Buber und sein Schritt zum Wir – Dialog als gemeinschaftsstiftende Kommunikation

Der Bubersche Dialog als Kommunikationsform geht hinter die rein informationsvermittelnde und handlungskoordinierende Funktion von Kommunikation zurück und stellt die anthropologische Wichtigkeit für den Menschen, sich auf Ich-Du-Beziehungen einzulassen, in den Mittelpunkt. Diese ist nicht in Daseinskommunikation aufzulösen, die bereits Gegenstand der Forschung ist,[16] sondern muss als existentielle Kommunikation verstanden werden, als wahre Kommunikation, in der man erst das eigene Sein mit dem Anderen hervorbringt.

Im Dialog überschreitet man die Partikularität der Kommunikationen, löst sie von Zweckrationalität und Typen und stößt kommunizierend mit der Ganzheit des Seins auf ein anderes Selbst. Die Dialogfähigkeit wird zur conditio humana, die Ich-Du-Beziehung steht als Bestimmung eines ausgewogenen biologischen, psychischen und sozialen Menschen.[17] Die Ich-Du-Beziehung ist empirisch nicht unmittelbar fassbar, da sie nur durch ein Teilnehmen an ihr aufgenommen werden kann, dieses Teilnehmen jedoch durch Reflexion oder Analyse aufgelöst wird. Ihre Existenz bleibt derweil auch in der anschließenden Ich-Es-Einstellung bewusst. Deshalb kann Bubers Verständnis vom Dialog, trotz der unmittelbaren empirischen Unfassbarkeit, als eine besondere kommunikative Form verstanden werden

Sprache und Taten werden in einem kommunikativen Dialog durch die Forderung nach Unmittelbarkeit nicht sinnentleert, sondern die Sprache dient zuvorderst der Herstellung des Dialogs. „Das Ich ist selbst eine Ant-

---

[16] In Anlehnung an Jaspers; vgl. Karl Jaspers: *Philosophie. Existenzerhellung. Band II*, Berlin, Göttingen und Heidelberg 1956, S. 51.

[17] Für die Wichtigkeit der Dialogik in der frühkindlichen Entwicklung vgl. Susanna Matt-Windel: *Werden am Du – Dialogik, neuere Säuglingsforschung und Eltern-Kleinkind-Beratung*, in: Im Gespräch. *Hefte der Martin Buber Gesellschaft*, Heft Nr. 10, Potsdam 2005, S. 44-55

wort – das *RückWort* – zum Anderen, und der Andere ist das *RufWort* zum Ich."[18] Denn der Dialog führt als eigentümliche Kommunikationsform zu einer besonderen Art von Gemeinschaft, die den kommunizierenden Menschen in seiner Wesensfülle einschließt. Buber hat in Anlehnung an Tönnies und seine Unterscheidung von Gemeinschaft und Gesellschaft diese Gemeinschaft skizziert, in der die Menschen durch dialogische Kommunikation wesenhaft in einem Miteinander verbunden sind. Das Miteinander stellt hier das Zeichen der Gemeinschaft dar, das sich vom Nebeneinander der Gesellschaft abgrenzt. Der Prozess der dialogischen Kommunikation kann nicht nur flüchtige Verbindungen bzw. Ich-Du-Beziehungen zwischen Menschen hervorbringen, sondern die Menschen einbinden in eine besondere Form von Gemeinschaft, in der das Miteinander zwischen Personen umfassend von ihrem Wesen aus ist, d.h. der Grad der Verbundenheit besonders hoch ist. Der Dialog kann als kommunikative Kategorie dialogische, d.h. auf Ich-Du-Beziehung fußende Gemeinschaften hervorbringen.

„Was berechtigt nun, von einer anderen qualitativen Kategorie der Human-Kommunikation zu sprechen? Der Schlüssel steckt im qualitativen Ausmaß, in der Dimension mit der die Teile in das ›größere‹ Ganze eingebunden werden. In herkömmlichen Sozial-Systemen, die nicht über gemeinschaftsstiftende Kommunikations-Prozesse entstanden sind, wirkt die System-Gebundenheit *nur bedingt* auf das *Verhalten* der Kommunizierenden. In dialogischen Gemeinschaften hingegen erfaßt das Eingebundensein in die Gemeinschaft die ganze kommunizierende *Persönlichkeit* [...], berührt ganzheitlich alle Wesensdimensionen einer Person, auch wissentlich und willentlich *all ihr Denken, Fühlen, Verhalten*, ja sämtliche Dimensionen ihrer inneren Mitwelt."[19]

Insofern überschreitet der Dialog das Verständnis von Kommunikation als Prozess der Signalübertragung, Informationsvermittlung oder der Beziehungsbildung und erweitert dieses Verständnis um den Aspekt der dialogischen Gemeinschaftsbildung. Über die Bildung solcher Gemeinschaften durch Ich-Du-Beziehungen und der Teilhabe an ihnen wirken diese Gemeinschaften zurück auf die Art und Weise der Kommunikation, die sich in ihnen

---

[18] Matthew Iroegbulam Nwoko: *Die Philosophie als ein verantwortungsfordernder Dialog*, Universität Köln 1999, S. 204.

[19] Matthias Donath, Barbara Mettler-v. Meibom: *Kommunikationsökologie*, Münster 1998, S. 62; Mettler-v. Meibom spricht in diesem Zusammenhang auch von Mitweltgemeinschaften oder Communio-Gemeinschaften, die sie über Bubers Ich-Du-Beziehung gestaltet sieht. Als Stiftung einer solchen Gemeinschaft, als Ursprung und Ziel sieht sie die Liebe, was insofern Bubers Vorstellungen widerspricht, da er ausdrücklich darauf hingewiesen hat, dass Sympathie oder sogar Liebe für eine Ich-Du-Beziehung unerheblich sind, man auch im Streit zu solch einer finden kann.

vollzieht, und auf gewisse kommunikative Kompetenzen, die mit ihr einhergehen. Diese sind gekennzeichnet durch Bubers Definition von einem echten Dialog, der geprägt ist von Unmittelbarkeit, Offenheit, Vorbehaltlosigkeit und Authentizität.[20]

Zwar ist der Dialog, wie bereits erwähnt, mit Gehalt gefüllt, doch dieser Gehalt ist verwoben mit der Beziehung der Dialogpartner. Er kann nicht in einem informationstechnischen Sinne von der Beziehung der Dialogpartner subtrahiert werden. Der Gehalt des Dialoges ist an die Personen gebunden, Wahrheit ist an den Dialog gebunden. Denn mit Bubers Dialog ist eine Kommunikationsform angesprochen, in der durch das Wort, aber nicht nur durch dieses, etwas geschaffen wird, woran die Beteiligten Anteil haben: Sinn, Wahrheit und Akzeptanz. Dialog ist nicht nur beschränkt auf zwei Personen, sondern kann eine ganze Gemeinschaft miteinbeziehen. Genauer gesagt: Der Dialog ist in Gemeinschaft eingebettet und stellt für sie einen fundamentalen Aspekt dar.

## Buber und die Medienphilosophie – Vilém Flussers telematische Gesellschaft

Eine Verbindung zwischen Dialog, Kommunikation und Gemeinschaft bzw. Gesellschaft findet sich in den medientheoretischen Entwürfen Vilém Flussers, der sich selbst an einigen Stellen auf Buber beruft, ohne allerdings die Tiefe dieser Beeinflussung zu explizieren. An dieser Stelle geht es um Flussers Entwurf einer telematischen Gesellschaft. Flusser erblickt zwei Formen der Kommunikation, den Dialog und den Diskurs und unterscheidet daran anschließend dialogische und diskursive Medien. Den Dialog versteht Flusser nun als einen Prozess, „bei dem auf verschiedene Gedächtnisse aufgeteilte Informationen zu einer neuen Information synthetisiert werden",[21] also eine Beziehung, die etwas Neues hervorbringt. Dialogische Medien sind daran anschließend Medien, die dem Dialog zu seiner Entfaltung dienen. Diskurs bzw. die diskursiven Medien verteilen hingegen vorhandene Informationen von einem Sender zu einem Empfänger, um diese Informationen zu bewahren. Beide Formen benötigen einander; denn der Dialog benötigt Informationen, die zuvor von den Beteiligten durch Diskurse angesammelt wurden. Und umgekehrt entsteht der Diskurs aus der Verteilung von Informationen, die zuvor in einem Dialog generiert wurden. Beide bedingen sich gegenseitig, es gibt keine Präzedenz, gleichzeitig kann jedes dialogische Me-

---

[20] Vgl. hierzu auch ebd. S. 68-69.

[21] Vilém Flusser: *Kommunikologie*, Frankfurt/Main 2003, S. 286.

dium zu einem diskursiven und umgekehrt werden, so wie bei Buber eine jede Ich-Es-Relation zu einer Ich-Du-Beziehung werden kann und umgekehrt.

Flusser verabschiedet sich nun von dem traditionellen Verständnis der Identität als einem Ich-Glauben, der seinen Ursprung in der Überzeugung eines vorhandenen harten, individuellen Kerns hat. Vielmehr sieht er die Identität als einen Knoten aus zusammenlaufenden Fäden innerhalb eines Kommunikationsnetzes, d.h. einer Verdichtung von zwischenmenschlicher Kommunikation. Der Mensch ist bei Flusser ein Knoten innerhalb eines Kommunikationsnetzes und nicht eine selbständige Identität. So wie Buber von der dialogisch-anthropologischen Bestimmung des Menschen ausgeht, gründet Flussers telematische Gesellschaft auf einer Anthropologie, „wonach der Mensch nicht ein Etwas, sondern Wie-sich-Relationen-verketten“[22] ist. Und so wie für Buber die Verkapselung im Selbst der dialogisch-anthropologischen Bestimmung des Menschen widerspricht, kommt sie bei Flusser dem Tod gleich. Kommunikation als Ausdruck für eine solche Relation kann nun nach Flusser nur dann ihren Zweck erfüllen, nämlich die Einsamkeit und Sinnlosigkeit zu überwinden, „wenn sich Diskurs und Dialog das Gleichgewicht halten.“[23] Dieses Gleichgewicht sieht Flusser durch eine maßlose Ausbreitung und der Vorherrschaft des Diskurses gestört, und damit die Gefahr der aufsteigenden Einsamkeit und Sinnlosigkeit.

Um die Bubersche Vorstellung und Unbedingtheit der Unmittelbarkeit auf den Bereich der Medien ausdehnen zu können, muss Flusser diesen Aspekt neu bewerten und definieren. Aus Unmittelbarkeit wird bei ihm Nähe, die er so versteht, dass eine leibliche Anwesenheit nicht mehr erforderlich ist. Über die Telematik ist für Flusser die Proxemik möglich, das Heranholen des Anderen aus der Ferne. Diese von ihm geprägte neue Nähe-Kategorie sucht das dialogische Potenzial der neuen Kommunikationstechnologien. Proxemik ist für ihn Nähe und Unmittelbarkeit ohne eine raumzeitliche Begrenzung, und durch sie lässt sich eine wirkliche Nächstenliebe hervorrufen, da alle Menschen durch reversible Kabel untereinander verbunden sein können. Durch Vernetzung können die Menschen persönliche Beziehungen knüpfen und gleichzeitig dann eine persönliche Verantwortung für den Anderen übernehmen. Denn nur dort, wo man in einer echten persönlichen Beziehung zu einem Du steht, kann sich für Flusser ein gegenseitiges Verantwortungsbewusstsein auftun. Durch das In-Verbindung-treten mit den nahe gebrachten Entfernten überschreitet Flusser die Sicht des Judentums und Christen-

22 Vilém Flusser: *Die Informationsgesellschaft als Regenwurm*, in: Gert Kaiser, Dirk Matejovski u.a. (Hrsg.): *Kultur und Technik im 21. Jahrhundert*, Frankfurt/Main, New York 1993, S. 77.

23 Vilém Flusser: *Kommunikologie*, Frankfurt/Main 2003, S. 17.

tums, die immer den unmittelbar Gegebenen meinen, wenn sie von Nächstenliebe sprechen.

Eine telematische Vernetzung kann für Flusser die Beziehungen zwischen den vereinzelten Menschen und den sich auflösenden sozialen und zwischenmenschlichen Strukturen wiederherstellen, die Vermassung und Vereinzelung der Menschen stoppen und neue Netzräume schaffen, um die existentielle Bedrohung der Einsamkeit zu überwinden. An dieser Stelle hat der kurze Vergleich zwischen dem Denken Bubers und Flussers gezeigt, dass Flussers telematische Gesellschaft einen visionären Versuch darstellt, nämlich implizit von Bubers Grundworten ausgehend, eine (Welt)Gemeinschaft zu konzipieren, die auf einem technisch-dialogischen Miteinander basiert. Flusser lässt Buber hinter sich zurück und verlässt letztlich den Buberschen Dialogismus und verankert nur einzelne Module dieses Ansatzes.

## Dialogische Mediengemeinschaft

An dieser Stelle möchte ich eine dialogische Mediengemeinschaft skizzieren, die einer näheren Deutungslinie Bubers und seiner dialogischen Vorstellung entspringt und entspricht und gleichzeitig massenmediale Kommunikation mit einbindet. Diese Gemeinschaft möchte ich mit dem Begriff „dialogische Mediengemeinschaft" bezeichnen. Sie soll die unmittelbare, dialogische Hinwendung der Menschen untereinander und die Hürden überwindende Netzkommunikation vereinen und austarieren. Eine solche Mediengemeinschaft findet in der bürgerlichen Partizipation und Mitgestaltung an politischen Entscheidungsprozessen einen ersten Ausdruck. Die Grundlage einer solchen Gemeinschaft bildet der Wille zur Solidarität, die sich einem schonungslosen Fortschreiten der Vereinzelung entgegenstellt, das das dialogische Miteinander unterminiert; und daran anschließend fußt eine dialogische Mediengemeinschaft auf dem Prinzip der gestalterischen Offenheit, wie man sie beispielsweise in der Open-Source-Bewegung wieder finden kann.

Für einen dialogischen Blick auf die Netzkommunikation zeigt sich das Problem der Authentizität bzw. die damit zusammenstehende Problematik der Hinwendung mit der ganzen Person.[24] Netzkommunikation verkürzt die Leiblichkeit und damit die Ausdrucks- und Authentizitätsfläche der Person. Insofern bleibt nur ein quantum satis der dialogischen Situation.[25] Der Un-

---

[24] Vgl. z.B. Bernhard Debatin: Ethik und Internet. *Zur normativen Problematik von Online-Kommunikation.* In: Rüdiger Funiok, Udo F. Schmälzle u.a. (Hrsg.): *Medienethik – die Frage der Verantwortung.* Bonn 1999, S. 280.

[25] Mit dem Begriff *quantum satis* hat Buber darauf verwiesen, dass jeder versuchen sollte, zumindest das Mögliche des Dialogs in einer Situation zu verwirklichen. Nicht überall

terschied zum traditionellen Briefwechsel liegt nicht nur in dem beschleunigten Informationsaustausch zwischen den Dialogpartnern, sondern in der Möglichkeit gleichzeitig mit mehreren zu kommunizieren und ggf. Kommunikationskanäle hinzuzufügen, z.B. durch Zuschaltung von Video- und Audioübertragungen. Die soziale Begegnung von Angesicht zu Angesicht ist ein konstitutiver Bestandteil des eigenen Selbst. Und in der tatsächlichen Begegnung zwischen Personen ereignet sich in der Regel mehr, als durch den Einsatz von telematischen Apparaten erzeugt werden kann. Darauf verweist nicht nur Martin Buber, sondern z.B. auch Alfred Schütz oder Max Scheler, die auf eine elementare Beziehung zwischen Leiblichkeit und Sozialität hingewiesen haben.

An dieser Stelle kann sich demnach durch das Hinzunehmen telematischer Erweiterungen, wie etwa der Audio- und Bildübertragung, nur eine Annäherung an eine unmittelbare Begegnung, einer zwischenmenschlichen Präsenz ereignen. Für die Konstitution einer Ich-Du-Beziehung ist damit die Face-to-face-Situation die optimale Kommunikationsplattform aufgrund ihrer Reichhaltigkeit und Vielfalt an Authentizitätsmöglichkeiten. Die Vielfalt dieser Möglichkeiten verringert sich zum einen rein quantitativ durch eine medial vermittelte Kommunikation, sei es beispielsweise über das Telefon, per Brief oder über Netzkommunikation. Reduziert sich demnach über eine mediale Kommunikation die Möglichkeit für eine Ich-Du-Beziehung – auch eine Face-to-face-Situation führt nicht automatisch zu einer solchen, sondern erhöht nur die Wahrscheinlichkeit ihrer Bildung – erhöhen sich auf der anderen Seite durch das Eingebundensein innerhalb eines elektronischen Netzwerkes rein quantitativ die kommunikativen Akte und dadurch die Möglichkeit des echten Angesprochenwerdens und Antwortens. Man kann in der Netzkommunikation quasi gleichzeitig und zu jeder Zeit mit einer großen Anzahl von Menschen kommunizieren und erhöht so die Möglichkeit dialogisch angesprochen zu werden und zu antworten. Dies unterstellt gleichwohl, dass vermittelt über Medien grundsätzlich ein dialogisches Angesprochenwerden und Antworten möglich ist. Hier spielt der Aspekt der Gegenseitigkeit der inneren Handlungen eine wichtige Rolle, der durch den Verkehr der Menschen nur dargestellt nicht aber bestimmt wird. In diesem Umstand, dem Schwanken zwischen einer anderen Form von Unmittelbarkeit und dem Verlust von Authentizität, liegt im Sinne eines dialogischen Blicks auf die heutige Gesellschaft und dem Entwurf einer dialogischen Mediengemeinschaft das dialogische Potenzial von Netzkommunikation. Es dient zum

---

und zu jeder Zeit lässt sich eine umfassende Ich-Du-Beziehung verwirklichen, daher zeigt Buber auf das quantum satis des Dialogischen, das in einer Situation anzustreben sei.

einen dazu, ein quantum satis einer Ich-Du-Beziehung zu erreichen und zum anderen der vordialogischen Begegnung den Weg zu bereiten, einer Begegnung an der Schwelle zum Dialog, die bereits die Ich-Du-Haltung zur Welt beinhaltet, welche sich in ihrer Ganzheit jedoch noch nicht vollziehen kann. Der Vollzug einer vordialogischen Begegnung zu einer echten Ich-Du-Beziehung kann in neu einzurichtenden Dialog- und Begegnungsräumen stattfinden, in denen die unmittelbare Begegnung, medial befreit vom Unbehagen der Nähe, möglich wird. „Denn bei aller kommunikativ erzeugten Nähe fehlt der reinen Netzbeziehung doch die Dimension des gemeinsamen Erlebens in der materialen Umwelt".[26] Medienbeziehungen müssen sich innerhalb der realen, unmittelbaren Situation bewähren. Der Vorgang an sich ist nicht neu, ein erstmaliges Treffen einer Brieffreundschaft verweist auf einen ähnlichen Ablauf. Innerhalb einer dialogischen Mediengemeinschaft wird allerdings aus diesem sporadischen Erlebnis eine kommunikative Infrastruktur, die sich in der kommunitären Gestaltung, Architektur und Planung gemeinschaftsfreundlicher Räume niederschlägt. Praktisch angeleitet, kann die Netzkommunikation neue Dialogräume schaffen, in denen sich die Kommunikation mit der Ganzheit des Seins vorbereitet, die sich dann in der unmittelbaren Beziehung vollzieht und so zu einer Gemeinschaft im Sinne einer verbundenen Vielheit führt. Unmittelbare Dialogräume stärken „den kommunitären Nexus[...]. Eine Ära auf dem Weg zum Wir würde eine gemeinschaftsfördernde Gestaltung schätzen und unterstützen."[27]

Gelingen kann eine weltweite Vernetzung im Hinblick auf ein Eingebettetsein des Menschen in einer Gemeinschaft nur dann, wenn sich Beziehungen auch in der Unmittelbarkeit der gelebten Situation verwirklichen können. Jede gelebte Situation ist eingebettet in einen gesellschaftlichen Kontext, sie steht vor einem sozio-historischen Kontext. Löst man diesen Zusammenhang auf, kommt dies der Auflösung der gelebten Situation und damit der an ihr beteiligten Menschen gleich. Über den Dialog als gemeinschaftsstiftende Kommunikation, dem dialogischen Kommunikationsparadigma, lässt sich das Gemeinschaftliche rekonstruieren und sich so ein neues Verantwortungsbewusstsein ausbilden, das zwischen den ungenommenen individuellen Rechten und der Autonomie der Menschen in der Gemeinschaft und ihrer aktiven sozialen Verantwortung für das Du liegt. Kommunitaristische Überlegungen diesbezüglich möchten gerade nicht das Individuum in Gemeinschaft auflösen – Buber hat immer wieder die Unabhängigkeit von Ich und

[26] Nicola Döring: *Zwischenmenschliche Nähe im Internet.* Zu finden unter: http://www.mediaculture-online.de/fileadmin/bibliothek/doering_naeheimnetz/doering_naeheimnetz.pdf, S. 8, (Zugriff am 01.08. 2005).

[27] Amitai Etzioni: *Die Entdeckung des Gemeinwesens*, Stuttgart 1995, S. 150.

Du innerhalb des Dialogs betont und ein Verzerren ihrer Einzigartigkeit zurückgewiesen –, sondern Pluralismus innerhalb der gemeinschaftlichen Einheit gewährleisten. In der Gemeinschaft muss ein Gleichgewicht bewahrt werden zwischen ordnungsstiftenden und autonomiefördernden Kräften.[28] Im Sinne Bubers begreift sich eine dialogische Mediengemeinschaft nicht als in sich abgeschlossene und unabhängige, antagonistische Gruppe in Bezug zu anderen Gemeinschaften, sondern löst sich von dieser Selbstbezogenheit und sucht nach dialogischen Anknüpfungspunkten.

Daran anschließend muss im Umkreis einer dialogischen Mediengemeinschaft die Vermittlung einer dialogischen Medienkompetenz verankert sein, die die schöpferischen und dialogischen Möglichkeiten elektronischer Kommunikationsmöglichkeiten aufzeigt und zugleich eine Ausgewogenheit zwischen diesen und dem unmittelbaren, persönlichen Kontakt herzustellen sucht. Den Gegenentwurf zu einem nur auf die Nutzung technischer Kommunikationsmedien reduzierten Menschen möchte ich den dialogischen Polysynthetiker nennen. Dieser verweist zunächst darauf, dass Kommunikation hier eine zentrale Rolle spielt und gerade die Face-to-face-Kommunikation entscheidend ist für die Herstellung von Intersubjektivität und Verständnisabsicherung. Sie gilt als wesentlich für das Aufrechterhalten sozialer Beziehungsnetze, sie ist das Integrationsmoment. Insofern sucht der dialogische Polysynthetiker nach Möglichkeiten zum persönlichen Gespräch. Allerdings erschöpfen sich seine Kommunikationsmöglichkeiten nicht in dieser unmittelbaren Kommunikationsform, sondern er erschließt sich ebenfalls die neuen technischen Kommunikationschancen, um zwischenmenschlichen Kontakt herzustellen. Die Kommunikationskultur innerhalb einer dialogischen Mediengemeinschaft verlangt vom dialogischen Polysynthetiker die Vernetzung und das Ausbalancieren grundverschiedener Kommunikationsformen.

Dieser ökologischen Sichtweise von Kommunikation geht es um die Frage nach der Integration von Medien und Kommunikation in der Lebenswelt und ihrer Wirkung auf die Gestaltung der Beziehungen der Menschen untereinander. Denn auch eine kaum vorstellbare Welt ohne massenmediale Kommunikationsmöglichkeiten wäre nicht zwangsläufig eine im Sinne der Dialogphilosophie bessere Welt, wenn in ihr nur zweckrationale Ich-Es-Kommunikation vorherrschte. Zwar erhöht jede Face-to-face-Situation die Möglichkeit zur Herausbildung einer Ich-Du-Beziehung, daraus einen Automatismus zu unterstellen, verweist aber gerade auf den Mangel an Unter-

[28] Vgl. Amitai Etzioni: *Die Verantwortungsgesellschaft*, Darmstadt 1997, S. 70; Etzioni knüpft explizit an Bubers kommunitaristische Ideen an und verweist u.a. auf Bubers Werk hinsichtlich einer deutschen Tradition kommunitaristischer Ideen. Vgl. ebd. S. 11, 22 und 68.

scheidung zwischen beiden Weltzugängen. Die Primärkompetenz des dialogischen Polysynthetikers ist weniger die Erweiterung oder Erhöhung der eigenen Informationsverarbeitungsfähigkeit oder die Informationsschöpfung. Daran anschließend steht auch die Vermittlung von reiner Anwenderfertigkeit hinsichtlich der neuen Medien nicht im Zentrum seiner kommunikativen Kompetenz.

Dem dialogischen Polysnthetiker muss ein Verständnis für den Dialog und seine Bedeutung für den Menschen und die Gemeinschaft gegenwärtig sein, d.h. ein Verständnis für die Wichtigkeit des Dialogs für das dialogische Wesen Mensch und seine gemeinschaftsbildende Kraft. Indem der Dialog Gemeinschaft hervorbringt, gerinnt seine Flüchtigkeit, die zwischen Aktualität und Latenz liegt, zu einer gewissen Konstanz, die nicht auf Permanenz, aber auf erhöhte Potenzialität für die Verwirklichung des Dialogs verweist.

*Silvia Richter*

# Emmanuel Levinas und die Dialogphilosophie Franz Rosenzweigs und Martin Bubers

Obwohl eine breite akademische Auseinandersetzung mit dem Werk des französisch-litauischen Philosophen Emmanuel Levinas (1906-1995) insgesamt erst spät einsetzte, kommt seinem Denken im Kontext der modernen jüdischen Philosophie dennoch keineswegs eine marginale Stellung zu.[1] Einerseits empfing es wesentliche Impulse von jüdischen Denkern und aus den jüdischen Quellen (Bibel und Talmud), andererseits regte es aber auch seinerseits eine kritische Auseinandersetzung seitens jüdischer Philosophen an, was einen fruchtbaren Gedankenaustausch für beide Seiten nach sich zog. Mein Beitrag versucht einige der vielfältigen Wechselbezüge, die zwischen dem Werk Levinas' und der modernen jüdischen Philosophie bestehen, darzulegen, um so das vielschichtige Bezugsgeflecht näher darzustellen, in dem sich sein Denken insgesamt situiert. Hierbei beschränke ich mich der gebotenen Kürze wegen auf seine Beziehung zu den Konzeptionen der Dialogphilosophie in Franz Rosenzweigs „Stern der Erlösung" und Martin Bubers „Ich und Du". Dabei soll auch der besonderen Struktur des Levinasschen Oeuvres Rechnung getragen werden. Denn neben seinen philosophischen Schriften veröffentlichte Levinas auch eine umfangreiche Sammlung von Talmudexegesen, die aus seinen Vorträgen anlässlich der „Kolloquien der Jüdischen Intellektuellen französischer Sprache" (*Colloques des intellectuels juifs de langue française*) hervorgegangen sind. Levinas war bestrebt, diese beiden Textgattungen, die sich an ein prinzipiell verschiedenes Publikum wandten, editorisch voneinander zu trennen, indem er sie unterschiedlichen Verlegern anvertraute. Auch inhaltlich wollte er ihre Bereiche nicht vermischt sehen und verneinte jede gewollte Bezugnahme zwischen der philosophischen und der jüdischen Tradition:

> „Ich habe niemals angestrebt, die beiden Traditionen ‚in Übereinstimmung zu bringen' oder sie zu ‚versöhnen'. Wenn sie sich in Übereinstimmung befunden haben, so wahrscheinlich deshalb, weil jedes philosophische Denken auf vor-philosophischen Erfahrungen beruht und

[1] Für die deutsche Rezeptionsgeschichte vgl. Christoph von Wolzogen: „*Zwischen Emphase und Verdacht. Wege und Umwege der deutschen Rezeption von Levinas*", in: Philosophische Rundschau, 42 (1995), S. 193-224; für den französischen Rezeptionsverlauf Alain Finkielkraut: *Die Weisheit der Liebe*, München/Wien 1987, S. 15-16.

die Lektüre der Bibel bei mir zu diesen Erfahrungen gründender Art gehört hat. Sie hat also bei meiner Art, philosophisch zu denken [...] eine wesentliche Rolle gespielt – und das größtenteils, ohne dass ich es wusste."[2]

Die Verhältnisbestimmung zwischen Judentum und Philosophie stellt sich dabei als eine grundlegende Frage im Denken Levinas, die von der Forschung noch keineswegs abschließend erörtert wurde.[3]

Heute hat sich das Blatt der anfangs zögerlichen Rezeption grundlegend gewendet und der interessierte Leser kann auf eine Reihe von fundierten Einführungen zu Leben und Werk Levinas' zurückgreifen.[4] Dennoch seien hier einleitend kurz die wesentlichen Grundfiguren seines Denkens dargelegt, um davon ausgehend meine späteren Ausführungen in Bezug setzen zu können. Dies geschieht insbesondere anhand von Levinas' erstem 1961 erschienenen Hauptwerk „Totalité et Infini" („Totalität und Unendlichkeit")[5], aber auch unter stellenweisem Rückbezug auf seine Schriften mit explizit jüdischem Bezug (z.B. seine Talmudexegesen).[6] Vor diesem Hintergrund soll dann Levinas' Werk in Beziehung gesetzt werden zu den Konzeptionen der

---

2 Emmanuel Levinas: *Ethik und Unendliches – Gespräche mit Philippe Nemo*, hg. v. Peter Engelmann, Graz/Wien 1986, S. 16.

3 Auf die komplexe Verhältnisbestimmung von Judentum und Philosophie im Denken Levinas' und wie sich dieses Verhältnis auf sein Werk auswirkte, kann hier nicht ausführlich eingegangen werden. Ich habe diese Problematik in meiner Rezension von David Plüss' 2001 erschiener Dissertation *Das Messianische – Judentum und Philosophie im Werk Emmanuel Levinas'* weiterführend behandelt, in: Trumah. Zeitschrift der Hochschule für Jüdische Studien Heidelberg, 13 (2003), S. 267-272. Plüss sieht in der Figur des „Messianischen" eine inhaltliche Brücke zwischen den beiden Textgattungen und spricht sich für eine Rezeption aus, die die sog. konfessionellen Schriften Levinas' nicht ausblendet. Vgl. hierzu auch den Sammelband *Emmanuel Levinas. Philosophie et Judaïsme*, hg. von Danielle Cohen-Levinas/Shmuel Trigano, Paris 2002.

4 Neben den etwas älteren Einführungen von Stephan Strasser: *Jenseits von Sein und Zeit. Eine Einführung in Emmanuel Levinas' Philosophie*, Den Haag 1978 und Wolfgang Krewani: *Emmanuel Levinas. Denker des Anderen*, Freiburg/München 1992, gibt es auch die Einführung von Werner Stegmaier: *Levinas*, Freiburg/Basel/Wien 2002. In englischer Sprache liegt vor von Benjamin Hutchens: *Levinas: A guide for the perplexed*, New York/London 2004. Einen sehr guten Forschungsüberblick bietet die Aufsatzsammlung *The Cambridge Companion to Levinas*, hg. von Simon Critchely und Robert Bernasconi, Cambridge 2002.

5 Emmanuel Levinas: *Totalité et Infini. Essai sur l'exteriorité*, Paris 1961; auf dt.: *Totalität und Unendlichkeit. Versuch über die Exteriorität*, übersetzt von Wolfgang Nikolaus Krewani, 3. Aufl., Freiburg/München 2002. Im Folgenden zitiere ich – der leichteren Verständlichkeit wegen – vorrangig die deutsche Ausgabe.

6 Erwähnt seien hier z.B. die Aufsatzsammlung, *Difficile Liberté. Essais sur le judaïsme*, Paris 1963 (dt.: *Schwierige Freiheit. Versuch über das Judentum*, Frankfurt a. M. 1992) und *Quatre lectures talmudiques*, Paris 1968.

Dialogphilosophie bei Franz Rosenzweig und Martin Buber, von denen Levinas' Denken jeweils unterschiedlich geprägt wurde. Hierzu wird vor allem auch auf Levinas' eigene Äußerungen zu Buber und Rosenzweig eingegangen werden, die er in mehreren Aufsätzen darlegte und die uns sozusagen Stellungnahmen aus erster Hand über das komplexe Verhältnis zwischen den Denkern liefern. Abschließend werden die Erträge der Frage nach den Gemeinsamkeiten und Differenzen in einem Fazit zusammengefasst.

*Das Selbe und das Andere – Grundfiguren der Philosophie Levinas'*

Emmanuel Levinas Denken ist tief geprägt von den historischen Ereignissen, die das 20. Jahrhundert erschütterten. „Sein Leben ist nicht nur ‚in Geschichten verstrickt' wie jedes Menschenleben, es ist in *die* Geschichte verstrickt (...). Und der Denkweg Levinas' ist nicht verständlich, wenn man von diesem Umstand völlig absieht."[7] In seiner kurzen autobiographischen Skizze „Signature" bezeichnete Levinas selbst seine Biographie als „beherrscht von der Vorahnung und der Erinnerung des Nazi-Schreckens", dem seine gesamte in Litauen verbliebene Familie und Verwandtschaft zum Opfer fiel.[8] Er selbst überlebte den 2. Weltkrieg als französischer Soldat in deutscher Kriegsgefangenschaft, aus der er erst 1945 entlassen wurde. Aus der Erfahrung des Krieges entstand der Entschluss, nie wieder deutschen Boden zu betreten – eine Entscheidung, an die er sich zeitlebens hielt und von der er auch anlässlich von Preisverleihungen (1983 verlieh ihm z.B. die Stadt Heidelberg den Karl-Jaspers-Preis) nicht abwich. Dass man sein Verhalten in Deutschland verstehe, so Levinas, ehre ihn mehr als jeder Preis.[9]

Die Radikalität mit der er auf das Trauma der Ermordung seiner Familie reagierte, erklärt sich auch aus der Plötzlichkeit des Bruchs. Denn als der 1906 im litauischen Kaunas (Kovno) in ein traditionell jüdisches Elternhaus hineingeborene Levinas mit siebzehn Jahren 1923 seine Heimat verließ, um in Frankreich Philosophie zu studieren, wusste er noch nicht, daß dies ein Abschied für immer von der litauischen Welt seiner Kindheit und Jugend

[7] Stephan Strasser: „Emmanuel Levinas: Ethik als erste Philosophie", in: Bernhard Waldenfels: *Phänomenologie in Frankreich*, 2. Aufl., Frankfurt a. M. 1998, S. 218-265, S. 218.

[8] Emmanuel Levinas: „Signature", in: ders., *Difficile Liberté*, Paris 1963, überarb. und vervollst. Aufl. 1976 , S. 405-412, S. 406 („Elle est dominée par le pressentiment et le souvenir de l'horreur nazie."). In die deutsche Ausgabe (vgl. Anm. 6) ist dieser Aufsatz leider nicht aufgenommen worden. Zur Biographie Levinas' vgl. außerdem Salomon Malka: *Emmanuel Levinas. Eine Biographie*, München 2003.

[9] Bernhard Taureck: *Emmanuel Levinas zur Einführung*, 2. überarb. Aufl., Hamburg 1997, S. 39.

sein würde. Nach anfänglichen Studienjahren in Straßburg wechselte er im Wintersemester 1928/29 nach Freiburg, um bei Edmund Husserl und dem jungen Martin Heidegger sein Studium fortzusetzen. Die Auseinandersetzung mit der Phänomenologie Husserls sowie der Fundamentalontologie Heideggers beeinflussten ihn nachhaltig, was sich am Titel seiner Dissertation über die Theorie der Intuition in der Phänomenologie Husserls („La théorie de l'intuition dans la phénomenologie de Husserl", 1930) sowie seinen ersten Publikationen („En découvrant l'existence avec Husserl et Heidegger", 1949) ablesen lässt. Zudem machte er mit seiner französischen Übersetzung von Husserls „Cartesianischen Meditationen" 1931 dessen Philosophie in Frankreich erstmalig einem breiten akademischen Publikum zugänglich und förderte so in entscheidender Weise die Rezeption der Husserlschen Phänomenologie im Nachbarland.

Aus den philosophischen Lehrjahren bei Husserl und Heidegger entwickelte Levinas einen eigenständigen philosophischen Ansatz, der die jüdische Tradition nicht ausblendet, sondern als gleichberechtigten Diskussionspartner in sein Denken integriert und dessen Anspruch auf philosophische Allgemeingültigkeit er unumwunden unterstreicht. In seinem 1961 erschienen ersten Hauptwerk „Totalität und Unendlichkeit" entwirft er wesentliche Grundfiguren seines Denkens. Levinas geht in diesem Werk von der Erfahrung des Krieges aus, der die Moral in ihren Grundsätzen erschüttert und außer Kraft setzt. Er charakterisiert die abendländische Ontologie insgesamt als eine, die das „Sein als Krieg" deutete und den „Krieg als die reine Erfahrung des reinen Seins" ansah.[10] Dieser Umstand dokumentiert sich für ihn im Begriff der *Totalität*, der die abendländische Philosophie maßgeblich beherrscht. Ein Ausweg aus diesem Dilemma sieht Levinas in der Eschatologie. Es ist das, was nach der Zeit kommt, somit außerhalb der chronologischen Historiographie steht, und auf die *Unendlichkeit* verweist. Die zwei Worte des Titels „Totalität" und „Unendlichkeit" stehen sich somit als Antithesen gegenüber. In dem sich aber nun die „Eschatologie des messianischen Friedens über die Ontologie des Krieges legt"[11] setzt sie den Menschen in Bezug zu einem Sein jenseits der Totalität und der Geschichte. Ihre Funktion ist es, die transzendentale Beziehung zu stiften „zu einem Mehr, das immer außerhalb der Totalität ist".[12]

Dieses Jenseits jedoch liegt für Levinas nicht außerhalb unserer Erfahrungs- und Alltagswelt und spielt auch nicht erst eine Rolle am Jüngsten Tag. Die Eschatologie enthebt die Menschen nicht ihrer gegenwärtigen Verant-

[10] Emmanuel Levinas: *Totalität und Unendlichkeit*, a.a.O., S. 19 bzw. 20.
[11] Ebd., S. 21.
[12] Ebd., S. 22.

wortung für ihre Taten – im Gegenteil: „Nicht auf das jüngste Gericht kommt es an, sondern auf das Gericht all der Augenblicke in der Zeit, in der man über die Lebenden urteilt."[13]

Der *Sprache* kommt in diesem Zusammenhang ein besonderer Stellenwert zu. Denn durch die Fähigkeit des Menschen zu sprechen, realisiert sich für Levinas konkret die Eschatologie: „Der Friede ereignet sich als Fähigkeit zum Wort. Die eschatologische Sicht zerbricht die Totalität der Kriege und Imperien, in denen nicht gesprochen wird."[14] Das Vermögen des Menschen sprechen zu können ist daher das Mittel, die Totalität zu durchbrechen. Da Sprache wesentlich Kommunikation ist, wendet sie sich immer an ein mehr oder weniger konkret adressiertes Gegenüber. Durch diese Situation des Sprechens bzw. Ansprechens vollzieht sich eine Beziehung von Angesicht-zu-Angesicht (*face-à-face*). Dies hat für Levinas entscheidende Bedeutung, da er im *Antlitz* des Anderen den maßgeblichen Faktor für die Erfahrung der Transzendenz im Alltag des Einzelnen sieht. Das Antlitz stiftet für ihn die Beziehung zum Unendlichen.

Dass sich Levinas doch nicht vollkommen von der abendländischen Philosophie lossagt, sieht man daran, das er an verschiedene ihrer Ideen anknüpft bzw. auf sie verweist. Schon bei Platon und Aristoteles entdeckt Levinas die „Gegenwart einer Idee im Denken, deren *ideatum* das Fassungsvermögen des Denkens überschreitet."[15] In diesem Zusammenhang kommt er auch auf die „Idee des Unendlichen" bei René Descartes zu sprechen. In der dritten seiner „Meditationen über die Grundlagen der Philosophie" stieß Descartes auf ein Denken, das seinen Inhalt, sein Cogitatum, überschreitet oder – um mit Husserl zu sprechen – eine Noësis, die ihrem Noëma nicht mehr entspricht.[16] Levinas entdeckte in dieser Idee ein Denken, das immer zu „klein" ist, für das, was es denkt und daher von seinem Inhalt quasi „überflutet" wird. Er grenzt sich hierin ab gegen den strikten noëtisch-noëmatischen Parallelismus der Intentionalität seines Lehrers Husserl. Für Levinas überschreitet das Unendliche das Denken, das es denkt, und eröffnet so einen neuen Horizont in der Philosophie. Er stellt daher die Darstellung dieser Beziehung, „wie sich die Idee des Unendlichen in der Beziehung des Selben zum Anderen ereignet"[17], in den Mittelpunkt seiner Untersuchung.

Auch die Subjektivität liegt für Levinas in der Idee des Unendlichen begründet. Sie erfüllt für ihn eine an sich unmögliche Forderung, „mehr zu

---

13 Ebd.

14 Ebd., S. 23.

15 Ebd., S. 61.

16 Vgl. René Descartes: *Meditationen über die Grundlagen der Philosophie*, hg. von Ludwig Gäbe, Hamburg 1960.

17 Emmanuel Levinas: *Totalität und Unendlichkeit*, a.a.O., S. 27.

enthalten, als zu enthalten möglich ist".[18] Aus diesem Grund sieht er in seinem Buch auch eine Verteidigung der Subjektivität. Da die transzendentale Erfahrung sich jedoch zuallererst durch den Anderen realisiert, rücken in Levinas' Philosophie die ethischen Fragen prinzipiell vor die ontologischen – „Der Königsweg der metaphysischen Transzendenz ist die *Ethik*."[19]

Mit der schon erwähnten grundlegenden Kritik, die Levinas an der ontologischen Philosophie übt, beginnt auch der erste Teil „Das Selbe und das Andere" von „Totalität und Unendlichkeit". Sie wird bei ihm Ausgangsbasis aller weiteren Überlegungen. Er kritisiert an der Philosophie, dass sie meistens nur eine Ontologie des Selben war und den Anderen immer auf dieses Selbe zurückzuführen versuchte, statt ihn in seiner irreduziblen Andersartigkeit zu akzeptieren: „Dieser Primat des Selben war die Lektion des Sokrates. Vom Anderen nur annehmen, was in mir ist, als ob ich von Ewigkeit her besäße, was mir von außen zukommt!"[20] Wie Odysseus nach allen durchstandenen Abenteuern wieder auf seine Insel Ithaka zurückkehrte, von der er losfuhr, so kehrt auch die griechische Philosophie immer wieder zu ihrem Ausgangspunkt, dem denkenden Subjekt, zurück. Sie lässt sich von der Existenz eines Anderen nicht erschüttern oder aus der Ruhe bringen. Sie ruht ganz in sich. Daher nennt Levinas diese Art der Philosophie (mit einem von Husserl entlehnten Begriff) auch „Egologie".[21] In ihrer rücksichtslosen Ignorierung und Inbesitznahme des Anderen offenbart sie sich als egoistische „Philosophie der Macht" und der Ungerechtigkeit.[22] An dieser Stelle übt Levinas insbesondere Kritik an der Konzeption der Heideggerschen Fundamentalontologie, die ganz im Sinne dieser Tradition der Egologie steht und in den Augen Levinas' das Verhältnis einer einseitigen „Tyrannei"[23] ist.

In Abgrenzung hierzu geht Levinas' Wesensbestimmung des Menschen von einer prinzipiellen *Asymmetrie* aus. Wie schon erwähnt, geht er hierbei von der Idee des Unendlichen aus, die das Denken überschreitet und die sich konkret im *Antlitz* ereignet. Er gibt eine präzise Definition dieses wichtigen Begriffes, in der er dessen Funktion an die Sprache bindet: „Die Weise des Anderen, sich darzustellen, indem er *die Idee des Anderen in mir* überschreitet,

---

[18] Ebd., S. 28. Zum Subjektivitätsbegriff bei Levinas vgl. Susanne Sandherr: *Die heimliche Geburt des Subjekts. Das Subjekt und sein Werden im Denken Emmanuel Levinas',* Stuttgart/Berlin/Köln 1998.

[19] Ebd., S. 32 (kursiv von mir).

[20] Ebd., S. 51.

[21] Ebd., S. 53. Zum Gebrauch dieses Begriffs bei Edmund Husserl vgl. ders.: *Cartesianische Meditationen. Eine Einleitung in die Phänomenologie*, hg. von Elisabeth Ströker, 3. Aufl., Hamburg 1995, S. 31ff. und S. 159.

[22] Emmanuel Levinas: *Totalität und Unendlichkeit*, a.a.O., S. 55-56.

[23] Ebd., S. 57.

nennen wir nun Antlitz.(...) Das Antlitz *drückt sich aus.*“[24] Dieser Ausdruck des Antlitzes ist als eine ursprüngliche Sprache zu verstehen. Noch vor dem eigentlich gesprochenen Wort spricht es: Du sollst/wirst mich nicht töten! Levinas spricht in diesem Zusammenhang von einer „Epiphanie des Antlitzes“[25], deren Botschaft darin besteht, einen *unendlichen Widerstand* gegen das egoistische Inbesitznehmen des Selben auszusprechen. Dieser Widerstand geht so weit, dass auch die Möglichkeit des Mordes – ultimative Instanz der Auslöschung des Anderen durch das Selbe – für unmöglich erklärt wird:

> „Diese Unendlichkeit, die stärker ist als der Mord, widersteht uns schon in seinem Antlitz, ist sein Antlitz, ist der ursprüngliche *Ausdruck*, ist das erste Wort: ‚Du wirst keinen Mord begehen.‘ Das Unendliche paralysiert das Vermögen durch seinen unendlichen Widerstand gegen den Mord; der Widerstand, hart und unüberwindbar, leuchtet im Antlitz des Anderen, in der vollständigen Blöße seiner Augen ohne Verteidigung, in der Blöße der absoluten Offenheit des Transzendenten. Hier liegt nicht eine Beziehung mit einem sehr großen Widerstand vor, sondern mit etwas absolut *Anderem*: der Widerstand dessen, was keinen Widerstand leistet – der ethische Widerstand.“[26]

Der Grundkonflikt des Selben mit dem Anderen läuft somit auf eine irreduzible Inkongruenz hinaus: ich kann den Anderen nicht überwinden, somit bin ich seine Geisel. In „Totalität und Unendlichkeit“ wird der Begriff der Geisel (frz. *otage*) zwar noch nicht eingeführt, aber in seinem zweiten Hauptwerk „Jenseits des Seins oder anders als Sein geschieht“ von 1974 wird Levinas auf diese drastische Vokabel zurückgreifen, um das Spannungsverhältnis zwischen dem Selben und dem Anderen adäquat wiederzugeben. In seinen Talmudexegesen lässt sich jedoch diese radikale Vorstellung eines Subjekts als eines Unterworfenen, eines *sub-iectum*, schon früher nachweisen, was darauf hinweist, dass die beiden Denk- und Arbeitsbereiche bei Levinas begrifflich und inhaltlich ineinander übergehen.[27] Levinas spielte in diesem Zusammenhang gerne mit der Doppelbedeutung des französischen Wortes *sujet*, welches als Adjektiv „unterworfen“ und als Nomen sowohl „Subjekt“ als auch „Untertan“ bedeutet. Das Subjekt ist dem Anderen Untertan (*Je suis sujétion à l'autrui*). Das „Für-sich“ der ontologischen Philosophie wird bei Levi-

---

24 Ebd., S. 63.

25 Ebd., S. 64.

26 Ebd., S. 285-286.

27 Vgl. Emmanuel Levinas: *Quatre lectures talmudiques*, Paris 1968: „Nous ne sommes pas au monde libres devant les autres et simplement leurs témoins. Nous sommes leurs otages. Notion par laquelle, par-delà la liberté, le moi se définit.“, S. 185-186.

nas zu einem „Für-den-anderen" in einer sehr radikalen Weise. Da die intersubjektive Beziehung als eine prinzipiell asymmetrische gedacht wird, beruht sie auch nicht auf Gegenseitigkeit, sondern vielmehr auf der ursprünglichen Selbstlosigkeit des Selben, dessen Selbstsein erst konstituiert wird durch die Verantwortung für den Anderen. Man kann diese Position meiner Ansicht nach zurecht als einen „extremen Humanismus"[28] charakterisieren oder – um mit einem Buchtitel Levinas' zu sprechen – als einen „Humanismus des anderen Menschen". Dennoch aber sollte man sich davor hüten, dies etwa als eine Ethik des Märtyrertums misszuverstehen.[29] Bedingungslose Verantwortung und ein rational begründbarer Selbstschutz der eigenen Person schließen sich für Levinas nicht aus. Auch eine halachische[30] Position der Selbstverteidigung ist dem Judentum inhärent.

Um einen umfassenden Einblick in das Seinsverständnis Levinas' zu erhalten, darf abschließend auch eine zentrale Stelle aus seinen „Messianischen Texten", die philosophische Interpretationen zum letzten Kapitel des Talmud-Traktates Sanhedrin versammeln, nicht unerwähnt bleiben. Hier verschmelzen schließlich Messianismus und Ontologie zur neuen Konzeption einer *messianischen Ontologie*:

> „Der Messianismus ist nichts anderes als jener Höhepunkt des Seins, den die Zentralisierung, die Konzentration oder das Wenden auf sich des Ichs bildet. Und das bedeutet konkret, dass jeder so handeln muß, als wäre er der Messias. Der Messianismus ist also nicht die Gewissheit der Ankunft eines Menschen, der die Geschichte anhält. Er ist meine Fähigkeit, das Leid aller zu tragen."[31]

Levinas' spezifische Auffassung des Messianismus verbindet sich somit mit seiner Vorstellung vom Menschsein an sich: „Der Messias ist Ich, Ich-Sein heißt Messias sein."[32]

Es ist daher meiner Meinung nach zurecht in der Levinasforschung darauf hingewiesen worden, dass in dem Moment des Messianismus eine kon-

---

[28] So Bernhard Taureck: *Emmanuel Levinas zur Einführung*, 2. überarb, Aufl., Hamburg 1997, S. 26ff. und S. 39.

[29] Zur Problematik der praktischen Umsetzung des Levinasschen Ethikbegriffs vgl. Gerald Neitzke: „Handeln und Unterlassen: Überlegungen zur Anwendung der Ethik von Emmanuel Levinas", in: Hermes Andreas Kick/Jochen Taupitz: *Handeln und Unterlassen. Ethik und Recht in den Grenzbereichen von Medizin und Psychologie*, Heidelberg 2003, S. 49-66.

[30] Als „Halacha" bezeichnet man die gesetzlichen Teile des Talmud im Gegensatz zur „Haggada", den mehr erzählerischen und illustrativen Abschnitten.

[31] Emmanuel Levinas: „Messianische Texte", in: ders.: *Schwierige Freiheit. Versuch über das Judentum*, 2. Aufl., Frankfurt a. M. 1996, S. 58-103, hier S. 95.

[32] Ebd., S. 94.

zeptionelle Brücke zwischen den jüdischen und philosophischen Schriften Levinas' gesehen werden kann, die es erlaubt, innerhalb seines Gesamtwerks eine vorher unbeachtete Verbindung zu ziehen.[33]

*Levinas' Philosophie im Kontext der Dialogphilosophie Martin Bubers und Franz Rosenzweigs*

Zwischen Martin Buber und Emmanuel Levinas lassen sich auf den ersten Blick eine Reihe von Übereinstimmungen finden: Beiden Denkern ist zunächst gemeinsam ein Ringen um eine Erneuerung und Vertiefung des religiösen Lebens aus den Quellen des Judentums. Bei Levinas drückte sich dieses Engagement in seiner langjährigen Tätigkeit für jüdische Ausbildungsstätten aus, sowie als Mitinitiator der eingangs bereits erwähnten „Kolloquien der Jüdischen Intellektuellen französischer Sprache", dem seit 1957 wichtigsten Forum für jüdische Intellektuelle in Frankreich. Darüber hinaus löste er mit seinen innovativen philosophischen Talmudinterpretaionen, ein neues Interesse vor allem bei jungen jüdischen Intellektuellen an ihren jüdischen Wurzeln aus – ein Phänomen, das unter dem Namen „Renouveau Juif" zur Zeit der 68er in Paris Furore machte.[34]

Weiterhin kommt der *Sprache* und hier vor allem dem gesprochenen Wort in den philosophischen Konzeptionen der beiden Denker ein herausragender Stellenwert zu. Der Dialog steht für Buber wie für Levinas im Zentrum ihres Denkens.[35] Hierbei räumte Levinas die historische Vorrangstellung Bubers,

---

[33] Vgl. David Plüss: *Das Messianische – Judentum und Philosophie im Werk Emmanuel Levinas'*, Stuttgart/Berlin/ Köln 2001, der diese These vertritt.

[34] Vgl. hierzu die einschlägigen Artikel von Daniel Krochmalnik: *„Emmanuel Levinas im jüdischen Kontext"*, in: Allgemeine Zeitschrift für Philosophie, 21 (1996), S. 41-62, hier vor allem S. 53-54 zu Levinas' Engagement in jüdischen Belangen, und ders.: „Emmanuel Levinas und der *Renouveau Juif*", in: Thomas Freyer/Richard Schenk (Hg.): *Emmanuel Levinas – Fragen an die Moderne*, Wien 1996, S. 95-136. Der Autor arbeitet besonders die ostjüdischen bzw. litauischen Hintergründe von Levinas, die ich in meinem Beitrag nicht berücksichtige, im Kontext der modernen jüdischen Philosophie heraus. Zu einem vollständigen Bild der Verortung Levinas' im modernen jüdischen Denken sind sie demnach unerlässlich.

[35] Allerdings ist der Begriff des Dialogs bei Levinas aufgrund der beschriebenen intersubjektiven Asymmetrie wesentlich problematischer gefasst als bei Buber. Es stellt sich die Frage, ob bei einer „ethischen Ungleichheit" und einer prinzipiellen „Unterordnung unter den Anderen" (vgl. Anm. 37) überhaupt bei Levinas von einem Dialog im Sinne eines gleichwertigen Gesprächs auszugehen ist. Einen aktuellen Forschungsüberblick über das Verhältnis der beiden Denker zueinander bietet die Aufsatzsammlung *Levinas and Buber. Dialogue and Difference*, hg. von Peter Atterton/Matthew Calarco/Maurice Friedman, Pittsburgh 2004.

die Bedeutung des Dialogs als erster erkannt und erforscht zu haben, klar ein und drückte auch seine Abhängigkeit ihm gegenüber aus: „Kein Nachdenken über die Andersheit des Anderen […] kann den von Buber erzielten Durchbruch ignorieren. Jedes solche Nachdenken muss sich an ihm aufrichten.“[36]

Ein wesentlicher Punkt der Differenz zwischen Buber und Levinas ist jedoch in dem asymmetrischen Verhältnis von Ich und Du bei Levinas zu finden. Während bei Buber das „Du“, das das „Ich“ anruft, in diesem Anruf als ein zwar anderes, aber gleichwertiges „Ich“ aufgefasst wird, herrscht bei Levinas die beschriebene, ursprüngliche *ethische Ungleichheit.* Dies unterstreicht er in seinem Aufsatz „Einige Anmerkungen zu Buber“: „In unseren eigenen Analysen geschieht der Zugang zum Nächsten ursprünglich nicht im Anrufen des anderen Menschen, sondern in meiner Verantwortung für ihn. […] Dabei gibt es hier im Gegensatz zu Bubers Ich-Du keine ursprüngliche Gleichheit […]. [Sondern:] Ethische Ungleichheit: Unterordnung unter den Anderen […].“[37]

Auch die Stellung Gottes differiert in den Werken der beiden Denker erheblich: Für Buber ist Gott „das Große, Ewige Du“[38], während Levinas vorsichtiger formuliert und sogar einen Neologismus einführt, um das spezifische Wesen Gottes in seinem Denken zu benennen: So spricht er in Abgrenzung von der „alteritas“, der Andersheit des Anderen, bezüglich Gott in der dritten Person von einer „illeitas“, einer „illéité“, die als *Erheit* oder *Jenheit* aufzufassen ist.[39] Gott ist für Levinas eine Instanz jenseits von Ich und Du, dessen Erscheinung uns lediglich als *Spur* auf dem Antlitz des Anderen begegnet, bei der es uns aber verwehrt ist, mit ihr in einen unmittelbaren, direkten Dialog zu treten, wie dies etwa bei Buber mittels des Gebets möglich ist.[40] Hier offenbart sich auch ein vollkommen anderes Verständnis von Religion bei beiden Denkern. Während Buber laut eigener Aussage auf den Grundgedanken von „Ich und Du“ im Laufe seiner Beschäftigung mit dem Chassidismus gekommen ist, deren enthusiastische Frömmigkeit ihn inspirierte, hielt Levinas das Judentum, gemäß dem Titel eines seiner Aufsätze,

---

[36] Emmanuel Levinas: „Einige Anmerkungen zu Buber“, in: ders., *Außer sich. Meditationen über Religion und Philosophie*, hg. von Frank Miething, München/Wien 1991, S. 38- 48, S. 40.

[37] Ebd., S. 42-43.

[38] Vgl. Martin Buber: *Ich und Du*, 11. Aufl., Heidelberg 1983.

[39] Vgl. hierzu Bernhard Casper: „*Illéité. Zu einem Schlüsselbegriff im Werk von Emmanuel Levinas*“, in: Philosophisches Jahrbuch, 91 (1984), S. 273-288.

[40] Der für Levinas’ Denken wichtige Begriff der *Spur* lässt sich illustrieren durch einen Verweis auf eine Stelle im Alten Testament, Ex. 33, 18-23. Dort gewährt Gott Mose, der diesen bat sein Antlitz sehen zu dürfen, lediglich seinen Rücken bzw. die Spur seines Vorübergehens sehen zu dürfen: „Mein Angesicht aber kann niemand sehen.“, ebd., Ex. 33, 23.

für „eine Religion für Erwachsene".[41] Er favorisierte die talmudisch-rabbinische Tradition, während Buber dem pietistisch geprägten Chassidismus nahe stand – darin spiegelt sich im übrigen ein grundsätzliches Spannungsverhältnis, das über Jahrhunderte die jüdische Geistesgeschichte durchzog.[42]

Seine unmittelbare Nähe zum Denken Franz Rosenzweigs bringt Levinas in einem oft zitierten Ausspruch schon im Vorwort von „Totalität und Unendlichkeit" klar zum Ausdruck:

> „Der Widerstand gegen die Idee der Totalität hat uns im ‚Stern der Erlösung' von Franz Rosenzweig frappiert; diese Schrift ist zu häufig in diesem Buch gegenwärtig, um zitiert zu werden."[43]

Rosenzweigs Philosophie konstituiert als Ganzes einen Hintergrund, vor dem Levinas' Denken anhebt. An der Kritik des „Sterns der Erlösung", die sich anschickte eine neue philosophische Position zu formulieren gegen die Tradition der Philosophie von „Jonien bis Jena"[44], wie Rosenzweig sich ausdrückte – also von den Griechen bis zum deutschen Idealismus – knüpfte Levinas' Totalitätskritik an. Die Aktualität dieses Rosenzweigschen Ansatzes für sein Denken unterstreicht Levinas in dem er ihn als „unseren großen Zeitgenossen" bezeichnet.[45] Rosenzweigs Kritik gegen Hegel bleibt in der Tat für Levinas aktuell. Das Wesentliche des Rosenzweigschen Unternehmens sieht Levinas in der „Annäherung von Erfahrungsphilosophie und

---

41 Vgl. Ze'ev Levy: „Emmanuel Levinas und die dialogische Philosophie", in: Eveline Goodman-Thau (Hg.): *Zeit und Welt. Denken zwischen Philosophie und Religion*, Heidelberg 2002, S. 73-84. Levinas' strikte Zurückweisung bezüglich der Religion von allem, „was ein moderner Mensch nicht mit seiner Vernunft vereinbaren kann, wie z.B. mythische und mythologische Elemente" ist nach Levy allerdings nicht nur ein Differenzpunkt zu Buber, sondern auch zu Franz Rosenzweig, vgl. ebd., S. 82.

42 Für den geistesgeschichtlichen Hintergrund und die verschiedenen Traditionen, denen sich beide Denker zugehörig fühlten vgl. Daniel Krochmalnik: *„Emmanuel Levinas im jüdischen Kontext"*, a.a.O, S. 42ff.

43 Emmanuel Levinas: *Totalität und Unendlichkeit*, a.a.O., S. 31. Zum Verhältnis von Levinas und Rosenzweig vgl. die beiden grundlegenden Werke von Gibbs, Robert: *Correlations in Rosenzweig and Levinas*, Princeton 1994 und Cohen, Richard: *Elevations. The Height of the Good in Rosenzweig und Levinas*, Chicago/London 1994.

44 Franz Rosenzweig: *Der Stern der Erlsöung*, Frankfurt a.M. 1988, S. 13. Dort beschreibt Rosenzweig sein Vorhaben mit drastischen Worten: Er wolle „der ganzen ehrwürdigen Gesellschaft von Jonien bis Jena […] den Handschuh" hinwerfen.

45 Emmanuel Levinas: „Franz Rosenzweig: Ein modernes jüdisches Denken", in: ders. *Außer sich. Meditationen über Religion und Philosophie*, hg. von Frank Miething, München/Wien 1991, S. 99-122, S. 103.

theologischem Ansatz".[46] Auch in seiner eigenen Philosophie, wie sie im vorigen umrissen wurde, lässt sich durchaus eine solche Annäherung in Ansätzen wiederfinden, wenn Levinas beispielsweise das Erstrahlen der Transzendenz auf dem Antlitz des anderen Menschen lokalisiert. Alltagserlebnis und Erfahrung des Göttlichen fallen hier konkret im Erleben der Idee des Unendlichen in eins, auch wenn zu berücksichtigen bleibt, dass es sich bei Levinas – im Sinne einer absoluten Transzendenz Gottes – um eine wesentlich utopisch gefasste, d.h. ortlose Gotteserfahrung handelt, die sich auf dem Antlitz des Anderen ereignet.[47]

Methodisch vollzieht Levinas darüber hinaus einen meiner Ansicht nach noch radikaleren Bruch mit dem Idealismus als Rosenzweig, in dem er sich vollkommen des Zwangs zu einer Systematik entzieht, die die Fülle und Vielfalt der Erscheinungen rubrizieren würde.[48]

Ähnlichkeit hingegen besteht bei beiden Denkern in der Rolle des Judentums, die sie diesem in ihrer Philosophie einräumen. Levinas unterstreicht in diesem Sinn, dass das Judentum für Rosenzweig „kein abstrakter Legalismus" ist: „Es nimmt [vielmehr] seinen Platz im Drama des Menschseins ein, im Sein […] [selbst]."[49] Rosenzweig hatte die Bedeutung des Judentums auf der Schwelle der Konversion zum Christentum für sich neu entdeckt und durch das Judentum neue Antworten auf die Lage des Menschen in seiner Zeit gefunden. Auch Levinas führte mit seinen Talmudexegesen den jungen jüdischen Intellektuellen im Frankreich der Nachkriegszeit die Aktualität ihrer jüdischen Wurzeln für die moderne Philosophie vor Augen. Dies erlaubte einer ganzen Generation von jungen Intellektuellen die alten Themen ihrer jüdischen Tradition neu zu entdecken, die Levinas folgendermaßen beschreibt: „unabweisbare Verantwortung, daraus abgeleitet eine Erwählung, die ein Mehr an Pflicht bedeutet, daher ein gewisser universalistischer Partikularismus, daher ein für-alle-Dasein, das daher dem Urteil blinder Kräfte widersteht."[50]

---

[46] Ebd., S. 104.

[47] Vgl. Reinhold Esterbauer: *Transzendenz-„Relation". Zum Transzendenzbezug in der Philosophie Emmanuel Levinas'*, Wien 1992, S. 227ff., der das Antlitz als den exklusiven, ortlosen Ort der Gottesbegegnung charakterisiert.

[48] Ich schließe mich hier der Meinung von Hans-Martin Dober an, vgl. ders.: *„Levinas und Rosenzweig. Die Verschärfung der Totalitätskritik aus den Quellen des Judentums"*, in: Schriftenreihe des Evangelischen Studienwerks Villigst (Hg.), Parabel. Levinas, Bd. 12, Gießen 1990, S. 144-162, S. 152.

[49] Emmanuel Levinas: „Franz Rosenzweig: Ein modernes jüdisches Denken", a.a.O., S. 118.

[50] Ebd., S. 120.

Trotz aller Gemeinsamkeiten zwischen Rosenzweig, Buber und Levinas, bleiben jedoch auch grundlegende Differenzen am Ende zu verzeichnen. Levinas verdankt der Dialogphilosophie seiner philosophischen Vorgänger viel und hat dies auch wiederholt in seinen Schriften zum Ausdruck gebracht. Insgesamt ist festzuhalten, dass sich sein Denken wesentlich näher zu Rosenzweig als zu Buber situiert, aufgrund der beschriebenen fundamentalen Kritik Rosenzweigs an der abendländischen Philosophie von „Jonien bis Jena", die Levinas' Totalitätskritik maßgeblich inspirierte. Bezüglich Buber bleibt hingegen vor allem auf die grundlegende Differenz der unterschiedlichen Stellung Gottes in den Konzeptionen der beiden Denker hinzuweisen, die nicht zuletzt, auch dies wurde betont, aus einem grundsätzlich anderen Religionsverständnis resultiert.

*Valentin Pluder*

# Kant im Tank. Hilary Putnams interner Realismus zwischen den ‚beiden' Widerlegungen des Idealismus in der *Kritik der reinen Vernunft.*

1. Hilary Putnams interner Realismus[1] steht nach eigenem Bekunden der Position Kants, also dem transzendentalen Idealismus nahe,[2] freilich ohne dass Putnam einen transzendentalen Idealismus vertreten würde. Das Spektrum an Anknüpfungspunkten und Unterschieden beider Denker lässt sich nicht mit ein paar Worten beschreiben. Dagegen ist es sicher möglich, sie anhand eines Problems aufeinander zuzuführen, ihre Standpunkte über eine beiden gleichermaßen am Herzen liegende Fragestellung zu rekonstruieren, um einen holzschnittartigen Eindruck davon zu bekommen, in welchen Punkten ihre Ansätze parallel laufen und an welchen Fragen sich ihre Geister trennen.

Putnams Sympathien für Kant finden in der *Kritik der reinen Vernunft* (*KrV*) eine offene Tür u.a. genau dort, wo Kant selbst feststellt, dass aus seinem transzendentalen Idealismus ein empirischer Realismus folgt.[3] Ist Putnams interner Realismus also nichts anderes als Kants empirischer Realismus?

Kant führt seinen empirischen Realismus als Antwort auf skeptische Positionen ein und reagiert damit auf ein Problem, vor das Putnam sich nicht weniger gestellt sieht. Die Rekonstruktion beider Ansätze als Antwort auf einen Außenweltskeptiker beleuchtet beide Philosophen aus einem Winkel, der ihre Konturen so hervortreten lässt, dass sie aufeinander verweisen. Natürlich erschöpfen sich weder Kants noch Putnams Ansatz in diesem Vorhaben oder sind auch nur an ihm umfassend darzustellen. Dennoch seien hier beide Positionen als antiskeptische Strategien, d.h. als Versuch, dem Skeptiker die theoretische Möglichkeit zur Skepsis zu nehmen, rekonstruiert und miteinander ins Gespräch gebracht.

---

[1] Putnam selbst scheint nicht ganz glücklich mit diesem Begriff, statt ‚internal realism' verwendet er auch Ausdrücke wie ‚realism with a small ‚r"oder ‚natural' oder ‚commonsenese realism", siehe: Dermot Moran: *Hilary Putnam and Immanuel Kant: Two ‚Internal Realists'?*, in: Synthese, Vol.123/1, 2000, S. 65-104; 68f.

[2] Siehe beispielsweise Hilary Putnam: *Wie man zugleich interner Realist und transzendentaler Idealist sein kann.* In: Ders.: *Von einem Realistischen Standpunkt*, Reinbek 1990, S. 156-167.

[3] „Also ist der transscendentale Idealist ein empirischer Realist […]" (*KrV* A 371).

Der Skeptiker dementiert stets einen Wissensanspruch, hier das Wissen um alltägliche Dinge. Er behauptet, alles oder ein bestimmter Teil des Wissens könnte in Wirklichkeit nur Schein sein. Das, was als Wirklichkeit scheint, sähe dann vielleicht ‚in Wirklichkeit' ganz anders aus. In jedem Fall reicht unser Urteilsvermögen nicht aus, mit Sicherheit zu bestimmen, was wirklich ist und wie es wirklich ist, meint zumindest der Skeptiker.

Drei Strategien dagegen vorzugehen, seien hier exemplarisch herausgegriffen: Eine erste Möglichkeit ist, zu zeigen, dass die Annahmen, die der Skeptiker über die Natur der Wirklichkeit macht, in sich widersprüchlich sind. Widerspricht der Skeptiker sich mit seinen Aussagen aber selbst, gibt es keinen Grund mehr, ihm Glauben zu schenken. Putnams Gehirne im Tank verdeutlichen ein Argument, das in diese Richtung zielt. Eine zweite Möglichkeit, dem Skeptiker das Handwerk zu legen, besteht darin, zwar die skeptischen Argumente als schlüssig anzuerkennen, zugleich aber zu zeigen, dass die Voraussetzungen, aus denen der Skeptiker seine Schlüsse zieht, falsch sind. Andere Voraussetzungen – hier also konkret ein Modell der Wirklichkeit, das keinen Anlass zur Skepsis gibt – wären dann den skeptischen vorzuziehen. Diese Strategie verwendet Kant in der sogenannten ‚ersten' Widerlegung des Idealismus, in der ersten Auflage der *KrV*.[4] Eine dritte Möglichkeit ist, dem Skeptiker vorzuführen, dass das, woran er zweifelt, notwendige Bedingung für die gemeinsame Grundlage ist, auf der sich sowohl Skeptiker als auch Antiskeptiker bewegen. Ein solch transzendentales Argument entspricht der ‚zweiten' bzw. eigentlichen Widerlegung des Idealismus in der zweiten Auflage der *KrV*.[5]

Diese Strategien schließen sich natürlich nicht gegenseitig aus, vielmehr können sie ineinander verwoben sein. Jemand, der beispielsweise den skeptischen Standpunkt als in sich widersprüchlich darstellt, wird vermutlich auch immer eine bessere Gegenvariante bei der Hand haben.

Der Kritik an dem Außenweltskeptiker liegt ein Zusammenhang zugrunde, der nicht auf den ersten Blick einsichtig, von Kant aber explizit formuliert ist: Die Kritik am Skeptiker ist die Kritik an dem transzendentalen oder

---

[4] Wenn ich hier von ‚erster' und ‚zweiter' Widerlegung des Idealismus die Rede ist, dann ist mit der ‚ersten' Widerlegung die antiskeptische Argumentation im 4. Paralogismus der Idealität der A Auflage der *KrV* gemeint (A 366ff). Mit der ‚zweiten' Widerlegung ist der in der B Auflage neu hinzugekommene Abschnitt gemeint, der eben genau den Titel ‚Widerlegung des Idealismus' trägt (B 274ff).
Wenn Kant hier von Idealismus spricht, dann meint er damit natürlich nicht den transzendentalen Idealismus, sondern eben die Position des Skeptikers, der die Welt in verschiedenen Abstufungen zum Schein erklärt.

[5] *KrV* B 274ff.

metaphysischem Realismus[6] und umgekehrt.[7] Im Zentrum dieses transzendentalen Realismus, der die Gegenposition zum empirischen bzw. internen Realismus darstellt, also der gemeinsame Gegner Kants und Putnams ist, stehen folgende Kernthesen: i) Unabhängigkeit: Die Welt ist eine fertige Totalität bewusstseinsubabhängiger Objekte, ii) Korrespondenz: Es besteht eine Korrespondenz zwischen dieser Welt und unseren Vorstellungen. Wahrheit ist dem entsprechend der richtige Ausdruck dieser Korrespondenz, iii) Eindeutigkeit: Es gibt genau eine wahre Beschreibung der Welt.

Wieso soll nun ausgerechnet aus der Behauptung einer eigenständigen und damit bewusstseinsunabhängigen Wirklichkeit Skepsis folgen? Das Problem liegt in der Vermittlung von Welt und subjektivem Geist: Je unabhängiger die Wirklichkeit ist, desto schwieriger ist es, ein Wissen von ihr zu garantieren. Es gibt keinen Grund anzunehmen, dass eine vollkommen von unserem Geist unabhängige Wirklichkeit so konzipiert sein muss, dass sie genau so wahrgenommen werden würde, wie sie an sich ist.[8] Wenn Welt und Bewusstsein unabhängig voneinander sind, bedarf es einer Vermittlungsinstanz, um beide zusammenzubringen. Aus der Position des Subjektes heraus lässt sich aber über das Verhältnis der Vermittlungsinstanz zu dem Vermittelten systematisch keine Aussage treffen. Nimmt man beispielsweise an, Welt und Bewusstsein seien über ein kausales Verhältnis miteinander verknüpft, d.h. die Welt wirke vermittelt über Sinnesorgane kausal auf uns ein, würde eine Bestimmung der Welt an sich einen Schluss von der Wirkung auf ihre Ursache verlangen.[9] Ein solcher Schluss muss aber in diesem Fall unsicher bleiben, sein Ergebnis kann nicht eindeutig sein. Die Ursache, also die Welt, kann folglich ebenfalls nur unsicher und nicht eindeutig bestimmt werden: dies ist die Position des Skeptikers. Ist die Welt uns nur vermittelt über Sinnesdaten zugänglich, dann wird jede Aussage über sie zweifelhaft, weil der Rückschluss von den Sinnesdaten auf ihre etwaige Ursache zweifelhaft ist. Nähmen wir an, unsere Wahrnehmungen zeigten ein Abbild, eine Kopie der Wirklichkeit, was gewährleistet dann, dass diese Kopie nicht verfälscht ist?

---

[6] Transzendentaler Realismus ist die meist von Kant gebrauchte Bezeichnung, die hier als bedeutungsgleich mit metaphysischer Realismus, dem von Putnam verwendeten Begriff, gelten kann. In der Folge spreche ich immer von transzendentalem Realismus.

[7] Kant nennt den Skeptiker auch den empirischen Idealisten: „Dieser transscendentale Realist ist es eigentlich, welcher nachher den empirischen Idealisten spielt und, nachdem er fälschlich von Gegenständen der Sinne vorausgesetzt hat, daß, wenn sie äußere sein sollen, sie an sich selbst, auch ohne Sinne, ihre Existenz haben müßten, in diesem Gesichtspunkte alle unsere Vorstellungen der Sinne unzureichend findet, die Wirklichkeit derselben gewiß zu machen“ (*KrV* A 369).

[8] Vgl. dazu etwa: Marcus Willaschek: *Realismus*, Paderborn 2000, S. 13.

[9] Vgl. KrV A 372.

Da es systematisch nicht möglich ist, Kopie und Original zu vergleichen, ist man gezwungen einzuräumen, dass ‚in Wirklichkeit' alles auch ganz anders sein könnte, wie es Ansicht des Außenweltskeptikers ist.
Der folgende Text ist nach den oben skizzierten Strategien gegliedert, die sich nun konkreter fassen lassen: Zunächst wird mit Putnam gezeigt, warum das Konzept des transzendentalen Realismus in sich widersprüchlich ist, um dann sein Gegenkonzept, den internen Realismus zu entfalten. Kant dagegen macht sich nicht die Mühe, die Widersprüchlichkeit des transzendental realistischen Modells darzustellen. In der ersten Auflage der *KrV* begnügt er sich damit, mit seinem Gegenmodell, dem Modell eines empirischen Realismus als Konsequenz aus seinem transzendentalen Idealismus, die Welt ohne drohende Skepsis zu erklären. Da sein Modell gar keinen Anlass zur Skepsis gibt, muss er sich auch nicht weiter mit der Position des Skeptikers auseinandersetzen.[10] Er begnügt sich, auf den Zusammenhang zwischen Skepsis und transzendentalem Realismus hinzuweisen. Diese Strategie scheint Kant in der zweiten Auflage der *KrV* jedoch nicht mehr auszureichen, dort wird er dem Skeptiker, was seine Grundannahmen über die Welt angeht, Auge in Auge gegenüberstehen und versuchen zu beweisen, dass aus eben diesen Annahmen notwendig die unzweifelhafte Existenz einer bewusstseinsunabhängigen Außenwelt hervorgeht.

2. Putnams Modell der Hirne im Tank soll zeigen, dass die Annahmen des transzendentalen Realismus widersprüchlich, die aus ihnen folgenden skeptischen Einwände also unbegründet sind. Für einen transzendentalen Realisten ist existiert die Wirklichkeit unabhängig von jedem Bewusstsein. Wie oben gezeigt, ergibt sich aus der notwendigen Vermittlung von einer derartig gefassten Wirklichkeit und ihres Bewusstseins systematisch deren Undeutlichkeit und die Unzuverlässigkeit der Erkenntnisse über sie. Gemäß den Annahmen eines transzendentalen Realisten könnte die Wirklichkeit also auch vollkommen anders sein. In unserem vermeintlichen Wissen über sie sind wir möglicherweise im Irrtum: Wir könnten auch Hirne in einem Tank sein.

---

10 Genauer bei Dietmar Heidemann: *Kant und das Problem des metaphysischen Idealismus*, Berlin, New York 1998, S. 75f: „Wie der empirische mit dem transzendentalen Realismus, so ist aufgrund dieser sich ausschließenden Beziehungen ebenso der empirische mit dem transzendentalen Idealismus unvereinbar. Das heißt, ist der transzendentale Idealismus und in seinem Gefolge der empirische Realismus wahr, so ist der transzendentale Realismus und in dessen Gefolge der empirische Idealismus falsch. Der empirisch-metaphysische Idealismus ist also apagogisch oder indirekt widerlegt durch die Wahrheit des transzendentalen Idealismus bzw. empirischen Realismus".

Der Versuchsaufbau Putnams gestaltet sich im einzelnen wie folgt:[11] Wir alle sind nackte Gehirne, die in einem Tank schwimmen, der mit Nährlösung gefüllt ist. Unsere Nervenenden sind mit einem Supercomputer verbunden, der uns mit eingehenden und abgehenden Impulsen versorgt, die in uns die Erscheinung unserer Wirklichkeit erzeugen. Es gibt somit keinerlei Möglichkeit, Eindrücke von der Wirklichkeit außerhalb des Tanks, in dem wir schwimmen, zu bekommen, d.h. es ist vollkommen unmöglich, eine Position außerhalb des Tanks zu beziehen. Uns wird eine stimmige Welt vorgegaukelt, die keinerlei Anlass gibt, uns für Gehirne in einem Tank zu halten. Damit befinden wir uns darüber, was wir in Wirklichkeit sind – nämlich Gehirne im Tank –, in einem krassen Irrtum.[12]

Die beruhigende Antwort von Putnam ist nun, dass die Aussage, wir seien Gehirne in einem Tank, nicht wahr sein kann: Entsprechend dem Versuchsaufbau, sind die Hirne im Tank systematisch nicht in der Lage, sich auf den Tank, in dem sie schwimmen, zu beziehen. Von einer tankexternen Perspektive betrachtet, gibt es keinerlei Verbindung zwischen tankinterner Wirklichkeit und tankexterner Wirklichkeit. Die Behauptung: „Ich schwimme in Wirklichkeit in einem mit Nährlösung gefülltem Tank" ist daher widersprüchlich. Denn der Begriff von Tank, den ein Gehirn im Tank haben kann, kann sich unmöglich auf den Tank beziehen, in dem es schwimmt. Jeder Begriff, den sich ein Gehirn in einem solchen Nährtank bilden kann, muss ein Begriff sein, der sich irgendwie auf die tankinterne, nicht aber auf eine tankexterne Wirklichkeit bezieht. Bezieht sich jeder Begriff von Tank aber auf einen tankinternen Tank, dann müssten tankexterne Gehirne in tankinternen Tanks schwimmen. Eine solche Aussage ist widersprüchlich: Wirkliche Gehirne können sich nicht in virtuellen Tanks aufhalten.

Allgemeiner lässt sich also formulieren: Jeder Begriff, den ich von etwas bilde, auf das mir ein Bezug systematisch verwehrt ist, kann nicht richtig sein,[13] sondern führt vielmehr in einen Widerspruch, da, wenn mit dem frag-

---

11 Die Gehirne im Tank finden sich u.a. in: Hilary Putnam: *Vernunft, Wahrheit und Geschichte*, Frankfurt a.M. 1990, S. 15-41.

12 Dabei ist dieser „Versuchsaufbau" weniger radikal als er scheint. Schließlich gibt es für die Hirne nicht überhaupt keine ‚Außenwelt'. Sie besteht rudimentär über die Impulse, mit denen der Computer die Hirne versorgt. D.h. der Irrtum besteht bezüglich der Erscheinung der Außenwelt, nicht aber bezüglich ihrer Existenz. Ein Gehirn, das ohne jede Verbindung in der Nährlösung schwimmt und seine scheinbare Außenwelt samt anderer Subjekte selbst erzeugt, wäre eine radikalere Version, auf die am Ende zurückgekommen wird.

13 Putnam betont, dass ein solcher Begriff auch nicht zufällig richtig sein kann und verdeutlicht das an dem Beispiel einer Ameise, die zufällig Churchill zeichnet. Selbst, wenn der Präsident gut getroffen ist, kann man nicht sagen, die Ameise nähme Bezug auf ihn. Siehe: Putnam: *Vernunft*, a.a.O. [Anm. 11], S. 15ff.

lichen Begriff überhaupt auf etwas Bezug genommen wird, es nie ausgerechnet das sein kann, was gerade dadurch bestimmt ist, dass kein Bezug auf es genommen werden kann.

Die Wirklichkeit eines transzendentalen Realisten ist durch eine nicht eindeutig zu bestimmende Vermittlungsinstanz von dem Subjekt getrennt. Auch in diesem Fall ist es nicht möglich, auf diese Wirklichkeit Bezug zu nehmen. Die Begrifflichkeiten müssen systematisch in der Sphäre der durch die Vermittlung von der bewusstseinsunabhängigen Wirklichkeit unterschiedenen Erscheinungen verbleiben. Jeder Begriff, mit dem der Versuch unternommen wird, auf diese bewusstseinsexterne Wirklichkeit Bezug zu nehmen, muss scheitern, da eben ein solcher Bezug systematisch verwehrt ist. Aussagen über die Wirklichkeit müssen also in dem Bereich verbleiben, innerhalb dessen es möglich ist, Bezüge herzustellen. Dieser Bereich beschreibt aber gerade keine bewusstseinsunabhängige Realität. Es ist damit unmöglich und sogar widersprüchlich, Aussagen über eine externe Wirklichkeit zu machen. Der transzendentale Realismus ist für Putnam damit widerlegt, seine Grundannahmen führen in Selbstwidersprüche.[14] Ein sich auf ihn berufender Skeptiker kann also nicht Recht haben.

Wie das Modell der Hirne im Tank zeigt, kann nicht sinnvoll auf eine externe Realität Bezug genommen werden, schlicht weil ‚extern' in diesem Zusammenhang bedeutet, dass es keine Möglichkeit der Bezugnahme gibt. Begriffe wie ‚Realität', ‚Wirklichkeit', ‚intern' oder auch ‚extern' sind überhaupt nur sinnvoll im Rahmen dessen zu verwenden, auf das ein Bezug nicht systematisch unmöglich ist. Realität kann entsprechend als die Totalität dieser möglichen Bezugnahme bestimmt werden. Meine Realität als Gehirn im Tank erschöpft sich also vollkommen in der virtuellen Simulation, die mir allerdings lückenlos real scheint.

Putnam trägt mit der Bestimmung seines Realismus als eines internen der Tatsache Rechnung, dass Realität sich nur innerhalb eines begrifflichen Rahmens und im steten Bezug auf diesen Rahmen abspielen kann. Eine Theorie, die eine Realität außerhalb dieses Rahmens behauptet, kann nicht sinnvoll sein. Noch einmal pointiert: Wir können auf Nichts begrifflich Bezug nehmen, das gerade dadurch bestimmt ist, dass kein Bezug auf es möglich ist. Diese Feststellung weist einige Parallelen zu der begrifflichen Begründung der Unerkennbarkeit des Dinges an sich auf. Auch diese resultiert

---

14 Putnam schließt offenbar die Möglichkeit aus, über Analogien oder Metaphern Erkenntnisse über die Außenwelt zu bekommen. Siehe dazu: Alex Burri: *Hilary Putnam*, Frankfurt a. M., New York 1994, S. 125-128.

schlicht daraus, dass das Ding an sich gerade als das Ding bestimmt ist, das von der Erkenntnis unberührt, also nicht erkannt ist.[15]

Putnam verwirft ein Modell jenseitiger Realität und damit den Ansatzpunkt eines Außenweltskeptikers, aber wie sieht sein Gegenvorschlag aus? In aller Kürze von Putnam selbst formuliert: „Ich werde sie [Putnams Perspektive] *internalistische* Perspektive nennen, denn es ist kennzeichnend für diese Auffassung, daß sie die Frage ‚Aus welchen Gegenständen besteht die Welt?' nur *im Rahmen* einer Theorie bzw. einer Beschreibung für sinnvoll hält. Viele – wenn auch nicht alle – ‚internalistische' Philosophen meinen überdies, daß es mehr als eine ‚wahre' Theorie bzw. Beschreibung der Welt gibt. ‚Wahrheit' ist nach internalistischer Auffassung so etwas wie (idealisierte) rationale Akzeptierbarkeit – so etwas wie ideale Kohärenz unserer Überzeugungen untereinander und in Bezug auf unsere Erfahrung *entsprechend der Darstellungen dieser Erfahrungen in unserem Überzeugungssystem* – und nicht Übereinstimmung mit geistesunabhängigen oder redeunabhängigen ‚Sachverhalten'."[16]

Die Kernaussagen seines internen Realismus sind also im einzelnen i) die begriffliche Relativität: Die Welt ist nur im Rahmen einer Theorie oder eines Begriffssystems beschreibbar. Einzelne Begriffe werden immer nur relativ zu einem Begriffsganzen verwendet. Damit wird auch die Vorstellung von begrifflich unberührten Fakten ausgeschlossen. Die Frage, welche Objekte wirklich existieren, ergibt somit nur relativ zu einem vorgängig festgelegten Begriffssystem einen Sinn. Keinen Sinn ergibt es, wie der Skeptiker nach Gegenständen zu fragen, die jenseits dieses begrifflichen Systems liegen. Weiter geht der interne Realismus davon aus, dass es ii) mehr als ein Begriffssystem geben kann, und damit auch mehr als eine wahre Beschreibung der Welt.[17] Objekte können in unterschiedlichen Begriffssystemen widersprechende Bestimmungen tragen. Im radikalsten Fall können sie in einem sein und in einem anderen nicht sein. Unter dieser Vorgabe droht der interne Realismus zu einem Relativismus zu werden. Wenn es – zumindest in dieser Rekonstruktion – Intention des internen Realismus war, Wissen zu sichern, bricht hier eine ganz neue Dimension möglicher Skepsis auf: Die Dinge, über die ich glaube, sicheres Wissen zu haben, könnten sich, vollkommen unabhängig davon, wie sie in dem Begriffssystem, das ich gerade verwende, bestimmt sind, in einem anderen Begriffssystem ganz anders verhalten. Putnam verfolgt nun ein Konzept, das einerseits versucht, der begrifflichen Relativität gerecht zu werden, andererseits aber den daraus folgenden Relativismus zumindest dämpft. Dieser Intention folgend, gehört daher zu den Kernbe-

[15] siehe z.B. *KrV* A 44.

[16] Putnam: *Vernunft*, a.a.O. [Anm. 11] S. 75f.

[17] siehe dazu Burri, a.a.O. [Anm. 14] S. 129ff.

stimmungen des internen Realismus iii) eine Definition der Wahrheit als rationale Akzeptierbarkeit unter idealen epistemischen Bedingungen. Putnam versucht – ohne vom begrifflichen Relativismus abzurücken – Wahrheit so zu fassen, dass sie und mit ihr das Wissen um die Welt und die Erkenntnis angesichts des drohenden Relativismus möglichst stabil ist. Die Stabilität dessen, was als wahr gilt, ist nach Putnam letztlich das Kriterium dafür, dass der interne Realismus ein Realismus bleibt.

Zu den Aspekten der putnamschen Definition von Wahrheit gehört zunächst die Akzeptierbarkeit: Putnam spricht sich gegen eine Korrespondenztheorie der Wahrheit aus, gegen eine Theorie also, die Wahrheit als die Übereinstimmung von Wirklichkeit und deren begrifflicher Wiedergabe fasst. Wenn Wahrheit aber nicht in der Übereinstimmung mit der Wirklichkeit besteht, dann kann die Wirklichkeit den Wahrheitswert einer Überzeugung auch nicht diktieren. Wahre Überzeugungen müssen daher von rationalen Menschen akzeptiert werden. Zugleich kann Akzeptanz nicht das einzige Kriterium der Wahrheit sein, sonst endet die Wahrheit in einem Kulturrelativismus, der Wahrheit zu einem Mehrheitsbeschluss degradiert. Zumindest davor bewahrt Putnam sie, indem er Rationalität in seine Wahrheitsdefinition aufnimmt. Was als rational gilt, ist jedoch nicht selbsterklärend. Putnams Kandidaten für Rationalitätskriterien sind: Kohärenz, Einfachheit, Eleganz, Erklärungskraft, Konservativismus und Nützlichkeit.[18] Aber auch diese Kriterien können keine begriffssystemübergreifende Sicherung von Wahrheit leisten. Vielmehr sind sie selbst stark von dem Begriffssystem abhängig, in dem sie Verwendung finden. ‚Einfach' z.B. können in unterschiedlichen begrifflichen Systemen ganz unterschiedliche Theorien sein, je nach dem begrifflichen Bestand, unter dessen Vorgabe es sie zu konstruieren gilt. Konsequenterweise wären sie dann auch in unterschiedlichem Maße als rational einzustufen. Derartige Probleme im Auge meint Putnam dennoch, aus der klassischen Letztbegründungsproblematik heraus, keine alle Begriffssysteme umfassenden Kriterien für Rationalität entwickeln zu können. Diese bleiben immer Kind des begrifflichen Systems, in dem sie angesiedelt sind. Die Einführung der Rationalität eliminiert also nicht allen Kulturrelativismus, allerdings gelingt es Putnam so, die Wahrheit vor der abstimmenden Mehrheit in Schutz zu nehmen.

Auch der letzte Aspekt, die Einführung idealer epistemischer Bedingungen, ist Ausdruck des Versuchs, den Wahrheitsbegriff über den Wandel dessen hinaus, was rational akzeptiert ist, zu stabilisieren. Der Fall, dass sich einmal als rational akzeptierte Aussagen mit zunehmendem Wissen als falsch herausstellen, wird damit auf eine nicht ideale Erkenntnissituation zurückge-

18 Ebd. S. 136.

führt. Putnam denkt dabei an Aussagen wie: ‚Die Erde ist eine Scheibe', die seiner Meinung nach vor 3000 Jahren als rational akzeptiert galt, es heute allerdings – aus dem Wissen heraus, dass die Erde gegenwärtig eher kugelförmig ist und dass sie ihre Form nicht geändert haben dürfte – nicht mehr ist.[19] Aber auch der Rückgriff auf ideale Bedingungen durchbricht nicht die Hermetik des jeweiligen Begriffssystems, in dem diese Bedingungen ausgemacht werden. Der Verweis auf die Erkenntnisbedingungen mag helfen, aus der Retrospektive einmal als rational Akzeptiertes auf den heutigen Wissensstand hinzuordnen. Vor der Relativität kann er die Wahrheit dennoch nicht bewahren, denn eine Idealität, die über das jeweilige Begriffssystem hinausginge, lässt sich, wie das Argument der Gehirne im Tank zeigen sollten, nicht widerspruchsfrei konzipieren.

Um es noch einmal etwas griffiger zu formulieren: Eine Aussage ist dann wahr, wenn sich ein kompetenter Sprecher einer Sprache unter optimalen epistemischen Bedingungen äußert. Damit gelingt es Putnam, den Relativismus einzudämmen, ausschalten kann er ihn aber nicht, denn letztlich muss der Begriff Wahrheit selbst noch innerhalb eines begrifflichen Systems bestimmt sein, um eine sinnvolle Verwendung zu finden.

Putnams Ringen mit der begrifflichen Relativität lässt ihn auf Probleme stoßen, zu denen eine kantische Konzeption eine Alternative ist, freilich nicht ohne sich damit an anderen Punkten selbst wiederum Probleme einzuhandeln. Zunächst die Letztbegründungsproblematik: Wenn jeder Begriff seinen Sinn nur aus dem Bezug zu dem Begriffssystem bekommt, dessen Teil er ist, das Begriffssystem selbst aber nichts anderes als die Gesamtheit der Begriffe ist, dann kann es keinen Einzelbegriff ohne System und kein Begriffssystem ohne Einzelbegriff geben. Dieses ‚Henne-Ei Problem', ist das der Letztbegründung. Bekanntlich gibt es daraus drei ‚Standardauswege': den infiniten Regress, den logischen Zirkel oder den Abbruch des Begründungsverfahrens.[20] Eine Variation auf den Abbruch als Ausweg wäre es, eine besondere Klasse von Basisbegriffen einzuführen, die überzeitlich sind und zusammen ein überzeitliches Basissystem ergeben. Sofern diese besondere Klasse allerdings nicht ihrerseits wieder gerechtfertigt werden kann, ist das ein dogmatisches Verfahren. Nichtsdestotrotz deutet sich hier als Alternative – samt der ihr eigenen Problematik – eine Position an, die der kantischen nahesteht.

---

[19] Das Beispiel findet sich in: Putnam: *Von einem* [...], a.a.O. [Anm. 2] S. 161.

[20] Albert bezeichnet diese drei Sackgassen als das „Münchhausen Trilemma", vgl. Hans Albert: *Traktat über kritische Vernunft*, Tübingen 1968, S. 13.

Ein weiteres konzeptionelles Problem, dessen sich Putnam durchaus bewusst ist,[21] stellt das Verhältnis von Begriffssystemen zueinander da: Innerhalb eines Begriffssystems kann es nicht möglich sein, ein grundverschiedenes, anderes Begriffssystem zu denken. Ein Denker innerhalb eines Begriffssystem kann nicht anders, als das andere System vermittelt zu seinen eigenen Kategorien zu denken. Das heißt, alle von mir denkbaren Begriffssysteme müssen prinzipiell immer ineinander übersetzbar oder zumindest korrelierbar sein. Verdeutlicht an dem Modell der Gehirne im Tank bedeutet das: Unabhängig davon, wie weit ein Begriffssystem, das ein Hirn im Tank entwirft, von dem abweichen soll, in dem es aktuell schwimmt, es bleibt doch immer ein System innerhalb des Tanks. Unabhängig davon, wie kompliziert der Bezug zweier Systeme sein mag, so lange sie in eine Beziehung zueinander gesetzt werden können, müssen sie letztlich auf einen Kernbestand gleicher Kategorien zurückgreifen. Allein die Feststellung, dass unser Denken perspektivisch ist, verlangt schon nach einer überperspektivischen Perspektive. Auch dieser Befund deutet auf die Möglichkeit eines Bestandes von Basiskategorien und damit auf ein eher kantisches Konzept hin.

3. Wie aber verhält sich nun Kant zu dem hier grob skizzierten internen Realismus Putnams? Grundsätzlich befinden sich beide Denker wohl im Einklang bezogen auf die begriffliche Relativität. Die Feststellung Putnams, dass die Welt zum einen nur im Rahmen einer Theorie oder eines Begriffssystems beschreibbar ist und es zum anderen in der menschlichen Erfahrung keine begrifflich unberührten Fakten geben kann, würde Kant wohl unterschreiben, denn „Gedanken ohne Inhalt sind leer, Anschauungen ohne Begriffe blind."[22] Auch für Kant ist die menschliche Welt nicht ohne das sie erfassende Subjekt zu denken und zugleich ist sie durch einen untrennbar mit ihr verbundenen Bestand von Kategorien und Anschauungsformen durchgehend strukturiert. Beispielsweise macht die Frage nach der Wirklichkeit von Objekten nur Sinn, wenn sie innerhalb von Raum und Zeit als Bedingung aller möglichen Objekte gedacht werden.[23] Für Kant und für Putnam heißt Objekt sein, immer Objekt für jemanden sein. Weiter unterscheidet auch Kant Schein und Erscheinung über die Möglichkeit, ein Phänomen in den durch die Kategorien gegliederten Gesamtzusammenhang der Wirklichkeit einzuordnen. Ihre Bestimmung erhalten Gegenstände und Begriffe also

---

21 Vgl. Burri, a.a.O. [Anm. 14] S. 146.

22 *KrV* B 75.

23 Ein Zitat aus dem 4. Parallelismus: „Raum und Zeit sind zwar Vorstellungen *a priori*, welche uns als Formen unserer sinnlichen Anschauung beiwohnen, ehe noch ein wirklicher Gegenstand unseren Sinn durch Empfindung bestimmt hat, um ihn unter jenen sinnlichen Verhältnissen vorzustellen" (*KrV* A 373).

letztendlich auch aus ihrer Übereinstimmung mit einem kohärenten Begriffsganzen.[24] Keinen Sinn macht es, nach den positiven Bestimmungen von Objekten zu fragen, die jenseits dieses begrifflichen Systems liegen. Allerdings verwirft Kant im Unterschied zu Putnam das ‚Ding an sich' nicht als widersprüchlich, sondern weist ihm – je nach Stand der in der *KrV* erarbeiteten Erkenntnisse – seine jeweilige Funktion als Grenzbegriff zu.[25] Was die begriffliche Relativität angeht, lässt sich also festhalten, dass auch bei Kant die erfahrbare Welt sich immer in Relation zu begrifflichen Bestimmungen befindet, also relativ zu einem begrifflichen System ist.

Beide Denker gehen allerdings auseinander, wenn es um die Frage nach dem Charakter des begrifflichen Systems geht. Während sich bei Putnam die Begriffe auf einer Ebene mit der Welt der Erfahrungen befinden, sind sie bei Kant, zumindest was ihren Kernbestand angeht, als transzendentale eben dieser enthoben. Bei Putnam ist mehr als ein Begriffssystem, damit auch mehr als eine wahre Beschreibung der Welt denkbar. Kant hingegen geht davon aus, dass es nur *ein* begriffliches System geben kann und damit auch nur eine wahre Beschreibung der Welt. Unter der Annahme eines einzelnen, umfassend verbindlichen Begriffssystems stellt sich Kant das Relativismusproblem, mit dem Putnam zu kämpfen hat, also gar nicht. Wie kann das Begriffssystem aber als fix angenommen werden? Für Putnam ist das System – um in dem Bild der Hirne im Tank zu bleiben – Teil der ‚tankinternen' bzw. empirischen Realität. Diese ist aber unbezweifelbar u.a. dem historischen Wandel unterlegen, woraus sich konsequenterweise auch der Wandel des Begriffssystems ergibt. Ein System, das diesem Wandel nicht unterworfen

---

[24] Damit soll nicht behauptet sein, Kants Wahrheitsbegriff erschöpfe sich in der Kohärenz, vielmehr integriert er eine – des subjektiven Einflusses auf die Erscheinungen halber – modifizierte Korrespondenztheorie. So sagt Kant über die Wahrheit, sie sei: „[…] Übereinstimmung unter sich selbst und mit der Erfahrung […]" (*KrV* B 115). Vgl. auch Otfried Höffe: *Kants Kritik der reinen Vernunft*, München 2003, S. 163.

[25] *KrV* B 310f: „Der Begriff eines Noumenon, d.i. eines Dinges, welches gar nicht als Gegenstand der Sinne, sondern als ein Ding an sich selbst (lediglich durch einen reinen Verstand) gedacht werden soll, ist gar nicht widersprechend; denn man kann von der Sinnlichkeit doch nicht behaupten, daß sie die einzige mögliche Art der Anschauung sei. Ferner ist dieser Begriff nothwendig, um die sinnliche Anschauung nicht bis über die Dinge an sich selbst auszudehnen und also um die objective Gültigkeit der sinnlichen Erkenntniß einzuschränken […]. Am Ende aber ist doch die Möglichkeit solcher Noumenorum gar nicht einzusehen, und der Umfang außer der Sphäre der Erscheinungen ist (für uns) leer, d.i. wir haben einen Verstand, der sich problematisch weiter erstreckt als jene, aber keine Anschauung, ja auch nicht einmal den Begriff von einer möglichen Anschauung, wodurch uns außer dem Felde der Sinnlichkeit Gegenstände gegeben und der Verstand über dieselbe hinaus assertorisch gebraucht werden könne. Der Begriff eines Noumenon ist also bloß ein Grenzbegriff, um die Anmaßung der Sinnlichkeit einzuschränken, und also nur von negativem Gebrauche."

sein sollte, müsste gewissermaßen ‚außerhalb des Tanks' stehen und tatsächlich nimmt Kant den transzendentalen Apparat als a priori und damit überhistorisch dem Zugriff der empirischen Tankwirklichkeit entzogen an. Dagegen muss er sich natürlich den oben skizzierten Einwand Putnams gefallen lassen, nach dem man sich in Widersprüche mit dem Versuch verstrickt, Begriffe zu bestimmen, die jenseits der empirischen Realität verortet sind. Es kann diesbezüglich zunächst aber zumindest darauf verwiesen werden, dass die Qualität der Begriffe, um die es Kant hier geht, eine ganz andere ist, als die empirischer Begriffe. Transzendentale Begriffe sind quasi ex negativo aus ihrer Notwendigkeit für die Wirklichkeit heraus bestimmt. Sie sind keine positiven Aussagen bezüglich einer außerbegrifflichen Wirklichkeit.

Aus der Einheit und Übergeschichtlichkeit des transzendentalen Apparates folgt bei Kant die Einheit der Erscheinungswelt. Wahrheit und Referenz sind damit nicht begrifflicher Relativität unterworfen. Ohne die Stabilität des Apparates als transzendentalem unterliegt jedoch alles Objektive – je nach Konzept mehr oder weniger – subjektiven Schwankungen. Um den Preis der Behauptung eines unwandelbaren Bestandes von transzendentalen Kategorien entgeht Kant hier dem Problem des Relativismus. Entsprechend kann es auch nur eine Wahrheit geben, die sich, freilich bei Kant unter Einbeziehung korrespondenztheoretischer Elemente, an der Kohärenz der Erkenntnisse, bezogen auf die Gesamtheit der über die Urteilsfunktionen des transzendentalen Apparates verbundenen Erfahrungen, festmacht und nicht einzig an der Korrespondenz mit einer bewusstseinsunabhängigen Welt.[26]

Die Gretchenfrage an Kant ist nun, ob der transzendentale Apparat stabil ist, weil er transzendental ist, oder ob er transzendental ist, weil Kant ihn als stabil annimmt? Diese Frage verweist auf die Grundausrichtung der *KrV*, dem Problem: „Wie sind synthetische Urtheile a priori möglich?"[27] D.h. eine Grundvoraussetzung der *KrV* ist, dass es synthetische Urteile a priori gibt. Der transzendentale Idealismus ist für Kant genau die Theorie, mit der es möglich ist, diese zu erklären. Aus dieser Grundorientierung erklärt sich auch, weshalb es Kant in der Widerlegung der Skepsis in der ersten Auflage der *KrV* gar nicht nötig hat, ihre Widersprüchlichkeit darzulegen. Unter der

---

26 Wahrheit beruht bei Kant auf Korrespondenz (wie bspw. in *KrV* B 82f), bezogen auf die Welt der Erscheinungen, nicht aber bezogen auf eine Wirklichkeit an sich. Wenn Kant also von der Korrespondenz spricht, dann nicht im Sinne eines naiven Realismus, andernfalls würde er sich in einen Zirkel begeben: „Um als wahr zu gelten, muß die Erkenntnis mit dem Objekt übereinstimmen, das ich wiederum nur dadurch mit meiner Erkenntnis vergleichen kann, daß ich es erkenne. Folglich muß sich meine Erkenntnis selbst bestätigen, was jedoch der geforderten Übereinstimmung mit einem erkenntnisunabhängigen Objekt widerspricht" (Höffe, a.a.O. [Anm. 25] S. 159f).

27 *KrV* B 19.

Voraussetzung, dass es synthetische Urteile a priori gibt, stellt sich die Frage nicht, ob die Theorie, die deren Möglichkeit erklären kann, besser ist als eine Theorie, die das nicht kann, sie vielmehr bezweifelt.

Das, was den transzendentalen Apparat in seiner historischen Ausprägung bei Kant davor bewahren soll, ein Dogma zu sein, ist also die Existenz der synthetischen Urteile a priori, für die er eine theoretische Erklärung bietet. Fällt allerdings die Sicherheit des Wissens um die synthetischen Urteile a priori, wie seit langem kontrovers diskutiert,[28] dann fällt auch der Anspruch des transzendentalen Apparates – zumindest in der Ausprägung, die er bei Kant hat –die einzige plausible Möglichkeit der Erklärung des Wissens um die Welt zu sein. Er wird dann zu einer schlichten Behauptung. Die wissenschaftshistorischen Voraussetzungen von denen aus Putnam und Kant argumentieren sind demnach grundverschieden.

Weiter sind Putnam und Kant unvereinbar bezüglich Putnams Anliegen, alle Dichotomien, jede Form von Dualismus auszuschalten.[29] Dem steht das kantische Konzept zweier Stämme der Erkenntnis entgegen. Neben den formalen Implikationen transzendentaler Strukturen für die Wirklichkeit hält Kant auch an einem X fest, das uns material über die Sinnlichkeit berührt.[30] Eine solche Vorstellung ist nach Putnam widersprüchlich, schließlich wird innerhalb Kants Theorie auf etwas Bezug genommen, von dem wir systematisch getrennt sind, das uns aber andererseits affizieren soll.[31] Weiter schließt sich Putnam der Kritik an Kant an, nach der dieser von einer kausalen Beziehung zwischen einer Welt an sich und Welt der Erscheinung ausgehe, während man doch von Kausalität sowohl in der kantischen Vorstellung als auch in der putnamschen nur innerhalb der Welt der Erscheinungen bzw. ‚innerhalb des Tanks' sprechen kann.

Es wurde deutlich, wie Putnam nach der Einführung begrifflicher Relativität, bei gleichzeitiger Annahme mehrerer möglicher Begriffssysteme, mit dem Relativismus zu kämpfen hat, der – ganz entgegen der hier unterstellten Intention Putnams – dem Skeptiker ein offenes Einfallstor bietet. Schafft es Kant nun, dem Skeptiker über die Fixierung eines überzeitlich gültigen Systems von Begriffen endgültig den Wind aus den Segeln zu nehmen? Wohl

---

28 Dazu z.B. Höffe, a.a.O. [Anm. 25] S. 61-65.

29 Siehe dazu Moran, a.a.O. [Anm.1] S. 71.

30 Siehe beispielsweise *KrV* A 391, B 344 oder B 522.

31 Gleichzeitig scheint Putnam aber auch gewisse Sympathien mit dem Konzept zu hegen: „Aber möglicherweise hatte Kant recht: Vielleicht können wir nicht umhin zu denken, daß es *irgendwie* eine geistunabhängige ‚Grundlage' unserer Erfahrung gibt, selbst wenn der Versuch, über sie zu reden sofort zu Unsinn führt". Putnam: *Von einem* [...], a.a.O. [Anm. 2] S. 169.

nicht, denn um die mittels des transzendentalen Idealismus als stabil, kohärent und einheitlich erklärte Erscheinungswelt mit seinem Zweifel einzuholen, muss der Skeptiker nur einen Schritt zurücktreten und schlicht die ganze Totalität der Erscheinungen samt ihrer Gesetzmäßigkeiten bezweifeln. Die problematische Konzeption eines zwar unerkennbaren und begrifflich nicht positiv fassbaren, aber dennoch das Subjekt affizierenden Dinges an sich bietet ihm dazu eine einfache Möglichkeit, kann er doch behaupten, es gäbe ein solches und damit auch eine subjektunabhängige Außenwelt, an der Kant festhält, nicht oder zumindest nicht sicher. Damit wäre Kant dem Vorwurf des Solipsismus ausgesetzt, einer Vorstellung also, die, um in dem Bild der Hirne im Tank zu bleiben, Hirnen oder auch nur einem Hirn entspricht, das ohne jede Verkabelung und Computer, isoliert in seiner Nährlösung schwimmt und seine eigene Wirklichkeit unabhängig von fremden Einflüssen vollständig selbst erzeugt. Der sich daraus ergebende Relativismus ist dabei noch eine relativ harmlose Konsequenz, gemessen an der Unmöglichkeit unter diesen Vorgaben gesichertermaßen von einer Pluralität von Subjekten auszugehen.

Es wurde oben dargestellt, wie Putnam mehr oder weniger erfolgreich versucht, den sich aus seinem Konzept ergebenden Relativismus einzuschränken, ohne ihn letztlich ausschalten zu können. Putnams Strategie war es, seine Welt über eine möglichst der Willkür entzogene Kohärenz, die auf rational begründeter Akzeptanz unter idealen Bedingungen beruht, zu stabilisieren, ohne allerdings, gerade um den Preis nicht auszuschließender Relativität, die Immanenz seines Tanks zu überschreiten. Kant, vor ein analogisierbares Problem gestellt, reagiert genau in die entgegengesetzte Richtung. Wenn also Putnam umfassend das Konzept einer der begrifflichen Struktur externen Wirklichkeit zu deinstallieren versucht, unternimmt Kant in der ‚zweiten' Widerlegung des Idealismus[32] einen genau gegenteiligen Versuch, die Wirklichkeit der bewusstseinsunabhängigen Außenwelt zu beweisen.

In dieser ‚zweiten' Widerlegung geht es Kant im Gegensatz zur ‚ersten' nicht mehr darum zu zeigen, dass der Skeptiker mit seiner Annahme über die Natur der Welt unrecht hat, seine Skepsis also deshalb auf falschen Grundannahmen fußt. Kant wie der Skeptiker sprechen nun von ein und demselben, wenn sie von äußeren Gegenständen sprechen, nämlich von einer bewusstseinsexternen Quelle der Affektionen, die der Skeptiker allerdings für nicht nachweisbar hält.[33] Kant macht sich nun daran, diese zu beweisen, wo-

[32] *KrV* B 274ff.

[33] Vgl. Christian Klotz: *Kants Widerlegung des Problematischen Idealismus*, Göttingen 1993, S. 15: „Kants Argument [die Widerlegung des Idealismus in der B Auflage] ist dann aber angemessen als eines zu beschreiben, in dem unter Voraussetzung einer mit dem Skeptiker geteilten Interpretation der Überzeugung von der Existenz äußerer Gegenstände des-

bei seine Belegungsstrategie darauf abzielt, darzulegen, dass die Erfahrung von Äußerem Bedingung der Möglichkeit von Erfahrung von Innerem und damit überhaupt Bedingung von jeder Erfahrung ist. Auch hier versucht er also nicht, einen positiven Beweis der Existenz bewusstseinsexterner Dinge zu führen. Seine Beweisführung trägt also auch hier einen transzendentalen Charakter. Aber ganz unabhängig davon, ob diese nun gelungen ist oder ob sie, falls gelungen, mit Kants eigener Theorie kompatibel wäre, zeigt sich Kant hier in seinen Bemühungen keinesfalls als ein interner Realist oder mit einem internen Realismus kompatibel. Während sich beide Denker also bezogen auf die von Kant in der ‚ersten' Widerlegung des Idealismus verfolgte Strategie parallelisieren lassen, scheren sie – angesichts der sich einstellenden Problem – in unterschiedliche Richtungen aus dieser gemeinsamen Linie aus.

---

sen Prämissen in seinem Argument dafür, diese Überzeugungen als nicht hinreichen begründbar anzusehen, einer Kritik unterzogen werden. Es gehört so einem anderen Typ auf Voraussetzungen des Skeptikers konzentrierter antiskeptischer Argumente an als die Widerlegung des empirischen Idealismus von 1781".

*Dalia Nassar*

# The Infinite, the Finite and their Relation: Ontology in the Work of Friedrich Schlegel

The recent appearance of the critical editions of the works of the early German romantics, namely, Friedrich Schlegel and Friedrich von Hardenberg (Novalis), has not only brought about a renewed interest in the literary works of the romantics, but has also emphasized their philosophical contribution.[1] Novalis, it appears, spent most of his time working out a philosophical position, as is evident from the three volumes of philosophy in the *Novalis Schriften* in comparison to the mere one volume of literary production. No less can be said of Schlegel, who in an 1812 letter to Jacobi, writes that "metaphysics has been for a long time, indeed from my youth (since 1790), the chief preoccupation of my life."[2]

Most of the recent scholarship on the philosophy of the romantics has emphasized their contribution to epistemology as first philosophy. These interpretations have taken different forms. Philippe Lacoue-Labarthe and Jean-Luc Nancy claim that the romantic project was a response to the Kantian "crisis" of presentation (the subject's self-presentation as well as philosophy's capacity to present in general), which concluded in what they call the "literary absolute," or literature's own self-production, whereby the subject as work of art becomes total (absolute) in its self-production.[3] In this way, the absolute is identified as the product of the subject's artistic production. In contrast, Manfred Frank's interpretation maintains the place of the "Absolute" (which he often identifies with being prior to subjectivity or consciousness), even if the absolute cannot be known.[4] For Frank the subject can-

1 For a survey of the recent literature in English, German and French on the philosophical project of the German romantics, see Elizabeth Millán-Zaibert: *The Revival of Frühormantik in the Anglophone world*, in: *Philosophy Today* (Spring 2005), S. 88-108.

2 *Aus F.H. Jacobis Nachlaß*, ed. R. Zoeppertiz (Leipzig, 1869), II, S. 104.

3 This is a rather crude representation of Lacoue-Labarthe and Nancy's thesis; however, for my purposes, it is all that is necessary.

4 Frank distinguishes Schlegel's notion of "relative truth" from post-modern understandings of truth in precisely this way. In his article, *'Alle Wahrheit ist Relativ, Alles Wissen Symoblisch'*, Frank argues that because for Schlegel (and the romantics in general) philosophy is inherently tied to a longing for a non-relative, absolute, an "independent actuality," (even if the absolute is beyond knowledge), truth and falsity can be distinguished. Thus Frank writes, "Without the tendency to the absolute, philosophy would not be able to act polemically against the infinite […] If there were no orientation toward a non-relative one, then the different allusions [*Andeutungen*] that have appeared in history would not

not produce itself through artistic means, because it remains dependent on an unknown original ground that precedes it and acts as the ground of its self-consciousness.[5] As divergent and even contrary as these two readings are, they share one significant characteristic—both are concerned with romantic epistemology: what can I know, how can I present it, and in turn completely overlook ontology.[6]

Studies of Friedrich Schlegel, however, are not *entirely* wrong in emphasizing his epistemology. Schlegel's epistemological concern can be summed up in his statement in the *Athenäum Fragmente* (1797): "it is equally deadly for the spirit to have a system and to not have one. It must therefore decide to unite them both."[7] The organization and communication of knowledge is a meta-epistemological question insofar as it is concerned with the method and the tools of knowing.[8] As such, it is not simply an attempt at knowledge, but also at the knowledge of knowledge—i.e., philosophical methodology. Thus, he speaks at the beginning of the *Athenäum Fragmente* of a "philosophy of philosophy."[9]

have appeared as contradictions to one another and as such destroyed on another," Manfred Frank, "'Alle Wahrheit ist Relativ, Alles Wissen Symbolisch'—Motive der Grundsatz-Skepsis in der frühen Jenaer Romantik (1796)," in *Revue International de Philosophie*, (50) 197, March 1996,434-5.

[5] This is Frank's thesis in *Unendliche Annäherung. Die Anfänge der philosophischen Frühromantik* (Frankfurt am Main: Suhrkamp, 1997) with regard to all of the romantics, and not just Schlegel.

[6] In *Unendliche Annäherung*, a.a.O., Frank devotes one lecture to the meaning of "being" in Jacobi and Spinoza; however, he does not consider it with relation to the romantics. Rather, as he sees it, for the romantics the problem of being is, following Jacobi, the problem of the unconditioned. As such, it is always a problem of knowledge and of self-knowledge. See pp. 662-689.

[7] All references to Schlegel's work will be made to the *Kritische Friedrich Schlegel Ausgabe*, ed. Ernst Behler, Jean Jacques Anstett, and Hans Eichner (Munich: Schöningh, 1958—), in the body of the text. I will refer to the edition as KA followed by a volume number, a page number, and, if available, a passage or fragment number. Thus, the citation of this passage is as follows: (KA II, 173, Nr. 53).

[8] In contrast, Frank understands Schlegel's epistemological question to be, can I know being? As I hope to show, this is not a question at all for Schlegel, because he assumes the world and being (the infinite, the absolute) to be one and the same, and he does not deny knowledge of the world. Rather, it is his starting point, which he refers to as "the middle," or the "true middle," that is, it is not knowledge of an "unconditioned," first principle, but of the world as it mediates the infinite.

[9] I thank Elizabeth Millán-Zaibert for pointing this passage out to me, and for her conversation on Schlegel's epistemological contribution, for which I am deeply indebted.

While this epistemological reading has been fruitful, it is certainly limited.[10] Though it is complicated to claim that one overriding concern unifies the romantic project as a whole, I believe that in fact there is such a concern, and it is the romantic attempt to understand the relation between the infinite and the finite, the unconditioned and conditioned. Novalis, for example, begins his *Blüthenstaub* (1798) with the unforgettable statement, "we seek everywhere the unconditioned, yet we only find conditions [*Dinge*]," and Schlegel's most-oft repeated question is, "why has the infinite gone out of itself and made itself finite?"

The romantics do not understand the relation between the infinite and the finite merely in terms of self-consciousness, i.e., as a relation between the infinite I and the finite ego. Nor do they, as Frank ventures, understand the infinite as something "beyond" presentation, or outside of this world. Rather, for the romantics there is only "one world" (a phrase Schlegel often uses), and it is in this world that the infinite and the finite both, simultaneously, interdependently co-exist. To explain how the infinite exists in the finite world, and how the two are in fact dependent on one another, the romantics employ the notion of presentation: *Darstellung* or *Repräsentation.* In fact, for the romantics, it is only insofar as the infinite presents itself in the finite that there is a world, that there is being instead of nothing. As such, it is not only inaccurate but a complete misconstrual of the romantic project to claim that for the romantics being is "beyond presentation."

Further, for Schlegel there is only "one world," with no "being" or "infinite" or "absolute" that is "beyond" or "outside" of this world, specifically, outside of the finite. Rather, the infinite and the finite simultaneously, interdependently co-exist. To explain how the infinite exists in the finite world, and how the two are in fact dependent on one another, Schlegel employs the notion of presentation: *Darstellung.* In fact, for Schlegel, it is only insofar as the infinite presents itself in the finite that there is a world, that there is being instead of nothing. As such, it is not only inaccurate but a complete misconstrual of Schlegel's project to claim that for Schlegel being or the infinite is "beyond presentation."

---

[10] Frank's work has been extremely influential insofar as it emphasizes the philosophical importance of the early romantics. For this reason, in this paper I take up Frank's interpretation and not that of Ernst Behler or of Hans Eichner. Both Behler and Eichner are extremely important figures in the study of romanticism, however, their interests are not primarily philosophical, but philological and literary. In contrast, Frank's work emphasizes the philosophical foundations of early romanticism, and has been the source for further investigation of romantic philosophy. On this account alone, it has become quite necessary to probe Frank's interpretation and even correct some of its assumptions. This is the one of the goals of my paper.

In this paper I examine Friedrich Schlegel's understanding of the infinite's relation to the finite. I begin with an analysis of Schlegel's question, "why does the infinite go out of itself and become finite," and from there identify what Schlegel means by infinite and finite. Finally, I explain what Schlegel means by presentation, and how through his novel understanding of presentation, the infinite and the finite are simultaneous, interdependent, identical, yet different.

In his 1800-01 Jena *Lectures on Transcendental Idealism*, Schlegel asks: "why has the infinite gone out of itself and made itself finite [*aus sich herausgegangen und hat sich endlich gemacht*]?" He continues, "in other words: why are there individuals? Or, why doesn't the game of nature run out in an instant, so that nothing would exist at all?" (KA XII, 39).

That there is a world, something instead of nothing, is the question to which Schlegel returns time and again. He thus asks in the Köln Lectures (1804), "What is the cause of this emanation? What is the goal of the world? Why doesn't the divine not remain inactive and in itself [*ruhig in sich selbst*]?" (KA XII, 221). In his notes (1789-99), he writes that "there must be a motive for the infinite to merge into the finite [*ins Endliche überzugehen*]" (KA XVIII, 281, Nr. 1033). The concern is thus prevalent. In the Jena Lectures, he attempts a response:

The answer to this question is only possible, if we introduce concepts. We have the concept of *one, infinite substance* and *individuals*. If we want to explain the transition from the one to the other, we can do this only by introducing yet another concept, that of image [*Bild*], presentation [*Darstellung*] or allegory [*Allegorie*]. The individual is thus an image [*Bild*] of the infinite substance (one could express this also as follow: God has brought forth the world, in order to present himself [*Man könnte dies auch ausdrücken: Gott hat die Welt hervorgebracht, um sich selbst darzustellen*]). (KA XII, 39)

Self-presentation is therefore the motive (what in the Köln Lectures he calls, the "goal of the world") for the infinite's merging into the finite. "The divine," he writes, "wants to present itself, to reveal itself [*sich darstellen, sich offenbaren*]" (KA XII, 419). But why does the infinite or divine want to present itself in the first place? The answer to this question lies in the nature of the infinite.

"The only thing we can know of the infinite [*Unendliche*]," tells us Schlegel, "is that it is *the indeterminate* [*das Unbestimmte*]—this is thus the positive element. The opposite is *the determinate* [*das Bestimmte*], and it is the negative element of the infinite [*Unendliche*]. The formula for this could be a *definition* of the infinite, namely, *the infinite is a product* [Produkt] *of the indeterminate and the determinate*. A proof for this is not necessary, whereas an explanation is. *If the indeterminate should become actual* [wirklich], *then it must go out of itself and determine itself* [aus sich selbst herausgehen, und sich bestimmen]. (Applied this could read: the divine has formed the world in order to present itself [*Die Gottheit hat die Welt gebildet, um sich selbst darzustellen*].)" (KA XII, 20).

The infinite is therefore a "product" of the movement from indeterminacy to determinacy. Right away we see that the infinite is not an "indeterminate" beyond; rather, the infinite goes out of itself, determines itself, finitizes itself and thus presents itself. It does not do so for the pleasure of self-presentation—more is at stake here. The infinite goes out of itself, presents itself, in order to become actual. For, to repeat Schlegel's words, "if the indeterminate should become actual, then it must go out of itself and determine itself," that is, unless the infinite moves from indeterminacy to determinacy, unless the infinite presents itself, it is not actual. To be actual, the infinite must be determinate, must present itself, essentially must finitize itself.

It seems that we have a paradox on our hands—in order for the infinite to be actual, it must become finite. But before we begin our examination of this paradox and Schlegel's resolution of it, we must understand what Schlegel means here by the key term, "actual (*wirklich*)." Is the actual a mere logical category that has nothing to do with existence? Not at all. In the *Athenäum Fragmente* (1798), to be actual is to be a real historical object, or in Schlegel's own words, "the object of history is the actualization [*Wirklichwerden*] of all that which is necessary practically" (KA II, Nr. 90). In the Jena Lectures, he identifies "the actual [*wirklich*]" with "the divine [*Göttlich*]" (KA XII, 77), explaining that "what is actual [*wirklich*] relates itself to the whole [*Ganze*], and that which relates itself to the whole is divine" (KA XII, 78). Of course, the question may arise as to whether the divine itself is a mere idea or a logical category. This is again not the case. In his notes (1798-99), Schlegel posits that the "actuality [*Wirklichkeit*] of god is a better expression than existence (*Daseyn*)," (KA XVIII, 280, Nr. 1958). And again in the *Athenäum*, he emphasizes that the divine should not be considered a mere "thought," but rather "is also a thing [*eine Sache*], like all thoughts which are not mere imagination" (KA II, 203, Nr. 232). Therefore, when Schlegel writes that in order to become actual, the infinite must go out of itself and determine itself, he means that in order for the infinite to come into existence, to become a real existing entity that is not mere imagination, it must determine, finitize itself.

In the Köln Lectures, Schlegel gives a lengthy description of what he calls the "coming about of the world." The two points from which the world arises are "infinite unity" and "longing," which together mean the infinite's longing for its self-presentation, its actualization. Longing, marked by hope in the future, is the necessary condition for the infinite's outward movement, for, as he writes in his notes, "everything that happens, happens out of instinct and motive" (KA XVIII, 284, Nr. 1053). Once the infinite moves outward and becomes finite, this future-oriented longing is transformed, however, into a desire for a return to the original state of unity, and is thus marked by remembering (KA XII, 433).

Longing moves the infinite out of its original meaningless, non-existent unity and brings it into the finite; however, upon recognizing its loss, the finite wishes to turn back into the infinite. There is thus a constant movement outward from the infinite, and a movement inward back toward it. Both are outcomes of desire. Out of this constant movement arise the two "original facts" of duality and identity: the difference and identity of the infinite and the finite (KA XVIII, Nr. 1285; see also: KA II, Ideen, Nr. 73). It is in this way, Schlegel claims, that reality—the world—comes about: the child of the two opposing elements, identity and difference (KA XII, 8).

As the outcome or, as Schlegel puts it, the "product," of the two opposing elements, the identity and difference of the infinite and the finite, reality is therefore itself the paradox. For Schlegel, however, this is not a paradox but the state of things. To explain it, he introduces the notion of presentation. There are several ways by which to interpret what Schlegel means by presentation. First, one can assume a traditional understanding of presentation as re-presentation, whereby the infinite exists prior to the finite, and brings about the finite in order to represent it. The assumption here is that the infinite exists prior to and independently of the finite. Such an understanding, however, does not comply with Schlegel's thesis that in order to become actual, the infinite must first present itself in the finite—i.e., is dependent on the finite.

A second understanding of presentation falls under what Schlegel calls "symbolic" presentation, whereby the symbol presents something which on its own is not presentable. "Symbols [are] signs, representations of elements which in themselves are not presentable [*darstellbar*]" (KA II, 420). This is, however, not at all what Schlegel means by presentation. For, in contrast to the symbol, he speaks of the "whole (*Ganze*)" as the "the image [*Bild*] or better the history [*Geschichte*] of the becoming deity [*werdende Gottheit*]," which, he adds, "should therefore not be understood as symbol, but as the deity itself [*sondern eigentlich*]" (KA XII, 58).[11]

[11] Another significant difference between symbol and Schlegel's notion of presentation is that the symbol remains dependent on the primacy of the thing which it symbolizes, that is, it gains its meaning only insofar as it is a symbol of that thing, or, as Schlegel puts it, it has meaning only insofar as it is explained in terms of that thing which it symbolizes. Thus, he writes of the relationship of the human individual and nature as symbolic insofar as "nature is the truly free and alive, and the human is only free because it is a symbol of nature—for the individual must be explained in terms of the whole" (KA XII, 57).

Thus, whereas a symbol remains distinct from that which it presents, an "image" or a "history" of the infinite cannot be distinguished from what it presents, and in fact *is* that which it presents. *Das Ganze* is not to be distinguished from the *werdende Gottheit*, but, as a presentation or history of it, *is* it. Yet, in spite of this identity, there remains a distinction between the whole and the becoming god, or, to return to our original terms, between the infinite and the finite. The two do not collapse into one another, but maintain their distinctness. Otherwise, there would be no need for presentation—all we would have would be simple identity.

To explain what he means by a whole that is both an image of the divine and the divine itself, Schlegel refers to nature. Nature in fact is the ultimate presentation of the infinite, for, according to Schlegel, "nature's work [*Aufgabe*] is the realization [*realisation*] of the infinite" (KA XVIII, 416; see also: KA XII, 21). As the realization of the infinite, however, nature is both infinite and finite—that is, as the presentation of the infinite it contains within itself the paradox inherent in the actuality of the infinite. Thus, Schlegel writes that "nature *is* not infinite, but *becomes* infinite" (KA XVIII, 149, Nr. 319). The infinity of nature is not something which it possesses, rather, it is a striving, a continuous becoming. Through this notion of becoming, nature maintains its distinctness from the infinite, but nevertheless presents and *actualizes* the infinite.

Schlegel posits a significant distinction between "being" and "becoming", arguing that complete (*vollkommen*) idealism does not rest on a notion of static "being," but rather on "becoming." It is only by assuming that the infinite is becoming, Schlegel argues, that we overcome the age-old separation of the ideal and the real. To quote at length: "The assumption of an eternal becoming, that all things are only a becoming, is necessary to unify our thinking, and to mediate [*vermitteln*] the finite and the infinite. All conflict between the two is overcome, insofar as the finite, which is a becoming, contains within itself an infinite fullness, and the infinite fullness is appropriate [*eigen*] to the finite insofar as it is considered becoming and active" (KA XII, 410-411).

In contrast to this view, Schlegel posits Plato's, which he claims is "an incomplete idealism," since it fails to unite the ideal and the real, and instead forces an eternal separation between the two. Plato's mistake was to posit a static notion of being, separate from life and action. "The *persistence* [Beharrlichkeit], assigned to the divine understanding is distant from any notion of a living divine, which, through eternal activity, creates and develops more effectual fullness and force" (KA XII, 218).

The fundamental question here is, why does Schlegel consider the separation of the ideal and the real to be problematic? According to Schlegel, there are three difficulties with this position. First, the separation of the ideal and the real undermines morality, for it separates theory from praxis. He explains that so long as ideas and life are "so absolutely separated," such that "the ideal is so raised, and the actuality so debased [*Wirklichkeit herabgesetzt*], then a realization of the first in the second is inconceivable"(KA XII, 225); thus, morality becomes arbitrary, and praxis falls to the side (KA XII, 156).

Second, this separation makes philosophy itself impossible. "Such a separation of speculation and life," he writes, "is not philosophical, a belief that is separated from and opposed to knowledge is no longer philosophical" (ibid.). In fact, Schlegel criticizes the empiricists in the same way he does Plato, for they too force an eternal separation between the real and the ideal in claiming that reality is only what is temporal over and against the ideal. "If one assumes with the empiricists mere temporality as the real, then one loses philosophy," he writes (KA XII, 414).[12] Further, as quoted above, the notion that all things are in a state of "eternal becoming" helps us to "unify our thinking," that is, help us better *understand* the relation of the infinite to the finite. "Becoming" is thus an epistemological tool or category through which we can comprehend how the infinite goes out of itself and becomes finite.[13]

Becoming, however, is not simply a necessary assumption for morality or an epistemological category. Rather, and this is the third and most significant reason for Schlegel's introduction of the notion, it is the state of things. Thus, it is an ontological category as well. Schlegel's critique of the mystics rests on precisely this point. The mystics too, he claims, separate the ideal and the real, maintaining that only the eternal is real. Therefore, "if one assumes with the mystics the reality of the eternal," he concludes, "then one loses all experience and history" (ibid.). For experience and history—the state of things—are nothing other than the outcome of the mediation of the eternal or infinite in the temporal or finite. The infinite *is*, the world *is*, only insofar as the infinite becomes, that is, is actualized in its self-presentation in the finite. This actualization is a becoming because it implies the continuous activity, back and forth movement, between the infinite and the finite, as well

---

[12] Schlegel makes the same accusation of skepticism, which, on this ground, he does not consider to be philosophy. Thus he writes that "since [skepticism] does not want a connected, constructed system, and hence does not overcome the intimation of the ideal of a general absolute philosophy … it is in fact not philosophy at all [*da sie bloß Ansicht, nicht ein zusammenhängendes konstruiertes System sein will, und daher auch eine Annäherung zum Ideal einer allgemeingültigen absoluten Philosophie nicht aufhebt ... nur eine Philosophie ist sie nicht*] (KA XII, 128-9).

[13] Philosophy, he claims in the Jena Lectures, is concerned with "the universe, with unity." "All philosophy moves towards unity [*Einheit*], but the *character of this unity* differs, and the unity of our philosophy is harmony, or unity in relation to the particular in the whole. This philosophy is based on the concept of the organism of nature" (KA XII, 86).

as the inherent difference between the infinite and the finite. The finite becomes the infinite insofar as it actualizes the infinite in itself, yet, this actualization does not imply simple identity, but always contains a necessary difference. Only on the assumption of becoming, can we answer the question, why is there something instead of nothing? Without becoming there would be no world, no creation, no finite.

What Schlegel does is assert that the infinite as such does not exist. Thus he asks: "isn't the infinite an error, an illusion, a misunderstanding?" Indeed it is a "fiction (*Erdichtung*)" he answers, but "an absolutely necessary one" (KA XII, 9). The infinite is a fiction insofar as all things are the mediation of the infinite in the finite, including the infinite. Instead, the infinite is—like all other things in reality, in the world—the product of outward movement and longing, and the turn back inward and remembering. Thus Schlegel identifies the world, reality, as a state of "permanent becoming" (KA XII, 42), composed of individuals. Though we can think of an eternal substance as opposed to individuals, this substance exists only insofar as it is mediated, presented in the individual. The individual, Schlegel explains, is "the form" of the substance—that is, he elaborates, its expression (KA XII, 38). Since everything is an expression of the infinite substance, everything is an individual. Even God, Schlegel tells us, is an individual (KA II, 261, Nr. 47, see also: KA XVIII, 56, Nr. 372).

Further, as expression of the infinite, as that which holds within itself the identity and duality of the infinite, an individual isn't simple but complex, variegated and organized, what Schlegel calls "system." Thus Schlegel asks rhetorically in the *Athenäum*, "aren't all systems individuals, in the same way that all individuals, at least in their germ and tendency, are systems?" (KA II, 205, Nr. 242).

Besides complexity, however, an individual as system also implies "real, historical unity." Schlegel adds, "Isn't all real unity [*reale Einheit*] historical? Aren't there individuals which contain within themselves whole systems of individuals?" (ibid.). Complexity and unity is the definition of an organism. Thus, in the Jena Lectures he states that "nature is an organism, an individual" (KA XII, 57). An organism, he elaborates, is a self-legislating entity, which, as such, is free (ibid.). The laws of its organization are the two original facts of identity and duality; hence, the organism—the complex and unified individual—functions in accordance with the identity and difference of the infinite and the finite (KA XII, 50). He opposes his view of nature as organism to that of dogmatism (which he identifies with mechanism), explaining that "in dogmatism the human being and the world are completely separated, without a how or a why. In our view the two are connected [*verbunden*], and thought of as one" (ibid.). In contrast, Schlegel claims "there is only one world, and all being is organic" (KA XII, 50); separation, he writes in his notes, is an "illusion (*Täuschung*)," for "we are a part of nature and the opposite of nature is chaos, nothing more can be said" (KA XVIII, 377, Nr. 686). That is, all things are part of the organism of nature, and as such, part of a unified and complex reality, which acts in accordance with self-legislated laws. Individual parts cannot be separated from it precisely because it is an organism—parts are its members.

What we have here is thus one undivided whole, which Schlegel identifies with nature, reality and the world. It is the product, the image of the movement of the infinite and the finite, in fact, it is the movement itself. Everything that is, is a member of this complex unified one world. Nothing exists outside of it. There is no world beyond it, no *pure* infinite. The infinite is the *product* of its individual parts. "The whole is constructed out of individuals," Schlegel relates (KA XII, 64). As member of this organic whole, every individual is originally and inherently tied to it; however, also as member, it remains distinct from it. Most significantly, as member, it too contains within itself the paradox of the reality of which it is part—namely, that reality is the outcome of the infinite's finitization, the duality and identity of the infinite and the finite.

At this time we can return to Schlegel's notion of presentation. That individual things, the world, nature and reality are presentations of the infinite, means that they contain within themselves the original unity and inherent duality of the infinite's outward movement. As product of the infinite's self-actualization, they are this actualization. "Every individual," Schlegel writes, "is a new word for the universe," and again, "every limited human being is god, every world is the whole" (KA XII, 110; KA XVIII, 47, Nr. 287). Thus, in existing, they do nothing less than relate the story of the infinite and its relation to the finite—for they are this very story. The human being, Schlegel tells us, is nothing other than "the creative looking back [*schaffender rückblick*] of nature upon itself" (KA II, Nr. 28).

Thus, Schlegel concludes, "if every finite spirit is an outpouring of the infinite, then it is necessarily the case that what is the highest in every spirit is derived from the infinite, is of divine origin" (KA XII, 219). It is for this reason that Plato, the mystics and the empiricists were essentially wrong—for they did not recognize the inherent and original relation between the infinite and the finite, the fact that neither exists as distinct, separate or apart from the other. Schlegel makes the point most clear when he writes that "God is not merely infinite, but is also finite" (KA XVIII, 329, Nr. 52).

*Julia Peters*

# Fortschritt und Dialektik in Hegels Ästhetik

Nichts scheint offensichtlicher, als dass der größte Kunsttheoretiker des zwanzigsten Jahrhunderts, Adorno, seine Inspiration zu der Idee, Kunstgeschichte als dialektisch fortschreitende Entwicklungsgeschichte zu begreifen, Hegel verdankt. Tatsächlich erklärt Hegel wiederholt und unzweideutig[1], Kunst und Religion seien in der Philosophie aufgehoben, die damit eine geistesgeschichtlich höhere Entwicklungsstufe als ihre Vorgängerinnen, einen Fortschritt in Richtung absoluter Idee darstellt. Soll aber die Philosophie die Kunst tatsächlich aufheben, so muss andererseits die Kunst durch einen inhärenten Mangel dazu getrieben werden, über sich hinauszugehen, und sich zur spekulativen Philosophie zu entwickeln. Kurz gesagt, Entwicklung *in* der Kunst muss Teil sein desselben Entwicklungsvorgangs, wie die spätere geistesgeschichtliche Entwicklung *über* die Kunst hinaus.

Andererseits steht für Hegel fest, wiederum eindeutig, dass die Kunstgeschichte ihren unwiederbringlichen Höhepunkt fand in der schönen Kunst des antiken Griechenlands. Wie aber können wir den Niedergang der Schönen Kunst und ihre Ablösung durch der spekulativen Philosophie nähere Stufen – die romantische Kunst, die christliche Religion und schließlich die spekulative Philosophie selbst – einerseits als Verfalls-, andererseits als Fortschrittsgeschichte begreifen? Anders gefragt: wie kann Hegel Fortschritt in der Kunst als Fortschritt in Richtung spekulative Philosophie verstehen, wenn die Kunst ihren Höhepunkt nicht dort findet, wo sie der spekulativen Philosophie am nächsten ist, sondern in der Schönheit?

Ich möchte im Folgenden diesen scheinbaren Widerspruch auflösen, indem ich genauer untersuche, was 'Fortschritt der Kunst' für Hegel bedeutet, oder bedeutet haben könnte. Die Untersuchung wird außerdem ein interessantes Ergebnis hervorbringen, dessen Vorankündigung an dieser Stelle vielleicht nicht viel mehr als kryptisch klingt: erstaunlicherweise entwickelt sich nach Hegels Ansicht die Kunst nicht selbst, sondern ist lediglich Seismograph und Medium zur Dokumentation der allgemeinen Bewusstseinsentwicklung. Adornos programmatisches Urteil: „Fortschreitende dialektische Ästhetik wird notwendig zur Kritik auch an der Hegelschen"[2] findet, so hoffe ich zeigen zu können, seine Berechtigung darin, dass für Hegel die

---

[1] Vgl. G.W.F. Hegel: *Enzyklopädie der philosophischen Wissenschaften* (1830), Hamburg 1991 [Enz], §572ff.

[2] Theodor W. Adorno: *Ästhetische Theorie*, Frankfurt 1970, S. 119.

Kunst selbst nicht dialektisch fortschreitet. Zuletzt aber möchte ich schließlich vorschlagen, dass der Grund hierfür in Hegels kunsttheoretischer 'Ursünde' zu suchen ist, den Inhalt eines Kunstwerks nicht als *wesentlich* oder *notwendigerweise* durch das künstlerische Medium vermittelt zu sehen; also die Kunst nicht als Organon der Erkenntnis, sondern nur als Medium ihrer Repräsentation zu verstehen.

Für Hegel ist die Kunst eine *Form* des Wissens: sie ist Wissen von der absoluten Idee in Form sinnlicher Anschauung. Das bedeutet an erster Stelle, dass die Kunst dem Bewusstsein vom Absoluten zum Ausdruck dient, oder dass künstlerische Produktionstätigkeit dem Bedürfnis nach dessen Ausdruck entspringt. Das bloße Bewusstsein des Absoluten zusammen mit der Absicht oder dem Bedürfnis, es auf künstlerische Weise zur Darstellung zu bringen, reicht jedoch natürlich nicht hin zu dessen gelungenem künstlerischen Ausdruck – um ihn zu erreichen, müssen überdies die entsprechenden Mittel gegeben sein. Da Hegel das Medium künstlerischen Ausdrucks allgemein definiert als sinnliche Anschauung, ist dies genau dann der Fall, wenn der Begriff des Absoluten derart beschaffen ist, dass er seinen Ausdruck im sinnlichen Medium zulässt. Wird das Absolute im entgegengesetzen Fall als prinzipiell jenseits sinnlicher Anschauung begriffen, könnte man die Kunst, als die Gesamtheit bestehend aus dem Kunstwerk einerseits und andererseits dem „dasselbe produzierende[n] [...] anschauende[n] und verehrende[n] Subjekt“[3], also das Ensemble aller an der künstlerischen Praxis beteiligten Elemente, zwar als Manifestation eines Wissens vom Absoluten begreifen – aber dieses Wissen würde eben nicht auf künstlerische Weise, in den Kunstwerken selbst zum Ausdruck kommen, sondern „[z]erfallen in ein Werk von äußerlichem gemeinem Dasein, in das dasselbe produzierende und in das anschauende und verehrende Subjekt“[4].

Die symbolische Kunstform, mit der die Kunstgeschichte anhebt, manifestiert ein in dieser Weise zerfallendes Wissen, da das Absolute, das sie sich auf künstlerische Weise zu fassen bemüht, als jenseits der sinnlichen Welt liegend definiert, und deshalb im Medium sinnlicher Anschauung nur durch symbolischen Verweis zu evozieren, nicht durch regelrechte Darstellung wiederzugeben ist. Insofern ist der Übergang von der symbolischen zur schönen Kunst ein Fortschritt, nicht nur weil der Begriff des Absoluten, der die schöne Kunst begründet – der Begriff des Absoluten als Schönheit – eine dem „abstrakten Gott des reinen Denkens“[5] der symbolischen Kunst über-

[3] *Enz*, §556
[4] *Enz*, §556
[5] *Enz*, §561

geordnete Form der Idee ist, sondern darüber hinaus, weil sich Schönheit, im Gegensatz zu jenem abstrakten Gott, im Medium sinnlicher Anschauung fassen lässt. Die schöne Kunst bedeutet also einen Fortschritt gegenüber der symbolischen nicht nur in spekulativer, sondern auch in künstlerischer Hinsicht. Und dementsprechend stellt die romantische Kunstform zwar einen Fortschritt in Richtung spekulativer Philosophie dar, da ihr Begriff des Absoluten den der Subjektivität beinhaltet, zugleich aber einen Rückschritt der Kunst, da Subjektivität, als negative Bewegung von der Äußerlichkeit der Sinnlichkeit hinweg in die Innerlichkeit, das Medium sinnlicher Anschauung gerade flieht.

Wie aber kommt die Kunst dazu, einen Begriff des Absoluten gegen einen anderen auszuwechseln?

Die Begriffe des Absoluten sind einem historischen Wechsel unterworfen, indem der in einer Periode oder Kultur herrschende Begriff von Subjektivität, also Geistigkeit im menschlichen wie göttlichen Sinne, Objektivität, und dem Verhältnis beider, zusammen mit den verschiedenen gesellschaftlichen, politischen und religiösen Institutionen und praktischen Normen, worin sich dieser Begriff ausdrückt, von dem der folgenden Periode abgelöst wird. Dieser Wechsel ist aber nicht kontingent, sondern begrifflichnotwendig. Denn Begriffe des Absoluten beinhalten innere Widersprüchlichkeiten, die unvermeidbar an die Oberfläche drängen und die durch den jeweiligen Begriff konstituierte Lebensform sprengen, und zwar typischerweise Widersprüchlichkeiten zwischen der durch den jeweiligen Begriff gesetzten Bestimmung von Subjektivität auf der einen, und Objektivität auf der anderen Seite, dem Element des Begriffs und dem der Realität. Für Hegel begründet die innere Widersprüchlichkeit eines Begriffs des Absoluten nicht nur seine Endlichkeit oder Vergänglichkeit, sondern außerdem seine Unwahrheit, die aber in keinem Widerspruch steht zu der objektiven Realität, die er zumindest an einem bestimmten Punkt der Geschichte für sich in Anspruch nehmen kann. Denn für Hegel hat Wahrheit über ihre propositionale Bedeutung der Übereinstimmung einer Proposition mit der Welt hinaus eine ontologische[6], in der eine Entität dann und nur dann wahr ist, wenn sie eine angemessene Realisierung der Idee darstellt, also eine stabile Einheit von Subjektivität und Objektivität. Ein Begriff des Absoluten, der sich durch widersprüchliche Bestimmung der beiden Elemente als instabil erweist, kann also keinen Anspruch auf Wahrheit erheben. So ist etwa die antike griechische Polis zu Sophokles' Zeiten unwahr im ontologischen Sinne, da sie den

---

[6] Zu Hegels propositionalem und ontologischen Wahrheitsbegriff vgl. Christoph Halbig: *Das Erkennen als solches*, in: Ch. Halbig/M. Quante/L. Siep (Hg.): *Hegels Erbe*, Frankfurt a. M. 2004, S. 138-164.

Nährboden bildet für einen unvermeidbaren Konflikt zwischen objektiv herrschender Sittlichkeit auf der einen und subjektiver Moralität auf der anderen Seite.[7]

Während also der Niedergang eines Begriffs des Absoluten durch seine inneren begrifflichen Widersprüchlichkeiten erzwungen wird, so bleibt andererseits auch die Bestimmung des ihm nachfolgenden nicht dem Zufall überlassen. Jeder Begriff des Absoluten reagiert kritisch auf den ihm vorhergegangenen, indem er dessen Unstimmigkeiten in seiner neuen Position aufzuheben versucht, ist also zugleich Negation und Position oder, in Hegels Worten, bestimmte Negation.

Die Kunst, als sinnliches Medium zum Ausdruck des Absoluten, oder als absolutes Wissen in Form sinnlicher Anschauung, dokumentiert diese Entwicklung des Bewusstseins, indem sie sich im Laufe ihrer Geschichte den jeweils gerade aktuellen und vorherrschenden Begriff des Absoluten zum Inhalt nimmt. Aber ihr durchgehender *inhaltlicher* Fortschritt auf die absolute Wahrheit zu bedeutet nicht notwendig *künstlerischen* Fortschritt. Denn Tatsache ist, dass sich die fortschreitenden Begriffe des Absoluten vom Medium sinnlicher Anschauung hinwegbewegen und sich immer mehr dem künstlerischen Ausdruck entziehen. Während das die künstlerische Produktion motivierende Bewusstsein des Absoluten fortschreitet, verliert die Kunst an Bedeutung, indem der Inhalt, auf den sie zielt, und das Medium, das ihr zu seinem Ausdruck zur Verfügung steht, immer weiter auseinanderklaffen. So ist etwa der Inhalt des romantischen Bewusstseins, obwohl näher an der absoluten Idee als der der schönen Kunst, weniger geeignet zur Darstellung im künstlerischen Medium. Ab dem Niedergang der schönen Kunst bedeutet der Fortschritt des Bewusstseins in Richtung spekulative Wahrheit einen Rückschritt in künstlerischer Hinsicht.

Wir können also festhalten, dass die Geschichte der Kunst einerseits ihre eigene Fortschrittsgeschichte ist, gipfelnd auf der Stufe der schönen Kunst, nach deren Begriff sich das Absolute in Schönheit manifestiert, und damit einen der Form künstlerischer Darstellung, nämlich dem Medium sinnlicher Anschauung angemessenen Inhalt darstellt. Andererseits aber dokumentiert die Geschichte der Kunst einen allgemeinen Fortschritt des Bewusstseins vom Absoluten, der mit der schönen Kunst nicht endet, sondern über sie hinausführt, und damit über den eigentlichen Höhepunkt der Kunst.

Bemerkenswert ist nun, dass die Kunst am Bewusstseinsfortschritt zwar teilhat, indem sie ihn dokumentiert, seinen dialektischen Prozess aber selbst

---

[7] Vgl. Hegels Diskussion von Sophokles' Antigone in VI./A/a-c seiner *Phänomenologie des Geistes* (Hamburg 1988 [*Phän*]).

nicht vorantreibt. Was genau bedeutet es, den dialektischen Prozess 'voranzutreiben'?

In der Einleitung zu seiner *Phänomenologie des Geistes*[8] gibt Hegel eine deutliche Darstellung von der Dialektik, in die sich das Bewusstsein in allen seinen Wissensbehauptungen verfängt, solange es noch nicht zum absoluten Wissen vorgedrungen ist. Wissensbehauptungen aufzustellen ist dabei aber nicht nur ambitiöse Extravaganz des *philosophischen* Bewussteins, sondern liegt im Wesen jeglicher bewussten Erfahrung, und damit im Wesen des Bewusstseins überhaupt.[9] Denn Wesen des Bewusstseins ist es, sich auf einen Gegenstand zu beziehen, von dem es sich zugleich unterscheidet. Diese Bezugnahme hat die Struktur von Wissen: der Gegenstand des Bewusstseins wird zugleich als dem Bewusstsein zugänglich, als für-das-Bewusstsein, und als Wesen oder an-sich, also als unabhängig vom Bewusstsein bestehend gesetzt: „das auf das Wissen Bezogene wird ebenso von ihm unterschieden, und gesetzt als seiend auch außer dieser Beziehung; die Seite dieses an sich heißt Wahrheit".[10] Gegenstand des Bewusstseins, um es mit Hegel fremder Terminologie auszudrücken, ist bestimmt zugleich als intentionales Objekt, und als „Ding-an-sich".[11] Indem das Bewusstsein die Identitätsannahme macht, dass der Gegenstand, wie er für-es ist, zugleich auch an-sich ist, stellt es eine Wissensbehauptung auf. Entscheidend ist, dass für Hegel *beide* Seiten dieser Unterscheidung, nicht nur der Gegenstand als Gegenstand des Bewusstseins, sondern auch als Wesen oder an-sich, „in das Bewußtsein selbst fallen"[12], denn das Bewusstsein verfügt selbst über einen Begriff des an-sich, über ein Objektivitätskriterium, mit dem es seinen eigenen Gegenstand als in Übereinstimmung stehend begreift. Wollen wir also die Wissensbehauptung des Bewusstseins prüfen, so müssen wir nicht den Gegenstand, wie er für das Bewusstsein ist, mit einer absoluten, außer ihm liegenden Wahrheit vergleichen, sondern am dem Bewusstsein eigenen Objektivitätsmaßstab messen: „das Bewußtsein gibt seinen Maßstab an ihm selbst, und die Untersuchung wird dadurch eine Vergleichung seiner mit sich selbst sein; denn die Unter-

---

[8] *Phän*, 73-89. S. 57-68. Diese und alle folgenden Zahlenangaben in *Phän* beziehen sich auf die Absatznummer. Absätze werden, nach dem Vorbild englischer Ausgaben, von der Vorrede bis zum letzten Absatz des Buches fortlaufend nummeriert.

[9] Vgl. *Phän*, 86. S. 66

[10] *Phän*, 82. S. 64

[11] Obgleich nicht im kantischen Sinne: das Ding an sich ist für Kant gerade nicht identisch mit dem intentionalen Objekt. Hegel beschuldigt ihn folglich auch, auf wahres Wissen schlicht zu verzichten.

[12] *Phän*, 84. S. 64

scheidung, welche so eben gemacht worden ist [die Unterscheidung zwischen für-das-Bewusstsein und an-sich], fällt in es“.[13]

Nicht nur der Maßstab zur Prüfung seines Wissens aber wird eigens vom Bewusstsein beigesteuert, sondern auch der Mühe der Prüfung unterwirft es sich von selbst. Denn da für das Bewusstsein die Wahrheit, die es für seine Wissensbehauptung in Anspruch nimmt, in ihrer Übereinstimmung mit einem von ihm selbst gesetzten Objektivitätskriterium liegt, kann es ihm nicht verborgen bleiben, sollten beide nicht übereinstimmen: „Indem beide [das Wahre und sein Wissen davon] für dasselbe sind, ist es selbst ihre Vergleichung; es wird für dasselbe, ob sein Wissen von dem Gegenstande diesem entspricht oder nicht“.[14]

Um nun Fort- und Ausgang der ‘dialektischen Bewegung’[15] des Prüfungsvorgangs nachvollziehen zu können, ist es entscheidend, im Gedächtnis zu behalten, dass der Maßstab des zu prüfenden Gegenstandes vom Bewusstsein selbst bestimmt ist, und zwar als Maßstab *für* seine Wissensbehauptungen: „er gehört wesentlich diesem Wissen an“[16]. Wenigstens prinzipiell muss also der Gegenstand des Bewusstseins diesem Maßstab entsprechen können. Stellt sich deshalb im Laufe der Prüfung heraus, dass der Gegenstand, wie er sich im Bewusstsein vorfindet, mit dem von ihm gesetzten Objektivitätsmaßstab nicht übereinstimmen *kann*, so muss sich das Bewusstsein nicht nur eingestehen, dass es kein Wissen im von ihm vermeinten Sinne besitzt, sondern darüber hinaus seinen Objektivitätsmaßstab selbst so abändern, dass seine Übereinstimmung mit dem Gegenstand, wie er für das Bewusstsein ist, möglich wird.

Jedoch während wir, als Zuschauer des Prüfungsprozesses, von Anfang an wissen, dass auch der Maßstab der Prüfung vom Bewusstsein gesetzt, also ein an-sich für-das-Bewusstsein ist, wird das Bewusstsein selbst erst im Laufe des Vergleichs, nicht ganz ohne „Verzweiflung“[17], Zeuge des Herabsinkens seines an-sich zum für-es des an-sich. Während es zu Beginn der Prüfung nicht weiß, dass sein Maßstab wesentlich von ihm selbst gesetztes Kriterium für sein eigenes Wissen ist, sondern glaubt, das an-sich sei, was ganz außerhalb seiner liege und „rein aufgefasst“[18] werden könne, wird ihm im Laufe des Vergleichs klar, „daß dasjenige, was ihm vorher das an sich war, nicht an sich ist, oder daß es nur FÜR ES an sich war. Indem es also an seinem Ge-

[13] *Phän*, 84. S. 64
[14] *Phän*, 85. S. 65
[15] *Phän*, 86. S. 66
[16] *Phän*, 85. S. 66
[17] *Phän*, 78. S. 60
[18] *Phän*, 87. S. 67

genstande sein Wissen diesem nicht entsprechend findet, hält auch der Gegenstand selbst nicht aus".[19]

Ist es aber einmal so weit gekommen, so hat es sich nicht nur von seinem alten Maßstab befreit, sondern kann darüber hinaus ein neues Objektivitätskriterium bestimmen, das nicht mehr im Widerspruch steht mit dem Gegenstand, wie er für das Bewusstsein ist. Im Verlauf der Prüfung hat sich damit der Gegenstand des Bewusstseins geändert: „er hört auf, das an sich zu sein, und wird zu einem solchen, der nur für es das an sich ist; somit aber ist dann dies: das für es Sein dieses an sich, das Wahre, das heißt aber, dies ist das Wesen, oder sein Gegenstand".[20]

Die entscheidende Kehre in dieser „dialektische[n] Bewegung, welche das Bewußtsein an ihm selbst, sowohl an seinem Wissen, als an seinem Gegenstande ausübt"[21], die Wende nämlich, die schließlich zur Hervorbringung eines neuen Gegenstandes des Bewusstseins führt, in dem der im vorherigen bestehende Widerspruch zwischen an sich und für sich aufgehoben ist, ist also die „Umkehrung des Bewußtseins selbst"[22], der Moment, in dem es sein Objektivitätskriterium ändert, weil es dem Gegenstand, wie er für das Bewusstsein ist, nicht entsprechen kann, und dadurch gewahr wird, dass sein an-sich wesentlich und notwendigerweise für-das-Bewusstsein ist. Und genau diese Kehre, um schließlich zur eigentlichen Fragestellung zurückzukehren, findet für Hegel in der Kunst nicht statt. Die Wahrheit oder das an-sich, das durch das künstlerische Medium für-uns wird, wird nicht bestimmt als wesentlich oder notwendigerweise manifest im künstlerischen Medium. Sie ist vielmehr ein Inhalt, der der Form des künstlerischen Mediums von außen zukommt und von ihm repräsentiert wird, prinzipiell aber auch auf andere Weise erfasst werden kann. Da aber an-sich und für-uns, Inhalt und Form, in der Kunst nicht als identisch gesetzt werden, entsteht kein Widerspruch, der die Kunst zwingen würde, ihre bisherige Auffassung des an-sich aufzugeben und ihren bisherigen Inhalt gegen einen neuen auszutauschen. Weder treibt sie also selbst den dialektischen Prozess der Erkenntnis voran, noch bringt sie deshalb eigene Inhalte, eigene Konzeptionen des An-sich, hervor. Sie ist lediglich passives Medium zur Repräsentation von Erkenntnissen, und verdient deshalb den Titel einer Form des Wissens im eigentlichen – hegelschen – Sinne nicht.

Dies ist ein rein negativer Befund – und verlangt nach einer Erklärung. Warum hat Hegel Form und Inhalt der Kunst nicht als enger vereint, warum

[19] *Phän*, 85. S. 66
[20] *Phän*, 86. S. 66
[21] Ebd.
[22] *Phän*, 87. S. 67

die Kunst nicht als Organ der Erkenntnis, sondern nur als Medium zu ihrer Darstellung begriffen? Eine mögliche Antwort – so möchte ich abschließend vorschlagen – findet sich vielleicht in Hegels Auffassung davon, was höchste, eigentliche und ursprüngliche Berufung der Kunst ist: die Schönheit.

In Absetzung zu Kants „subjektivistischem"[23] Ansatz definiert Hegel[24] Schönheit „objektivistisch" als die „*Anschauung* und Vorstellung des *an sich* absoluten Geistes als des *Ideals*".[25] Diese Formulierung – die damit derjenigen der ohnehin notorisch unverlässlichen *Vorlesungen über die Ästhetik*, die das Schöne als „sinnliches Scheinen der Idee"[26] bestimmen, vorzuziehen ist – macht zwei Implikationen deutlich: zum einen ist das Schöne wesentlich *Anschauung;* zum zweiten wesentlich Anschauung des absoluten Geistes oder der Idee. Trotz ihrer inhaltlichen, objektivistischen Bestimmung von Schönheit, nimmt die Definition damit wesentlich Bezug auf den Betrachter: Schönheit ist eine Manifestation der Idee, aber sie ist eine Manifestation, die wesentlich angeschaut, also durch die Sinne wahrgenommen wird. Damit ist die Schönheit, gemäß Hegels Definition der Idee, die sinnlich wahrnehmbare Einheit von Begriff und Realität.[27]

---

23 Kants Theorie ist höchstens in Anführungszeichen als subjektivistisch zu bezeichnen, denn obwohl er Schönheit bestimmt als das, was interesseloses Wohlgefallen im Betrachter auslöst, gibt es auch für Kant objektive Gründe für das Auftreten dieser Art von Wohlgefallen: nur die ästhetische Idee vermag es, die Erkenntniskräfte des Betrachters in das freie Spiel zu versetzen, das ihm jenes sehr spezielle Wohlgefallen verschafft. Welche objektiven Eigenschaften wiederum eine Anschauung zur ästhetischen Idee machen, bleibt uns jedoch unbekannt, da ästhetische Ideen dem noumenalen Reich entspringen und nur durch das Genie in die sinnliche Welt gebracht werden können.

24 Nicht im hegelschen Geiste wäre es natürlich, die eigene Definition der kantischen einfach unvermittelt entgegenzusetzen. Das Potential zu einer objektivistischen Schönheitsdefinition sieht Hegel vielmehr bereits in Kant angelegt, aber nicht verwirklicht: vgl. *Enz*, §40-60 und G.W.F. Hegel: *Differenz des Fichteschen und Schellingschen Systems der Philosophie (1801)*, Frankfurt a.M. 1996, vor allem S. 323-29. Hier schreibt Hegel: „Eine ästhetische Idee kann nach Kant keine Erkenntnis werden, weil sie eine Anschauung der Einbildungskraft ist, der niemals ein Begriff adäquat gefunden werden kann" (S. 323). Anstatt also zu erkennen, dass die Schönheit gerade die anschauliche Exemplifizierung einer Vernunftidee ist, nach der er sucht, hält Kant sich fest an abstrakten Bestimmungen des Endlichen und Unendlichen: das Unendliche wird definiert als das, was jenseits der Erfahrung liegt. Im Lichte dieses 'perennierenden, ein für allemal zum Grunde gelegten Gegensatze[s] des Übersinnlichen und Sinnlichen' (S. 324) ist es kein Wunder, daß wir das Absolute nicht sinnlich erfahren können: dies folgt schlicht aus den Definitionen.

25 Enz §556

26 G.W.F. Hegel: *Vorlesungen über die Ästhetik I.* Frankfurt 1986. [ÄI]. S. 151.

27 Vgl. zum Beispiel ÄI S. 145

Die ursprüngliche und erste Form, in der wir dieser Einheit gewahr werden, ist die der Naturschönheit. Naturschönheit erregt unsere Aufmerksamkeit durch eine begriffliche Ordnung der sinnlichen, natürlichen Mannigfaltigkeit, die sich manifestiert in Regelmäßigkeit, Gesetzmäßigkeit und Harmonie organischer und nicht-organischer Konstellationen, vor allem aber, in ihrer perfektesten Form, in der organischen Einheit der lebenden Kreatur. Obwohl er auf den ersten Blick aus einer Mannigfaltigkeit von Organen oder Teilen von 'äußerer und unmittelbarer Existenz'[28] besteht, ist die Existenz des Organismus selbst nicht in dieser Weise unmittelbar. Denn er ist nicht nur eine lose Ansammlung von Organen, sondern hat zugleich eine Seele, die diese vereinigt und durch sie zur Erscheinung kommt. Die Seele ist jedoch nicht nur 'negativ' bestimmt, als die Organe beherrschende, aber von ihnen selbst unterschiedene Kraft, sondern zugleich 'affirmativ'[29] als identisch mit ihnen: „Sie [die Seele] tut sich zwar als die Macht gegen die selbständige Besonderung der Glieder kund, doch ist auch deren Bildnerin, indem sie das als Inneres und Ideelles enthält, was sich äußerlich in den Formen und Gliedern ausprägt. […] Im lebendigen Organismus […] haben wir ein Äußeres, in welchem das Innere erscheint, indem das Äußere sich an ihm selbst als dies Innere zeigt, das sein Begriff ist.“ [30]

Die Teile des Organismus sind somit, wie Hegel es in der *Enzyklopädie* in fast Kantischer Manier ausdrückt, zugleich Mittel zum Zwecke der Existenz des Organismus, und der Zweck selbst, zu dem sie Mittel sind, denn der Organismus ist nichts als seine Organe: „alle Glieder [sind] sich gegenseitig momentane Mittel wie momentane Zwecke, und das Leben [...] [*resultiert*] sich als die *negative für sich* seiende Einheit“.[31] Im lebendigen Organismus, in dem Inneres und Äußeres, Seele und Leib, Begriff und Realität vereinigt sind, manifestiert sich die Idee, in anschaulicher Form, als Leben.

Das *Leben* erscheint im der *Idee* gewidmeten Abschnitt der *Enzyklopädie* vor dem *Erkennen* und der *absoluten Idee* als die erste und noch nicht endgültige ihrer Manifestationsformen.[32] Denn obwohl sich in den Prozessen[33] des

---

28 ÄI S. 164

29 ÄI S. 164

30 ÄI S. 164

31 Enz §216

32 Enz §216-222

33 Tatsächlich handelt es sich für Hegel um drei derartige Prozesse, die sich wiederum zu einem Gesamtprozess vereinigen: das innere Leben des Organismus, seine Beziehung zur ihm entgegengesetzten unorganischen Außenwelt, die er auf theoretische und praktische Weise, durch ihre Wahrnehmung und durch Einwirkung auf sie, für-sich macht, und die Vermehrung der Gattung, die eben durch solche Einwirkung des Individuums auf seine Außenwelt geschieht.

organischen Lebens eine Einheit von Begriff und Realität manifestiert, kommt in ihnen das Element der Subjektivität, des für-sich-Seins der Idee, nicht zum Ausdruck – dies wird erst auf der nächsten Stufe möglich, dem Erkennen.

Über diesen notwendigen Mangel der Idee des Lebens selbst hinaus, ist aber zudem der sinnlich wahrnehmbare Ausdruck dieser Idee in Prozessen des natürlichen Lebens meist mangelhaft oder unvollständig – und es ist diese Mangelhaftigkeit der Naturschönheit, die am Ursprung der Kunstschönheit liegt.

Zunächst einmal stellt Hegel einen graduellen Unterschied fest zwischen dem Ausdruck, den das Leben durch den tierischen Organismus auf der einen, durch den menschlichen auf der anderen Seite findet. Die Körperteile des Tieres, so Hegels Beobachtung, bieten in vieler Hinsicht eine imperfekte Veranschaulichung ihres inneren Lebens. Überzogen mit „Federn, Schuppen, Haaren, Pelz, Stacheln, Schalen“[34], „verhüllen“ sie den „eigentliche[n] Sitz der Tätigkeiten des organischen Lebens“[35] eher, anstatt ihn zum Ausdruck zu bringen, indem sie durch derartige Verhüllungen als nicht-organische Objekte erscheinen, deren inneres Leben nicht an der sichtbaren Oberfläche erscheint, sondern unter ihr begraben liegt: „Das Tier ist *nur in sich* lebendig; d.h. das Insichsein wird nicht in der Form der Innerlichkeit selber *real*, und deshalb ist diese Lebendigkeit nicht überall zu erblicken. Weil das Innere ein *nur Inneres* bleibt, erscheint auch das Äußere *nur* als ein *Äußeres* und nicht an jedem Teil von der Seele völlig durchdrungen.“[36]

Der menschliche Organismus ist einen Schritt weiter, denn er verfügt über mannigfaltige Wege des Ausdrucks seiner inneren Seele: „Zum menschlichen Ausdruck gehört z.B. die aufrechte Gestalt überhaupt, die Bildung insbesondere der Hand, als des absoluten Werkzeugs, des Mundes, Lachen, Weinen usw. und der über das Ganze ausgegossene geistige Ton, welcher den Körper unmittelbar als Äußerlichkeit einer höheren Natur kundgibt“.[37] Jedoch auch menschliche Schönheit findet sich nicht oft in der „gemeinen Wirklichkeit“.[38] Zum einen ist der Mensch einer Vielzahl äußerer, natürlicher Kräfte ausgesetzt, die von seinem Körper Besitz ergreifen und auf seine Erscheinung einwirken und sie abändern, so daß sie, anstatt Zeichen ihrer inneren Seele zu sein, Spuren roher externer Kräfte aufweist. Zum anderen aber ist das menschliche Leben als Ganzes in den meisten Fällen weniger anschauliche Manifestation einer vereinigenden innerlichen Seelenkraft, als

---

[34] ÄI S. 193
[35] ÄI S. 193
[36] ÄI S. 194
[37] Enz §411 Anm.
[38] Dieser Ausdruck Schellings entspricht dem Geist des hegelschen Arguments.

durch und durch prosaisch: „Das Individuum, wie es in dieser Welt des Alltäglichen und der Prosa erscheint, ist deshalb nicht aus seiner eigenen Totalität tätig und nicht aus sich selbst, sondern aus anderem verständlich. Denn der einzelne Mensch steht in der Abhängigkeit von äußeren Einwirkungen, Gesetzen, Staatseinrichtungen, bürgerlichen Verhältnissen, welche er vorfindet und sich ihnen, mag er sie als sein eigenes Inneres haben oder nicht, beugen muß".[39]

Unsere sinnliche Erfahrung von Manifestationen des natürlichen Lebens – Tiere oder Menschen – erweckt also eher unser Verlangen nach Schönheit und Perfektion, als es zu befriedigen. Es ist dieses Verlangen, das am Ursprung der künstlerischen Schöpfung von Schönheit liegt: „Die Notwendigkeit des Kunstschönen leitet sich also aus den Mängeln der unmittelbaren Wirklichkeit her, und die Aufgabe desselben muß dahin festgesetzt werden, daß es den Beruf habe, die Erscheinung der Lebendigkeit und vornehmlich der geistigen Beseelung auch äußerlich in ihrer Freiheit darzustellen und das Äußerliche seinem Begriffe gemäß zu machen."[40] Aufgabe der Kunstschönheit ist es, die Mängel der Naturschönheit aufzuheben – Kunstschönheit ist perfektionierte Naturschönheit. Aber – und dies ist die entscheidende, folgenschwere Annahme in Hegels Argument – die Kunst ist selbst nicht *notwendig* zur Vollendung der Naturschönheit. „Die Prosa der Welt"[41], in der der einzelne Mensch „in Abhängigkeit von äußeren Einwirkungen, Gesetzen, Staatseinrichtungen, bürgerlichen Verhältnissen" steht, „welche er vorfindet und sich ihnen, mag er sie als sein eigenes Inneres haben oder nicht, beugen muß" und deshalb „nicht den Anblick der selbständigen und totalen Lebendigkeit und Freiheit [gewährt], welche beim Begriffe der Schönheit zugrunde liegt"[42], ließe sich prinzipiell durch Veränderung der politischen und sozialen Umstände zur Schönheit verklären, und gelangt auch tatsächlich in der antiken griechischen Polis zu dieser Vollendung. Alles, was der Kunst deshalb übrig bleibt, ist, vollendete Naturschönheit – oder besser, *menschliche* Schönheit – darzustellen, zu repräsentieren oder zu ihrem Inhalt zu machen, anstatt selbst die ausschließliche und einzige Kraft zur Hervorbringung wahrer Schönheit zu sein, als die sie etwa Schelling bestimmt. In ästhetischer Hinsicht, könnte man sagen, ist die Kunst für Hegel nicht notwendig; denn wahre Schönheit ist vollendete Naturschönheit, und auch die Kunst ist schön nur, indem sie den schönen Menschen darstellt oder zum Inhalt hat. Dass der Inhalt der Kunst für Hegel nicht notwendig durch seine künstlerische

---

39 ÄI S. 197/98
40 ÄI S. 202
41 ÄI S. 199
42 ÄI S. 198

Form vermittelt, und die Kunst deshalb nicht Organ der Erkenntnis, sondern lediglich Medium ihrer Darstellung ist, findet also eine Erklärung in Hegels kunsttheoretischem Sündenfall, der Kunst Schönheit zuzuschreiben nur, insofern ihr Inhalt schön: nämlich vollendet schöne Natur ist.

Wenn also das Darstellungsmedium Kunst für Hegel selbst keinem dialektischen Wandel unterworfen ist, sondern nur, soweit es ihr als sinnlich anschaubares Medium möglich ist, den des Geistes dokumentiert, so mag ein dialektischer Begriff der Kunstgeschichte zwar von Hegel inspiriert sein, ironischerweise aber nicht von seiner Philosophie der Kunst. Adorno selbst erklärt in der frühen Einleitung zu seiner *Ästhetischen Theorie,* dass eine Dialektik der Kunst sich weniger an Hegels Ästhetik, als viel mehr an seiner Logik zu orientieren hätte: „Die Einsicht von Bruno Liebrucks, Hegels Politik und Rechtsphilosophie stecke mehr in der Logik als in den jenen materialen Disziplinen gewidmeten Vorlesungen und Schriften, deckt auch die Ästhetik: sie wäre erst zur ungeschmälerten Dialektik zu treiben."[43]

---

[43] Theodeor W. Adorno: *Ästhetische Theorie.* Frankfurt 1970, S. 529.

```
  QQQ       EEEE    DDD
Q    Q      E       D  D
Q    Q      EEE     D  D
Q   QQ   .. E    .. D  D ..  Beweis durch Selbstbezug
  QQQQ   .. EEEE .. DDD   ..
      Q
```

Ich hoffe, ihr findet es nicht lächerlich aber ich möchte hier von einem Traum erzählen, den ich durchaus bemerkenswert finde. Wie es häufig in Träumen der Fall ist, fand ich mich wieder an einem anderen Ort und -- wie sich herausstellte -- zu einer anderen Zeit. Ich bin zwar noch nie körperlich dort gewesen, doch rein geistig war mir der Ort sehr vertraut. Ich befand mich nämlich im antiken Athen und ich hatte kaum Zeit, mich über diesen Umstand zu wundern, denn da sah ich bereits einen alten Freund vor mir auftauchen: niemand anderen als Sokrates.

Sokrates war in einer wahrlich lächerlich anmutenden Tätigkeit begriffen: Zu dieser frühen Stunde der Morgendämmerung lief er in einem fort im Kreis rund um den Athener Marktplatz. Dies erschien mir so verwunderlich, dass es mir gar nicht einfiel, den guten Mann gebührend zu begrüßen, oder mich gar vorzustellen. Ich konnte nicht anders, als ihn direkt anzusprechen:
„Sokrates, warum läufst du zu so früher Stunde ständig hier im Kreis?"
Ohne auch nur einen Schritt in seinem Lauf zu missen, und ohne sich auch nur zu wundern, dass ein Fremder ihn auf diese Weise anzusprechen wagt, sagte er:
„Dies hat mir wohl in guter Absicht mein Arzt mir anempfohlen. Damit dem starken Schmerz in meinem Kopf, der heimsucht mich nun jede Nacht, auf diese Weise abgeholfen wird. Und ich muss sagen, dass es hilft, erstaunlich gut, wenn man bedenkt, dass dieser Schmerz verursacht wird mir durch den Daimon, der auch des Nachts mir keine Ruhe gibt und antreibt mich zu suchen nach der letzten Wahrheit, nicht eher Ruhe geben wird, bis dass sie einst erjagt."
Dies erschien mir allerdings erstaunlich, wohl aus einem andern Grunde als dem Sokrates. Ich sagte: „Aber, sprich, wie kommt es, dass du wegen dieses ganz besondren Daimons zu Rate ziehst den ganz normalen Arzt?"
„Nun, es war ja gar kein ganz normaler Arzt der mich beriet, es war der Daimon selbst."

Die Idee, dass Sokrates der Krankheit selbst gehorchen sollte, um Abhilfe von ebendieser Krankheit zu erlangen, erschien mir wahrhaft lächerlich zu sein. Doch ein ganz anderer Punkt erschien mir weitaus wichtiger:
„So gehst du also nun im Kreis und hast du somit jene lächerliche Jagd nach letzter Wahrheit aufgegeben?"
„Entspricht dies etwa deiner Meinung, dass es gar keine letzte Wahrheit gibt?"
„Allerdings."
„Und davon bist du überzeugt, ganz fest und unabänderlich?"
„Genauso."
Diese meine feste Überzeugung ließ Sokrates in ernstes Schweigen fallen. Und ich begann bereits für diesen armen Mann zu hoffen, dass er vielleicht tatsächlich abgelassen habe von seinem stets vergeblichen Bemühen. Doch schließlich sagte er:
„So lass uns doch gemeinsam prüfen, ob uns nicht dies als letzte Wahrheit gelten kann: dass es im ganzen großen Reich der Meinung nicht eine letzte Wahrheit gibt."
Bei diesen seinen Worten ließ ich jedoch die Hoffnung für ihn fahren. Und innerlich wie äußerlich erregt beschied ich ihm:
„Ich weiß sehr wohl, wie sehr du diesen Ruf hast, dem jeden Satz ins Lächerliche zu verdrehen, der nur versucht dir ernsten Sinnes mitzuteilen, was du schon lange wissen musst. Doch was du sagst, ist doch zu offensichtlich sinnlos. Es ist natürlich keine letzte Wahrheit, dass es keine letzte Wahrheit gibt."
„Sodann erhelle mich mit Sinn, was schwebt dir vor?"
„Es ist so, dass es keine letzte Wahrheit *für uns* gibt. Ja, für die Götter mag dergleichen wohl erreichbar sein. Doch unsereins ist ewiglich zur Gänze ohne Sicherheit, was denn die letzte Wahrheit anbetrifft."
„Vor Kurzem noch erschienst du mir bewundernswert in deiner Sicherheit. Doch nun gestehst du ein, umfassend und in allem unsicher dir zu sein und nichts zu wissen. Ein solcher Wankelmut erscheint mir darauf hinzudeuten, dass irgendetwas wohl im Argen ist."
„Doch ist dies Arge nicht an mir allein zu suchen, werter Sokrates. Im Gegenteil betrifft es jeden Mensch."
„So lass uns also doch auch dieses prüfen, fremder Freund: Sind wir ganz sicher, dass in Bezug auf alle Wahrheit ohne Sicherheit wir gänzlich sind?"
„Schon wieder diese lächerliche Art zu fragen! Doch nun gut, wenn du so willst, dann sind wir auch in dieser Frage gar nicht sicher, und wissen weder, ob wir wissen, noch ob nicht, bei jeder Frage, die die letzte Wahrheit anbetrifft. Und eben das ist das Problem, das ich versuche dir zu schildern. Nie-

mandem geht es da besser, denn keiner kennt die letzte Wahrheit und darum ist es auch kein Wunder, dass dein Kopf bei solchen Fragen schmerzt."
Anscheinend hatten wir an dieser Stelle des Gesprächs ein gewisses Pensum an Umrundungen geschafft. Denn Sokrates bog ab vom Markt in eine Seitengasse und begann -- wie ich schnell merkte -- mit einer größeren Umrundung dieses Platzes hinter Häusern längs. Doch war die bauliche Gegebenheit der ehrwürdigen Stadt derart, dass wir gezwungen wurden, ein kleines Stück des Wegs erneut am Markt entlang zu wählen. Den Sokrates schien dieses allerdings nicht hinderlich. Er fuhr so fort:
„Aber, aber, fremder Freund, ein wenig Wissen haben wir doch schon zu zweit entdeckt!"
„Und was?"
„Dass es nicht möglich ist, dass eine letzte Wahrheit heißt, es gäbe keine letzte Wahrheit. Und zweitens, dass man nicht sicher sein kann ganz und gar in Unsicherheit sich zu befinden."
„Das sind doch nur ganz lächerliche Reden, mein lieber Sokrates. Tu' doch nicht immer so, als ob du gar nicht wüsstest, was ich sagen will."
„Und doch, genau so ist es. Wenn ich nach jenem Urteil gehe, was du bisher hast gesagt, so scheint es mir sogar, als ob du selbst nicht wüsstest, was du sagen willst. In jedem Fall ist das genau das, was du sagst."
„Wenn du *so* sprichst will ich dir diesen Spieß einmal in deiner Hand verdrehn. Denn auch du weißt gar nicht richtig, was du sagst, mein lieber Sokrates. Denn ständig redest du von letzter Wahrheit, aber was die Wahrheit genau ist, und was wohl nicht, das kannst du mir nicht auseinanderlegen ohne Fehl. Doch kannst du dieses doch und ganz genau? Denn wenn du es wohl selbst nicht weißt, wie kannst du dann etwas beweisen und gar als Letztes dir zu eigen machen, wenn du nicht einmal weißt worum es geht?"
Dies ließ den alten Mann für einen Augenblick verstummen und für denselben rührte mich ein Leid. Tat ich denn Recht, hier derart hart zu reden? Doch schließlich sagte er:
„Du meinst wohl also dies: dass wir bei jeglichem Begriff zuallererst genau zu sagen haben, was er bedeuten soll und was er wohl bedeutet nicht. Und erst danach kann jemand daran denken, zu beweisen, was er wissen will."
„Sehr schön hast du das diesmal aufgefasst, oh werter Sokrates! Und dies ist dann auch gleich ein weitaus nützlicherer Satz, den du gern unter deine letzte Wahrheit zählen kannst. Und wahrlich dünkt es mich in diesem Augenblick, dass jeder deiner Schüler diesen Satz verinnerlichen sollte, bevor er auch nur anfängt mit der Hochphilosophie."
„So sei er nun mit Dank als solcher aufgenommen, ein Prachtstück, wie mich dünkt, im Schatz des sichren Wissens. Und gegen seinen Prunk verblasst mir in der Tat das Wenige zur Gänze, was eben noch als letzte Wahrheit galt."

„Wohl gesprochen!“
„Doch scheint der Satz mir gar so hell, dass, wie beim Blicken in die Sonne, ich nicht mehr richtig sehe auf die Welt. Gib du mir bitte meine klare Sicht zurück!“
„Wenn ich kann.“
„Bestimmt kannst du, denn eine Kleinigkeit ist mir nun noch nicht sichtbar.“
„Was ist es?“
„Wenn ich ja nun bald meinen Schülern sage, wie es sich verhält mit diesem Satz; dann sollte ich doch auch dazu vom Abgrenzen und Klären des Begriffs zu ihnen sprechen? Sonst können sie womöglich deinen schönen Satz gar nicht verstehn.“
„Das hast du wohl gesprochen, werter Sokrates. Und voller Freude sehe ich, wie sehr du nun bereits beginnst, den Satz dir innerlich zu machen.“
„Ich werde ihnen also sprechen von der Abgrenzung, was sie wohl ist, und auch was nicht.“
„Eben dies.“
„Und somit grenzen diese ab gegen ihr Gegenteil?“
„Sehr wohl!“
„Und sprechen werde ich zu ihnen von dem nicht Abgegrenzten.“
„Das versteht sich.“
„Und was es ist und was es nicht ist, und also das nicht Abgegrenzte abgrenzen vom Abgegrenzten.“ Dies klang allerdings gefährlich nach einem lächerlichen Satz. Und tatsächlich sagte er nach kurzer Pause:
„Ich fürchte, dass mir dieses Letzte nur schwer gelingen mag. Denn keinesfalls ist mir geläufig, wie das geht, das, was nicht abgegrenzt sein soll doch richtig abzugrenzen.“
„Unsinn“, sagte ich nun wieder leicht verärgert. “Dies scheint dir nur so, denn in Wirklichkeit lässt alles sich auf diese Art begrenzen.“
„Alles, wirklich alles?“
„Ja.“
„Und auch dies: Alles“
„Selbstverständlich, nämlich gegen Nichts“
“Und dieses Nichts, von dem du sprichst, ist ein Begriff?“
„Ja.“
„Und fällt es damit unter die Begriffe?“
„Ja.“
„Und die Begriffe ihrerseits, sind Teil von ‚Alles’?“
„Ja.“
„Auch jeder einzelne von ihnen?“
„Alles ist Alles.“

„Dann fällt wohl auch das Nichts mit unter dieses Alles und Alles ist dann also gar nicht abgegrenzt gegen das Nichts."
„So scheint es."
„Und Alles lässt sich also nicht abgrenzen und insbesondere das ‚Alles' nicht."
„Das muss ich dir wohl zugeben. Aber das kommt auch nur daher, dass du stets nur derlei lächerlichen Unsinn in deinem Kopfe hast. So das Nichtabgegrenzte, Alles, Nichts und solches mehr. Es ist ja eben gerade diese Sache, dass es andauernd nur Probleme gibt mit derlei sinnlosen Begriffen. Doch geht es gar nicht nur um derlei Zeug, die Wahrheit suchten wir zu finden. Und von der Wahrheit wirst gerade du ganz sicherlich nicht sagen wollen, dass sie sinnlos ist."
„Aha, nun hast du deine Meinung also wiederum geändert und willst sagen, dass mindestens ein jeder *sinnvolle* Begriff muss abgegrenzt sein können. Und diese Probe zeigt dann auch, ob ein Begriff dem rechten Philosophen ziemt."
„Genau."
Zu diesem Zeitpunkt kamen wir zum zweiten mal am Markt vorbei, und Sokrates schwieg eine ganze Runde lang. Und während dieser Runde ging mir das Gesagte noch einmal im Kopf herum. Doch kaum war der zentrale Markt ein drittes Mal erreicht, da sagte Sokrates ganz plötzlich:
„Sag mir doch bitte, wie das eigentlich geschieht?"
„Was?"
„Das Abgrenzen?"
„Nun, wie gesagt, gibt man dann an, was etwas ist und was es nicht ist."
„Indem man etwa aufzählt, was es alles ist und was es nicht ist?"
„Wie meinst du dies?"
„Indem ich etwa dann, wenn man mich fragt, was wohl die Schönheit ist, so muss ich sagen, dieser Jüngling, jenes Bild und dieser Gott."
„So etwa, ja."
„Und gleicher Art noch eine zweite Rede, die uns sagt, was nicht schön ist."
„So ist es."
„Und schließlich wüsste jeder dann von dieser Ausführung, was schön ist und was nicht."
„Sehr richtig hast du dies jetzt aufgefasst, oh Sokrates."
„Doch lassen wir für dieses Mal die Schönheit ohn' Bedacht beiseite und wenden uns, wie auch bisher, der Wahrheit zu."
„Dies erscheint auch mir für diesen Tag das beste."
„Und lass uns also einmal so betrachten, als ob wir zwei Papyrusrollen hätten. Die eine füllen wir mit allen wahren, die andere mit allen falschen Sätzen."

„Ich nehm' es mit dir an."

„Gut, willst du mir helfen, einen bestimmten Satz zu untersuchen, und zu sehen, auf welche Rolle wir ihn wohl am besten schreiben?"

„Wenn ich dies irgendwie vermag sei dir geholfen."

„Schön. Der Satz ist ‚Dieser Satz steht nicht auf jener Rolle mit den wahren Sätzen.'. Wohin soll also dieser Satz geschrieben sein? Auf die Rolle mit den falschen?"

„Vielleicht."

„Doch dann steht er in der Tat nicht auf der Rolle mit den wahren Sätzen, oder wie? Und was er sagt, ist also deutlich wahr."

„Richtig."

„Wir hätten ihn wohl besser auf die Rolle mit den wahren Sätzen schreiben sollen, wie?"

„Vielleicht."

„Dann aber ist das, was er sagt, doch falsch und unser gut gehüteter Papyrus alles Wahren birgt nun Falsches. Dies erscheint mir gar nicht wohl getan."

„Mir ganz genauso, Sokrates, doch liegt es nicht an jener Rolle, der Grund liegt ganz allein bei dir."

„Wie meinst du das, mein fremder Freund?"

„Es ist doch nur ein altbekannter Trick, den du gebrauchst."

„Welcher?"

„Diesen schlimmen Satz zu bilden, der, wenn du nur das Wichtigste beachten wolltest, nicht einmal als ein Satz uns gelten mag."

„Oh, das wäre mir die wahre Freude, nun endlich zu erfahren, was das Wichtigste wohl ist, und vielleicht so die Grundlage all dessen, was von daimonischen Bezweifeln mich befreit."

„Und du wirst sehen, dass es wahrlich lächerliche Zweifel sind, die dich befallen. Denn was stets zu beachten ist bei jedem Satz ist Folgendes: Es gibt den Satz und die seinigen Begriffe auf der einen Seite und auf der anderen stehen jene Dinge, die durch ihn bestimmt. Und diese beiden Seiten sind stets streng zu unterscheiden, wenn anders man nicht Unsinn reden will. Und siehst du, dieser Satz der uns verspottet, soll ja handeln von sich selbst, doch ist dies wegen des Gesetzes gar nicht möglich und der Satz kein Satz und daher Schund."

„Interessant ist das, was du da sagst fürwahr! Wenn ich nun also sagte "Dieser Satz ist falsch." so hab ich nur vermeint etwas zu sagen, doch in Wahrheit sprach ich, recht verstanden, nichts." –

„Ebenso."

„Und wenn ich sage "Es ist eine letzte Wahrheit, dass es die letzte Wahrheit gar nicht gibt." so steht es ganz genau so um den Satz?"

„Ebenjenes dürfte wohl die Wurzel für unser lächerliches Reden zu Beginn gewesen sein.“

„Dann hilf mir noch bei diesem einen letzten Satz, oh Lobenswerter Mensch, damit ich es auch sicher ganz versteh.“

„Gerne.“

„Was, wenn ich sage “Bei jedem Satz ist streng zu unterscheiden eins er selbst und zweitens das wovon er spricht“?“

„Was dann?“

„Ist hier der Fall nicht ebenso, dass dieser Satz von jedem Satze spricht und also somit auch betrifft sich selbst?“

„Ist denn kein Ende deiner lächerlichen Reden?“

„Wieso?“

„Du verstehst es nicht und willst es nicht verstehen.“

„Was?“

„Wie streng du trennen musst, und dass der Satz deswegen gar kein Satz ist, sondern ein Gebot.“

„Dies scheint mir in der Tat ein Glückstag heut' zu sein! Mit Kopfschmerzen begab ich mich früh auf die Jagd nach letzter Wahrheit und inzwischen habe ich sogar noch Besseres gefunden: ein Letztgebot! Vielleicht werd ich nun bald auch Wahrheit in den Händen halten, wenn ich nur achte dein Gebot.“

„Vielleicht.“

„Vielleicht sogar die Wahrheit in Bezug auf dieses.“

„Was?“

„Warum dieses Gebot streng einzuhalten ist.“

„Nun, hast du denn nicht zugehört, mein lieber Sokrates? Weil gegen dies verstoßend stets nur Unfug wird gesagt.“

„Aber wieso? Ich seh es nicht.“

„Weil du es gar nicht sehen willst.“

„Oh nein, das darfst du nicht von mir behaupten. Nur allzu gerne würde ich es ganz genauso klar und sicher sehen wie du. Aber weil ich, wie ich dir schon erzählte, nicht von den Göttern hell erleuchtet bin wie du, statt dessen leider nur von einem Daimon heimgesucht, erbitte ich von dir die Gunst für einen schlüssigen Beweis der Geltung dieses wichtigen Gebots, dass alles Reden, alles Denken und auch alles Beweisen fasst.“

„Ha! Inzwischen kenn' ich dich und deine Schliche, Sokrates. Du suchst doch nur erneut, mich lächerlich zu machen, indem du mich nun zwingst, in allgemeiner Argumentation den Satz zusammen mit dem auszusprechen, auf das er sich dem Inhalt nach bezieht.“

„Wie, meinst du etwa, dass ein Beweis ansonsten ganz unmöglich ist, wenn er nicht in Beziehung setzt die Sätze und auch das, wovon sie handeln?“

„Das meine ich, denn mindestens muss ausgesprochen werden, was zu zeigen ist. Und außerdem beträfen jene Sätze des Beweises wiederum sich selbst, was auszuschließen wir geplant."
„Sehr schön, dies ist es in der Tat, was mir bedenklich schien."
„Und findest du nicht auch bedenklich, dass diese schöne Einsicht wohl gar nicht einzusehen ist?"
„Ich? Nein."
„Wie, du mein wunderlicher Freund? Stört es dich nicht, dass wir auf diese Weise ewiglich die dann wohl von den Göttern uns gegebenen Gesetze achten müssen ohne jemals zu erfahren das ‚Wieso?' und das ‚Aus welchem Grund?'?"
„Oh nein, mein Sokrates, das stört mich nicht. Denn so war es seit Anbeginn der Zeit und bleiben wird es so für immer bis in alle Ewigkeit. Denn wenn du auch nur etwas wüsstest, Sokrates, dann dies: dass jedweder Beweis stets immer nur von wahren Sätzen ausgeht und von diesen aus nur weiterschreiten kann zu weiter Wahrem."
„So hast du also nun kaum merklich, und gewissermaßen hinter deinem Rücken die Meinung um ein Weiteres geändert. Nicht nur, dass du nun nicht mehr glaubst, es gäbe keine ersten Sätze, statt dessen sagst du nun, dass nur aus solchen Sätzen uns alle Wahrheit erst erwächst."
„So scheint es mir nun deutlich."
„Und, wenn ich dich recht verstand, ist es nunmehr die These, dass jede Einsicht und jeder Beweis, von dieser Form ist, dass zuerst die festen Sätze stehen und die Einsicht erst durch Ableitung dann kommt."
„Schön hast du dies gesagt."
„Wohl scheint es mir, dass diese deine Ansicht eng verwandt ist mit der letzten, die du zuvor geäußert hast."
„Mit welcher?"
„Die, dass jeglicher Begriff erst abzugrenzen ist, bevor man ihn verwendet im Beweis."
„Das scheint mir ebenfalls"
„Und auch schon jene Ansicht hatte sich als sehr verwirrend uns gezeigt."
„Doch dies liegt nur daran, dass du es vorziehst, uns jeden Satz ins Lächerliche zu verdrehen. Im Gegenteil dünkt es mich nun, dass uns gar kein Problem erwachsen wäre, wenn zu Beginn wir schon danach getrachtet hätten nur durch die Ableitung den klaren Nachweis zu gebären."
„Das mag ich glauben."
Hier machte Sokrates nun eine Pause und ich dachte schon, ihn schließlich überzeugt und auf den guten Weg gebracht zu haben. Doch wie zuvor schon hatte ich mich in dem alten Mann getäuscht.
„Erkläre mir doch bitte nur noch eine kleine Sache, fremder Freund!"

„Was ist es?"

„Welches sind denn wohl die ersten Sätze, die den Beweis erlauben, dass es die richtigen und alle richt'gen ersten Sätze sind?"

„Warum stellst du nun diese Frage?"

„Es scheint mir so, als ob dies gar nicht möglich ist, da du zuallererst voraus schickst, dass die Sätze die den Anfang für dich bilden, nicht auch bewiesen werden können."

„Oder anders formuliert, o Sokrates, du stellst die Frage, um ein weiteres Mal das Lächerliche zu bemühen."

„Im Gegenteil es scheint mir nicht erbaulich, auch hier auf alle Zeit im Unwissen zu sein. Und fürchten muss ich wohl schon jetzt die argen Qualen, die mein Daimon mir bereitet, sollte ich fügen mich in solches Schicksal ohne Gegenwehr."

„Aber wie denn, Sokrates? Ist deine stets sich in sich selbst verwirrende Rhetorik etwa eher zu erstreben?"

„Und wieso nicht?"

„Weil ja der Scherz sich gänzlich drehen lässt und so mit seiner Spitze nun auf dich zeigt und so droht dich schwer zu treffen."

„Inwiefern?"

„Nun, wenn du sagst, dass ich wohl nie die letzten Annahmen erweisen könnte, so wenig ist dies dir vergönnt."

„Wieso?"

„Nun, nimm nur an, du könntest auch nur einen letzten Satz entdecken. Wie solltest du ihn dann beweisen, wenn nicht ohne jeden Sinn im Kreis zu laufen? Denn verwenden musst du nicht nur die anderen Sätze, sonst ist dein Satz kein letzter. Sondern ihn selbst zu seinem eigenen Beweis als Zeugen laden. Und kennst Du auch nur einen Richter, welcher höchsten Wert auf solches

Zeugnis legen wird?"

„Nun also gibst du uns aus deinem Schatz ein Weiteres heraus. So eifrig du die letzte Einsicht zu Beginn dieser Betrachtung noch gehütet hast -- sogar behauptend, dass du nicht mal ein einzig Stück dein Eigen nennst -- so frei gibst du nun Weisheit her mit vollen Händen. Nun also lehrst du uns, dass kein Beweis jemals die Form des Kreises haben kann. Nicht wahr, das ist doch, was du sagst? Dass nie Voraussetzung und Ziel dasselbe sind, da andernfalls die Geltung des Beweises sofort nichtig?"

„Genau so."

„Nun aber wiederum musst du dich fragen lassen, wie du das wohl beweisen willst."

„Was?"

„Dass kein Beweis solch zirkelhafte Form besitzen kann."

„Ich weiß es nicht."

„Du kannst es auch nicht wissen. Denn als Beweis muss er voraus schon setzten, alles das, was stets zu dem Beweis gehört. Und also auch dasjenige, was erst am Ende zu beweisen ist. Doch solch ein kreisendes Gespinst, sich sogar selber widerlegend, wird sicher kaum dein freudig Einverständnis sehen."

„Im Gegenteil, es wäre mir ein Gräuel, und das ist gerade das, was ich ja sage. Nun endlich scheinst du es zu sehen, oh Sokrates."

„Weit gefehlt, oh Wunderlicher! Denn verstehen werden dies wohl weder du noch ich. Denn es ist ja stets die wahre Einsicht, die du uns verwehren willst."

„Doch nur, weil Einsicht hier nicht denkbar ist."

„Das sagst du so, als sei es göttliches Gebot. Ich hingegen will dir ein Geheimnis sagen, betreffend die Natur der Götter und das Wesen des Daimons."

„Was ist es?"

„Wann immer ein Daimon von göttlichem Dekret betroffen, das einzuhalten er genötigt wird, ganz ohne jeglichen Beweis, dann regt er sich stets widerspenstig auf und tut aus reinem Trotz das Gegenteil."

„Oh, Sokrates, hab acht! Solch Rede kann dich Kopf und Kragen kosten, verbreitet sie sich unter den Athenern!"

„Sei unbesorgt, mein fremder Freund, ich fürchte nicht den Tod, am wenigsten von Händen dieser Bürger von Athen. Und dies geschieht aus gutem Grund, den anzugeben dir jedoch zu weit uns abführt von dem Ziele. Statt dessen sag mir lieber dieses."

„Welches?"

„Was wohl passiert wenn ich mich rundheraus an alles das, was du gebietest gar nicht halten werde. Wenn ich auch die Begriffe nutze, die nicht abzugrenzen sind, wenn ich auch letzte Wahrheit halte noch für meiner Einsicht fähig und wenn ich auch vor zirkulärem Nachweis nicht erschrecke, wenn er anders denn nicht möglich ist. Was dann?"

„Dann wirst du nur noch Unfug von dir geben."

„Glaubst du das nur und ist es reine Meinung oder kannst du es beweisen dir und mir und jedem Philosoph?"

„Eingedenk des hier Gesagten glaube ich es nur. Doch nur, weil es nicht anders denkbar ist."

„Und *dass* anders es nicht denkbar ist, glaubst du das oder weißt du es?"

„Ich glaube. Aber auch dein gegenteiliges Verhalten lässt sich als richtig nicht erweisen."

„Und dass mein Daimon mich nicht doch zur Wahrheit führt, sag glaubst du, oder weißt du das?"

„Ich glaube."
„Und wissen kannst du es auch nicht, wie wir gesehen."
„Weil man es nicht wissen kann."
„Was du auch wiederum nur glaubst und niemals wissen kannst. Es scheint dir wohl, dass reiner Glaube der beste Freund der Götter ist. Doch sag ich dir, mein fremder Freund, dass du die wahre Macht der Götter unterschätzt, wenn sonst ja jeder Daimon sich ihnen leicht entgegenstellt."
Als dies gesagt, umgingen wir ein letztes Mal die Ecke, die uns zum Marktplatz führt. Bei ebendiesem Anblick wurd' auch dem Sokrates ein wenig sonderlich zumute.
„Es ist fürwahr ein wunderlicher Morgen, fremder Freund. Nicht nur führt uns der Weg in einem fort an diesen Ort zurück. Auch unsere Gedanken zeigten sich in lächerlichem Kreis begriffen. Zuerst schien uns, dass keine Wahrheit uns als letzte gut genug. Doch dann erschloss sich uns ein ganzer Schatz von Sätzen, jeder einzelne von ihnen göttlich anzusehen. Und schließlich zeigt es sich erneut, dass alle diese wertvollen Geschenke zwar Sätze sind, doch keine echte Einsicht uns erreicht. So also stehen wir am Ursprung wiederum so da, dass keine einz'ge Wahrheit der genannten uns eine letzte ist. Inzwischen scheint mir alles dies so stark verschwommen und verwirrt, dass ich kaum noch fähig bin zu unterscheiden, wer von uns beiden wer ist und ob in Wahrheit nicht ich selbst mir fremd und du, mein Freund dich in Erkenntnis deiner selbst am Ende noch als Sokrates entpuppst. Doch gibt es wohl auch etwas Positives zu berichten."
„Was?"
„Dass ich vom argen Kopfschmerz nun befreit mich finde."

Mit diesen letzten Worten wand Sokrates sich um und ging nach Hause. Mir hingegen wurde ganz so verschwommen vor Augen, wie Sokrates es beschrieben hatte, und ich fühlte, dass das Ende meines Traumes nahte. Doch kurz vor dem Erwachen nahm ich einen merkwürdigen Schriftzug wahr, den wohl ein Scherzbold an die Wand geschmiert hatte. Das Merkwürdige war, dass er mir gar nicht recht nach Athen und auch nicht zu Sokrates zu passen schien. Es sah wie folgt aus:

```
 QQQ      EEEE    DDD
Q   Q     E       D  D
Q   Q     EEE     D  D
Q  QQ  .. E    .. D  D ..  Beweis durch Selbstbezug
 QQQQ  .. EEEE .. DDD  ..
     Q
```

*Hartmut Wilke*

# „Gefühlte Überfremdung" – Zu den Möglichkeiten einer phänomenologischen Kritik soziobiologischer Erklärungsansätze

Vor dem Hintergrund einer angespannten Lage auf dem Arbeitsmarkt und der Situation der sozialen Sicherungssysteme, der voranschreitenden Globalisierung und den demographischen Entwicklungen in Deutschland ist die Furcht vor Überfremdung als Ausdruck einer subjektiven und kollektiven Gefühlslage gegenüber einer Fremdheit von anhaltender Aktualität.[1] Da davon auszugehen ist, dass durch die Angst vor Überfremdung eine potentiell aggressive Grundhaltung in bestimmten Teilen einer Gesellschaft erzeugt wird, die sich nicht nur auf den politisch extrem rechten Rand beschränkt, ist die Frage nach den Ursachen eines solchen Phänomens nicht nur wissenschaftlich interessant, sondern auch politisch von Belang. Darüber hinaus hat sich die Bedeutung einer solchen Gefühlslage für den international europäischen Bereich im Scheitern des Referendums zur EU-Verfassung gezeigt.[2] Die fortwährende Instrumentalisierung der Einwanderung durch die Politik forciert die Angespanntheit dieser Gefühlslage in Deutschland immer wieder[3] und trägt weder zu einer Besserung noch zu einer inhaltlichen Aufklärung bei. Auch die Wahl des Begriffes ‚Überfremdung' zum Unwort des Jah-

---

1 „Ausländerfeindlichkeit und rechtsextreme Einstellungen haben nach einer Studie der Universität Leipzig in Deutschland ‚erschreckende Ausmaße' angenommen. 38 Prozent von 2.473 befragten Deutschen hätten 2004 Übereinstimmung mit dem Satz ‚Die Bundesrepublik ist durch die vielen Ausländer in einem gefährlichen Maße überfremdet' bekundet, teilte die Hochschule am Mittwoch mit." (*Berliner Zeitung* vom 14.7.2005, S. 36, (http://www.berlinonline.de/berliner-zeitung/archiv/.bin/dump.fcgi/2005/0714/politik/0135/index.html).

2 Vgl. *Die Zeit* 2005 vom 2.6.2005, S. 1, den Leitartikel von Helmut Schmidt in *Die Zeit 2005* vom 9.6.2005, S. 1f., und auch *Das Parlament* 2005, Nr. 25 (http://www.das-parlament.de/2005/25-26/Titelseite/001.html).

3 Matthias Seifert, Ulrich Brinkmann: *„Trau, schau, wem?" – Anmerkungen zum Misstrauen gegenüber Fremden*, in: Jennifer Wasmuth (Hg.): *Zwischen Fremd- und Feindbildern: Interdisziplinäre Beiträge zu Rassismus und Fremdenfeindlichkeit*, Münster 2000, S. 204; Steffen Angenendt: *Einwanderungspolitik und Einwanderungsgesetzgebung in Deutschland 2000-2001*, in: Klaus J. Bade, Rainer Münz (Hg.): *Migrationsreport 2002*, Frankfurt a. M. 2002, S. 33f.; Wilhelm Heitmeyer: *Grundmuster der Abwertung*, in: *Erziehung und Wissenschaft. Zeitung der Bildungsgewerkschaft GEW*, 2005, Nr. 6, S. 13; *Die Welt* vom 11.6.2005 (http://www.welt.de/data/2005/06/11/730614.html).

res 1993 darf nicht über die Bedeutung des Phänomens für die Zukunft unserer Gesellschaft hinwegtäuschen.[4]

Der Umstand, dass es auf den ersten Blick keinen objektiven Maßstab für eine vorliegende Überfremdung gibt, lässt sich einerseits durch das Beispiel der Ausländerfeindlichkeit als mögliche Reaktion auf das Gefühl der Überfremdung veranschaulichen: Während in den neuen Bundesländern ein weitaus geringerer Anteil von Ausländern an der Wohnbevölkerung zu finden ist, gibt es dort eine höhere Ausländerfeindlichkeit.[5] Andererseits nehmen Bewohner von Stadtvierteln mit äußerst hohem Ausländeranteil, die als Konfliktzentren gelten könnten, ausländische Bewohner nicht oder wenig als Bedrohung war.[6] Das bedeutet, dass die oberflächliche Annahme, Überfremdung hinge von dem Anteil Fremder in einer Gesellschaft ab, so nicht richtig sein kann. Zwar könnte man die Bedingung formulieren, es sei ein Minimalanteil von ‚Fremdem' nötig, so dass Überfremdung überhaupt auftreten könne, doch diese Bedingung scheint wenig nützlich für die Lösung des eigentlichen Problems. Damit stellt sich die Frage, wie Überfremdung zu erklären sei, wenn nicht durch quantifizierende Forschung. Durch eine qualitative Erhebung der Haltung gegenüber ‚Fremden' in der Gesellschaft könnte man zumindest eine empirische Grundlage für Aussagen über den Status quo der Gefühlslage schaffen, was Aufgabe einer empirischen Sozialforschung bzw. Sozialpsychologie ist. Durch die Beschreibung dieser Tatsachen wird jedoch keineswegs eine Erklärung für das Entstehen eines derartigen Phänomens geliefert. Die im Rahmen einer Studie der Uni Leipzig gewonnene und von der Berliner Zeitung zitierte Feststellung, dass „38 Prozent von 2.473 befragten Deutschen […] 2004 Übereinstimmung mit dem Satz ‚Die Bundesrepublik ist durch die vielen Ausländer in einem gefährlichen Maße überfremdet' bekundet"[7] hätten, beantwortet vielleicht die Frage, was ist, aber nicht warum es so ist.

Eine Erklärung von Seiten der Sozialwissenschaften muss außerdem immer schon eine Sozietät voraussetzen und damit ist es nicht möglich, die subjektiven Bedingungen für ein Gefühl im Allgemeinen, für die Überfremdung im Speziellen, zu explizieren und hierdurch eine Frage auf das ‚Warum' zu geben; der Zugang zu den subjektiven Konstitutionsleistungen wird durch eine phänomenologisch-deskriptive Analyse des Erlebens erreicht, wodurch

[4] http://www.unwortdesjahres.org/1993.htm.

[5] Rainer Geißler: *Die Sozialstruktur Deutschlands. Zur gesellschaftlichen Entwicklung mit einer Zwischenbilanz zur Vereinigung. 2. Aufl.*, Opladen 1996, S. 227ff.

[6] Beauftragte der Bundesregierung für Migration, Flüchtlinge und Integration 1995, S. 6 (http://www.integrationsbeauftragte.de/gra/publikationen/publikationen_829.php).

[7] *Berliner Zeitung* vom 14.7.2005, S. 36, http://www.berlinonline.de/berliner-zeitung/archiv/.bin/dump.fcgi/2005/0714/politik/0135/index.html.

es möglich ist, das Zustandekommen eines subjektiv, aber auch intersubjektiv erlebten Phänomens zu erklären. Damit ist es Aufgabe der Phänomenologie, das Zustandekommen von subjektiven wie kollektiven Gefühlen, in diesem Fall Überfremdung, unter Berücksichtigung der für sie konstitutiven Bewusstseinsleistungen zu explizieren.

Der immense Erkenntnisfortschritt der Biologie in den letzten Jahrzehnten und ihr Anspruch, auch menschliches Verhalten vor einem evolutionstheoretischen Hintergrund erklären zu können, legen es nahe, sich kritisch mit den theoretischen Grundlagen und den daraus gewonnenen Schlüssen auseinanderzusetzen. Im Historischen Wörterbuch der Philosophie finden wir zu ‚Soziobiologie‘: „Der Philosophie eröffnen sich damit neuartige Diskurse, indem sich die Ethik als eine verhaltensregulierende Leistung lebender Systeme darstellt, deren Basis im Prozess des Lebens selbst zu finden ist, was nicht ausschließt, sie innerhalb der transzendentalen Subjektivität zu suchen […]“[8] und ich meine: auch zu finden. Eine kritische Hinterfragung sollte auch deshalb geschehen, weil sich in der jüngeren Geschichte gezeigt hat, zu welch katastrophalen Folgen eine Biologisierung der Politik führen kann. Die ethische Auseinandersetzung mit evolutionstheoretischem Wissen und dessen Nutzbarkeit und Gültigkeit setzen einen interdisziplinären Brückenschlag voraus, der keineswegs unproblematisch ist und einer grundlegenden Kritik bedarf. Dafür sprechen mindestens drei Gründe:

(3) Der Schluss vom Sein auf das Sollen ist ein naturalistischer Fehlschluss.[9]

(4) Die Biologie ist eine positive Wissenschaft; die Selbstbegründung ihrer Voraussetzungen wäre ein Zirkel.[10]

(5) Eine nichtdeterminierte verhaltensregulierende Entität[11] führt im Rahmen der Biologie zu einem Zirkel oder Widerspruch.[12]

---

[8] Joachim Ritter, Karlfried Gründer (Hg.): *Historisches Wörterbuch der Philosophie. Bd. 9: Se – Sp. Völlig neu bearb. Ausg.*, Basel [u.a.] 1995, S. 1265.

[9] Vgl. Christian Vogel: *Gibt es eine natürliche Moral? Oder: Wie widernatürlich ist unsere Ethik?*, in: Heinrich Meier (Hg.): *Die Herausforderung der Evolutionsbiologie*, München 1988, S. 213; Vittorio Hösle, Christian Illies: *Darwin*, Freiburg i. Br. 1999, S. 162, 168; Christian Vogel, Volker Sommer (Hg.): *Anthropologische Spuren*, Stuttgart 2000, S. 183f.; Eckart Voland: *Grundriss der Soziobiologie*, Heidelberg, Berlin 2000, S. 27.

[10] Edmund Husserl, Karl Schuhmann (Hg.): *Ideen zu einer reinen Phänomenologie und phänomenologischen Philosophie. Erstes Buch. Allgemeine Einführung in die reine Phänomenologie*, Den Haag 1976, S. 33ff.; Hösle und Illies 1999, S. 175; Eva-Marie Engels: *Erkenntnistheoretische Konsequenzen biologischer Theorien*, in: Eric Kubli, Anna Katarina Reichardt (Hg.): *Konsequenzen der Biologie. Die moderne Biologie und das Verhältnis zwischen Natur- und Geisteswissenschaften*, Stuttgart 1999, S. 66.

[11] Diese Entität folgt aus der Veränderbarkeit des biologisch-genetisch dispositionierten Verhaltens. Vgl. Vogel in: Meier 1988, S. 215; Ernst Mayr: *This is Biology. The Science of the Living World*, Cambridge 1996, S. 203f.; Hösle und Illies 1999, S. 168; Babara König: *Sozi-*

In jüngster Zeit entwickelt sich zunehmend ein Bewusstsein für biologische Grundlagenforschung, sowohl im philosophischen als auch im biologischen Bereich.[13] Dabei stehen insbesondere Fragen nach Erklärungsformen und der theoretischen Einordnung des ‚Lebendigen' als Entität mit charakteristischen Eigenschaften im Vordergrund, womit auch eine wissenschaftstheoretische Abgrenzung von der Physik verbunden ist. Diese Fragen sind jedoch keineswegs nur für einen rein theoretischen Diskurs bedeutend, sondern es können, wie sich am Beispiel des Überfremdungsphänomens zeigt, biologische Erklärungen der Anpassung eines Verhaltens, z.B. Territorialität und Ressourcenkonkurrenz, als bevölkerungspolitisches Argument benutzt werden und so ihren Weg in die politische Urteilsbildung finden. Dass dies gerade in der gegenwärtigen gesellschaftlichen Situation, die von Globalisierung, marktwirtschaftlicher und politischer Öffnung und der Notwendigkeit von Zuwanderung geprägt ist, Gewicht hat, ist wohl offensichtlich.

Ein erstes Problemfeld ist die Frage, wie soziobiologische Erkenntnisse verwendet werden können, ohne dem naturalistischen Fehlschluss zu unterliegen. Die Tatsache, dass Überfremdung im Rahmen der Evolutionsbiologie Sinn macht, darf nicht dazu verleiten, den abendländischen Normen- und Wertekanon in Frage zu stellen. Die Humansoziobiologie fragt nach dem evolutiven Sinn eines bestimmten menschlichen Verhaltens. Sinn macht, vereinfacht gesprochen, was die evolutive Fitness fördert. Eckart Voland schreibt dazu in seinem *Grundriss zur Soziobiologie*: „Sowohl unsere auf Diskrimination angelegte Psyche als auch die Natur und Dynamik gesellschaftlicher Konflikte ermöglichen und fördern insider/outsider-Zuordnungen in wohl allen Sektoren der Gesellschaft. Aus soziobiologischer Sicht ist die Evolution dieser das friedliche Zusammenleben der Menschen so tiefgreifend

*obiologie – Ansprüche und Grenzen*, in: Eric Kubli, Anna Katarina Reichardt: *Konsequenzen der Biologie. Die moderne Biologie und das Verhältnis zwischen Natur- und Geisteswissenschaften*, Stuttgart 1999, S. 24; Klaus-Peter Rippe: *Über Anspruch und Wirklichkeit der evolutionären Ethik*, in: Eric Kubli, Anna Katarina Reichardt: *Konsequenzen der Biologie. Die moderne Biologie und das Verhältnis zwischen Natur- und Geisteswissenschaften*, Stuttgart 1999, S. 70ff.

[12] Peter Bieri (Hg.): *Analytische Philosophie des Geistes*, Weinheim 1997, S. 9f.; Hösle und Illies 1999, S. 176ff.

[13] In Deutschland ist vor allem auf den in Marburg vertretenen „Methodischen Kulturalismus" hinzuweisen, der sich in den letzen zwei Jahrzehnten speziell auch den Fragen der Philosophie der Biologie bzw. „Protobiologie" widmete. Aber auch Ernst Mayr, Francisco Varela, Humberto Maturana, Stephen J. Gould, Christian Vogel, Gerhard Vollmer, Heinrich Meier u.v.a. Autoren sowie relativ neue Zeitschriften wie *Biology and Philosophy* zeigen das Bedürfnis, diese Thematik ausführlich zu bearbeiten.

gefährdenden Verhaltenstendenz vor allem hinsichtlich der evolvierten Zweckursachen interessant.“[14]

So muss man unter diesem Primat auch das Phänomen gefühlter Überfremdung beurteilen, denn diese muss sich als ein Erlebnis, welches direkt mit einem Verhaltensmuster zusammenhängt, in der Evolution bewähren und damit zur Fitness beitragen.[15] Die ethische Begründung der Einwanderungs- und Integrationspolitik kann biologische Dispositionen berücksichtigen, doch die Begründung muss die Biologie transzendieren, so ist die Tatsache gefühlter Überfremdung kein Rechtfertigungsgrund z.B. für nationalistische Politik.[16] Ein gutes Beispiel dafür ist die Monogamie unserer Gesellschaft: Die soziobiologische Erklärung, dass es unter gegebenen Umständen evolutiv sinnvoll ist fremdzugehen, widerspricht unseren moralischen Vorgaben, diese sind jedoch maßgeblich bei der Beurteilung unseres Verhaltens.

Zweitens bedarf die Biologie aufgrund ihrer spezifischen Ontologie einer eigenen Begründung im Sinne der Klärung ihrer Grundbegriffe, die von ihr selbst nicht geleistet werden kann. Der Begriff ‚Organismus' als funktionale Einheit bezeichnet ein Strukturganzes, welches sich nicht durch die Eigenschaften der physikalischen Bestandteile erklären lässt.[17] Der Begriff ‚Fremdes' als typologische Einheit ist weder durch die Physik noch durch die Biologie zu begründen, somit muss jede Theorie dieser Disziplinen über Xenophobie unzureichend bleiben. Die wissenschaftstheoretische Fundierung der Biologie erfordert eine eigene ontologische und erkenntnistheoretische Begründung dieser Begriffe, um sich wissenschaftstheoretisch von der Physik abzugrenzen und eine geeignete Grundlage zur Klärung das Fremde betreffender Fragen zu haben. Weiterhin ist wichtig, dass in der Biologie methodisch zwischen ‚proximate causation' und ‚ultimate causation' unterschieden wird.[18] Erstere sind „chemical and physical factors responsible for biological processes, that is, for activities resulting from the decoding of the genetic program.“[19] D.h. proximate Ursachen und Erklärungen bezeichnen Vorgänge, die in der biochemischen, d.i. physikalischen, Ebene stattfinden.

---

14 Irenäus Eibl-Eibesfeldt: *Der Mensch – das riskierte Wesen. Zur Naturgeschichte menschlicher Unvernunft*, München 1988, S. 17, S. 19, S. 22f.; König in: Kubli und Reichardt 1999, S. 17; Voland 2000, S. 17f.

15 Voland 2000, S. 119.

16 Vgl. Vogel in: Meier 1988, S. 213; Hösle und Illies 1999, S. 162, S. 168; Rippe in: Kubli und Reichardt 1999, S. 71ff.; Hösle und Illies 1999, S. 162, S. 168; Vogel 2000, S. 27.

17 „Organisms are many-level ordered systems, quite unlike anything found in the inanimate world.“ (Mayr 1996, S. 3). Vgl. auch ebd., S. XIff., S. 22f., S. 30.

18 Ibid., S. 116ff.; Ronald de Sousa: *Die Rationalität des Gefühls*, Frankfurt a. M. 1997, S. 141; Peter Janich, Michael Weingarten: *Wissenschaftstheorie der Biologie. Methodische Wissenschaftstheorie und die Begründung der Wissenschaften*, München 1999, S. 110; Voland 2000, S. 12.

19 Mayr 1996, S. 310.

Letztere werden schlicht als „evolutionary causation“[20] bezeichnet, welche „the historical factors responsible for the properties of individuals and species, and more specifically for the composition of the genotype (the genetic program)“[21] sind. Diese sogenannten ultimaten Ursachen sind für die Physik jedoch nicht von Bedeutung, da sie eine evolutionstheoretische Interpretation des Lebendigen zum Gegenstand haben und damit ist neben der ontologischen eine methodologische Unterscheidung der Biologie von der Physik möglich.

Daraus ergibt sich drittens, dass die Begründung einer nichtdeterminierten verhaltensregulierenden Entität[22], z.B. des freien Willens, im Rahmen der Soziobiologie zu einem Widerspruch führt. Auf proximater Ebene ist Verhalten physikalisch verursacht, d.h. biochemische Prozesse verursachen das Verhalten eines Menschen.

Der Widerspruch würde lauten:

P1: Es gibt eine nichtdeterminierte verhaltensregulierende Entität.

P2: Verhalten ist physikalisch verursacht.

P3: Die physikalische Welt ist kausal geschlossen und exklusiv.

T1: Die nichtdeterminierte Entität ist determiniert.

Um diesen Widerspruch zu vermeiden, müsste man einen unerwünschten ontologischen Dualismus eingehen und eine Soziopsychologie von der Soziobiologie abtrennen, da es sich um zwei komplementäre Erklärungen handeln würde.

Der Zirkel auf ultimater Ebene würde lauten:

P1: Die Evolutionsbiologie erklärt: Verhalten ist angepasst.

P2: Wissenschaftliches Erklären ist ein Verhalten.

T2: Wissenschaftliche Erklärungen sind angepasstes Verhalten.

Da die Evolutionsbiologie jedoch selbst eine wissenschaftliche Erklärung ist, muss sie diese Voraussetzung machen, um sie zu erklären. Der Schluss ist also bereits in den Prämissen enthalten. Ein Zirkel lässt sich auch für die ontologische Seite der Biologie formulieren, denn, so schreibt die Biologin Eva-Marie Engels, solche „klassische[n] Probleme der Philosophie […] lassen sich mit den Mitteln der Biologie nicht lösen. Da die Biologie immer schon Existenzvoraussetzungen macht, wäre jeder Versuch, mit biologischen Mitteln die Existenz der Außenwelt einschließlich der Existenz anderer Subjekte nachzuweisen, zirkulär.“[23] Diesbezüglich steht die Soziobiologie vor einem ähnlichen Problem wie die Sozialwissenschaften: Sie können sich nicht

---

[20] Ebd., S. 311.

[21] Ebd., S. 307.

[22] Vgl. Vogel in: Meier 1988, S. 215; Mayr 1996, S. 203f.; Hösle und Illies 1999, S. 168; König in: Kubli und Reichardt 1999, S. 24; Rippe in: Kubli und Reichardt 1999, S. 70ff.

[23] Engels in: Kubli und Reichardt 1999, S. 66. Vgl. auch Hösle und Illies 1999, S. 175.

selbst begründen. Dies soll auf keinen Fall als eine Wertung verstanden werden. Ohne die einzelwissenschaftlichen Leistungen dieser Disziplinen, könnten die konkreten Probleme nicht hinreichend erfasst werden.

Im Folgenden sollen die Aufgabenbereiche kurz dargestellt werden, die für eine Analyse mit anschließender Kritik der Überfremdung und möglicher soziobiologischer Erklärungsansätze erforderlich sind.

Meine phänomenologisch-wissenschaftstheoretische Kritik hat die Explikation der theoretischen Voraussetzungen und Implikationen der Soziobiologie als positive Wissenschaft zum Ziel. Hierfür kommt erstens dem Zusammenhang zwischen Erkenntnistheorie und Ontologie eine herausragende Bedeutung zu. Bernhard Waldenfels weist darauf hin, dass sich eine „Reduktion der Frage nach dem Fremden auf bestimmte Erkenntnisverfahren“ einer *petitio principii* schuldig machen würde. Man sollte die Fremdheit nach ihrer Zugänglichkeit bestimmen. In dieser ist das „Was, Wie und Woher nicht voneinander zu trennen“[24] Denn kann man zeigen, wie Kategorien der Einzelwissenschaften konstituiert werden, so kann man einerseits die universale Struktur jedes spezifischen Gegenstands- und Aussagenbereich der Einzelwissenschaften und ihren Zusammenhang, d.h. das „Was“, untereinander verdeutlichen. Dafür muss, um mit Husserl zu sprechen, die „Naivität höherer Stufe“[25] aufgegeben werden.[26] Durch die phänomenologische *Epoché*,[27] d.h. der ‚Einklammerung‘ von Existenzurteilen, z.B. der Naturwissenschaften, wird eine maximale Generalität der Aussagen erreicht. Während die Biologie aufgrund ihrer Voraussetzungen weder sich selbst noch den hier unentbehrlichen Begriff des Fremden hinreichend begründen kann, ist es durch die Phänomenologie möglich, echte Grundlagenwissenschaft zu betreiben und auch Antwort auf die Frage nach den Bedingungen und Möglichkeiten der Urteilsbildung zu geben.[28] Andererseits können die Untersuchungsbereiche, welche bezüglich ihrer Prinzipien hinterfragt werden, auch logisch bewertet werden, d.h. nach ihrer Gültigkeit und Aussagemächtigkeit. Traditionell bewertete die moderne Wissenschaftstheorie, ob im logischen Empirismus des Wiener Kreis, der Phänomenologie Husserls oder dem kritischen Rationalismus Poppers, eher die ‚exakten Wissenschaften’, d.h. Ma-

---

24 Bernhard Waldenfels: *Der Anspruch des Fremden*, in: Renate Breuninger (Hg.): *Andersheit – Fremdheit- Toleranz*, Ulm 1999, S. 41.

25 Edmund Husserl, Paul Janssen (Hg.): *Formale und transzendentale Logik. Versuch einer Kritik der logischen Vernunft*, Den Haag 1974, S. 2.

26 Als grundlegende Werke zum Zusammenhang (phänomenologischer) Genetik und Wissenschaft seien an dieser Stelle Husserls *Formale und Transzendentale Logik*, Schützens *Der sinnhafte Aufbau der Welt* und Gurwitschs *Phenomenology and the Theory of Science* genannt.

27 Vgl. Husserl 1976, S. 56f.; Edmund Husserl, Klaus Held (Hg.): *Phänomenologie der Lebenswelt. Ausgewählte Texte II*. Stuttgart 1986, S. 17f.

28 Husserl 1976, S. 36, S. 43f..

thematik oder Physik, und nicht die Wissenschaften vom Lebendigen; dennoch müssen auch bei der Untersuchung letzterer grundlegende logische Kriterien feststellbar sein, z.B. Konsistenz und Kohärenz. Diese Kriterien werden durch eine normative Wissenschaft geliefert. Für Husserl ist dies die „echte" Logik.[29] Er versuchte z.B., die normative Funktion des platonischen Wissenschaftsideals zu rehabilitieren und in einer radikalen Kritik, Wissen nur gelten zu lassen, insofern es einer weitreichenden Hinterfragung standhält. „Wissenschaft im platonischen Sinne will also nicht mehr bloß naive Betätigung aus rein theoretischem Interesse sein. Jeden Schritt, den sie tut, beansprucht sie auch prinzipiell in seiner Echtheit, in seiner notwendigen Gültigkeit zu rechtfertigen."[30] Da die Ableitbarkeit der Theoreme aus Basissätzen als notwendige Bedingung für jede Wissenschaft verstanden wird,[31] ist es Aufgabe einer Kritik, diese Bedingung auch für die Soziobiologie festzustellen.

Zweitens sollen durch eine phänomenologisch-wissenschaftstheoretische Analyse soziobiologischer Erklärungsansätze des Gefühls der Überfremdung Probleme bei der soziobiologischen Erklärung expliziert werden. Da die Phänomenologie sowohl die Deskription lebensweltlichen Erlebens als auch dessen Fundierungscharakter für die abstrakten Wissenschaften über eine phänomenologisch-genetisch[32] prozesshafte Ordnung ermöglicht,[33] können die subjektiven Grundlagen von Erklärungen, Erklärungslücken und Probleme, die bei der Beurteilung des Phänomens der Überfremdung durch die Soziobiologie entstehen, systematisch aufgezeigt werden. Dies erfolgt über die Analyse der Urteils- und Abstraktionsleistungen des Menschen und deren Bedeutung für Theorienbildungen in der Biologie. Probleme sind beispielsweise der Status des freien Willens im theoretischen Rahmen der Biologie, der Einfluss der Rationalität auf Gefühle vice versa und die Probleme soziobiologischer Bezeichnung lebensweltlicher Phänomene.

Um neben der phänomenologisch-wissenschaftstheoretischen Beurteilung der Soziobiologie den interdisziplinären Anspruch der Arbeit zu erfüllen, ist es notwendig, eine phänomenologische Konzeption der gefühlten Überfremdung vorzulegen, um so eine Vergleichsgrundlage mit gefühlter Überfremdung als tertium comperationes zu schaffen.

---

[29] Vgl. das Programm zur Begründung einer *mathesis universalis* in Husserls *Formale und transzendentale Logik.*

[30] Husserl 1974, S. 1.

[31] Ebd., S. 27ff.

[32] Um Verwirrungen vorzubeugen wird ‚genetisch' hinsichtlich des jeweiligen Zusammenhangs näher bestimmt, d.h. entweder als phänomenologisch- genetisch oder als biologisch-genetisch.

[33] Vgl. Husserls *Erfahrung und Urteil.*

Da die Untersuchung mit der von Husserl geforderten Radikalität einhergehen soll, ist maximale Voraussetzungslosigkeit erforderlich.[34] Man gewinnt den systematischen Vorzug, sich zunächst nicht auf regionale Ontologien festlegen zu müssen,[35] sondern im Interesse stünden die Bedingungen und Möglichkeiten von Wahrnehmung überhaupt.[36] Daraus folgt generell die Möglichkeit einer Anwendung dieser Aussagen auf irgendeinen spezifischen Fall der Fremdwahrnehmung als Wahrnehmungsart.

Eine phänomenologische Analyse von Überfremdung bedeutet zunächst,

1. die Bedingungen des Zugangs zum Fremden über die Deskription der Bewusstseinsleistungen,
2. die mögliche Bestimmbarkeit und Eingrenzung der Kategorie ‚Fremdes',
3. die Abgrenzung von Überfremdung als Gefühlsart gegenüber der Wahrnehmung oder Vorstellung des Fremden und
4. den Zusammenhang von Gefühl und Handlung zu untersuchen.

Da das Fremde wahrgenommen wird, ist erstens der grundlegenden Frage nachzugehen, in welchem bewusstseinsmäßigen Zusammenhang das Fremde zu dessen ‚Wahrgenommenwerden', in welchem Zusammenhang diese Gegebenheit zu einem wahrnehmenden Subjekt steht. Der Zusammenhang ist fundiert in den konstitutiven Leistungen des Bewusstseins, welche notwendige Voraussetzungen einer Fremdwahrnehmung sind. Zwischen Bewusstseinsubjekt und seiner Umwelt besteht ein korrelativer Zusammenhang: eine noetisch-noematische Korrelation im Husserlschen Sinne, bei der z.B. Wahrnehmung und Wahrgenommenes notwendig aufeinander angewiesen sind.[37] Die genannte Korrelation hat bestimmte Struktureigenschaften wie etwa Temporalität, Assoziativität, Habitualität mit dem Korrelat des Typus und Intentionalität.[38] Einem Erlebnis, beispielsweise der bewussten Wahrnehmung eines Menschen, entspricht phänomenologisch ein Komplex teilweise einander bedingender Einzelleistungen des Bewusstseins, welche in dem einfachen, sinnvollen Erlebnis – in dem: „Dieser bestimmte Mensch“ –

---

[34] Edmund Husserl, Ursula Panzer (Hg.): *Logische Untersuchungen: Untersuchungen zur Phänomenologie und Theorie der Erkenntnis. 2.Bd., 1. Teil*, Den Haag 1984, S. §7. Der Begriff der *Epoché* wird aus Platzgründen an dieser Stelle nicht erläutert, ist jedoch in der eigentlichen Arbeit von großer Bedeutung.

[35] Husserl 1984, S. 429f., S. 435f.

[36] Ebd., S. 73f., S. 112f..

[37] Husserl 1984, S. 161ff.; Husserl 1976, S. 179ff.; Aron Gurwitsch: *Studies in Phenomenology and Psychology*, Evanston 1966, S. 332ff.; Aron Gurwitsch: *Beitrag zur phänomenologischen Theorie der Wahrnehmung*, in: Georgi Schischkoff (Hg.): *Zeitschrift für philosophische Forschung*, Bd. 13. Meisenheim/Glan 1959, S. 419ff.

[38] Vgl. Husserls *Analysen zur passiven Synthesis* und *Phänomenologie des inneren Zeitbewußtseins.*

zum Ausdruck kommen.[39] Die Analyse eines solchen Komplexes, erfolgt über die phänomenologische Deskription.

Zweitens muss der Gattungsbegriff ‚Fremdes überhaupt' insofern eingeschränkt werden, als es sich in dem Kontext dieser Arbeit nicht um ein Ding, sondern um einen ‚Anderen' handelt.[40] Zwar ist dieser Andere als solcher wie jeder Gegenstand auch in aktiven und passiven Bewusstseinsleistungen fundiert, aber das Ich ist nur in einem Verhältnis zu einem Du zu verstehen, welches nicht Ding sondern ein *alter ego* ist. Ein Solipsismus ist also insofern nicht haltbar, als das alter ego konstitutiv für das eigene Verstehen ist, gleichzeitig aber auch nicht als Ding verstanden wird.[41] Diese Bestimmung ist wesentlich und fundamental für die Bedeutung des menschlichen Fremden.

Das Fremde im engeren Sinne ist außerdem bestimmt durch eine Art der Exklusion: *Es gehört nicht zu uns.* Das Uns und das Fremde sind typologische Einheiten, in denen Kollektive nach bestimmten Kriterien differenziert und definiert sind. Diese Differenzierungen setzen mindestens die subjektiven Bewusstseinsleistungen, einen sozialen Raum und Kommunikation voraus. Andererseits ist die Exklusion nicht durch stringente Kriterien nachzuvollziehen, denn zum einen gibt es oft Ausnahmen im persönlichen Umfeld, zum anderen steht das Fremde immer auch in einer gemeinschaftlichen Beziehung zum Selbst, gemäß dem Chiasmus: „Eigenes begegnet uns im Fremden und Fremdes im Eigenen."[42] Ungeachtet dieser noch näher zu erörternden Problematik ist damit auch der Übergang von der subjektiven Ebene zur intersubjektiven markiert.

In der phänomenologischen Deskription lassen sich auch spezifische Eigenschaften lebensweltlicher Phänomene explizieren und auf ihren Ursprung zurückführen. Darunter fallen Typen als vorwissenschaftliche Gegenstände,[43] welche in vorprädikativen Leistungen des Bewusstseins fundiert und teilweise für unser Verständnis vom ‚Fremden' notwendig sind. Weil der Bereich des Vorsprachlichen jedoch in höchstem Maße vage und anfällig für Modifikationen auf subjektiver Ebene ist, muss die Erklärung durch eine Theorie, die den subjektiven Charakter der Typenbildung nicht anerkennt,

---

[39] Edmund Husserl, Margot Fleischer (Hg.): *Gesammelte Werke. Bd. XI: Analysen zur passiven Synthesis. Aus Vorlesungs- und Forschungsmanuskripten 1918-1926*, Den Haag 1966, S. 3ff.

[40] Zur linguistischen Kritik des Fremdheitsbegriffes vgl. Fritz Hermanns: *„Fremdheit". Zur Semantik eines vielfach polysemen Wortes*, in: Ernest W.B. Hess-Lüttich, Christoph Siegrist, Stefan Bodo Würffel (Hg.): *Fremdverstehen in Sprache, Literatur und Medien*, Frankfurt a. M. 1996.

[41] Alfred Schütz: *Der sinnhafte Aufbau der sozialen Welt.* Konstanz 2004, S. 227. Vgl. auch Edmund Husserl, Stefan Strasser (Hg.): *Cartesianischen Meditationen und Pariser Vorträge*, Den Haag 1950, S. 91ff.; Husserl 1974, S. 210ff.

[42] Waldenfels in: Breuninger 1999, S. 45.

[43] Husserl 1986, S. 114, S. 124f., S. 139.

unvollständig bleiben. Es ist zu zeigen, wie sich Gesetze der subjektiven und intersubjektiven Wahrnehmung auf den Gegenstand des „Fremden" beziehen lassen, da diese die Konzeption dessen, was wir als fremd wahrnehmen, und die Kategorie ‚Fremdes' konstituieren.

Bei der Analyse des Überfremdungsphänomens sind die fundierenden Leistungen des Bewusstseins und der korrelative Zusammenhang mit anderen Subjekten – wie gesagt – von höchster Bedeutung, aber Überfremdung ist teilweise ein gefühltes Erlebnis und so drittens Gegenstand einer Untersuchung charakteristischer Eigenarten der Gefühle.[44] Ein menschliches Gefühl soll zunächst als ein *Erlebnis* verstanden werden, *welches sich als eine psychophysische Reaktion auf eine spezifische Situation im Gesamtzusammenhang des Subjektes in der Welt ergibt und Einfluss auf künftige Handlungsentscheidungen, Urteile und Vorstellungen hat.* Bei dieser noch sehr allgemeinen Definition muss man weiter verschiedene Arten von Gefühlserlebnissen unterscheiden.[45] Im Zusammenhang mit gefühlter Überfremdung kommt Gefühl nur als intentionales Erlebnis in Frage, da dieses Gefühl, wie auch immer es im Detail zu charakterisieren sein wird, notwendig eine intentionale Beziehung zu einem Gegenstand, dem Fremden, innehaben muss, wobei sich das Gefühl erst vor dem Hintergrund seiner subjektiven Fundierung durch eine korrespondierende Vorstellung oder Wahrnehmung ergibt. Es besteht eine einseitige Abhängigkeit des Gefühls von der Vorstellung bzw. Wahrnehmung.[46] Man fühlt sich überfremdet, wenn und nur wenn man etwas Fremdes erfahren hat. Ob die in der Wahrnehmung, Vorstellung oder Traum erfolgte, ist zunächst nicht von Belang. In dem hier relevanten Kontext muss man jemanden Fremdes wahrgenommen haben und diese Wahrnehmung oder darauf folgende Vorstellungen müssen negativ besetzt sein, d.h. positive Erwartungen müssen enttäuscht worden, negative erfüllt worden sein. Dieser Umstand zeigt die Bedeutung der Analyse fundierender Erlebnisse für das Verständnis von Gefühlen.

Weiterhin ist viertens hervorzuheben, dass durch die jeweilige Ausprägung des Gefühlserlebnisses auch zukünftige Handlungen modifiziert werden können, was insofern wichtig ist, als ein negatives Erlebnis von Fremdem selbst wieder das Verhalten gegenüber Fremden bestimmen kann. Dieser Punkt ist wesentlich für das Verständnis und die Bedingungen von Handlungsroutinen und damit für interkulturelles Zusammenleben.

Daraus ergibt sich die Bestimmung des Handelns als weiteres Problemfeld, welches aus der Auslegung des Anderen als alter ego folgt. Die Mitmenschen

---

44 Husserl 1976, S. 197ff.; Husserl 1984, S. 365ff.

45 Vgl. Husserl 1984, §§ 15f.

46 Ebd., S. 367.

in der Lebenswelt sind Akteure, d.h. sie handeln und ihr Handeln bestimmt unser Urteilen über sie. Versteht man unter ‚Handeln' ein Verhalten, mit dem Sinn verknüpft ist, so schließt sich die Frage nach dem Fremdverstehen, also die Frage nach dem Sinn des Handelns eines anderen von selbst an. Ich zitiere Alfred Schütz: „Mit ‚Fremdverstehen' bezeichnet man aber darüber hinaus - und das ist erst der eigentliche Sinn dieses Terminus - die Deutung der Bewußtseinsabläufe des alter ego, welche wir signitiv vermittels der äußeren Abläufe erfahren haben."[47] Auch hier ist jedoch, wiederum mit Schütz, auf die Bedeutung der subjektiven Zugänglichkeit hinzuweisen: „Zwar behalten alle komplexen Phänomene der Sozialwelt ihren Sinn, aber dieser Sinn ist eben derjenige, den die in der Sozialwelt Handelnden mit ihren Handlungen verbinden. Nur das Handeln des Einzelnen und dessen gemeinter Sinngehalt ist verstehbar und nur in der Deutung des individuellen Handelns gewinnt die Sozialwissenschaft Zugang zur Deutung jener sozialen Beziehungen und Gebilde, die sich in dem Handeln der einzelnen Akteure der sozialen Welt konstituieren."[48] Schütz weist außerdem gleich zu Beginn seines Werkes *Der sinnhafte Aufbau der Welt* auf die grundlegende Problematik der Unterscheidung zwischen objektivem, beobachtetem, und subjektivem, gemeintem Sinn für die Sozialwissenschaften hin: „Ich kann die Phänomene der äußeren Welt, welche sich mir als Anzeichen fremder Erlebnisse präsentieren, einmal an sich betrachten und deuten: dann sage ich von ihnen, sie hätten objektiven Sinn; aber ich kann auch durch sie auf den sich konstituierenden Prozeß im lebendigen Bewußtsein eines Vernunftwesens hinsehen, für welchen eben diese Phänomene der äußeren Welt Anzeichen sind,"[49] d.h. den subjektiven Sinn. Der subjektive Sinn muss als Limesbegriff verstanden werden, da eine Deutung dessen, was das Subjekt mit seinem Handeln meint, niemals zur Adäquation mit der Interpretation durch ‚Dritte' gebracht werden kann.[50] Soziales Handeln, Fremdverstehen und Intersubjektivität sind Gegenstand der Sozialwissenschaften im weiteren Sinne, d.h. in diesen Bereich ist auch die Soziobiologie einzubeziehen, insofern sie soziales Handeln untersucht. Auch in ihrer Deutung ist Verhalten keine determinierte Reaktion auf die Umwelt, sondern Verhalten ist durchaus mit Sinn zu verknüpfen, wenn sich auch die Interpretation des Sinns menschlichen Handelns nicht mit der biologischen Erklärung deckt.

---

[47] Schütz 2004, S. 239.
[48] Ebd., S. 86.
[49] Ebd., S. 122.
[50] Ebd., S. 116.

*Eva Wagner*

# Peformativität, Zeichenhaftigkeit und Textualität im Bühnentanz Oder: Es gibt keinen ästhetischen Sonderfall

Meine hier vorgetragenen Überlegungen zu Ästhetik und Zeichenhaftigkeit sind methodische Vorüberlegungen zu meiner Doktorarbeit, die innerhalb der Romanistik angesiedelt ist und ein theater- bzw. tanzwissenschaftliches Thema behandelt: die Berliner Tanztheatergruppe Rubato (bzw. ausgewählte neuere Stück von ihr), deren Arbeit ich für ihre klare Auseinandersetzung mit Form, ihre Reflexion von Geschichtlichkeit und für ihren feinen Humor sehr schätze.

In meinen Vorüberlegungen diskutiere ich die Frage, ob die Rezeption von Tanz und Theater ästhetisch einen ‚Sonderfall' darstellt, der sich begründen ließe mit dem Aspekt der *Kontingenz*, die ein Live-Ereignis auszeichnet, mit der *Flüchtigkeit* der Bewegung, die kein manifestes Artefakt konstituiert, und mit dem besonderen Status des menschlichen *Leibkörpers*. Und ob diese Besonderheiten nahe legen, die Rezeption – vielleicht nicht ausschließlich, aber zumindest was die wesentlichen Qualitätsmerkmale des Theater*erlebnisses* betrifft – mit der Kategorie der Unmittelbarkeit oder Introspektion zu beschreiben und nicht als Verstehensprozess. Für diese ‚Rezeption-als-Erleben'-Dimension wäre Zeichenhaftigkeit auszuschließen bzw. das Konzept des Zeichens würde die ästhetische Wirkung von Tanz verfälschen oder nivellieren, da es mit von der Sprache vorgegebenen Kategorien und Konzepten das Wesentliche und Besondere der Tanzrezeption verstellen würde. Ich will im Folgenden zeigen, dass diese Ansicht nicht kohärent zu begründen ist.

## 1. Die Tanzwissenschaft und ihr Gegenstand

In meine methodischen Vorüberlegungen und meinen Kommentar zum Stand der Forschung beziehe ich verschiedene Disziplinen ein und greife auf philosophische Konzepte zurück, wofür es im Wesentlichen folgende vier Gründe gibt:

1. Die Theaterwissenschaft als relativ junge Disziplin musste sich erst aus der Anlehnung an literaturwissenschaftliche Methoden und der vorwiegenden Beschäftigung mit dem Dramentext lösen, um sich einer fortan als auto-

nom betrachteten Theaterpraxis zuwenden zu können[1]. Mit der Semiotik standen erste Instrumente zur Untersuchung nicht-sprachlicher Elemente zur Verfügung, allerdings wurde die Bedeutungskonstitution mittels Theaterzeichen zunehmend analog zu einer sprachlichen Semantik betrachtet, die in einem relativ stabilen Lexikon vorliegt. Daher lag das Augenmerk eher auf einer systematischen Taxonomie isolierter stabiler Elemente wie Bühnenbild, Kostüme usw. als auf der spezifischen Interaktion der vielfältigen gleichzeitigen theatralen Verfahren[2].

2. In dieser Unsicherheit über Methode und Gegenstand insbesondere in Abgrenzung zur Literaturwissenschaft trifft die Theaterwissenschaft recht unvorbereitet auf ein *postdramatisches Theater*[3], wie es sich seit den 1980er und 1990er Jahren herauskristallisiert (und das seine Wurzeln auch in der Performance- und Happeningkunst seit den 1950/60er Jahren und in der Avantgarde der letzten Jahrhundertwende hat). In der postdramatischen Inszenierungsästhetik steht nicht der Dramentext im Zentrum, um den herum sich die Elemente der Aufführung anordnen und der die Sinnstruktur vorgibt. Statt kohärenten Rollen und einer abgeschlossenen Handlung finden sich im postdramatischen Theater eher dramaturgische *Teil*strukturen. Die theatralen Elemente unterliegen dabei oft keiner erkennbaren Ordnung, sondern erscheinen als bloßes Nebeneinander und reine Simultaneität, als uneindeutig und polyvalent bis hin zu Chaos und Überfülle, als „Grenzgang, als fortwährendes Umschlagen nicht von Form in Inhalt, sondern von ‚realer' Kontinuität (Zusammenhang mit der Realität) und ‚inszeniertem' Konstrukt ineinander"[4].

3. Als Antwort auf die methodischen Probleme des Faches angesichts der heute etablierten Inszenierungspraxis und insbesondere auf die enttäuschenden Ergebnisse einer zu sehr am Literarischen orientierten Semiotik dominiert seit einigen Jahren das Konzept der *Performativität* die theaterwissenschaftliche Methodendiskussion in Deutschland[5]. Dieses Konzept wird mit

[1] Vgl. Manfred Brauneck und Gérard Schneilin (Hg.): *Theaterlexikon*, Reinbek 1992.

[2] Vgl. Patrice Pavis: *Dictionnaire du Théâtre*, Paris: Dunod 1996, Artikel *Sémiologie théâtrale* S. 317-324; exemplarisch hierfür: Erika Fischer-Lichte: *Semiotik des Theaters*, Tübingen, 3. Aufl. 1994-95, Bd. 1: *Das System der theatralischen Zeichen;* Bd. 3: *Die Aufführung als Text.* Vgl. auch Tadeusz Kowzan: *Sémiologie du théâtre*, Paris: Nathan 1992; ders.: *Le texte et son interprétation théâtrale*, Semiotica 33, 3/4 (1981) S. 201-210.

[3] Der Begriff und eine erste umfassende und reflektierte Darstellung geht auf den Theaterwissenschaftler Hans-Thies Lehmann und sein Buch *Postdramatisches Theater* zurück (Berlin 1999).

[4] Ebd. S. 176.

[5] Hierzu DFG Sonderforschungsbereiche 1717 „Theatralität. Theater als kulturelles Modell in den Kulturwissenschaften" (Berlin 1996f.) und 447 „Kulturen des Performativen.

dem Anspruch eines Paradigmenwechsels in den Geistes- und Kulturwissenschaften verbunden, der, wie ich im Folgenden zeigen will, ins Leere läuft.

Das von John Austin in den wissenschaftlichen Diskurs eingeführte Konzept der Performativität steht innerhalb seiner Sprechakttheorie für Verben, mittels derer konventionalisierte Handlungen vollzogen werden. Diese vorfabrizierten, selbstreferentiellen Vollzugsformeln („Ich taufe Dich auf …") können nicht im Sinne einer logisch-semantischen Wahrheitsprobe als richtig oder falsch überprüft werden, sondern werden danach bewertet, ob sie gelingen (oder nicht). Durch Judith Butler hat dieses Konzept eine radikale Erweiterung erfahren zu einer „Performanz als Inszenierung, mittels derer Performativität nicht nur zitiert und wiederholt, sondern auch verkörpert wird."[6] Butler untersucht Fragen der Identität bzw. Geschlechteridentität, die für sie in performativen Akten allererst entsteht und nicht etwa Ausdruck einer bereits existierenden Subjektivität ist[7]. Insofern ist Performativität nicht referentiell, sondern wirklichkeitskonstituierend.

Als sozialwissenschaftliches Paradigma steht Performativität in engem Zusammenhang mit praktischem Wissen und mimetischem Wissenserwerb[8] und umfasst Rezeptivität und Aktivität[9]. Durch das Erlernen sozialer Techniken und die Beherrschung sozialer Aufgaben wird auch das Individuum selbst erschlossen und beherrscht[10]. Christoph Wulf nennt die „mimetische Verfassung des menschlichen Körpers" als Voraussetzung für die „kontinuierliche soziale Formung, die das handelnde Ich auf seinen Körper ausübt"[11]. Das Konzept der Performativität betont die Körperlichkeit des Handelnden sowie die konkrete Realisierung einer Handlung als Ereignis und als Insze-

Performative Turns im Mittelalter, in der frühen Neuzeit und in der Moderne" (Berlin 1999f.) sowie die von Erika Fischer-Lichte im Gunter Narr-Verlag herausgegebene Reihe *Theatralität*.

6 Walburga Hülk: *Paradigma Performativität?*, in: Gregor Schuhen u.a. (Hg.): *Avant-Garde, Medien, Performativität. Inszenierungs- und Wahrnehmungsmuster zu Beginn des 20. Jahrhunderts*, Bielefeld 2004, S. 9-25, S. 13.

7 Damit wendet sie sich gegen die Vorstellung eines Subjekts als „Täter": „Unter dem Vorzeichen von Expressivität existiert ein Subjekt vor seinen Handlungen, über die es mehr oder weniger frei verfügen kann, während umgekehrt unter performativen Vorzeichen das Subjekt in seinen Akten erst entsteht." Anja Tervooren: *Körper, Inszenierung und Geschlecht. Judith Butlers Konzept der Performativität*, in: Michael Göhlich, Christoph Wulf und Jörg Zirfas (Hg.): *Grundlagen des Performativen*, Weinheim, München 2001, S. 157-180, S. 158f.

8 Christoph Wulf: *Mimesis und Performatives Handeln. Gunter Gebauers und Christoph Wulfs Konzeption mimetischen Handelns in der sozialen Welt*, in: Wulf Göhlich, Zirfas 2001, S. 253-272, S. 254f.

9 Ebd. S. 260.

10 Ebd. S. 267f.

11 Ebd. S. 262ff.

nierung. Menschliches Handeln erscheint so weniger als „Verwirklichung von Intentionen", sondern wird „als Nachahmung, Teilnahme und Gestaltung kultureller Praktiken begriffen"[12], als aufführendes kulturelles Handeln.

Das theaterwissenschaftliche Paradigma der Performativität stellt nach Fischer-Lichte[13] die Körperlichkeit und den Aufführungscharakter mit den Aspekten der Präsenz, der Inszenierung, des Ereignishaften und nicht vollständig Planbaren in den Mittelpunkt[14]. Das Konzept ziele auf das „phänomenale So-Sein" und die „je spezifische Materialität" der theatralen Ele-

---

12 Michael Göhlich, Christoph Wulf und Jörg Zirfas: *Sprache, Macht und Handeln – Aspekte des Performativen*, in: dies. 2001, S. 9f.

13 Fischer-Lichte wendet sich vehement gegen das Paradigma der Textualität, das Zeichen voraussetze, denen „vorab festgelegte und in diesem Sinne kodierte Bedeutung" beigelegt würde (Erika Fischer-Lichte: *Performativität und Ereignis*, Einleitung zu dies., u.a. (Hg.): *Performativität und Ereignis* Tübingen, Basel 2003, S. 14 und S. 16). Dabei unterscheidet Fischer-Lichte meines Erachtens nicht zwischen Performativität als theoretischem Modell und als theatralem Verfahren und führt so mitunter *Grade* von Performativität ein, deren Stellenwert gegenüber z.B. der Textualität und Zeichenhaftigkeit nicht näher bestimmt wird und daher auch nicht konsistent mit ihrem theoretischen Fundament in Einklang zu bringen ist. Die von ihr kritisierte vorausgehende Festlegung und bloße Reproduktion bzw. Aktualisierung von Bedeutungen käme einer metaphysischen Begründung des Zeichens gleich, die in der Semiotik als Theorie der Semiose in dieser Form nicht ernsthaft vertreten wird.

14 Fischer-Lichte ergänzt ihren Begriff von „Aufführung", die sie als einmalig, individuell und nicht planbar auffasst (Erika Fischer-Lichte: *Einleitung: Theatralität als Modell in den Kulturwissenschaften*, in: dies., u.a. (Hg.): *Theatralität als Modell in den Kulturwissenschaften* Reihe Theatralität, Tübingen, Basel 2004, S. 11ff.) und die für den Zuschauer scheinbar wesentlich durch fortwährende Unentscheidbarkeit über Absicht oder Störung des Geschehens geprägt ist (ebd. S. 16f.), um den korrelativen Begriff einer „Inszenierung" als intentionalem Prozess (ebd. S. 14) und *vorausgehender* „Planung, Erprobung und *Festlegung*" (ebd., S. 16, Hervorhebung E.W.). Dabei begründet sie allerdings nicht den heuristischen Stellenwert dieser angenommenen, der Aufführung vorausgehenden Intentionalität im Rahmen der Performativität. Problematisch ist in diesem Zusammenhang ihr zentraler Begriff der Kontingenz, die sie einerseits als Abweichung und Störanfälligkeit der Aufführung darstellt (ebd. S. 11f.) und andererseits als von der Inszenierung geschaffenen und eröffneten Freiraum beschreibt (ebd. S. 16f). Das Konzept des Ereignishaften nimmt keine Konturen an, da auch die eng assoziierten Begriffe „Wirkung" („Wirkung als ein Ereignis" ebd. S. 29) und „Bedeutung" bei Fischer-Lichte als kontrastiv und korrelierend gegenüber gestellt werden, ohne dass die Kriterien der Unterscheidung und Abgrenzung dargelegt würden (Fischer-Lichte 2003, S. 28f.), und ohne dass die fortwährende partielle Gleichsetzung der Begriffe mit der als grundlegend behaupteten Opposition in Einklang zu bringen wäre. Insbesondere der Stellenwert von „kulturellen, historischen, biographischen Bedingungen" (ebd. S. 28), also von sozialen und kommunikativ vermittelten Strukturen, bleibt unklar und scheint in die Frage nach Neuheit (ebd. S. 29) zu münden: „Bedeutung wird zum Ereignis" (ebd. S. 30).

mente und begreife „Erleben als leibliche Teilhabe“[15]. Gegenüber dem Individuellen, Unwiederholbaren, kurz: dem *Ereignis* vernachlässigt Fischer-Lichte den sozialen und kommunikativen Aspekt von Performativität als Nachahmung und Teilnahme meines Erachtens zu Unrecht. Damit aber kann sie Performativität emphatisch zu einer Kategorie des unmittelbaren Erlebens machen, das eine Rezeption, die auf Sinn-Verstehen aus ist, nicht einholen könnte.

4. Tanzwissenschaft als relativ junge und sehr kleine Disziplin taucht vor allem als Teilbereich anderer Fächer auf (insbesondere der Sportwissenschaft, Tanzpädagogik, Tanztherapie, Ethnologie, Anthropologie, Musikwissenschaft, Theaterwissenschaft). Dementsprechend scheint sie ihren Gegenstand nach dem kleinsten gemeinsamen Nenner der beteiligten Fächer zu definieren bzw. eine alle Kontexte umfassende Bestimmung des „Spezifikums der tänzerischen Bewegung und Erfahrung“[16] anzustreben. Eine befriedigende kunsttheoretische oder ästhetische Betrachtungsweise von Bühnentanz, die auch anschlussfähig wäre an andere Kunstwissenschaften, hat sich meines Erachtens trotz der erheblichen Zunahme von Veröffentlichungen noch nicht etabliert[17]. Tanz wird nicht nur *assoziiert* mit Gefühl und indi-

---

[15] Fischer-Lichte 2004, S. 23 und 25. Fischer-Lichte beschreibt den „phänomenalen Leib in seinem So-Sein“ und das Problem der „Präsenz“ suggestiv in einem Jargon der Gefühlsintensität („schlagartig“; „unbegreiflich und ihn ganz ergreifend“, „blitzartig widerfährt“ Fischer-Lichte 2003, S. 30f.), aber ebenso aktivisch und intentional („[den Zuschauern] ermöglicht“, „konfrontiert“, ebd. S. 30). Solche im Wortsinne *performativen Widersprüche* beruhen anscheinend auf einer ungenügenden Bestimmung ihres „phänomenalen“ Gegenstandes vor dem Hintergrund der grundsätzlichen kulturellen Verfasstheit des Menschen. Aus dieser Ungenauigkeit aber resultiert eine Vermischung der Ebenen – „Denn wenn Aufführungen immer etwas repräsentieren, dann ist es zuallererst ihre eigene Performativität und Ereignishaftigkeit.“ (ebd. S. 31) – ebenso unausweichlich wie tautologische Argumente: „Für die Ereignishaftigkeit der Aufführung ist die Emergenz dessen, was geschieht, wichtiger als das, was geschieht […]. Ob und wie weit diese Wirkungen, die sich während der Aufführung entfalten, über das Ereignis hinaus andauern […] ist für das Ereignis ohne Belang.“ (ebd. S. 17).

[16] „Tanz, so die zentrale These, wäre demnach jede Spielart einer als Tanz geglaubten Bewegung.“ Gabriele Klein und Christa Zipprich: *Einleitung*, in: dies. (Hg.): *Tanz Theorie Text.* Münster 2002. S. 1-14, beide Zitate S. 6. Ebenso programmatisch der Begriff der „Abstraktion“ im Tanz als einer Essentialisierung bei Claudia Jeschke und Susanne Schlicher: *Tanzforschung für die Theaterwissenschaft. Pina Bausch und William Forsythe. „Im besten Fall drückt Tanz nichts anderes aus als sich selbst“*, in: Erika Fischer-Lichte, Wolfgang Greisenegger und Hans-Thies Lehmann (Hg.): *Arbeitsfelder der Theaterwissenschaft* (=Forum Modernes Theater Bd. 15), Tübingen 1994, S. 241-249, S. 249).

[17] Vgl. Peter Stamer: *Das Lächeln der Theorie*, in: Klein, Zipprich 2002, S. 611-621. Stamer strebt eine Historiografie der Tanzwissenschaft (ebd. S. 621) an, die die epistomologische Grundierung des tanzwissenschaftlichen Diskurses auf zwei Ebenen untersuchen soll:

vidueller Expressivität, mit Natürlichkeit und Authentizität, sondern auch in tanzästhetischen Schriften *definiert* als wesentlich individuell, ephemer, unwiederholbar und immer wieder auch vorsprachlich[18]. In seiner Wirkung soll

---

„Welche Diskurse wählt der Meta-Diskurs Tanzwissenschaft aus [...] Auf welche Weisen diskursiviert die Tanzwissenschaft die Praktik der Tanzaufführung [...]" (ebd. S. 614). Insbesondere die „paradoxe Strategie", Materialität und Ephemeralität als undiskursivierbar zu diskursivieren (ebd. S. 615) führt ihn zu der Frage, „inwieweit *Flüchtigkeit* als Argumentationsfigur dieses Phänomen erst konstruiert, inwieweit also *das Flüchtige* kein theatrales In-Erscheinung-Treten, sondern eine diskursive Hypothese darstellt, die auf ihre erkenntnistheoretische Grundierung untersucht werden sollte." (ebd. S. 616) Stamer kritisiert, die „als unmittelbar begriffene Wahrnehmung des Beobachters setzt voraus, dass die Aufführung phänomenal erkennbar sei" (ebd. S. 617). Die daraus folgende Unbeschreibbarkeit versuche „die Sinneswahrnehmung doch wieder als verlässliches Erkennen zu nobilitieren" (ebd. S. 619). Statt dieser vermeintlich unmittelbaren Erfahrungsnähe postuliert er, dass sich Denken nur in Begriffen vollziehen kann und die Tanzwissenschaft in ihrer Methodenreflexion insbesondere ihr *Erkenntnisinteresse* formulieren müsse. (ebd. S. 621)

[18] Tanz entziehe sich durch seine „Flüchtigkeit [...] dem gesprochenen und geschriebenen Wort" (Gabriele Klein: *FrauenKörperTanz* 1992, S. 14). Auch Autorinnen, die Körperbilder in ihrer diskursiven Verfasstheit zum Thema ihrer Betrachtung machen, betonen „die eigenwillige kulturelle und phänomenologische Existenz" des Tanzes (Sabine Huschka: *Moderner Tanz. Konzepte. Stile. Utopien.* Reinbek 2002, S. 17). Huschka geht von der Schwierigkeit aus, „das Tanzen zu beschreiben" und sucht in Anlehnung an Barthes „eine verbindende Wahrnehmungs- und Erkenntnisebene [...]. Der Kontaktstreifen von Tanz und Sprache, respektive Schrift, liege danach in der Bewegung, wie sie sich im Bereich körperlicher Wahrnehmung konstituiert." (ebd. S. 19) Huschka kritisiert sehr richtig den Selbstwiderspruch der „sprachentmachteten Haltung" eines weit verbreiteten Tanzdiskurses und dessen Anschließen an „die körperausgrenzenden Diskurse unserer Kulturgeschichte" (ebd. S. 21). Alternativ stellt sie die Frage: „Wie kann die Schrift den Tanz repräsentieren?" (ebd. S. 22) und schlägt ein anderes Schriftverständnis vor, in dem das Schreiben als körperlicher Akt verstanden wird, der Spuren hinterlässt (ebd. S. 23f.). Der für die „sinnliche Wahrnehmungsebene von Bewegung im Körper" ausgemachte propriorezeptive Sinn führt dann zur der Frage: „Wie berührt die Kinästhetik das Schreiben als körperlichen Akt?" (ebd. S. 19). Statt von ihrem erweiterten Schriftverständnis, das nicht nur ein Speichermedium der Sprache, sondern ein produktives, interpretierendes, performatives Medium beschreibt, nun zu dessen Korrelat, einer Reflexivität des Körpers als immer schon kultureller Repräsentation zu gelangen, plädiert Huschka allerdings für ein Verschieben des „Wahrnehmungsstreifen(s) in die Textur des eigenen Körpers" (ebd. S. 22). So sollen „erfahrungsbezogene, kinästhetisch fundierte Wahrnehmungen in die ästhetische Reflexion von Tanz" (ebd. S. 22) integriert werden, allerdings ohne „in die eigenen interpretatorischen Fallen der sprachlich konstituierten Körpererfahrung" zu tappen. Das Kriterium einer Unterscheidung von sprachlich konstituierter Körpererfahrung und „erfahrungsbezogener Wahrnehmung" wird allerdings nicht expliziert und dürfte wohl sprachlich nicht einholbar sein. Huschkas Ansatz geht nicht weit genug, um den Dualismus von Sinn und Materialität zu überwinden. Gabriele Brandstetter behandelt in ihrem Werk *Tanz-Lektüren* (Frankfurt/Main 1996) Körper als gesellschaftliches Kon-

der von einem individuellen menschlichen Leibkörper in einem jeweils einmaligen Live-Prozess unwiederbringlich vollzogene Tanz dann *unmittelbar* sein.

Dieser Anspruch auf einen aisthetischen Sonderstatus wird hierbei mit seiner spezifischen Materialität und seinem besonderen medialen Status begründet: Die Körper der Tänzer seien demnach in ihrer konkreten Leiblichkeit als *Alterität*[19] aufzufassen; die tänzerische Bewegung definiere sich über ihre Flüchtigkeit sowie ihre kontinuierliche und unendlich differenzierte Form. Ihre nur für den Augenblick dauernde Existenz sei daher mit dem manifesten Gegenstand anderer Künste nicht zu vergleichen, sondern im emphatischen Sinne jeweils einmalig und individuell. Somit entzöge sie sich grundsätzlich einer adäquaten Bestimmung durch Sprache, die in ihren Allgemeinbegriffen immer einer Überbestimmung gleichkäme. Als Kriterium einer unerreichbaren Adäquatheit gilt dabei vor allem die Schwierigkeit, *individuelle Erlebnisse* in Sprache zu *übersetzen*, umso mehr da der tänzerische Ausdruck in hohem Maße elaboriert ist und Tanzliebhaber dieses äußerst differenzierte körperbezogene Wissen oft aus der eigenen *Tanzpraxis* kennen[20].

---

strukt (ebd. S. 26) und schlägt einen Begriff der „lecture corporelle" vor, der als Lektüre Konstruktion und Entzifferung umfasst und somit „die wahrnehmungs- und wirkungsästhetische Seite der wechselnden Konfigurationen in den Blick rückt [...], sowohl [...] das Lesen von Körpern als Körperbilder [...] als auch eine körperliche, im Tanz selbst inszenierte Form der Lektüre bestimmter kultureller und künstlerischer Phänomene." (ebd. S. 21). Sie vermeidet ausdrücklich die Probleme einer vermeintlichen Übersetzung oder Rekonstruktion von Tanz in Sprache und sieht ihr Vorgehen als „indirekte Analyse-Methode" (ebd. S. 25). Dafür bedient sie sich Aby Warburgs Konzept der Pathosformel, um ein vermittelndes Konzept zur Interpretation der generellen „Lektüreprozesse" (ebd. S. 21) der medial verschiedenen Äußerungen zu haben, da auch sie von der „grundlegenden Gegensätzlichkeit" von „Tanz und Text, Bewegung und Schrift" (ebd. S. 22) ausgeht. Somit scheint aber auch Brandstetter eine direkte Analyse- und Interpretationsmethode, die tänzerische Äußerungen ohne Konstruktion einer eigenen Ebene einer „Tiefenstruktur" (ebd. S. 26) erfassen könnte, auszuschließen. Eine allgemeine Dimension von Bildmustern und Patterns (ebd. S. 26) siedelt sie lieber auf der ikonographischen Ebene der Pathosformeln an als sie dem Tanz zuzumuten.

19 Vgl. Gabriele Klein: *Körper und Theatralität*, in: Fischer-Lichte u.a. (Hg.): *Diskurse des Theatralen*, Tübingen, Basel 2005.

20 In ihrem Aufsatz *Der bewegliche Blick. Aspekte der Tanzforschung* (In: Renate Möhrmann (Hg.): *Theaterwissenschaft heute. Eine Einführung*, Berlin 1990, S. 149-164.) bemängelt Claudia Jeschke das „Vertrauen auf das Wort, auf die verbale Vermittlung von Tanz" und das Fehlen einer „systematische(n) oder gar konfrontative(n) Annäherung an die beiden Überlieferungsmedien" Tanz und Sprache (ebd. S. 157). Sie fordert eine „Sprache jenseits der Notationszeichen und der choreographischen Partitur, mit der sie das visuell Wahrnehmbare fixieren und einen „Text" erstellen kann, der *die Praxis des Tanzwerks umfasst.*" (ebd. S. 158, Hervorhebung E.W.). Der historisch-kritischen Sicht von Tanz, die mehr oder weniger monographisch sei, stellt sie eine analytisch-kritische Sicht gegenüber, die

## 2. Methodische Voraussetzungen

### 2.1 Medienmaterialismus und ästhetisches Medium

Mit den vier genannten Gründen ist ein fünfter verbunden: Der in diesen Diskursen mehr oder weniger explizierte, problematische Stellenwert von Sprache bzw. Sinnverstehen im Medium der Sprache, der meines Erachtens auf einer irreführenden Gegenüberstellung medialer Eigenschaften beruht. Die Tanzwissenschaft bestimmt ihren Gegenstand nicht als jeweils gestaltete Choreographien, sondern nach seiner Materialität als ephemer (nicht: manifest), kontinuierlich und unendlich differenziert (nicht: diakritisch, in diskreten Einheiten und holistisch strukturiert) und stets individuell (nicht: in Allgemeines überführbar im Sinne des Verhältnisses Langue/Parole). Das Medium wird hier gleichsam als ‚Werkstoff' nach seinen physischen, nicht nach den strukturellen Eigenschaften seiner materiellen Substanz bestimmt. Dieser *Medienmaterialismus*[21] führt im Gegenzug zu einer Auffassung von Sprache, die diese nicht als *Kommunikation* bestimmt, sondern als *System*, das heißt, auf Regeln und diskreten Einheiten beruhend, die eine stabile und geschlossene Semantik repräsentieren und linear kombinierbar sind. Sprache bildet kontinuierliche Wirklichkeit begrifflich ‚bestimmt als' ab. Das unmittelbare ästhetische Erleben wird demzufolge im Medium der Sprache nivelliert; die Zweckfreiheit des künstlerischen Ausdrucks und das unmittelbar Sinnliche des künstlerischen Materials wird in ein Allgemeines (=in Begriffe), also Bekanntes überführt und gleichsam domestiziert.

Diese Bestimmung von Sprache ebenso wie die medienmaterialistische Bestimmung von Tanz abstrahiert vom Kontext sozialer Praxis und von Geschichte[22]. Eine kunsttheoretische Perspektive auf Tanz muss aber meines Erachtens einen geschichtlichen und gesellschaftlichen Kontext beinhalten. Es gibt keinen Grund, die aisthetische (sinnliche) Dimension von Kunst gegen ihre geschichtliche und gesellschaftliche Verortung auszuspielen. Vielmehr ist ein ästhetischer Begriff von Medium mehrdimensional zu denken als geschichtlich, als gesellschaftliche Praxis und als aisthetisch. Eine unter-

---

sie allerdings mit dem „Produzentenstandpunkt" identifiziert und deren „Ziel […] die *Reproduktion* des Werks" ist (S. 159, Hervorhebung E.W.).

[21] Vgl. Sybille Krämer: *Sprache und Schrift: Ist Schrift verschriftete Sprache?*, in: Zeitschrift für Sprachwissenschaft 15/1, 1996. Vgl. Friedrich Kittler: *Signal-Rausch-Abstand*, in: Hans Ulrich Gumbrecht und K. Ludwig Pfeiffer: *Materialität der Kommunikation*, Frankfurt/Main 1987, S. 342-359.

[22] Zur Reflexion der praktischen Ziele und Auswirkungen sowie der ethischen Implikationen der modernen Linguistik vgl. Ana Agud Aparicio: *Zur Ethik der Linguistik*, in: Josef Simon und Werner Stegmaier: *Fremde Vernunft. Zeichen und Interpretation IV*, Frankfurt/Main 1998, S. 175-193.

schiedliche Akzentuierung dieser Aspekte rechtfertigt keine Ausschließlichkeit oder Privilegierung der aisthetischen Dimension. Die traditionellen kunsttheoretischen Unterscheidungen von ästhetischem Objekt und Artefakt oder Kunst und Kunstgegenstand berücksichtigen genau dies. Ich verstehe meinen Gegenstand nicht als *den* Tanz (in einer „Wesensbestimmung"), sondern als *jeweilige für ein Publikum gestaltete Choreographien.*

Sprache wiederum wird nicht erschöpfend in ihrer systematischen Dimension beschrieben, wenn es um die Möglichkeit sprachlicher Darstellung als einer individuellen interpretierenden Stellungnahme (beispielsweise über ein Tanzstück) geht. Ludwig Wittgenstein, um eine der wichtigsten Referenzen zu nennen, fasst in seinen auch in den Kulturwissenschaften viel zitierten *Philosophischen Untersuchungen* Sprache als Praxis auf, die Bedeutung im jeweiligen Vollzug generiert, der ‚Regeln folgt', aber nicht vollständig von ihnen bestimmt wird. Neben Kreativität ist die Fähigkeit zur *Selbstkorrektur* in Form von Metasprachlichkeit, Metaphorizität und anderen rhetorischen Verfahren ein wesentliches Potential von Sprache. Der Ausdruck des genuin Individuellen im Sinne der Qualia (private Erlebnisse) ist nicht Gegenstand des sprachlichen Ausdrucks. Das ‚Private' an der ästhetischen Empfindung aus dem Diskurs der Ästhetik auszuschließen, führt nicht in Widersprüche.

## 2.2 Zeichen und Textualität

Ich will im Folgenden begründen, warum eine Analyse und Interpretation des Bühnentanzes das Konzept des Zeichens und Semiotik als Methode aufgreifen sollte, um die Dimensionen von Sinnlichkeit und Sinngenerierung, Verkörperung und Veräußerlichung, Identifikation und Distanznahme, Linearität und Räumlichkeit sinnvoll aufeinander beziehen zu können.

In meiner Argumentation setze ich Zeichenhaftigkeit und Sprachlichkeit weitgehend gleich, da ich auch ästhetische Zeichen im Hinblick auf Sinngenerierung und Kommunikation betrachte und den Bedeutungsgehalt aller Zeichen sprachlich umschreibe. Wenn ich also etwas unter dem Aspekt des Zeichenhaften betrachte, bin ich schon im Medium der Sprache; die Semiotik ist hier Methode und Metasprache. Der in diesem Zusammenhang wichtigste und noch näher zu bestimmende Unterschied zwischen Sprache/Sprachlichkeit und einem körpergebundenen Zeichengebrauch scheint mir der Grad der Distanzierung bzw. Gegenüberstellung des Gegenstandes zu sein, den Sprache mehr als jedes andere Zeichen leisten kann. Diesen Gedanken greife ich weiter unten in der Diskussion des Zeichenbegriffs noch einmal systematisch auf.

Mit dem Konzept des Zeichens verknüpfe ich das der *Textualität*, da ich nicht von einzelnen Zeichen oder ihrer exemplarischen Isolierung und Rückbeziehung auf als geschlossen angenommene Kodes ausgehe, sondern vom immer schon mehrdimensionalen und dynamischen Zusammenspiel von Zeichen in komplexen Kontexten. Der Begriff Text/Textualität wird sehr unterschiedlich gebraucht, insbesondere im Hinblick auf Offenheit oder Abgeschlossenheit[23] seines Sinnes. Ich verstehe darunter ein komplexes Sinnganzes, das prinzipiell unabgeschlossen und dynamisch ist, und knüpfe damit an den italienischen Semiotiker Umberto Eco und den französischen Strukturalisten Roland Barthes an[24].

---

[23] „Galt der philologischen Praxis Textualität als Bedingung der Identität und Wiederholbarkeit von Sinn, so verschiebt die neostrukturalistische Vorliebe für Lektüren und Lesarten den Akzent in die Gegenrichtung, hin zur Einmaligkeit der die Textualität erst konstituierenden „heraklitischen" Lesepraxen [...]. Die physische Identität eines Textes qua Zeichenkörper, philologischer Garant für die (freilich immer grenzwertig gedachte) Reproduzierbarkeit von Sinn, erscheint aus dieser Sicht als unangemessene Verkleidung für die offene, niemals festlegbare unendliche Diffusion von Sinn, für die ein Text eigentlich stehe." Clemens Knobloch: *Text/Textualität*, in: Karlheinz Barck u.a. (Hg.): *Ästhetische Grundbegriffe. Historisches Wörterbuch in sieben Bänden.* Bd. VI, Stuttgart, Weimar 2005, S. 23-48; S. 24f. „Während traditionell Schrift auch den Maßstab abgibt, an welchem die „flüchtigen" Kommunikationen gemessen werden, hat der „neue" Textbegriff den Spieß umgekehrt und die Einmaligkeit und Unwiederholbarkeit der Interaktion dem Text qua Lektüre zurückerstattet" (ebd. S. 30).

[24] Umberto Eco geht in seiner kunsttheoretischen Schrift *Opera aperta* 1962 (dt.: *Das Offene Kunstwerk*, Frankfurt/Main 1977) von einer Betrachtung zeitgenössischer, insbesondere musikalischer Werke aus, die dem Interpreten jeweils Gestaltungsspielraum auch kompositorischer Art zur Vollendung des Werkes lassen. Als „epistemologische Metaphern" (ebd. S. 46) greifen Eco zufolge diese „Kunstwerke in Bewegung" (ebd. S. 42) in ihrer zugrunde liegenden Poetik wissenschaftliche Methodologien ihrer Zeit auf (ebd. S. 49f.), insbesondere die allgemeine Krise des Kausalitätsprinzips und die perzeptive Ambiguität, und schaffen durch ihren Aufforderungscharakter eine neue Beziehung zwischen Betrachtung und Verwendung des Kunstwerks (ebd. S. 59). Gleichzeitig sieht Eco „jedes Kunstwerk, auch wenn es nach einer ausdrücklichen oder unausdrücklichen Poetik der Notwendigkeit produziert wurde, wesensmäßig offen [...] für virtuell eine unendliche Reihe möglicher Lesarten, deren jede das Werk [...] neu belebt" (ebd. S. 57). Die „Poetiken (und die Praxis) der *Kunstwerke in Bewegung* spüren diese Möglichkeit als spezifische Berufung und führen, in offener und bewussterer Bindung an Überzeugungen und Tendenzen der modernen Wissenschaft, das, was die Ästhetik als allgemeine Bedingung der Interpretation erkennt, zu programmatischer Aktualität und greifbarer Evidenz. Diese Poetiken gewahren also die ‚Offenheit' als *die* grundlegende Möglichkeit des Rezipierenden und des modernen Künstlers" (ebd. S. 59). Roland Barthes bezeichnet Text als eine Bühne ohne Rampe (*Le plaisir du Texte*, in: *Œuvres complètes*, Hg. Eric Marty, Bd. 2 1966-1973, Paris: Seuil 1994, S. 1493-1532, S. 1502), als ein Feld statt einer Botschaft (*Texte (théorie du)*, in: Œuvres complètes Bd.2, S. 1677-1689, S. 1687) und als ein Gewebe, das sich ständig weiter flechtet, „l´œuvre ne s´arrête pas, ne se ferme pas." (ebd. S. 1688).

Das Paradigma des Zeichens und der Textualität legt den Bereich der Ästhetik nicht auf eine sprachanaloge Art der Mitteilung oder gar des Bezeichnens fest[25]. Vielmehr begründet die Philosophie des Zeichens und der Interpretation die Verflechtung der kommunikativen, ästhetischen, ethischen und erkenntnistheoretischen Dimensionen im Konzept des Zeichens[26]. Die Semiotik ist eine Theorie der Bedeutungskonstitution, die das Konzept des Zeichens benutzt, um „das Phänomen Bedeutung transparent zu machen“[27]. Zeichen sind also keine empirischen Entitäten, deren Bedeutung zu finden und in einer Taxonomie kleinteilig zu inventarisieren wäre. Vielmehr ist das Zeichen mit seiner eindeutigen Zuordnung von Signifikat und Signifikant ein theoretischer Begriff, der die Ebene der Interpretation beschreibt. Ein Zeichenbegriff, der die Pole von Sinngenerierung und Materialität kohärent

---

Barthes macht eine metonymische Verwechslung der buchstäblichen Exaktheit mit einer semantischen aus (ebd. S. 1678), die unsere westliche „Kultur des Zeichens“ (ebd. S. 1677) geprägt habe und an eine Metaphysik der Wahrheit gebunden sei. Mit der sich neu formierenden Theorie des Textes seit den 1960er Jahren, die auch eine Kritik jeder Metasprache umfasst, steht im Mittelpunkt die Frage nach der textuellen *Produktivität* sowie der *Intertextualität* (ebd. S. 1680). Text bearbeitet die Sprache und sprengt die Grenzen der jeweiligen Kommunikation (ebd. S. 1689), was Barthes mit der etymologischen Bedeutung der Textur als Gewebe und mit ihrer Mehrdimensionalität verdeutlicht: „le texte est un concept massif (et non énumératif)“ (ebd. S. 1683 f.). Dabei unterscheidet Barthes Text als methodisches Feld vom Werk, „œuvre“ als vorliegendem Objekt: „L´œuvre se tient dans la main, le texte dans le langage“ (ebd. S. 1684). Jede Art von Zeichenpraxis kann als Text betrachtet werden, soweit sie einen produktiven Bedeutungsüberschuss („débordement signifiant“) beinhaltet (ebd. S. 1686). Barthes' Theorie des Textes nähert Schreiben und Lesen als produktive Äquivalenz einander an, denn beide umfassen Rezeptivität und Produktivität (Performativität). Walburga Hülk nennt als Protagonisten des Performativitätskonzepts Eco und Barthes (Hülk 2004, S. 15).

[25] Die medientheoretischen Unterschiede von Mündlichkeit und Schriftlichkeit beziehe ich hier nicht ein, obwohl sie weitreichend und konstitutiv sind und die Frage der Wissensspeicherung und -generierung in Form von Texten, die dann in ihrer relativen tradierbaren Stabilität betrachtet werde müssen, umfasst.

[26] „Die ethisch-praktischen Implikationen menschlichen Verhaltens sind in den Konzepten einer Philosophie des Zeichens beziehungsweise in einer Interpretationsphilosophie wesentlich tiefer gelagert als in anderen Philosophemen. Es wird dort keine neutrale Welt vorgestellt, in der lediglich darüber hinaus nach Wertvorstellungen und Maximen gehandelt oder geurteilt wird. Vielmehr gehen in die Zeichenbildung und das Zeichenverstehen beziehungsweise in die Interpretation auf allen Stufen des Verhaltens bereits Normvorstellungen und Werthaltungen ein.“ Brigitte Scheer: *Zum intrinsischen Ethos der Wahrnehmung*, in: Simon, Stegmaier 1998, S. 159-174, S. 159.

[27] Peter Faltin: *Bedeutung ästhetischer Zeichen – Musik und Sprache* (= Aachener Studien zur Semiotik und Kommunikationsforschung Band 1), Aachen 1985, S. 70.

vermittelt, sollte sich als tragfähig erweisen für die Beschreibung und Interpretation von Bühnentanz[28].

## 2.3 Authentizität und Unsagbarkeit: Ein kurzer geschichtlicher Abriss

Die Topoi der unmittelbaren Expressivität und der Unsagbarkeit in der Rezeption von Theater bzw. Tanz haben durchaus selbst schon ihre Tradition und Geschichte und erleben nichtsdestoweniger immer wieder Renaissancen. Ich möchte diese Tradition im Hinblick auf mein Thema kurz nachzeichnen:

Das in der zweiten Hälfte des 18. Jahrhunderts aufkommende bürgerliche Trauerspiel, das die regelgebundene Ästhetik der französischen Klassik ablöst, erhebt den Anspruch einer Symmetrie und Austauschbarkeit zwischen Theater und gesellschaftlicher Wirklichkeit. Im Kontext der Empfindsamkeit wird erstmals umfassend über natürlichen körperlichen Ausdruck, seine Motivation im Innenleben und seine Wirkung auf andere reflektiert. Ziel ist die Inszenierung von Authentizität mit Hilfe der Körper der Schauspieler.

Dramatiker und Philosophen wie Gotthold Ephraim Lessing und Denis Diderot behandeln die Schwierigkeiten und Widersprüche eines Authentizitätsideals, das *wirkungsästhetisch* (auf die Rezeption hin betrachtet) der Bildung und Entfaltung des Zuschauers, dem Aufrichtigkeitsideal des modernen Individuums und der gesellschaftlichen Utopie der Mitmenschlichkeit (Lessing) verpflichtet ist. Und das aber gleichzeitig als Schauspieltechnik, also *produktionsästhetisch* betrachtet, unwillkürlich zu Fragen der Angemessenheit und Kodifizierung für die Bühne führt. Das Problem der Kodifizierung gefährdet die ethische Legitimation einer vermeintlich unmittelbaren Expressivität: Der Gefühls*ausdruck* erweist sich als unabhängig von seiner ursprünglichen Motivation, denn – zumindest auf der Bühne – bedarf es des dazugehörigen Gefühls nicht, um *Wirkung* zu entfalten.

Wo sich G. E. Lessing auf das Prinzip psycho-physischer Wechselwirkung verlässt, führt Diderot in seinem *Paradoxe sur le Comédien* die Spannungen die-

---

[28] In der Diskussion um Performativität und um Verbalisierung der flüchtigen Tanzkunst gilt als Gegenpol der darstellenden Künste stets ein mehr oder weniger geschlossener Textbegriff. Dabei ist „Text" längst „ein potentieller master term, ein gebietskonstitutiver Grundbegriff einer Kulturwissenschaft, die sich als allgemeine Kultursemiotik versteht. *Sein Thema ist die (Un-)Wiederholbarkeit von Sinn.* (…) Wenn Zeichen grundsätzlich nicht gegen ihre fallweise vorgenommene Deutung abgesetzt werden können, dann ist die Textualität kultureller Praxen *an deren materielle Vergegenständlichung nicht gebunden.* Es wird folgerichtig, auch da von Texten zu sprechen, wo wir nur *zeichengesteuerte kulturelle Praxen ohne dauerhafte Vergegenständlichung* vorfinden." (Knobloch 2005, S. 26f., Hervorhebung E.W.)

ses dramentheoretischen und schauspielpraktischen Dilemmas konsequent weiter. Für Diderot spiegeln die Widersprüche des Illusionstheaters exemplarisch die Paradoxien einer unmittelbaren Expressivität, die Ausdruck und Unausgedrücktes (nämlich die zugrunde liegende Empfindung) umfassen soll, und einer Selbst- und Fremderkenntnis, die stets auf kulturelle Repräsentationen als Bedingung für Wahrnehmung und Kommunikation angewiesen ist. Diderot verflechtet in seinem Text dramatische und narrative Darstellungsmodi, die Autorschaft schließlich selbst fiktionalisieren, und erreicht so eine vielschichtige und konsistente Darstellung des Problems, die wesentliche Aspekte der derzeitigen theaterwissenschaftlichen Performativitätsdiskussion antizipiert.

Seit dem Fin-de-Siècle bis in die 30er Jahre des 20. Jahrhunderts gilt Tanz sowohl in zahlreichen künstlerischen Darstellungen wie auch in den programmatischen Texten der Avantgarden als poetologisches Modell. Vor dem Hintergrund der Wahrnehmungs- und Sprachkrise und des Medienumbruchs der Moderne erscheinen die neuen Tanzformen (der Ausdrucktanz, Freie Tanz, Modern Dance) als *die* Kunstform der subjektiven Gestaltung[29], die mit Modernität, Befreiung, Emanzipation, Humanität und Expressivität identifiziert wird.

Obwohl der radikale Gegensatz zwischen Freiem Tanz und Ballett als den historischen Polen längst obsolet geworden ist und sich die unterschiedlichen Tanzstile gegenseitig inspiriert und vermischt haben, wurde in der *tanztheoretischen* Diskussion bis weit in die 50er Jahre hinein die künstlerische Qualität des Bühnentanzes weitgehend in einander ausschließenden Kategorien und Wertungen diskutiert: Für Verfechter des Balletts konnte Tanz ohne umfassende Stilisierung keine ästhetische Wirkung entfalten; für Anhänger des Modernen Tanzes war künstlerischer Ausdruck wesentlich an individuelle und nicht ‚kodifizierte' Bewegung gebunden. In der Wahrnehmung und Vorliebe von Laien gilt oft bis heute[30], dass im Tanz der künstlerische Wert entweder hauptsächlich der körperlichen Virtuosität oder vorwiegend der individuellen Expressivität zugeschrieben wird.

Im Gegensatz aber zum historischen Ausdruckstanz ist für die zeitgenössische Tanzästhetik unmittelbare Expressivität praktisch kein Thema mehr.

---

[29] Vgl. *Tanz und Literatur in der Moderne.* Marbacher Symposion 13.-15. Juni 1997. Die ungewöhnlich stabile und lang anhaltende Identifizierung des Freien und des Ausdruckstanzes mit diesen Qualitäten beruht sicherlich auf dem vielschichtigen „diskursivem Fundament" durch die genannte Reflexion in den anderen Künsten, die ihre eigenen Mittel als krisenhaft erleben, durch die Aufwertung der Darsteller in dieser ersten Form von Autorentanz, durch den Stellenwert der Tänzerinnen und Choreographinnen für die weibliche Emanzipation, die Auflösung des Werkbegriffs und einiges mehr.

[30] Vgl. Ute Bechdolf (Hg.): *Tanzlust.* Tübingen 1998.

Der Körper erscheint vielmehr explizit diskursiv, als manipulierter und geschundener, vielfach fragmentierter, durch Prothesen und Maschinen deformierter, verkaufter usw. In dem theaterwissenschaftlichen Konzept der Performativität spielen Aspekte wie Natürlichkeit und Befreiung auch keine Rolle mehr, aber Individualität und Authentizität[31] scheinen doch einen ähnlichen Stellenwert zu haben, wie in den skizzierten historischen Diskursen, und zwar – was schon Lessing und Diderot nicht in einen kohärenten Zusammenhang zu bringen wussten – sowohl auf produktions- als auch auf rezeptionsästhetischer Seite.

## 2.4 Der Leibkörper

Die Intuition, dem Tanz als künstlerischem Medium einen Sonderstatus zuzuschreiben und den eigenen Rezeptionsprozess als unmittelbar zu beschreiben, erklärt sich aus der doppelten Verfasstheit des menschlichen Leibkörpers: Auf den Philosophen und Anthropologen Max Scheler geht die Differenzierung von *Leib sein* und *Körper haben* zurück, mit der das unmittelbare eigenleibliche Spüren von der äußerlichen objekthaften Wahrnehmung des kulturell geprägten Körpers unterschieden wird. Im Alltag verhalten wir uns danach, den menschlichen Körper als wahrgenommenen Ausdruck einer Person und damit als Einheit der körperlichen Regungen mit der persönlichen inneren Gedanken- und Gefühlswelt anzusehen.

In Bezug auf den Tänzer beschreibt Sabine Huschka „eine doppelte Artifizierung des Körpers, die prozessual ineinander greift: die individuelle, physisch strukturierte sowie gesellschaftlich codierte Körperlichkeit der Tänzer und ihre tanztechnisch und choreographisch erwirkte Gestalt. Die Artifizierung zeigt Körper, die weder mit dem natürlichen individuellen Körper identisch sind noch in ihrer konzeptionell ästhetischen Erscheinung ganz aufgehen“[32]. Dabei sei entscheidend, „den Tanzkörper nicht als Mittler eines Ausdruckskanons aufzufassen“[33], denn „über die Aneignungsverfahren, die dem Körperlichen Bewegung, Form, Normierung und Codierung auferlegen, reift der Körper zum Tanzkörper“[34], den die trainierte Formung verändert hat und der ihm zu Eigen wurde. Allerdings greift es meines Erachtens zu

---

[31] Trotz ihres allumfassenden Konzepts von Inszenierung und Theatralität scheint bei Fischer-Lichte Authentizität im Namen der je individuellen Rezeption unverzichtbar: „Was dem einen als inszeniert erscheint, wird von dem anderen als natürlich wahrgenommen.“ (Fischer-Lichte 2004 S. 18).

[32] Huschka 2002, S. 24.

[33] Ebd. S. 25.

[34] Huschka 2002, S. 26.

kurz, die Ambivalenz des tanzenden Körpers als ein „Changieren zwischen Mittelbarkeit und Unmittelbarkeit" bzw. als "Subjekt und Objekt zugleich"[35] zu begreifen, da diese Dichotomien bereits auf der Voraussetzung eines stabilen Subjekts mit einem unmittelbaren Selbstzugang beruhen.

In der Tanzwissenschaft wird für die unterstellte besondere Unmittelbarkeit ein spezifisches Organ der Introspektion ausgemacht: der Bewegungssinn als propriozeptiver, innerer Sinn, der den visuellen Sinn bei der Rezeption von Tanz ergänze und im Rahmen der Kinästhetik zu analysieren sei[36]. Eine solche innere Eigenwahrnehmung scheint als passives Fühlen konzipiert und setzt eine stabile Innen-/Außengrenze für die Wahrnehmung des Körpers voraus. Diese Spaltung der Sinnesvermögen entlang einer Grenze, die den Innenraum abgrenzt, wird allerdings nicht systematisch begründet und scheint mir die *diskursive Unterscheidung* der jeweiligen Sinnesvermögen als ihre physische Isolierung zu essentialisieren. Über die Wechselbeziehung der Sinne schreibt Gunter Gebauer in seiner historisch-anthropologischen Abhandlung über menschliche Bewegung in Anlehnung an Arnold Gehlen, dass der Mensch „aufgrund der visuellen Erscheinungen der Dinge die Eigenschaften" zu erkennen vermag, die er als sprachanalogen „Schatz stummer Erfahrung" gesammelt hat, indem seine „Bewegungshandlungen die ‚Umgangsqualitäten' von Dingen explorieren und sich ‚buchstäblich mit den Sachen unterhalten, wobei jede freigelegte Eigenschaft aufgegriffen und in neuen Leistungen beantwortet wird'. […] Vielmehr als eine Strukturierung, enthält die symbolische Ordnung des Bewegungsraums potentielle, virtuelle und zukünftige Bewegungen und verknüpft sie mit den ‚Umgangsvorschriften und Gebrauchsandeutungen der Dinge'"[37].

Als Kristallisationspunkt von Wahrnehmung und Erfahrung, Wissen und Kommunikation, Natur, Kultur und Geschichte wird das Thema des Leibkörpers in der Anthropologie, Phänomenologie und in den Kognitionswis-

35 Ebd. S. 25 und 26.

36 Inge Baxmann beschreibt den „tänzerischen Sinn" im Anschluss an Rudolf von Laban einerseits als „Synthese der Wahrnehmung durch die verschiedenen Sinne", die alle Sinne umfasst und intuitiver Erkenntnis entspricht, und andererseits insbesondere als Gegenteil des Augensinns, den die Schriftkultur privilegiert. Vgl. Inge Baxmann: *„Die Gesinnung ins Schwingen bringen". Tanz als Metasprache und Gesellschaftsutopie in der Kultur der zwanziger Jahre*, in: Gumbrecht, Pfeiffer 1995 S. 360-76; S. 364. Huschka wirft die Frage nach der Reflexion dieses Sinnenbereichs auf (Huschka 2002, S. 19). Jeschke hält ein tanzwissenschaftliches Verfahren für adäquat, das „die kinetischen Ereignisse einer Bewegungssequenz erfahrbar macht." (Jeschke 1999, S. 160).

37 Gunter Gebauer: *Ordnung und Erinnerung. Menschliche Bewegung in der Perspektive der historischen Anthropologie*, in: Gabriele Klein (Hg.): *Bewegung. Sozial- und kulturwissenschaftliche Konzepte*, Bielefeld 2004, S. 23-41, S. 25. Gebauer zitiert hier Arnold Gehlen: *Der Mensch. Seine Natur und seine Stellung in der Welt*, Wiesbaden 1978.

senschaften intensiv diskutiert. Auch Theater- und Tanzwissenschaftler greifen zur Reflexion ihrer Grundlagen und Methoden zunehmend auf Theorien zur Leiblichkeit und auf die Phänomenologie insbesondere Merleau-Pontys zurück. Dabei habe ich den Eindruck, dass das Interesse der Theaterwissenschaft an der Leibthematik auf einer falsch verstandenen ‚Affinität' beruht, die das Spezifische ihres eigenen Gegenstandes und das Erkenntnisinteresse der Leiblichkeitstheorien verfehlt, da diese gerade nicht Leiblichkeit als Alterität begreifen bzw. Alterität als Konzept nicht mit ihren Voraussetzungen vereinbaren können. Bedeutungsgenerierung und Sinngenese wird hier grundsätzlich an konkrete sinnliche Materialität gebunden, so dass die Dichotomien von immateriellen Ideen und materiellen (Transport-)medien, aber auch von Subjekt und Objekt oder Innen und Außen zugunsten einer *Verflechtung* dieser Aspekte miteinander aufgehoben werden. Wer Bedeutung nicht metaphysisch begründen will, kann ebenso wenig reine Körperlichkeit oder reine Sinnlichkeit annehmen.

In seiner systematischen Darstellung der Literatur zur Körper-Debatte entlarvt Volker Schürmann den durch die Konzepte verschiedenster Art wiederkehrenden „Zweischritt" der „Grundidee, dass all unsere Erfahrungen ein (vorstellendes, fühlendes, unbewusstes, körperliches, …) Subjekt voraussetzen, das als solches bestimmt werden könne, und welches dann, *auch noch*, Erfahrungen mache"[38], und dass „das einzelne Individuum Sinn produziert, und dann, *auch noch*, glücklicher- oder unglücklicherweise der anderen Menschen bedarf, um diesen Sinn zu stabilisieren, zu erkennen, zu kommunizieren etc."[39]. Die zugrunde liegende zweistufige Entgegensetzung wird noch nicht überwunden, wo der Leib einfach das Bewusstsein ablöst und „die Instanz, die weltliche Erfahrungen macht, um eine Stufe"[40] verschoben wird. Davon ist auch das Konzept einer Entfremdung betroffen, das nach einer „Hermeneutik des Verdachts"[41] immer den Bezug auf einen unentfremdeten „paradiesischen" Zustand beinhalten muss.

Die Idee einer Unmittelbarkeit oder eines „sprachlosen Individuellen"[42] muss eine Erfahrbarkeit des Leibes als spezifische Erfahrung oder als in Erfahrung gründende Transzendentalie annehmen. Ihr gegenüber verweist Schürmann auf Konzepte einer vermittelten Unmittelbarkeit sowie auf Bernhard Waldenfels in der Traditionslinie spekulativer Leiblichkeit: „Die

[38] Volker Schürmann: *Die Bedeutung der Körper. Literatur zur Körper-Debatte – eine Auswahl in systematischer Absicht*, in: Allgemeine Zeitschrift für Philosophie 28,1 (2003) S. 51-69, S. 55 (Kursivierung V.S.).

[39] Ebd. S. 59.

[40] Ebd. S. 55.

[41] Ebd. S. 57.

[42] Ebd. S. 57.

Verankerung in der Welt qua Leib *formatiert* all unsere Erfahrungen, ist aber selbst kein Gegenstand möglicher Erfahrung, wiewohl diese Idee in Erfahrungen gründen möge (und also ‚durch sich selbst formatiert' wäre)."[43] Der Leib ist hier weder *vor* noch *in* der Erfahrung gegeben, sondern „bestimmte ausgezeichnete Erfahrungen [werden] so ausgewertet, dass man den Menschen als in der Welt verankert *setzt*"[44]. Das Leibliche definiert Waldenfels „*als Differenz* körperlicher Vollzüge und nicht (mehr) als positives Substrat vor, neben, hinter oder auch zwischen dem Körper. [...] Auch und gerade das ‚Zwischen' ist kein ens, das *in* der Erfahrung gegeben wäre."[45] Schürmann zitiert die Feministin Donna Haraway, die die „Unmittelbarkeitsanrufungen" als Versuch überführt, „das eigene Wissen als ‚Blick von nirgendwo' aus der Verantwortung zu nehmen"[46] und für eine Positionierung von Wissen mit den entsprechenden ethischen und politischen Konsequenzen plädiert.

Soll der Körper konsequent in seiner Geschichtlichkeit und Sozialität gedacht werden, ist jeder Rückgriff auf „‚den' menschlichen Körper als ‚zeitlosen Maßstab'" unmöglich[47]. In Bezug auf das Problem der Bedeutungskonstitution qua Körper wird der individuelle Körper „dann sichtbar als Medium der Bedeutungskonstitution (im Sinne der griechischen Sprachform einer eigentümlichen logischen Mitte von Aktivität und Passivität): körperliche Produktion und Einverleibung von Bedeutungen als ein Zugleich"[48]. Die Frage nach dem Körper wird eigentlich prekär und zielt nicht mehr auf das, was der Körper sei, sondern auf das, „was mit und aus ihm gemacht wird", das „Produkt sozialer Inszenierung", das als „praktiziertes Körperkonzept ethisch-politisch infiziert"[49] ist. Sozialität und Konstruktion der individuellen Identität greifen direkt ineinander. Dementsprechend sind „Bewegungen in der Handlungspraxis von außen geformt und zugleich unter wesentlicher Mitwirkung des Individuums ausgebildet"[50]. Gegenstand einer Ästhetik des Tanzes kann nur der Körper des Tänzers sein und nicht der Leib.

---

43 Schürmann S. 62.

44 Ebd. S. 63, Hervorhebung E.W.

45 Ebd. S. 62. Schürmann bezieht sich hier auf Bernhard Waldenfels, *Das leibliche Selbst. Vorlesungen zur Phänomenologie des Leibes*, Frankfurt/Main 2000, Kursivierung V.S.

46 Ebd. S. 63.

47 Hierzu auch Gabriele Klein: *Bewegung denken. Ein soziologische Entwurf*, in: dies. 2004, S. 131-154.

48 Ebd. S. 64, hier bezieht sich Schürmann nachdrücklich auf Svenja Goltermann: *Körper der Nation, Habitusformierung und die Politik des Turnens 1860-1990*, Göttingen 1998.

49 Ebd. S. 65, hierzu auch: Gunter Gebauer: *Sport in der Gesellschaft des Spektakels,* Sankt Augustin 2002.

50 Gebauer 2004, S. 26.

## 3. Sprechen über Tanz

Tanz in seinem Stellenwert als ‚Anderes' gegenüber dem Sprachlich-Diskursiven zu betonen und abzugrenzen, hat dazu geführt, dass eine Diskussion seiner ‚Inhalte' unter großem Legitimationsdruck steht. Ich will meiner systematischen Verteidigung des Zeichenbegriffs für die Tanzwissenschaft zwei pragmatische Anmerkungen vorausschicken:

1. Tanz auf der Bühne ist für den Zuschauer nicht nur Anlass zu ‚Introspektion' und Selbstbefragung, sondern ruft zumindest das ‚Gefühl' eines Bedeutungsgehalts oder eines konkreten Sinnangebots auf. *Es liegt nahe*, sich über solche Eindrücke oder Assoziationen mit anderen auszutauschen und ästhetische Erlebnisse in andere Sinnbereiche integrieren zu wollen. Der Mensch ist in seiner kulturellen Praxis immer schon sprachlich verfasst; die Sprache hindert ihn nicht am Ausdruck dessen, was ihn beschäftigt. Insofern ist Sprechen über Tanz Ausgangspunkt meiner Forschung. Erkenntnisgegenstand einer ästhetischen Diskussion von Tanz ist nicht der Tanz in irgendeiner Wesensbestimmung, sondern Tanz als Bühnenkunst reflektiert im Medium der Sprache.

2. *Wissenschaftliche*s Schreiben zeichnet sich meines Erachtens dadurch aus, dass es *Implizites expliziert*[51]. Diese *Explikation* findet im Medium der Sprache statt. Damit ist nicht zwangsläufig eine Aussage darüber verbunden, ob Verstehen oder Erfahrung als Prozess mittels des Zeichens dargestellt werden müssen. Über die Interpretation und Bewertung einzelner Stücke hinaus verfolge ich das Ziel, künstlerische Verfahren im Hinblick auf ihre spezifischen Medien, ihre Geschichte, den Vergleich mit anderen Künsten und anderen Diskursen darzustellen. Jede Wissenschaftssprache ist eine Metasprache, die ihren Gegenstand in seiner relativen Stabilität konstituieren muss. Insofern Sprache aber Sprachreflexion und Metasprachlichkeit beinhaltet, resultiert daraus gerade keine Festschreibung, sondern ein diskursiver Prozess, der die Auseinandersetzung um Kriterien einer sinnvollen Begriffsbildung notwendig beinhaltet.

Meiner systematischen Verteidigung des Zeichenparadigmas lege ich die vier Dimensionen der Repräsentation, der Präsenz, der Performativität und der Sprachkritik/'Metasemiose' als wesentlich zugrunde. Ich denke, dass die von mir skizzierte semiotische Perspektive ästhetischen Medien gerecht wird, dass sie keine Unter- und Überbestimmung von ‚Tanz' als Gegenstand ästhetischer Überlegungen macht und dass sie ihre Voraussetzungen hinreichend reflektiert.

---

[51] Vgl. Gernot Böhme: *Wissenschaftssprachen und die Verwissenschaftlichung der Erfahrung*, in: Jörg Zimmermann (Hg.): *Sprache und Welterfahrung*, München 1978, S. 89-109, S. 93f.

### 3.1 Repräsentation

Die repräsentative Funktion von Zeichen dient der Darstellung von etwas oder der Bezugnahme auf etwas und stellt somit die Verbindung von Sprache und Welt her. Mit der repräsentativen Funktion des Zeichens geht aber keine ‚Stellvertreterschaft' einher. Ebenso wenig wird die sinnliche Materialität des Zeichens degradiert. Vielmehr ist Repräsentation essentiell mit dieser verflochten und ihre Überschreitung hin zu einer Bedeutung beruht auf folgenden Voraussetzungen:

#### 3.1.1 Fähigkeit zur Distanznahme

Der Anthropologe Helmuth Plessner hat die Formel der exzentrischen Positionalität geprägt, die besagt, dass der Mensch zu sich selbst eine Haltung einnimmt, sich beobachtend interpretiert. Auf Ernst Cassirer, der den Menschen animal symbolicum nennt, geht die (oben angerissene) Unterscheidung einer *leibnahen* Ausdruckssymbolik und der *distanzierenden* Darstellungsfunktion der Sprache zurück.

Bereits seit seinen Anfängen zeigt der für die Bühne choreographierte Tanz eine Vielfalt und Differenziertheit, die wohl kaum im eigenleiblichen Spüren ihren Ursprung haben, sondern aus kulturellen Kodes und Diskursen schöpfen, die in ihrer Komplexität ohne reflexive Distanz und ohne Sprache nicht denkbar sind. Insbesondere rhetorische Verfahren wie Ironie, Persiflage, Zitat usw. weisen den Tanz als eine elaborierte Kunstform aus, die zur Reflexion ihrer Mittel fähig ist und dies de facto auch tut.

#### 3.1.2 Perspektivierung

Das Korrelat dieser Distanznahme und Gegenüberstellung ist nicht etwa die Entkörperlichung des Betrachtenden, sondern im Gegenteil seine *Perspektive*, die an den Leib gebunden ist. Folglich wird eine ernst zu nehmende Semiotik nie Körper und Leib dissoziieren, wie es der Tanzwissenschaft unterläuft, wenn sie ihre Voraussetzungen nicht kritisch durchleuchtet: Nach den oben skizzierten Ansätzen der Tanz- und Theaterwissenschaft müsste und könnte eine Tanzaufführung den Rezipienten in einen nicht nur sprachfreien, sondern geradezu nicht-sprachlich-infiltrierten Erfahrungszustand – das *Erlebnis* im emphatischen Sinn – überführen. Dieser Zustand wird als Intensität des Erlebens beschrieben, offenbar ohne reflexive Distanz, also ein spontanes Eins-Sein mit sich. Eine solche Unmittelbarkeit setzt Identität voraus, die, wenn sie nicht als sprachlich oder symbolisch vermittelt konzipiert ist, durch die Leiblichkeit gewährleistet sein muss. Diese Leistung des unmittelbaren

Leibes wird allerdings nirgends systematisch begründet, weder im Hinblick auf seinen ‚Übergang' zu einem kulturell vermittelten Körper und einem sprachlich verfassten *sozialen Ich* noch in Abgrenzung zum identitätsstiftenden Konzept eines Selbstbewusstseins – das allerdings seit der sprachkritischen Wende in eben dieser Isolierung philosophisch nicht mehr begründet werden kann[52]. Mit der phänomenologischen Perspektive auf Leibkörperlichkeit ist ein Dualismus, der – und sei es nur für privilegierte Momente – reine leibliche Introspektion ohne die Möglichkeit des gleichzeitigen reflexiven Blicks auf den Körper beansprucht, ebenso wenig vereinbar. Ein emotional-solipsistischer Rezipient, der Geschichte, Gesellschaft und persönliche Biographie ablegt, ist aber auch deswegen unsinnig, weil doch zumindest für die Länge einer Choreographie in irgendeiner Weise seine Identität durchgehalten werden muss, für die ihm aber als unmittelbar-leiblicher die Kriterien fehlen.

## 3.2 Präsenz

Das materielle Gegebensein des Zeichens wird im derzeitigen kulturwissenschaftlichen Diskurs oft mit einem anti-hermeneutischen Gestus als – ‚reine' – sinnliche Präsenz gegen seine ‚Reduktion' zum bloßen Stellvertreter eines Signifikats hervorgehoben. Präsenz kann aber kein rein materieller Status sein, sondern ist eine Qualität des Zeichens[53], die auf die Mehrschichtigkeit und Dynamik seiner Bedeutung verweist.

Der ‚Seitenhieb' auf die Semiotik übersieht, dass die eindeutige gegenseitige Evozierung von Signifikant und Signifikat, wie sie de Saussure und in seiner Nachfolge Barthes und andere hervorheben, sich auf das Zeichen nicht als empirische Entität, sondern als Konzept der Interpretation beziehen. Diese

---

[52] Der Schlagertitel „Je danse donc je suis" von Brigitte Bardot ist eine wunderbar ironische Formel für diese unbegründete bzw. ins Leere laufende Selbstvergewisserung. Gleichzeitig assoziiert er, dass das gesteigerte Erleben vielleicht weniger eine eigene Erfahrungsqualität als vielmehr ein zeitgeistiges Klischee ist. Zu den Schwierigkeiten einer Bewusstseinsphilosophie und zur sprachkritischen Wende vgl. Ekkehard Martens und Herbert Schnädelbach (Hg.): *Philosophie. Ein Grundkurs.* Reinbek 1985, darin Kap. 3.1 Philosophie (Schnädelbach); 3.13 Sprache (Geert Keil); 3.14 Bewusstsein (Heiner Hastedt)

[53] Peter M. Boenisch scheint mir in seinem Artikel *Der Körper als Zeichen !?* (In: Klein, Zipprich 2002 S. 383-395) diese beiden Aspekte jedes Zeichens auf zwei Zeichentypen zu verteilen, einerseits die alltagsweltlichen Zeichen, die möglichst eindeutig und lexikalisierbar sind, und andererseits künstlerische Codes, die „nicht konventionalisiert" (S. 385) seien und eher Information, das heißt „Attraktion und verlinkende Assoziation" transportieren (S. 388).

Eindeutigkeit existiert nur als Interpretationsleistung und die Betrachtung einzelner (exemplarischer) Zeichen und ihre Rückbeziehung auf Kodes, die ihre Bedeutung relativ zu anderen Zeichen festlegt, ist ein analytischer Vorgang zum Zweck der Explikation. Ein Zeichen ist immer schon „interpretiertes Zeichen", ich nehme etwas als bedeutsam wahr, wenn ich es als Zeichen dieser Bedeutung auffasse[54]. Obwohl viele Texte der Theatersemiotik terminologisch unscharf mit dem Begriff des Zeichens in Abgrenzung zum sinnlich-materiell vorliegenden Zeichenträger umgehen, ist doch der logische Wechsel von der materiellen zur Interpretationsebene als Voraussetzung für eine gewinnbringende Semiotik des Theaters nicht zu übersehen. So haben bereits 1938 Pjotr Bogatyrev und 1940 Jindrich Honzl[55] entscheidende Spezifika der Theatersemiotik formuliert, nämlich die doppelte Zeichenstruktur und die Mobilität und Transformation von Theaterzeichen. Diese Konzepte gehen über den Gedanken der Repräsentation hinaus und wenden sich ebenso seinem Korrelat zu: der sinnlich-materiellen Seite des Zeichens, die nicht selbst eine Bedeutung verbürgt, sondern vielmehr für jede weitere Interpretation ‚stehen bleibt'.

### 3.2.1 Keine Metaphysik der Bedeutung

Die Bestimmung von choreographierter Bewegung als unmittelbar wirksam und als ‚Anderes' der Sprache wird mit der Materialität des Mediums, seiner Flüchtigkeit, unendlichen Differenziertheit und Einmaligkeit begründet. Trotzdem können die tänzerische Bewegung und das Körperliche nicht schlüssig als ‚Anderes' und als unmittelbar ohne Bezug zur Sinngenerierung gedacht werden. Eine solche Bestimmung von Materialität, nach der die menschliche Leiblichkeit wie auch die Körperlichkeit der Welt als reine ‚stoffliche Fülle' den Sinnstrukturen äußerlich wäre, lässt ein Medium zum beliebigen und vorübergehenden *Transportmittel* werden. Dann aber müssen Bedeutung und Sinn einen anderen Ort haben, außerhalb und unabhängig vom Zeichenträger. Ein solcher Medienmaterialismus zieht eine metaphysische Begründung von Bedeutung nach sich, denn wenn ich Bedeutung nicht im und durch das Zeichen gegeben annehme, bleibt nur noch, sie hinter oder vor diesem zu suchen.

---

54 Faltin 1985, S. 3.

55 Pjotr Bogatyrev: *Les signes du théâtre*, Poétique 1971, Nr.8, S. 517-530, Übersetzung eines Aufsatzes aus *Slovo a Slovesnost*, no.4 1938; Jindrich Honzl: *La mobilité du signe theâtral*, Travail théâtral, 1971 Nr.4, S. 5-20, Erstabdruck: *Slovo a Slovesnost* 1940. Honzl, der selbst Regisseur und Intendant war, und Bogatyrev behandeln dabei Volkstheater, Marionettentheater sowie die futuristische Avantgarde ihrer Zeit und keinesfalls realistische Inszenierungen klassischer Dramen in der Tradition des bürgerlichen Illusionstheaters.

Um diesen Dualismus zu vermeiden, der ohne metaphysische Begründungen nicht auskommt, muss ich eine enge und nicht aufzulösende Verflechtung von Körperlichkeit und Sinngenerierung annehmen, die ich nicht näher bestimmen kann. Zeichentheoretisch relevant ist für mich, dass ich das Körperliche nicht als gänzlich nicht-sinnhaft fassen kann und somit das „Andere" des Begriffs auch nicht als außersprachlich annehme. Der Aisthesis selbst ist eine Affinität zum Zeichenhaften eigen[56].

### 3.2.2 Die ästhetische Qualität eines Mehrwerts

Es gibt keine Bedeutung außerhalb des Zeichens. Mit dem sinnlich-materiellen Signifikanten hat jedes Zeichen grundsätzlich die ästhetische Qualität eines Mehrwerts. Seine Bedeutungsfähigkeit verweist als Potentialität darauf, dass es der Interpretation bedarf; einer Interpretation, die so oder anders ausfallen kann[57].

Die traditionelle Unterscheidung von Denotat und Konnotaten verweist auf die Differenzierung von Ebenen der Bedeutung, die semiotisch jeweils auf verschiedene Kodes bezogen werden können[58]. Zeichen liegen zudem nie isoliert vor, sondern in einem mehrdimensionalen Geflecht, das auf syntagmatischer und paradigmatischer Ebene Kombinationen von Zeichen nicht nur realisiert, sondern auch in Form von Erinnerung und Antizipation aufruft. Bedeutungsgenerierung im Medium des Zeichens ist daher nicht additiv. Sie stellt in jedem Moment – und nicht etwa nur als Ergebnis – eine Totalität dar. Die Dauer eines Zeichens ist dabei ohne Relevanz, Bewegung wird nicht mangels manifester Substanz zum ‚Null'-Zeichen. Zudem haben Bewegungen einen bildlichen Aspekt und leben „als komplexe Gebilde in der Erinnerung weiter […]. Es gibt offensichtlich eine innere Verbindung zwischen motorischem und Bildgedächtnis, in dem neben dem visuellen Aspekt auch Emotionen, soziale Bedeutungen und Wertungen aufbewahrt werden."[59]

---

[56] Vgl. Scheer 1998, S. 163.

[57] „So könnte man sagen, das „Phänomen" *sei* Zeichen, insofern es gegenüber *jeder* auf es bezogenen begrifflichen Bestimmung (als seine Explikation in andern Zeichen) „sinnlich" stehen bleibt für andere Bestimmungen, entweder durch andere Personen oder durch dieselbe Person zu einer andern Zeit. Es ist der Überschuss der Sinnlichkeit gegenüber *jedem* Begriff von ihm." Simon, Josef: *Von Zeichen zu Zeichen. Zur Vermittlung von Unmittelbarkeit und Vermittlung des Verstehens*, in: Simon, Stegmaier, 1998, S. 30.

[58] Vgl. Roland Barthes: *Elemente der Semiologie*, Frankfurt (2. Aufl.) 1981.

[59] Gebauer 2004, S. 34.

### 3.2.3 Das Andere der Sprache

Im Gegensatz zur Produktivität ästhetischer Medien scheinen die endliche Zahl der Elemente und die Regelhaftigkeit der Grammatik einer Sprache eine festgeschriebene Semantik oder schlimmstenfalls einen sprachlichen Determinismus hervorzubringen. Die mit Konnotaten gegebene Mehrdeutigkeit eines Wortes und seine immer schon mitgedachte Kombinierbarkeit auf paradigmatischer und syntagmatischer Ebene unterlaufen aber strikte Eindeutigkeit. Zudem haben *Begriffe*, die als „wesentliche, epistemologische und definierte Konzeptualisierung" exemplarisch für eine kontextunabhängige stabile Semantik stehen, „die ‚generative' Fähigkeit, neue Gegenstände zu subsumieren, zu definieren und zu charakterisieren"[60]. Ihre Extension und Intension stehen in einem dynamischen Verhältnis zueinander.

Aus heuristischen Gründen ist es in vielen Kontexten sinnvoll, Sprache als geschlossenes System zu betrachten. Ihre kommunikative Leistung allerdings ergibt sich aus dem Zusammenwirken verschiedener syntaktischer und disambiguierender Strukturelemente, die vor dem Hintergrund eines pragmatischen Kontextes realisiert werden.

## 3.3 Performativität

Der Begriff des Zeichens beinhaltet grundsätzlich Uneindeutigkeit, allerdings ohne dadurch auf Beliebigkeit (‚freies Spiel von Signifikanten') hinauszulaufen. Repräsentation und Präsenz des Zeichens stehen in einem Spannungsverhältnis, in dem weder Bedeutungen noch materielle Signifikanten gegenüber dem Menschen verabsolutiert werden können[61]. Diese Spannung scheint mir vielmehr Voraussetzung für menschliche Kommunikation zu sein, wie sie sich in der Produktion unbegrenzter individueller Kommunikationsakte niederschlägt. Thema der Semiotik ist Semiose als Prozess und nicht als festzuschreibendes Ergebnis. Sie beinhaltet daher das Konzept der Performativität mit seinen Aspekten der Verkörperung, der Ausführung und Aufführung.

---

[60] Knobloch 2005, S. 30 und 31.

[61] „Dass ich meine Zeichen nicht mit einer ‚Sache selbst' vergleichen und sie deshalb auch nicht von einer bezeichneten Sache her unbedingt als die ‚richtigen' verstehen kann, macht noch nicht ‚alles möglich'. Vielmehr werde ich mir dadurch erst meiner Freiheit bewusst und d.h. auch meiner Verantwortung für meine Wahl der erklärenden und darstellenden Zeichen, einschließlich der Verantwortung dafür, wie ich durch sie mich selbst verstehe. […] Ein ‚Vergleich' kann sich nur auf den ‚Gebrauch' beziehen, […] d.h. auf ihre Zweckmäßigkeit für unsere ‚Leben', verstanden als Handeln nach (eigenen) Vorstellungen." (Simon 1998, S. 39ff.).

### 3.3.1 Zeichenvollzug

Der Aspekt der Ausführung eines Sprech- oder Handlungsaktes bringt das Subjekt[62] dieses Aktes ins Spiel, das einen bestimmten Gebrauch von Zeichen wählt und sich somit diese Zeichen für diesen Akt zu Eigen macht. Im jeweiligen Zeichenvollzug kommt individuelle Produktivität zum Ausdruck, die auf einem praktischen ‚Wissen wie', nicht unbedingt einem expliziten Wissen über intersubjektive Standards des Zeichenumgangs beruht. So beinhaltet letztlich auch jede sprachliche Äußerung nicht nur Konventionalität, sondern Kreativität, die keine fakultative Qualität (als ein besonders großer Gestaltungsspielraum), sondern den jeweiligen Zeichengebrauch bezeichnet und auch seine Vorläufigkeit beinhaltet[63].

Der konkrete Zeichenvollzug findet in einer bestimmten Situation statt, und ist daher immer begleitet von einer Fülle anderer Zeichen, die im Normalfall dem menschlichen Wahrnehmungsapparat angemessen ist, also weder chaotische Überfülle noch zu geringe Dichte aufweisen darf, und daher *disambiguierend* wirkt. In alltäglichen Sprechkontexten entsteht Eindeutigkeit durch ein hohes Maß an Redundanz und durch kontextbezogenes Wissen[64]. Demgegenüber sind ästhetische Zeichen Handlungskontexten entzogen. Ihnen ist ein höheres Maß an Gestaltung und Reflexivität[65], aber ebenso an Kontingenz eigen, da der sinnlich-materielle Mehrwert im Vordergrund steht.

---

[62] Tilman Borsche weist mit Lyotard darauf hin, dass der ‚Kohärenzkredit', der die Auseinandersetzung mit schwer oder unverständlichen Texten motiviert, auf einen Namen als Bürgen angewiesen bleibt: „Der Name des Senders als eine der Instanzen des Satzuniversums beerbt das erkennende Subjekt bzw. den Autor". Tilmann Borsche: *Orte der Wahrheit, Orte des Widerstreits. Zur diskursiven Bestimmung von Bedeutung nach Lyotard,* in: Simon, Stegmaier 1998, S. 113-138, S. 131.

[63] Mir ist daher das immer wieder geäußerte Plädoyer für eine metaphorische Schreibweise als Annäherung an Tanz unbegreiflich, da auch die Metapher, wie jeder Sprachgebrauch, einerseits zur Festschreibung tendiert, und umgekehrt die Offenheit und Dynamik des metaphorischen Benennens und Ausstreichens von Bedeutung der spezifischen Spannung und Auflösung eines nichtsprachlichen Vorgangs eher weniger nahe kommt als ein Sprachgebrauch, der den konkreten Objektbezug sucht.

[64] Ein Zeichen, nach dessen Bedeutung man fragt, ist nicht vollständig unverständlich. Die Frage nach der Bedeutung ist „eigentlich die Frage nach der Bedeutung *in diesem Kontext*. [...] Kein Zeichen hat eine Bedeutung für alle Fälle „hinter" seiner jeweiligen Erscheinung." (Simon 1998, S. 35).

[65] Zum Phänomen des Rhythmus und seiner Beziehung zur Semantik legt Hans Ulrich Gumbrecht eine interessante Auseinandersetzung mit dem Konzept der strukturellen Kopplung nach Niklas Luhmann vor. (*Rhythmus und Sinn*, in: Gumbrecht, Pfeiffer 1987, S. 714-729).

Im jeweils individuellen und situativen Vollzug kann überhaupt nur Bedeutung bewahrt werden, da er Zeichen vor ihrer Reifizierung ebenso bewahrt wie vor ihrer Sinnentleerung als bloße Hülle oder Verhaltensmuster[66].

### 3.3.2 Verkörperung

Verkörperung bezeichnet im Zusammenhang der Performativität sowohl das aktive Sich-Zu-Eigen-Machen als auch das passive körperliche Erleiden vorgegebener, auch macht-durchdrungener Bedeutungen. Mit der Verkörperung gehen Veräußerlichung/Materialisierung einher, – „der Autor stellt sich seine Äußerung gegenüber" – und Kontextualisierung. Das Hier und Jetzt steht aber nicht nur für eine *geteilte Präsenz*, sondern ist auch zeichentheoretisch im Konzept der *Deixis* enthalten. Deiktische Zeichen identifizieren eine Situation, indem sie zeigend Personen individuieren, Zeit und Ort festlegen und Beziehungen zu anderen Zeichen herstellen. Durch Pronomen und Adverbien der Zeit und des Ortes ist auch die Sprache leiblich gegeben. Bezogen auf den kommunikativen Kontext, der zumindest virtuell immer einen Adressaten mit einbezieht, kann Harald Weinrich treffend von einer „Zwei-Leiblichkeit der Sprache"[67] sprechen. Da die geteilte Präsenz somit immer schon zweifach deiktisch kodiert ist, beinhaltet sie für den Sprecher auch die Fähigkeit zur Distanznahme und zum Perspektivwechsel.

### 3.3.3 Aufführung

Der mit der Performativität bezeichnete Aufführungscharakter von Handlungen und Kommunikation greift die Idee eines In-Szene-Setzens auf als einer Gestaltung, die über bloße Reproduktion oder Aktualisierung hinausgeht und an einen Adressaten als Zuschauer gerichtet ist. Auch das von mir kritisierte Konzept des emphatischen Erlebens von Theater setzt letztlich die Idee einer *Adäquatheit* zur Expressivität des Tänzers oder Schauspielers vor-

[66] „Daher ist aller Zeichengebrauch ‚umgestaltend' […] Zeichen sind der Ausgang und das Ziel dieser Umgestaltung als temporäre Vermittlung *neuer* Unmittelbarkeit." (Simon 1998, S. 43) Daniel Krochmalnik interpretiert Moses Mendelssohns Diskussion des Problems der Religion als ein Problem des religiösen Mediums: „Das piktorale Medium sinkt zum heidnischen Bilderdienst und Fetischismus, das literale Medium zum christlichen Dogmatismus herab. Das zeremonial-orale Medium des Judentums beugt, sozusagen medientechnisch, beiden Formen der religiösen Degeneration vor, dem ikonischen Heidentum und dem dogmatischen Christentum. Deshalb eignet sich das Zeremonialgesetz als anschauliche Zeichensprache einer bilderlosen Vernunftreligion." Daniel Krochmalnik: *Das Zeremoniell als Zeichensprache. Moses Mendelssohns Apologie des Judentums im Rahmen der aufklärerischen Semiotik*, in: Simon, Stegmaier 1998, S. 138-285, S. 279.

[67] Harald Weinrich: *Über Sprache, Leib, Gedächtnis*, in: Gumbrecht, Pfeiffer 1987, S. 80-93.

aus[68]. Dieser Bezug, der für den Moment des performativen Aktes gegeben ist und den Anderen impliziert, verweist auf die notwendige Interpretation einer ansonsten nicht feststellbaren Produktivität. Der Aufführungscharakter von Kommunikation korreliert auf Rezipientenseite mit der Erfahrung des Vorläufigen und Unabgeschlossenen der eigenen Interpretation. Als individuelle ‚Inszenierung' verweist jede Äußerung auch auf die mögliche abweichende Interpretation durch ihren Urheber („Er *meint* etwas") sowie durch Dritte und damit grundsätzlich auf die Perspektivität jeder Interpretation[69]. In der Kommunikation wird somit die Distanz beider Seiten, des Senders und des Empfängers zum Zeichen deutlich: „*Gemeinsam* haben die Beteiligten dann nur die Zeichen, aber gerade (noch) nicht ‚deren' Bedeutung"[70]. Eine Störung oder Irritation meines Sprachgebrauchs ist nicht einseitig nachteilig, sondern konstitutiv für die geteilte kommunikative Situation.

---

[68] Vgl. Fischer-Lichte 2003, S. 16. Martin Seels Konzept von *Inszenierung als Erscheinenlassen* (in: Josef Früchtl und Jörg Zimmermann (Hg.): *Ästhetik der Inszenierung*, Frankfurt/Main 2001, S. 48-62) hat gegenüber Fischer-Lichte den Vorteil, im Kontext intentionalen Handelns verortet zu sein, ohne zwangsläufig eine durchgängige Inszenierungsabsicht annehmen zu müssen: „Innerhalb von Inszenierungen kann sich vieles absichtslos vollziehen, aber keine Inszenierung kann sich absichtslos vollziehen." (S. 49).

[69] Brigitte Scheer stellt die These auf, „dass Wahrnehmung zwar in der Regel gedeutete oder interpretierte Empfindung ist, dass aber die Empfindung an ihren Rändern über das Gedeutete hinausgeht und so zur eigentlichen Dynamik der Wahrnehmungsbemühung beiträgt. Von hier aus kann der Impuls zu erneuter Deutung, zu weiterer oder verbesserter Wahrnehmung [...] ausgehen. Von hier aus kann auch verstanden werden, dass wir uns tolerant gegenüber fremden Wahrnehmungen verhalten, denn wir haben das Vorläufige, Unabgeschlossene der eignen Wahrnehmung ja lebhaft und leibhaftig empfunden." (Scheer 1998, S. 171). „Zum intrinsischen Ethos der Wahrnehmung gehört aber auch das Bewusstsein von der interpretativen Beweglichkeit und Offenheit ihrer Produktion, das heißt von der Möglichkeit, wenn nicht Verpflichtung, einen größtmöglichen Reichtum an Anschauungsqualitäten zu entfalten. Zugleich erfährt die Wahrnehmung hierin ihre eigene Geschichtlichkeit." (Ebd. S. 174).

[70] Simon 1998, S. 23-51, S. 24 (Kursivierung J.S.). „Die traditionelle Unterscheidung von ‚Zeichen' und ‚Bedeutung' hat darin ihren Sinn. Sie verweist auf eine Differenz im Verstehen. [...] Die Frage nach der ‚Bedeutung' *ist* die Frage nach dem *anderen Sprachgebrauch*, der in seinen aktualen Fügungen ‚unmittelbar' nicht zu verstehen war." (Ebd. S. 25). „Die Kritik an der metaphysischen Sprachauffassung versteht die Sprache nicht unter der Voraussetzung ‚der Bedeutungen' einzelner Zeichen, sondern unter dem Aspekt temporär gelingender Zeichenversionen." (Ebd. S. 31).

## 3.4 „Metasemiose“ und Sprachkritik

Die Perspektivität und Vorläufigkeit jeder Interpretation einer prinzipiell nicht abzuschließenden Semiose spiegelt die Dialektik von Ereignis und Sinn[71]. Ein vorläufiger interpretativer Abschluss ist aber kein beliebiges Provisorium irgendeines Einzelnen, sondern Antwort auf ein Sinnangebot, das sein Gelingen nur im Dialog finden kann.

### 3.4.1 Unmittelbarkeit und Zeichenvariationen

Das *Gelingen* eines Zeichengebrauchs über die Differenzen von Personen hinweg kann als unmittelbar bezeichnet werden. Da Zeichen keine Bedeutung außer sich haben, wird im Moment des Verstehens nicht nach Bedeutung gefragt. Unmittelbarkeit ist hier kein Gegenbegriff zur Vermittlung, sondern bezeichnet das unkomplizierte spontane Verstehen gemäß „einem ‚gewohnten' oder individuell ‚angeeigneten', aber selbst nicht mehr in Frage gestellten Sprachgebrauch [...]. Der ‚realistische' Eindruck ergibt sich mit der draus (wieder)gewonnen Leichtigkeit des Verständnisses.“[72] Vermittlung, als kulturelle, sprachliche, intersubjektive Vorgeschichte einer Interpretation, die auf Anhieb oder über Erklärungen zustande kam, ist also Bedingung für die so verstandene Unmittelbarkeit.

Der ästhetische Mehrwert des Signifikanten oder auch insbesondere das Nicht-Überblicken-Können eines Sinnganzen wirft den Rezipienten auf die sinnliche Erfahrung zurück und lädt zu weiterführender Interpretation ein. Die Gleichzeitigkeit von Ungeordnetem und Unvereinbaren auf der Bühne bietet Sinnangebote ebenso wie Sinnentzug. Die Offenheit des interpretativen Prozesses kann daher auch das *Erleben*[73] unmittelbaren Sich-Zu-Eigen-Machens oder Wiedererkennens beinhalten, ohne allerdings damit Sinnsuche zu erübrigen.

---

[71] Vgl. zur Sinn- und Präsenzdimension kultureller Phänomene Hans Urlich Gumbrecht: *Produktion von Präsenz, durchsetzt mit Absenz. Über Musik, Libretto und Inszenierung*, in: Früchtl, Zimmermann 2001, S. 63-76.

[72] Simon 1998, S. 35.

[73] Es gilt hinsichtlich der Funktionen des Gehirns inzwischen als nachgewiesen, „dass Großhirnrinde und limbisches System eine unauflösliche Einheit bilden, und dass Kognition nicht möglich ist ohne Emotion, den erlebnismäßigen Ausdruck des Prozesses der Selbstbewertung des Gehirns“. Gerhard Roth: *Das Gehirn und seine Wirklichkeit. Kognitive Neurobiologie und ihre philosophischen Konsequenzen.* Zitiert nach Brigitte Scheer: *Gefühl*, in: Karlheinz Barck u.a. (Hg.) *Ästhetische Grundbegriffe. Historisches Wörterbuch in sieben Bänden.* Bd. II, Stuttgart, Weimar 2001, S. 629-660, S. 631.

Paraphrasierung und Explikation eines Zeichenvollzugs können in ihrem Verhältnis zu einem vorigen, missverstandenen oder mehrdeutigen Zeichengebrauch nicht im Sinne einer Synonymität überprüft werden. Die Bedeutung jeder Zeichenvariation besteht nur in ihren jeweils gegebenen Zeichen. Interpretation und Explikation sind daher nicht als Einkreisen eines Sinnes denkbar[74], sondern eher als *Dialog* aufzufassen, der die Verbindlichkeit einer Auseinandersetzung miteinander hat, ohne dass er außerhalb der Zeichenvariationen entschieden werden kann [75]. Unter pragmatischen Gesichtspunkten kann er aber zu einem Abschluss als Übergang in die Praxis kommen.

### 3.4.2 Selbstreflexivität

Sprache speichert und generiert Sinn ebenso wie sie ihn ausstreicht. Unhintergehbar ist Sprache als Ganzes, jede einzelne Äußerung hingegen kann sprachlich korrigiert werden. Daher kann alles Gegenstand sprachlicher Darstellung werden.

Die zunehmende Differenzierung und Regionalisierung von Wissen in Fachdisziplinen ist nichts anderes als eine Vielzahl von Kontextualisierungen, die für jeden Einzelfall verlangt, dass dem bestimmten Gebrauch eines Begriffs zugestimmt wird oder nicht und diese Anerkennung oder Ablehnung geäußert wird[76]. So beinhaltet Performativität als jeweiliger Zeichenvollzug die Fähigkeit zur Selbstkorrektur.

Auch die Semiotik hat ihre Tendenz zum ‚Inventarisieren' von Zeichen und ihren ‚Ordnungszwang' aus ihren eigenen Vorgaben heraus selbst kritisiert und diese Ansätze überwunden. Sie ist nicht nur Instrument, künstlerische Verfahren und Prinzipien der Interpretation zu explizieren, sondern sie begründet auch, dass jede Interpretation so oder anders ausfallen kann und

---

[74] „Mit einer (auf ‚Bedeutung' reflektierenden) Unterbrechung des ‚blinden' Prozesses von Zeichen zu Zeichen tritt überhaupt erst ein ‚Begriff', ‚für' den das unmittelbar nicht verstandene Zeichen stehen soll, ins ‚vorstellende' Bewußtsein. […] Dieses ‚selbst' nicht erscheinende, nur noch gemeinte ‚Selbe' ist dann der ‚Begriff', dem gegenüber die erste, aber fraglich gewordene Bezeichnung als arbiträr gesetzt wird" (Simon 1998 S. 33f).

[75] „Zeichen haben ‚als solche' eine sittliche Bedeutung. Sie bleiben gegenüber jeder sie auslegenden Deutung ‚ästhetisch' stehen für *andere* Deutungen und stehen damit gegen *jeden* Anspruch auf ein ‚letztes Wort'." (Simon 1998 S. 45).

[76] Mangels einer ‚Objektivität der Sache selbst' wird zur Orientierung in wissenschaftlichen Publikationen wieder der Name relevant, der für einen Standpunkt steht: „Im modernen Betrieb der Wissenschaft ist Objektivität eine kultivierte Form der Individualität geworden, vielleicht sogar ihre kultivierteste Form, sofern sich Individualität in der Wissenschaft zugleich mitteilt und zurücknimmt." Werner Stegmaier: *Diplomatie der Zeichen. Orientierung im Dialog eigener und fremder Vernunft*, in: Simon, Stegmaier 1998, S. 139-158, S. 158.

individuell verantwortet werden muss[77]. Der Zuschauer, Kritiker und Tanzwissenschaftler tritt mit seiner Darstellung und Kommentierung einer Choreographie ebenso in den Dialog ein, wie es der Künstler mit der Wahl der Zeichen tut, die ihrerseits einer Zeicheninterpretation gleich kommt und *verantwortet* werden soll.

[77] „Denn während für eine Philosophie der einen Vernunft das Individuum […] ihr unaufgelöster Rest ist, ist für eine Philosophie, die von der Vieldeutigkeit der Zeichen ausgeht, das Individuum der Anfang." (Ebd. S. 150). „Der Ansatz bei den Zeichen macht neu plausibel, dass deren vieldeutiger, diplomatischer Charakter, der ontologisch suspekt ist, ethisch von besonderem Wert ist, weil er das Individuum erst zum Individuum macht […]". (Ebd. S. 153)

*Michael Deeg*

# Sein von Sinn

## Einleitung

Heideggers Bemühungen liegen in der Rückführung all dessen, was ist, auf das Sein. Dieses Sein überhaupt gedacht zu haben, das von den Philosophen vor ihm nur die Griechen, seiner Auffassung nach, noch ursprünglich berührten, sieht Heidegger als seine Leistung bzw. Aufgabe. Aber dieses Sein, so gerne Heidegger es denkt oder andenkt, späterhin ihm dankt, wird, noch innerhalb der heideggerschen Lehre, vor das Phänomen des Sinns gestellt. Der Sinn jedoch lässt sich dem Sein nicht derart unterordnen, wie es Heidegger versuchte. Er fordert eine fundamentalere Stelle im Sein des Daseins, weil jedes Sein von ihm durchzogen ist. Das Sein ist sinn-voller als Heidegger annahm.[1]

Damit die besondere Stellung des Sinns jedoch deutlich wird, muss nach der Bedeutung von Sinn in Heideggers Philosophie gefragt werden, um anhand dessen von seinen Überlegungen des „Sinns von Sein" zum „Sein von Sinn" zu gelangen.[2]

## Sinn

Auf den ‚Sinn'[3] kommt Heidegger über die Tätigkeit des Verstehens. Von jenem Verstehen heißt es in *Sein und Zeit*:

[1] Es könnte eingewendet werden: Sinn ist nur für ein Dasein und das Sein selbst jenseits des Sinns, also ein Sein doch, welches fern jedes Sinns für das Dasein ist – und dennoch ist, es so, dass man hier Heideggers Dasein wieder auf das Bewusstsein reduzieren wollte, d.h. ins Ontische pressen würde. – Das Sein jenseits des Sinns zu setzen, ist jedoch nur unter der Voraussetzung einer metaphysischen Grundhaltung, d.h. u.a. des Voraussetzens des Wohin zu dem man zurückkehrt und des Glaubens an das Erkennen, möglich. Dass Heidegger in der Metaphysik verbleibt, und zwar zutiefst, das wird der kritische Teil dieses Vortrages darlegen, und damit das Argument, das Sein sei unbedingt vom Sinn, kritisieren.

[2] Die so geleistete Kritik versteht sich als immanente. Ihr Versuch ist, die Frage der Erkenntnis der Ontologie gegenüberzustellen, welche Letztere doch ausgrenzte. Dies geschieht mit der Absicht, die Philosophie als Auseinandersetzung von Grundlegendem zu verstehen und die Bedingungen ihrer nicht unreflektiert zu lassen.

[3] Die Bedeutung des Wortes ‚Sinn' bleibt im Sprachgebrauch mehrdeutig. Der Sinn von ‚Sinn' lässt sich nicht reduzieren. Was im Besonderen unter dem Wort ‚Sinn' gemeint sein soll, wie auch jene Mehrdeutigkeit dabei nicht vergessen werden soll, erweist sich im weiteren Verlauf der Untersuchung.

„Das Dasein entwirft als Verstehen sein Sein auf Möglichkeiten.“[4]

Gewöhnlich meint ‚verstehen‘: ein gewisser Zusammenhang wird klar. Man hat ein Problem verstanden oder eine Rede, eine Geste, jemand wedelt mit den Armen und wir verstehen, dass er Hilfe braucht oder uns vertreiben möchte. Hier wird deutlich: auch der alltägliche Gebrauch von Verstehen kann sehr weit greifen. Denn eine Geste versteht sich nur im Zusammenhang der Umgebung, der Situation, in der sie getätigt wird. Damit man die Geste versteht, muss man sich auch auf die Umgebung verstehen. Dieses Verstehen setzt demnach mehr voraus, als einem im Verstehen bewusst ist. Die Welt, die Umgebung all das ist bereits verstanden, wenn eine Geste verstanden wird. Es ist dieses alltägliche Verstehen kein Verstehen im grundlegenden Sinne, sondern vielmehr Umgang mit dem Verstandenen, d.h. ein Auslegen.

In diesem Auslegen schöpfen wir nur Möglichkeiten aus, etwas stellt sich auf gewisse Art und Weise dar, aber als dieses Etwas ist es schon verstanden. Das Fahrzeug, der Mensch, die Küstenstrasse, an der das Fahrzeug und der hilfesuchende Mensch stehen, all das hat schon Sinn, ist sinnvoll, ist nicht unbestimmt. Es gibt hier nach Heidegger ein grundlegenderes Verstehen.

„das *ausdrücklich* Verstandene hat die Struktur des *Etwas als Etwas*.“[5]

Dieses Etwas, z.B. des Fahrzeugs, verstehen wir schon je und das Wort „Verstehen“ meint nun dieses grundlegende Sich-Verstehen-auf-Etwas, Etwas als Etwas zu verstehen und d.i. dieses Etwas in seiner Möglichkeit/Weise zu verstehen, es als solches Etwas.

Anschaulich, am vorigen Beispiel festgemacht, bedeutet dies, dass in der Szenerie des am Straßenrand stehenden Fahrzeugs und eines mit den Armen wedelnden Menschen, das grundlegende Verstehen nicht im Begreifen der Situation liegen würde. Dies wäre einzig das Auslegen. Verstehen, jenes grundlegende, bestünde im Ausgemachthaben des Fahrzeuges, des Menschen, der Straße, der Bäume, der Steine, etc. als Etwas; darin, all dies als Etwas zu sehen und es als sinnmäßiges zu erfahren.

Das Verstehen für Heidegger, als dieses grundlegende Verstehen, ermöglicht überhaupt erst den Umgang mit Etwas. Indem Etwas als Etwas erscheint, ist es bereits verstanden, gibt es einen möglichen Umgang mit ihm.

---

[4] Martin Heidegger: *Sein und Zeit*, Tübingen 2001, S. 148. – Im Folgenden unter dem Kürzel [SuZ].

[5] Ebd. S. 149.

Dieses Verstehen, von dem gesagt werden kann, durch es sei Etwas überhaupt, geht einem alltäglichen Verstehen, das nur ein Auslegen wäre, voraus.

Daraus folgt für Heidegger:

„Alles vorprädikative schlichte Sehen des Zuhandenen ist an ihm selbst schon verstehend-auslegend. […] Es birgt in sich die Ausdrücklichkeit der Verweisungsbezüge (des Um-zu), die zur Bewandtnisganzheit gehören, aus der her das schlicht Begegnende verstanden ist."[6]

D.h. auch das einfache, unmittelbare Sehen hat immer schon das, was ist, als Etwas ausgemacht und dieses jeweilige mannigfaltige Etwas in seinen Möglichkeiten verstanden, wenn auch nicht in seiner Breite ausgelegt. Wir haben nicht Wahrnehmungen, sondern Erfahrungen, um eine kantische Unterscheidung zu verwenden. Das, was erscheint, d.h. alles, was für uns das Dasein ist, ist *Etwas* und nicht reine Wahrnehmung. Denn indem es ist, ist es unterschieden – just Etwas.

Wenn nun Etwas als Etwas verstanden wird, dann lässt sich auch sagen: es ist sinnvoll. Sinn macht eine Sache für den Fall, dass sie verstanden wird. Wenn Verstehen jedoch, wie Heidegger es fasst, eine existenziale Weise des Daseins ist, dann ist Sinn nicht das gewöhnliche Sinnvollsein. Sinn selbst wird zu etwas, von dem her oder in dem sich Verstehen begibt.

„Sofern Verstehen und Auslegung die existenziale Verfassung des Seins des Da ausmachen, muss Sinn als das formalexistenziale Gerüst der dem Verstehen zugehörigen Erschlossenheit begriffen werden. […] Wenn innerweltlich Seiendes mit dem Sein des Daseins entdeckt, dass heißt zum Verständnis gekommen ist, sagen wir, es hat *Sinn.* Verstanden aber ist, streng genommen, nicht der Sinn, sondern das Seiende, bzw. das Sein. Sinn ist das, worin sich Verständlichkeit von etwas hält. […] *Sinn ist das […] strukturierte Woraufhin des Entwurfs, aus dem her etwas als etwas verständlich wird.*"[7]

Damit ist ein erstes Verständnis von dem gewonnen, was Heidegger unter Sinn versteht. Sinn wäre das „*Woraufhin des Entwurfs, aus dem her Etwas als Etwas verständlich wird.*" Sinn erschließt Etwas als Etwas. Er gibt Seiendes als solches überhaupt erst für uns, für ein Dasein, heraus. Derart ist Sinn das, woraus und worin Verständnis als Entwurf auf Möglichkeiten, auf möglichen Umgang, selbst möglich wird, d.h. indem Seiendes in seinem Sein für uns besteht.[8]

---

[6] SuZ S. 149.

[7] Ebd. S. 151.

[8] An dieser Stelle bereits lässt sich ein besonderer Zug der heideggerschen Philosophie erkennen: Sinn, der zuvorderst ein Phänomen darstellt, wird im Verlauf der Darlegung Heideggers zu demjenigen, woraus Verstehen möglich wird. Das Phänomen wird in einen Grund verwandelt, der Ermöglichung eines Anderen im Ganzen sei. Diese Grundlegung und Einfüh-

## Welt

Das Bestehen von Etwas unterliegt, in diesem Etwas-als-Etwas-sein, jedoch einer weiteren Bedingung, die ebenso sehr für die Betrachtung des Sinns von Bedeutung ist, und darum hier aufgegriffen werden muss.

Es zeigt sich: wenn Etwas als Etwas verstanden wird, so ist es dies nicht in einem abstrakten Ansichsein des Seienden. Das Verstehen des Seienden ist das Bestehen des Seienden als solchem. Das Seiende als dieses Seiende ist darin nicht unbestimmtes Etwas, sondern auf Möglichkeiten hin verstanden. Der Hammer dient zum Hämmern, Dosenöffnen, Geworfenwerden, man kann ihn heben, vergessen, etc.; er ist von einer gewissen Beschaffenheit und Unterschiedenheit zu anderem.

Da wir das Etwas als diesen möglichen Umgang mit ihm haben, ist es nicht an sich gefasst. Es besteht immer schon in einem größeren Zusammenhang. Es ist als Verstandenes (und nur so ist es für Heidegger überhaupt Etwas, es ist nur Etwas, indem es Etwas *als Etwas* ist) stets schon über die einfache Wahrnehmung hinaus. Nichts, was wir wahrnehmen ist ein rein Wahrgenommenes. Die Wahrnehmung von Etwas (Sinne) ist immer schon Sinn. Sinne und Sinn, Sinn und Sinn, fallen für Heidegger in eins. Sobald wir Etwas sehen, erfahren, sobald Etwas für uns besteht, ist es nicht Etwas (unbestimmte Dingheit), sondern Etwas *als* Etwas.[9]

Wenn jedoch alles,was ist, so argumentiert Heidegger, als Etwas in gewisser Hinsicht besteht, so verstehen wir es nicht unvermittelt, sondern von irgendwoher, in Bezügen. Ein Beispiel[10] soll dies veranschaulichen.

Das Buch auf dem Schreibtisch ist nicht einfach ein Buch. Wir haben es gelesen oder nicht, haben uns dies vorgenommen oder sind gerade dabei, uns hindurch zu quälen, ja vielleicht haben wir sogar Freude daran. Dieses Buch haben wir gekauft oder geschenkt bekommen, vielleicht haben wir es aus dem Buchladen entwendet oder irgendwo gefunden. Es besteht aus einzelnen Seiten, einem Schriftsatz, einem Einband, es hat eine Gestaltung, die uns zusagt oder missfällt, die uns gleich ist, völlig gewöhnlich scheint. Über seine Herstellung wissen wir irgendwie oder nur wenig, wissen, aus was es hergestellt ist. Wir wissen, dass wir es in die Hand nehmen können. Es taugt sogar dafür, im Streit jemandem an den Kopf geworfen oder in tiefer Zunei-

---

rung von Strukturen der Begründung verweisen bereits auf den Punkt, an dem die Kritik an Heidegger anzusetzen hat.

[9] Vgl. hierzu auch SuZ: Erster Teil, Drittes Kapitel: *Die Wirklichkeit der Welt*, S. 63-89.

[10] Heideggers eigenes Beispiel in der Vorlesung *Grundbegriffe der Metaphysik* scheint in diesem Zusammenhang voraussetzungsreicher und ungeeigneter zur Veranschaulichung. Es ist nachzulesen in der betreffenden Publikation auf S. 501f.

gung jemandem zugeeignet zu werden. Die Aussage „das Buch ist ein Buch" sagt gar nichts. Sie sagt sogar weniger, als wir von dem Buch wissen. Denn es liegt hier, hat Buchstaben, Sätze, einen Umschlag, wir mögen es oder nicht, etc. dieses Seiende, das das Buch ist, ist gar nicht von (einem An-)sich aus zu verstehen, es ist als dieses Buch immer schon verstanden von der Welt, aus dem Umgang her, in dem es uns offenbar ist. Sein Offenbarsein, Etwassein, ist jenes Verhältnis. Dafür lässt sich auch sagen: sein Wie-sein.

Das Beispiel des Buches darf als Analogie dienen. Alles, was wir als Seiendes als solches verstehen, was als solches erscheint, was überhaupt erscheint und d.h. für Heidegger offenbar ist, verstehen wir aus einem größeren Zusammenhang, aus dem, was für Heidegger die Welt ist. Diese Welt ist das Ganze, in dem Etwas sein kann, von der her sich das, was ist, erschließt. Alles, was für das Dasein ist, ist *in* dieser Welt. Alles *was* ist, ist in seiner Weise zu sein, als *Wie-sein,* in dieser Welt.

Aber es ist wiederum zu bemerken: dieses Ganze, das die Welt sein soll, ist doch genauso dunkel wie das zuvor dem Sinn Zugesprochene, denn dieser war zwar das, worin Seiendes für uns möglich wurde, aber was er selbst sei, das jedoch blieb offen.

Wenn alles Seiende als solches in der Welt erscheint nur aufgrund ihrer offenbar ist, was mag dann dieses Ganze selbst sein? Ist die Welt dann, als dieses Ganze, die Gesamtheit dessen, was als sie selbst offenbar ist? Ist sie die Summe des Seienden? Heidegger verneint dies, sie sei vielmehr „[…] die Offenbarkeit des je faktisch offenbaren Seienden."[11]

Sie ist nicht das, was das Seiende in seiner Gesamtheit ist, sondern sie ist das Offenbarsein des Seienden *als solchem.* Demnach erscheint das Seiende erst auf Grund dieses Ganzen. Bei genauer Beachtung der Worte lässt sich feststellen: „<u>Offenbarkeit</u> des je faktisch <u>offenbaren</u> Seienden". Die Welt ist nicht das Offenbar*sein* des Seienden, sondern die Offenbar*keit* dessen. Sie ist vom Seienden unterschieden als dessen Möglichkeit. *In welchem* es überhaupt erst möglich ist.

„Daraus ergibt sich, dass Welt eigentlich *Zugänglichkeit des Seienden als solchem* bedeutet. Diese Zugänglichkeit gründet sich aber auf einer *Offenbarkeit des Seienden als solchen.* Zuletzt ergab sich, dass diese keine Offenbarkeit irgendwelcher beliebigen Art sei, sondern *Offenbarkeit des Seienden als solchem im Ganzen.*"[12]

---

[11] Martin Heidegger: *Grundbegriffe der Metaphysik. Welt. Endlichkeit, Einsamkeit*, Frankfurt am Main 2004, S. 405. – Im Folgenden [GdM].

[12] Ebd. S. 412.

Das Ganze selbst ist kein Seiendes. Die Welt ist nicht etwas, das ist, sondern sie ist dasjenige, was das Etwas als solches sein lässt. Etwas als solches, Seiendes als solches sein lassen: auch hierüber ist Klärung notwendig!

Woran wir nicht denken, wenn wir einem Seienden als solchem begegnen, ist die Welt als dieses Ganze von dem her es, das Seiende, offenbar ist. Die Welt als dieses Ganze aber ist selbst weder die einfache Summe des Seienden, das in ihr offenbar ist, noch ein Seiendes selbst. Sie lässt jegliches Seiende offenbar sein als solches Seiendes. Es ist kein Seiendes? Was ist es dann?

Es ist noch einmal zum Sinn zurückzukehren, der zuvor in der Erörterung verlassen wurde. Von ihm wurde gesagt, er sei das Gerüst für die Erschlossenheit, das Bestehen des Seienden als solchem. Etwas als Etwas war dies auf Grund des Verstehens. Es sei erinnert: Verstehen war ein Existenzial des Daseins, ein Wesensmäßig-ihm-Zukommendes. Verstehen hieß nicht Etwas als Etwas zu verstehen im Sinne des Bestimmens oder Differenzierens. Wenn, so kommt dies vielmehr der Auslegung zu, die erst nach dem Verstehen möglich ist. Verstehen bedeutete Seiendes *als solches* sein zu lassen. Das jedoch, was das Verstandene, das Etwas als Etwas, sein ließ, das Ganze, in dem es immer sich ereignet, war Sinn.

„Sinn ist das, worin sich Verständlichkeit von etwas hält. […] *Sinn ist das […] strukturierte Woraufhin des Entwurfs, aus dem her etwas als etwas verständlich wird.*"[13]

Eine Gemeinsamkeit von Sinn und Welt scheint damit auf. Beide sind nicht zwei absolut verschiedene, aber doch zu unterscheidende Angelegenheiten für das Dasein. Nichts, was dem Dasein Welt ist, ist ohne Sinn und nichts was Sinn ist, ist außerhalb der Welt des Daseins. Etwas als solches besteht einerseits durch den Sinn, der es verstanden sein lässt, dieses Verstehen ermöglicht; andererseits gibt es Etwas als Etwas einzig in einer Welt, *in* welcher jenes existiert.

## Transzendenz

Heideggers Interpretation von Welt und Sinn wird jedoch erst verständlich, und damit Offenbarkeit, wenn seine grundlegende Akzentuierung eingesehen wird. Denn es soll ihm nicht mehr das Seiende Grund sein. Nicht das Etwas oder die Substanz soll allem zu Grunde liegen, sondern das Sein. Darin liegt Heideggers gesamte Metaphysikkritik. Dies bedeutet vor allem für das Seiende, dass es nicht sein eigener Grund ist. Seiendes ist nicht Seiendes, sondern Seiendes *als* Seiendes. Das als Seiendes Bestehende ist dies auf Grund seines

[13] SuZ S. 151.

Offenbarseins und nicht auf Grund seines An-sich-seins. D.h. nicht seine Sachheit, sein Was-sein, zeichnet es aus, sondern es liegt vor. Es besteht als Wie-sein, als Erscheinung, so und so beschaffen und möglich, d.h. in dem es offenbar ist. – Ein Baum ist das, was er ist, nicht dadurch, dass er ein Baum ist. Er ist jener Baum, in dem er eine bestimmte Form aufweist, so-und-so-gewachsen, Blätter einer gewissen Ausformung trägt, in dem man ihn fällen, berühren, sich an ihn lehnen, seinen Schatten nutzen kann, indem er auf diese Weise ist, bzw. offenbar ist. – Seine Sachheit, sein Was-sein erweist sich einzig durch seine Prädikate, sein Wie-sein. Damit man von einem Baum sprechen kann, muss man ihn sehen, ihn unterscheiden und sich zu ihm verhalten können.

So verhält es sich mit allem, was ist, mit allem Seienden. Seiner Sachheit liegt zu Grunde, seine Erscheinung, sein Offenbarsein. Es ist nicht Etwas. Sein Bestehen hat für das Dasein sein Wesen im So-und-so-sein und Möglich-sein. Dieses Wie-sein macht das Was-sein überhaupt erst möglich. Etwas das kein Wie-sein aufweist, ist auch nicht als Seiendes möglich. D.h. Seiendes ist Seiendes *als* Seiendes, Etwas *als* Etwas. Es ist immer ausdrücklich.[14]

So wird deutlich, wie Heidegger Seiendes von Welt und Sinn her verstanden wissen möchte. Wenn Seiendes nicht in sich gründet, sondern in seinem Wie-sein, so ist es bestimmt durch das Sich-Unterscheiden-von-Anderem und darin möglichsein-für und bestimmt, irgendwie zu sein, z.B. salzig, rau oder brennbar. Darin ist es stets in einer Welt situiert, es ist unterschieden, und in irgendeinem Sinn gefasst. Es ist Etwas als Etwas, Erscheinung eines bestimmten Wie-seins, d.h. räumlich begriffen. Wie-sein kann es nur für ein Dasein und aus Bezügen heraus, d.h. in einer Welt. Das macht die Auszeichnung des Daseins aus, das als das Da des Seienden existiert.

Das grundlegende Wie-sein, von dem her Seiendes ist, was es ist, führt damit auf eine Besonderheit Heideggers. Das Erscheinen oder Offenbarsein des Seienden ist derart nur gegeben, es *ist* nur, wenn es vernommen wird, wenn es sich ausspricht. Gibt es jene Unterscheidung nicht, so existiert eine bestimmte Möglichkeit nicht, dann ist ein Seiendes nicht. – Der Weinkenner unterscheidet sich vom bloßen Weintrinker darin, dass er die Weinsorten und Nuancen zu unterscheiden weiß. Er kann zwischen verschiedenen Wein-Lesen differenzieren, bei denen ein einfacher Wein-Trinker nur Wein wahrnimmt. – Heidegger sieht hierin eine Verwandtschaft von Sein und Denken, Erscheinung und Logos. Indem es irgendwie ist, besteht es auf bestimmte Art und Weise, ist es explizit, erscheinend, spricht sich dem Dasein zu/ aus.

---

[14] An nicht wenigen Stellen des heideggerschen Werkes erhebt sich der Eindruck, jenes bleibe eine abstrakte, unmittelbare Lesart der hegelschen Philosophie.

Dieses explikative Moment des Wortes „*als*" im „Etwas als Etwas" drückt für Heidegger den Grund der Offenbarkeit aus, von der her alles offenbar ist. Diese Offenbarkeit garantiert das Bestehen des Seienden. Das Sein des Seienden, Seiendes als Seiendes zu sein, ist durch sie ermöglicht.

Es lohnt, sich dies noch an einem weiteren Beispiel zu verdeutlichen, am Satz der Identität.

Der Satz der Identität lautet traditionell A = A. Von A (gefasst als Seiendes oder Substanz) aus begriffen ist er analytisch und damit tautologisch. Er besagt derart: „Seiendes ist das Seiende, das es ist" und drückt nur das singuläre A aus. Die Copula trägt hier nichts zu seinem Seiend-sein bei.

Von der Copula aus gelesen erscheint er jedoch synthetisch und drückt das Erscheinen, Offenbarsein aus. Das „=" ist die *Explikation* dessen, was das Seiende ist, was jenes bestimmt oder sein lässt, und fasst den Satz der Identität im Ausdruck: „Seiendes ist Seiendes so und so zu sein". Oder indem das „=" ersetzt wird durch das explikative *als,* lautet der Satz: „Seiendes als Seiendes". Es lässt sich nach der vorherigen Reflexion auch sagen: Was-sein als Wie-sein.

Damit ist der Satz „Seiendes ist Seiendes" nicht leer, da das „ist", oder auch „als", das Seiende begründet. Es lässt Seiendes sein, indem es Seiendes als Seiendes ist und d.h. Seiendes ausdrücklich bzw. erscheinendend begreift. Gäbe es diese Explikation nicht (jene Offenbarkeit), wäre, nach Heidegger, kein Seiendes möglich.

Diese Offenbarkeit ist nun der Sinn von Sein. Was dies bedeutet, wird fassbar, wenn folgender Gedanke Heideggers begreifbar wird: indem das Seiende nur Seiendes *als* Seiendes ist, ist es je über sich hinaus.

Über sich hinaus ist das Seiende, da es nicht aus sich, sondern einzig als offenbar, explizit, bestimmt, unterschieden gegeben ist, als in *Sinn* und *Welt.* Es ist über sich hinaus, da sein *Was-sein* auf seinem *Wie-sein* gründet. Als Seiendes ist es nicht bestimmt durch sein *Seiendsein*, sondern durch sein *Sein.*

Wenn alles Seiende von diesem Hinaus-sein-über konstituiert ist, das das Sein des Seienden ausmacht, dann sind die Welt und der Sinn „Offenbarkeit des je faktisch offenbaren Seienden."[15] Dies ist das Ganze, von dem her Seiendes erschlossen ist.

Dieses Hinaus-sein-über lässt derart alles erst da sein für ein Dasein. Es verantwortet dessen Da. Es lässt Erscheinung, Etwas offenbar, Seiendes als Seiendes sein, d.h. es ist das Prinzip, das die Erscheinung begründet. Das Sein des Seienden zeigt sich derart in der Weise des Übertritts, denn alles Seiende ist nur in dieser Weise Seiendes als Seiendes zu sein und damit übertretend, hinaus über die Einfachheit eines An-sich. Dieser Grund, es

---

[15] GdM S. 405.

wurde schon erwähnt, dieses Hinausseinüber, ist das Sein. Jedoch nicht das reine Sein an sich. Dieses Sein an sich gibt es nach Heidegger nicht, denn dafür müsste es ein Seiendes sein. Wir verstehen dieses Sein nicht selbst, es gibt von ihm keine Erkenntnis im traditionellen Sinne. Es spricht sich nur auf eine gewisse Weise aus, indem es sich als Hinausseinüber am Seienden selbst offenbart. Indem es jenes offenbar sein lässt, jenes begründet.[16]

So ist Sein nur auf gewisse Art und Weise, als dieses Hinausseinüber, gegeben. Seinen Charakter für das Dasein gewinnen wir, wenn wir folgende Frage stellen: „Was ist einzig in der Weise Übertritt, Übertretend, Hineinlangend in anderes zu sein, ohne selbst etwas Seiendes, Festes zu sein? Ohne selbst etwas anderes als dieses Hinüberlangen selbst zu sein und somit nicht etwas?" Heideggers Antwort hierauf ist: Es ist die Zeit bzw. die Zeitlichkeit.[17]

Diese ist die Weise, in der Sein sich dem Dasein zeigt als jener Grund oder Abgrund, denn es ist nichts Seiendes, das als Grund dienen könnte, das die Offenbarkeit für Seiendes stellt.

*Fassen wir zusammen:* Alles was ist, ist es nur in Hinsicht von Sinn und Welt. Es ist Seiendes *als* Seiendes. In dieser Art zu sein, ist es nur offenbar auf Grund der Zeitlichkeit, dem Hinausseinüber, denn es ist nicht als Washeit, sondern Wieheit. Seiendes ist also nur vom Hinausseinüber für das Dasein offenbar. Das Sein des Seienden ist Offenbarsein (und keine Erscheinung für ein Subjekt!)[18]. Sein versteht das Dasein derart als Offenbarkeit, die auf der Zeitlichkeit gegründet ist. Sein ist ihm durch dieses Hinausseinüber als Offenbarkeit des Seienden gegeben. Was Sein selbst ist, dieser Grund, der kein Grund ist, weil es nichts Seiendes, sondern dessen Grund selbst ist, und den Heidegger deswegen den Ab-grund nennt, das also was jenseits jedes Grundes zu denken wäre, das bleibt dem Dasein unaussprechlich.

Damit ist ein Grad an Aufarbeitung der Heideggerschen Philosophie geleistet, der es ermöglicht die Frage zu stellen: Ist dem Sinn seine Position unterhalb des Seins zu stehen, jenem nachgeordnet zu sein, dem Phänomen, der Erfahrung, angemessen? Im letzten Teil dieser Arbeit soll diese in einigen

---

[16] Hierin liegt schon in SuZ die spätere Abkehr vom Dasein und die Konzentration auf das Offenbarsein und als dessen primäre Offenbarung die Sprache.

[17] Vgl. hierzu: SuZ §§72-83. – Martin Heidegger: *Die Grundprobleme der Phänomenologie*, Frankfurt am Main 1997, 2.Teil Erstes Kapitel. – Ders.: *Der Begriff der Zeit*, Frankfurt am Main 2004.

[18] Das Subjektive ist Heidegger das ontisch gefasste Dasein, die verstellte Form des eigentlich Wesentlichen. Das Erscheinen ist für Heidegger nichts, das auf Grund des oder eines Subjekts wäre, sondern das Erscheinen ist der Grund des Subjektseins, des Daseins selbst. Das Phänomenale ist der Grund, der kein klassischer Grund ist, weil er keine Substanz darstellt, sondern eine Funktion, eine Art und Weise. Der Grund des Seienden ist das Sein, der des Ontischen das Ontologische.

ersten Schritten in eine Beantwortung überführt werden. Dazu wird es notwendig sein, einen Blick auf Heideggers Position zur Metaphysik zu werfen.

## Metaphysik und Sinn

Das Sein ist in seiner Geschichte nur je, wie es sich dem Menschen zu schickt, d.h. offenbar wird. Die Geschichte des Seins stellt für Heidegger darum das Geschick des Seins dar. Die Philosophen anderer Zeiten nahmen das Sein auf, wie es sich ihnen zuschickte, ihnen erschien. Es war ihnen, je nach Art ihrer Stellung zum Sein, offenbar.[19] Für Heidegger war jedoch das Sein bis zu seinen eigenen Ausführungen von der Philosophie durch die Metaphysik verstellt worden, d.h. durch die Eigenart der Philosophen, das Seiende vor das Sein zu setzen und so das Sein zu vergessen. Die Destruktion der Metaphysik will dies umkehren. D.h. Sie versucht, die Behauptung, das Wesen oder Wesentliche sei das Seiende, durch eine Besinnung auf das Sein anhand der griechischen Philosophie und der damit einhergehenden Entthronung des Seienden, zu revidieren.

Metaphysik bedeutet für Heidegger: Verstellen des Seins durch ein Annehmen des oder eines Seienden als Letztes. Jedoch: Nicht das als Letztes Gesetzte, sondern dass ein Letztes gesetzt wird, d.h. nicht einzig ein Inhalt, sondern ebenso die Form, macht Metaphysik aus. Heideggers Philosophie wechselt hierin den Gegenstand des Grundes in einen nicht-Gegenständlichen, worin Sein jenes abstrakte[20] wird, das allem Seienden ungleich und doch dieses begründend sei.

Nur einige Aspekte, in denen Heidegger der metaphysischen Tradition[21] verpflichtet bleibt können hier angeführt werden.

1.) Sein als Bewegung zu fassen, rührt aus einem Problem, das sich dem Idealismus seit Kant stellt – Relation und Absolutes zusammendenken zu müssen, Endlichkeit und Unendlichkeit, Sein und Nichtsein in ein System aus dessen Obersten sich alles ableitet oder darin gefasst wird, zu erklären.[22]

---

19 Nicht wenige der heideggerschen Worte, etwa „offenbar", „schicken", usw. sind als Abwandlungen des Wortes „erscheinen" lesbar.

20 Abstrakt im hegelschen Sinne, das Etwas, welches derart leer ist, dass es eigentlich nichts ist (=das Unreflektierte, Heidegger würde für das Sein sagen: „das Unreflektierbare!").

21 Und in dieser stünde noch jeder, der behaupten wollte, er erkenne, statt sich damit zu bescheiden, dass er unterscheidet, sich verhält und damit das Unterschiedene bedingt.

22 Während Kant die Bestimmungen des Denkens in Beziehung auf das Erkennen von Etwas ausarbeitet, bleibt bei ihm das Fundament, seine angenommene Einheit dessen, so abstrakt und unausgearbeitet zurück, wie das Ding an sich. In der Folge Kants liegt zum großen Teil der Versuch diese Einheit, unter derer Bedingungen die Erkenntnis steht, selbst zu denken und zwar als durch nichts weiter bedingt als sich selbst. Während Fichte sich dabei noch am

In dieser Tradition ist Sein für Heidegger als Abgrund immerhin noch *ein* grundloser Abgrund des Daseins. – Denn Sein trägt dieselbe Funktion wie das Seiende in der metaphysischen Tradition der Begründung: Es ist ein Unbedingtes, das alles andere bedingt.[23] Dieser Vorzug des Seins drückt sich auch in Heideggers Namensgebung der „phänomenologischen Ontologie" aus. Die Ontologie ist in ihrem Grund phänomenologisch, die Phänomenologie jedoch nur die Art und Weise des Seins.

2.) Sein Entwurf ist ein systematisch-geschlossener, der in *einem Grund* konvergiert und auf bestimmte Konstellationen angewiesen ist, d.h. einen systematischen Bau aufweist. Man denke hier an die Abhängigkeit Heideggers von Begriffen.[24]

3.) Er geht in spekulativer Manier - spekulativ im kantischen Sinne - über die Erfahrung hinaus, indem er etwas vor sie setzt, von dem sicher zu sprechen sei, das sich jedoch dem Sinn des Daseins entzieht. - Wenn es eine Definition von Metaphysik gibt, so wäre sie wohl der Glaube, das Sich-verlassen des Menschen sei dem Menschen möglich, während man sich zudem von diesem Schritt keine Rechenschaft ablegt. - Trotzdem denkt Heidegger das Sein. Aber das, was ist, als Seiendes als solches zu bestimmen, ist eine Reflexion, ein Denken der Unmittelbarkeit, das bedingt, das mitträgt, hervorbringt, was es zu finden vorgibt. Es ist bedingt vom Sinn und reine, unbedingte Wahrheit nur, insofern das zu Findende, das Unterschiedene als Unterschiedenes bereits vorausgesetzt wird und jenes nicht durch die Tätigkeit selbst bedingt wird. D.h. dass die Struktur bereits vor dem Erkennen abgesteckt sei und das Erkennen nur die Adäquation der Resultate des Erkennenden (seines Denkens, Wahrnehmens) mit jenem vor ihm Existenten, sich Gebenden darstellt[25], was Heidegger als hermeneutischen Zirkel beschrieb.[26]

---

besonderen Subjekt orientiert, geht Hegel dazu über, dies auf ein Ganzes zu erweitern. - In Worten Hegels ist dies der Übergang von der Verstandesphilosophie zur Vernunftphilosophie, so dass Bestimmtwerden und Bestimmen in eins zu denken angestrebt wird.

[23] Vgl. Anm. 18.

[24] Siehe hierzu: Theodor Wiesengrund Adorno: *Negative Dialektik*, Frankfurt am Main 1975, S. 104.

[25] Indem Heidegger die subjektive Seite des Menschen zu Gunsten der abstrakteren des Daseins auflöst, gibt er die erkenntnistheoretischen Leistungen der Philosophie seit Kant preis. Tatsächlich fällt er in Bezug auf das Denken mancherorts hinter die Position Kants zurück. Das zeigt sich besonders an der Aufhebung des Denkens in eine phänomenologische Form des Hörens und Sehens, einem Entgegennehmen der Gabe und darin als Denken der Dank und das Andenken dieser Gabe zu sein. Vgl. hierzu: Martin Heidegger: *Was heißt Denken?*, Tübingen 1997. Auch Ders.: *Der Satz vom Grund*, Stuttgart 1997, S. 86ff., S. 127, S. 140.

[26] Der Idealismus setzt auf ähnliche Weise voraus, dass der Mensch aus dem Bereich heraus existiert, der die Erkenntnis ermöglicht, wie Heidegger voraussetzt, dass das Dasein vom Sein her geschieht und daher einen Zugang zum Sein, ein mögliches Wissen von ihm, besitzt. Das

Das Sein ist jedoch gerade als Voraussetzung nur *als Gedachtes* existent. – Der Modus des Seienden (bzw. die ontologische Differenz) ist für das Dasein nicht selbstverständlich gegeben. Er muss selbst erst durch Reflexion unterschieden werden.

Vergessen bleibt dabei, dass Sein nur gegeben ist, insofern es sinnmäßig besteht. Alle Erscheinung und Wahrnehmung, so ergab sich, geht einher mit Sinn[27]. Was in der Wahrnehmung besteht als Etwas, was überhaupt in Aufmerksamkeit gerät, was ist und das heißt, was unterschieden ist und derart erst sein kann, ist sinnmäßig gegeben. Selbst das Unsinnige, das Sinnlose ist nicht ununterschieden, sondern eine Form von Sinn, denn der radikale Un-Sinn, als A-sinniges, wäre gar nicht. Ein Mensch erfährt nicht das Unerfahrbare, er denkt nicht das Undenkbare, sondern einzig das denkbare Undenkbare. Nichts was ist, selbst das Sich-Entziehende und Negative, ist anders als Sinn. Nichts „entzieht" sich im Erleben und Denken (Vernehmen) dem Sinn für den Menschen, dem Menschlichen – selbst wenn wir nicht für alles Worte verwenden können. Die Rede vom Sein ist nur als sinnmäßige möglich.[28] Von Sein unbedingt als vom Sinn zu sprechen, ist dagegen ein Gebrauch des Wortes von dem es keine Erfahrung gibt. Jede Hypothese eines außerhalb unserer Sinne Liegenden greift zurück auf ein Zeichen, einen Mittler, der die Abwesenheit in seiner Anwesenheit kund gibt. Und sie verfällt auf den Glauben, das Zeichen sei mehr als Sinn, die Repräsentation verweise auf ein tatsächliches Sein, gelte etwas jenseits des Gelesenwerdens.[29]

Im Laufe der Untersuchung gab sich zu bedenken, dass Sinn als Erscheinung von Etwas und Sinn als in weiterer Bedeutung des Verstehens und somit Seins für uns, d.h. Erfahrung und Sinn, stets in eins fallen und keine einfache Wahrnehmung, sondern immer schon Erfahrung für uns besteht. Die Frage vom Sinn des Seins muss derart in der Auseinandersetzung mit Heidegger ergänzt werden durch eine Hervorhebung des Seins von Sinn. Sein ist für uns nichts, das getrennt von Sinn gedacht oder erlebt werden kann. Es darf hierbei die Erfahrung weder zu Gunsten einer Ontologie verlassen noch

---

setzt in dieser starken Position natürlich voraus, dass das Sein das einzige und allumspannende der Existenz des Daseins ist.

[27] Wie das Sein zum Sinn wird, d.h. sinnvoll und erscheinend, in Sinn gerät, das ist der Punkt über den Heidegger keine Auskunft gibt. Dieser Schritt oder Sprung bleibt unbegründet, wie die Spontaneität im übrigen Idealismus.

[28] D.h. in gewisser Weise auch: ein Verhalten.

[29] Und wiederholt derart den Glauben an ein reines Finden, an ein Zeichen, das unbedingt seines Lesens Sinn sei. Was in einer anderen Form nichts anderes als der metaphysische Glaube an das Letzt- oder Erstwesen, das An-sich, ist.

untergeordnet werden, sie nicht selbst zu einem Seinsgrund gemacht werden.[30]

Sinn jedoch müsste in der weiteren Reflexion von der Position eines Letzten ferngehalten werden. Sein Bestehen müsste als nicht unvermittelt oder abschließbar gefasst werden. Sinn wäre bedingt durch das Verhalten (worunter auch das Denken zu fallen hätte), als Art und Weise des Erscheinens, zu verstehen.

Damit sind einige Reflexionen gegeben, die in der Abstoßung von Heidegger zu einer grundlegenden Betrachtung des Phänomens des Sinns[31] führen und dieses unter eine andere Kategorie unterzuordnen verbieten, wenn ein Schritt in eine metaphysische Form vermieden werden soll.

---

[30] Die Verallgemeinerung des Phänomenologischen zu einem Prinzip trennt und verbindet Heidegger mit Husserl, geht er doch, im Gegensatz zu diesem hinaus in die Welt vor jedem Bewusstsein.

[31] Dieses Wort in seiner Mehrdeutigkeit verstanden.

# GPW

## Gesellschaft für Philosophie und Wissenschaft e.V.

In Zeiten zunehmender theoretischer Desorientierung und praktischer Herausforderung ist die Philosophie insbesondere gefordert, ihren Beitrag zu leisten zu einer Verständigung mit den anderen Geistes- und den Naturwissenschaften. Neben dieser Transdiziplinarität ist eine erhöhte Transparenz und Attraktivität für Studierende und philosophisch interessierte Menschen wichtig, um die Welt und uns besser zu verstehen, unser Handeln, Reden und Erkennen zu begreifen, und so eine der ältesten, wenn nicht die älteste Liebe der Menschheit wieder vermehrt in den Blickpunkt zu rücken.

Wir versuchen, mit www.philosophie.de ein aktuelles und inhaltlich hochwertiges Philosophie-Portal zu bieten, welches informiert und motivert. Daneben organisiert die GPW Tagungen und Forschungsprojekte zu verschiedenen philosophischen Themen.

Kontakt:
GPW - Gesellschaft für Philosophie und Wissenschaft e.V.
Mausegattstr. 4a
45134 Essen
www.philosophie.de
info@philosophie.de

## Einführungen aus dem Oldib Verlag

Andreas Spahn: **Hermeneutik**. Einführung.

Christian Spahn: **G.W.F. Hegel**. Einführung.

Oliver Bidlo: **Vilém Flusser**. Einführung.

Frank Weinreich: **Fantasy**. Einführung.

Patrick Peters: **Edda**. Einführung.

Tanja Bidlo: **Theaterpädagogik**. Einführung.

## Thepakos$^{+}$

Interdisziplinäre Zeitschrift für Theater und Theaterpädagogik

Thepakos$^{+}$ wirft 3-mal jährlich einen interdisziplinären Blick auf das Theater und die Theaterpädagogik und versucht hierbei neue und innovative Wege zu gehen. Sie belässt es nicht nur bei einer rein wissenschaftlich-theoretischen Auseinandersetzung, sondern weitet Ihre Ideenschau - dem Wesen des Faches nach - auf ästhetische und praktische Bereiche aus. Dergestalt liegt ihr die Form des Versuches zugrunde; ein Probieren, Suchen und Scheitern will ausloten. In der Kombination von Theorie, Praxis und Ästhetik folgt die Zeitschrift einem radikalen Möglichkeitsdenken, das es daran anschließend überzusetzen gilt in ein Wahrscheinlichkeitsdenken. Es finden sich Perspektiven aus der Theaterpädagogik, Soziologie, Philosophie, Pädagogik, Theaterwissenschaft, Germanistik oder der Kommunikationswissenschaft, die sich in unterschiedlichen Beiträgen niederschlagen.

Nähere Informationen, weitere Bücher und Bezug unter www.oldib-verlag.de oder schreiben Sie einfach an: info@oldib-verlag.de

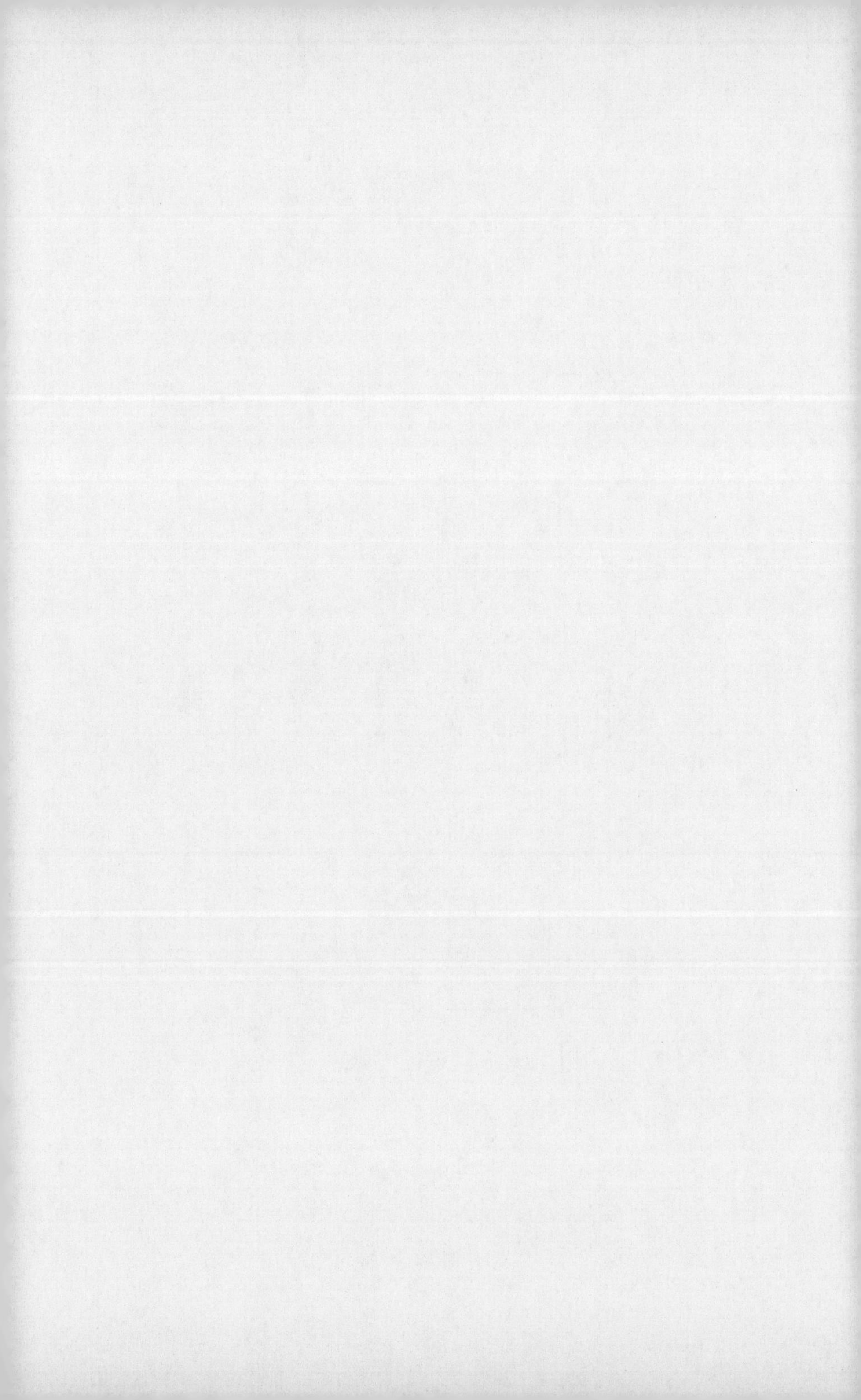